Baedeker

Allianz Reiseführer

Rhein

VERLAG KARL BAEDEKER

Impressum

Ausstattung:
151 Abbildungen
23 Stadtpläne, 22 graphische Darstellungen, 6 Grundrisse, 2 Sonderpläne, 2 Sonderkarten, 1 großes Rheinpanorama (Kartenverzeichnis am Ende des Buches)

Basistexte: Monika I. Baumgarten, Stuttgart
Fortführung: Vera Beck, Aichtal
Bearbeitung: Baedeker-Redaktion

Kartographie: Gert Oberländer, München
Rheinpanorama: Mairs Geographischer Verlag, Ostfildern (Kemnat)
Atelier Gloggnitzer

Gesamtleitung: Dr. Peter H. Baumgarten, Baedeker Stuttgart

3. Auflage 1994

Urheberschaft: Karl Baedeker GmbH, Ostfildern (Kemnat)
Nutzungsrecht: Mairs Geographischer Verlag GmbH & Co., Ostfildern (Kemnat)

Satz: Setzerei Lihs, Ludwigsburg; CB-Fotosatz, Leinfelden-Echterdingen
Reproduktionen: Gölz Repro-Service GmbH & Co. KG, Ludwigsburg, Filderscan GmbH, Ostfildern (Kemnat)
Druck: Mairs Graphische Betriebe GmbH & Co. KG., Ostfildern (Kemnat)
Buchbinderische Verarbeitung: Wennberg GmbH, Vaihingen/Enz

Printed in Germany
ISBN 3-87504-156-9

Gedruckt auf 100% chlorfreiem Papier

Baedeker
Allianz Reiseführer
Rhein

Städte in aller Welt

Amsterdam
Athen
Bangkok
Barcelona
Berlin
Brüssel
Budapest
Dresden
Düsseldorf
Florenz
Frankfurt am Main
Hamburg
Hongkong
Istanbul
Jerusalem
Köln
Kopenhagen
Lissabon
London
Madrid
Moskau
München
New York
Paris
Potsdam
Prag
Rom
San Francisco
Singapur
St. Petersburg
Stuttgart
Tokio
Venedig
Weimar
Wien

Reiseländer · Großräume

Ägypten
Asien
Australien
Baltikum
Belgien
Brasilien
China
Dänemark
Deutschland
Deutschland · O
Deutschland · W
Frankreich
Griechenland
Großbritannien
Irland
Israel
Italien
Japan
Kanada
Karibik
Luxemburg
Marokko
Mexiko
Motorradtouren in Italien
Nepal
Niederlande
Österreich
Polen
Portugal
Schweiz
Skandinavien (N · S · FIN)
Spanien
Südafrika
Thailand
Tschechische Republik · Slowakische Republik
Tunesien
Türkei
Ungarn
USA

Regionen · Inseln · Flüsse

Andalusien
Bali
Bodensee
Burgund
Capri
Costa Brava
Deutsche Weinstraße
Elbe-Kreuzfahrt
Florida
Gran Canaria
Griechische Inseln
Harz
Hawaii
Ibiza
Ischia
Italienische Riviera
Kalifornien
Korsika
Loire
Mallorca
Malta
Mecklenburg-Vorpommern
Oberbayern
Provence · Côte d'Azur
Rhein
Ruhrgebiet
Sachsen
Sardinien
Schottland
Schwäbische Alb
Schwarzwald
Seychellen
Sizilien
Südtirol
Teneriffa
Tessin
Toskana
Türkische Küsten
Zypern

Städte in Deutschland und der Schweiz

Augsburg
Bamberg
Basel
Berlin (gr. + kl.)
Bonn
Bremen
Celle
Darmstadt
Freiburg
Hannover
Heidelberg
Konstanz
Leipzig
Lübeck
Mainz
Mannheim
Nürnberg
Regensburg
Trier
Wiesbaden

Inhalt

Bildnachweis:
Alsfasser (1), Ars Liturgica (1), Landesbildstelle Baden (1), Kurverwaltung Bad Säckingen (1), Baedeker-Archiv (15), H. Baedeker (1), Baier (1), Verkehrsverein Basel (3), Baumgarten (10), Benz (1), Stadt Bingen (1), Stadt Bonn (2), Brugger (2), Claus (1), Corzelius (3), Stadt Düsseldorf (2), Stadt Emmerich (1), Gauls (1), Groote (1), Hachette (1), Hinterwälder (1), Hinze (1), Historia-Photo (11), Stadt Ingelheim (2), Stadtbibliothek Karlsruhe (1), Verkehrsverein Karlsruhe (1), Stadt Kehl (1), Stadt Koblenz (1), Köln-Düsseldorfer (37), Kunstverlag Edm. von König (1), Krupp (1), Liechtensteinische Fremdenverkehrszentrale (2), Verkehrsamt Linz (1), Mainau-Verwaltung (1), Gutenberg-Museum Mainz (1), Stadt Mainz (1), Verkehrsverein Mannheim (1), Mayer (1), Mühlbauer (2), Nahm (2), Stadt Neuss (1), Niederländisches Büro für Tourismus (3), Verkehrsverein Nierstein (1), Nohr (6), Stadt Remagen (1), Kummunalverband Ruhrgebiet (1) Schädlich (1), Schneiders (1), Schweizerische Käseunion (1), Sperber (1), Stadt Speyer (1), Verkehrsverein Stein am Rhein (1), Rheinisches Landesmuseum Trier (1), Stadt Wesel (2), Stadt Wiesbaden (1), Wisckow (1), Stadt Worms (4), Arbeitsgemeinschaft Freizeit und Fremdenverkehr Xanten (1), Zettl (1).

Hinweise zur Benutzung dieses Reiseführers

Sternchen (Asterisken) als typographisches Mittel zur Hervorhebung bedeutender Bau- und Kunstwerke, Naturschönheiten und Aussichten, aber auch guter Unterkunfts- und Gaststätten hat Karl Baedeker im Jahre 1844 eingeführt; sie werden auch in diesem Reiseführer verwendet: Besonders Beachtenswertes ist durch * einen vorangestellten 'Baedeker-Stern', einzigartige Sehenswürdigkeiten sind durch ** zwei Sternchen gekennzeichnet.

Wenn aus der Fülle von Unterkunfts-, Gast- und Einkaufsstätten nur eine wohlüberlegte Auswahl getroffen ist, so sei damit gegen andere Häuser kein Vorurteil erweckt.

Da die Angaben eines solchen Reiseführers in der heute so schnellebigen Zeit fast ständig Veränderungen unterworfen sind, kann der Verlag weder Gewähr für die absolute Richtigkeit leisten noch die Haftung oder Verantwortung für eventuelle inhaltliche Fehler übernehmen. Auch lehrt die Erfahrung, daß sich Irrtümer kaum gänzlich vermeiden lassen.

Liebe Leserin, lieber Leser,

Baedeker ist ständig bemüht, die Qualität seiner Reiseführer noch zu steigern und ihren Inhalt weiter zu vervollkommnen. Hierbei können ganz besonders die Erfahrungen und Urteile aus dem Benutzerkreis als wertvolle Hilfe gar nicht hoch genug eingeschätzt werden. Vor allem **Ihre Kritik, Berichtigungen und Verbesserungsvorschläge sind uns stets willkommen.** Sie helfen damit, die nächste Auflage noch aktueller zu gestalten.
Bitte schreiben Sie in jedem Falle an die

Baedeker-Redaktion
Karl Baedeker GmbH
Marco-Polo-Zentrum
Postfach 31 62
D-73751 Ostfildern.

Der Verlag dankt Ihnen im voraus bestens für Ihre Mitteilungen. Jede Einsenderin und jeder Einsender nimmt an einer zum Jahresende unter Ausschluß des Rechtsweges stattfindenden Verlosung von drei JRO-LEUCHTGLOBEN teil. Falls Sie gewonnen haben, werden Sie benachrichtigt. Ihre Zuschrift sollte also neben der Angabe des Buchtitels und der Auflage, auf welche Sie sich beziehen, auch Ihren Namen und Ihre Anschrift enthalten. Die Informationen werden selbstredend vertraulich behandelt und die persönlichen Daten nicht gespeichert.

Vorwort

Dieser Reiseführer gehört zur neuen Baedeker-Generation.

In Zusammenarbeit mit der Allianz Versicherungs-AG erscheinen bei Baedeker durchgehend farbig illustrierte Reiseführer in handlichem Format. Die Gestaltung entspricht den Gewohnheiten modernen Reisens: Nützliche Hinweise werden in der Randspalte neben den Beschreibungen herausgestellt. Diese Anordnung gestattet eine einfache und rasche Handhabung.

Der Baedeker Allianz Reiseführer „Rhein“ ist der offizielle Reiseführer der Köln-Düsseldorfer Rheinschiffahrt AG, die den Strom traditionell mit ihrer Flotte von Ausflugs- und Kabinenschiffen befährt. Diese Verbindung hat einen gemeinsamen historischen Hintergrund: Im Jahre 1827, als Karl Baedeker (1801–1859) seine Verlagsbuchhandlung in Koblenz eröffnete, nahm die 1826 in Köln gegründete Preußisch-Rheinische Dampfschiffahrts-Gesellschaft (die heutige ‚Köln-Düsseldorfer‘, kurz auch ‚KD‘ genannt) ihren ersten regelmäßigen Personenverkehr und Eilgüterdienst auf dem Mittelrhein zwischen Köln und Mainz auf. Karl Baedeker übernahm 1832 mit dem Koblenzer Verlag von Fr. Röhling auch Professor J. A. Kleins 1828 erschienenes „Handbuch für Schnellreisende – Rheinreise von Mainz bis Cöln“. Diese „Rheinreise“ wurde der Grundstock des Baedekerschen Reiseführerverlages; sie erlebte in mehrfach abgewandelter und ergänzter Form bis 1931 insgesamt 34 Auflagen.

Der vorliegende Flußreiseführer ist in vier Hauptteile gegliedert: Im ersten Teil wird über den Rhein im allgemeinen, seine geographische, wirtschaftliche, politische und historische Bedeutung, berühmte Persönlichkeiten u.a. berichtet. Im zweiten Teil ist der Strom von den Quellen bis zu den Mündungen mit einer besonders anschaulichen Darstellung des Hauptabschnittes zwischen Basel und Rotterdam beschrieben. Der dritte Teil stellt alle im näheren Bereich des Flusses gelegenen Städte und größeren Orte mit ihren Sehenswürdigkeiten vor. Dann folgt ein vierter Teil mit praktischen Informationen. Sowohl die Städte und Ausflugsziele als auch die Informationen sind in sich alphabetisch geordnet.

Baedeker Allianz Reiseführer zeichnen sich durch Konzentration auf das Wesentliche sowie Benutzerfreundlichkeit aus. Sie enthalten eine Vielzahl eigens entwickelter Pläne sowie zahlreiche farbige Abbildungen. Zu diesem Reiseführer gehört als integrierender Bestandteil eine Panoramakarte, die den Rheinlauf zwischen Basel und der Nordsee darstellt.

Wir wünschen Ihnen mit dem Baedeker Allianz Reiseführer viel Freude am Rhein und gute Reise auf den Schiffen der Köln-Düsseldorfer!

Baedeker
Verlag Karl Baedeker

Zahlen und Fakten

Allgemeines

Gesamtbild

Der Rhein ist die bedeutendste Wasserstraße und zugleich der landschaftlich reizvollste Strom Europas. Er entsteht in den Zentralalpen, und zwar im südostschweizerischen Kanton Graubünden aus Vorderrhein und Hinterrhein, die sich zum Alpenrhein vereinen. Er durchfließt den Bodensee, bildet danach den Rheinfall bei Schaffhausen und fließt als Hochrhein nach Basel. Dort wendet er sich in einem Knie nach Norden und durchzieht als Oberrhein die Oberrheinische Tiefebene. Zwischen Mainz und Bingen fließt er in westlicher Richtung und durchbricht dann nordwestwärts als burgengesäumter Mittelrhein das Rheinische Schiefergebirge. Unterhalb von Bonn heißt er dann Niederrhein. Auf dem flachen niederländischen Gebiet verzweigt sich der Rhein in mehrere Deltamündungsarme (v.a. Lek und Waal), die sich schließlich in die Nordsee ergießen.

Länge und Einzugsgebiet

Der insgesamt rund 1320 km lange Strom hat ein Einzugsgebiet von über 252000 km^2 und bildet einschließlich des Bodensees das Trinkwasserreservoir für etwa 30 Millionen Menschen.

Internationaler Fluß

Aus gutem Grund kann man den Rhein als europäischen Strom bezeichnen; folgende Staaten werden von ihm durchflossen bzw. berührt: die Schweizerische Eidgenossenschaft (Schweiz), das Fürstentum Liechtenstein, die Republik Österreich, die Bundesrepublik Deutschland, die Französische Republik (Frankreich) und das Königreich der Niederlande.

Namen

Die Herkunft des Flußnamens ‚Rhein' (urspr. auch ‚Rein') ist nicht schlüssig geklärt; man vermutet eine frühe Ableitung von dem intransitiven deutschen Tätigkeitswort ‚rinnen'. Die Kelten nannten den Strom ‚Renos', die Römer ‚Rhenus'; auf rätoromanisch heißt er ‚Rein' oder (wie auf italienisch) ‚Reno', auf französisch ‚Rhin', auf niederländisch ‚Rijn' und auf englisch ‚Rhine'. Der deutsche Volksmund spricht von ‚Vater Rhein'.

Quellflüsse Vorderrhein und Hinterrhein

Als Hauptquellflüsse des Rheins gelten zum einen der Vorderrhein (rätoromanisch: Rein Anteriur; 68 km), der am Ausfluß des kleinen Toma-Sees (Lai da Tuma; 2345 m ü.d.M.) am Fuße des 2928 m hohen Berges Badus, einem Ausläufer des St.-Gotthard-Massives, ca. 3 km Luftlinie südlich vom Oberalppaß beginnt, und zum anderen der Hinterrhein (Rein Posteriur; 65 km), der etwa 35 km Luftlinie weiter südöstlich dem Firnfeld zwischen Rheinquellhorn (3200 m ü.d.M.) und Rheinwaldhorn (Adula; 3402 m ü.d.M.) ca. 8 km Luftlinie westlich vom untertunnelten San-Bernardino-Paß entspringt. Beiden fließen alsbald zahlreiche Gletscherabrinnungen und Bergbäche zu.
An größeren Zuflüssen (alle von Süden) nimmt der Vorderrhein den Medelser Rhein (Rein de Medel), den Somvixer Rhein (Rein de Sumvitg), den Glogn (mit seinem Zufluß, dem Valser Rhein)

◀ *Loreleyfelsen: berühmter Engpaß am Mittelrhein*

Hinterrhein

und die Rabiusa, der Hinterrhein den Averser Rhein (von Südosten; gespeist im wesentlichen vom Reno di Lei und vom Madriser Rhein) und die Albula (von Osten) auf.
Rund 10 km oberhalb des Graubündener Kantonshauptortes Chur (Cuera/Cuoira) vereinigen sich Vorderrhein und Hinterrhein bei Reichenau/Tamins zum eigentlichen Rhein, der in seinem weiteren Verlauf bis zum Bodensee auch Alpenrhein genannt wird.

Alpenrhein

Der Alpenrhein (102 km) fließt zunächst nordwestlich an Chur vorüber, nimmt hier die Plessur (von Südosten) auf und strömt dann nordwärts in ein breites Tal, das von Aufschüttungen erfüllt ist. Bei Landquart fließt ihm von Osten die Landquart, bei Bad Ragaz von Südwesten die Tamina zu. Auf der Breite von Sargans (Kanton St. Gallen) treffen sich ca. 10 km östlich vom Rhein die Staatsgrenzen der Schweiz, Österreichs und des kleinen Fürstentums Liechtenstein, dessen gesamte Westgrenze der Fluß dann bildet. Anschließend ist der Alpenrhein bis auf ein kleines Stück bei Diepoldsau der Grenzfluß zwischen der Schweiz und Österreich. Unweit flußabwärts der Nordspitze von Liechtenstein mündet von Südosten die Ill. Beim Grenzort St. Margrethen wendet sich der Alte Rhein samt der Landesgrenze nach Nordwesten, um bei dem Rorschacher Ortsteil Altenrhein in den Bodensee zu münden; sein Delta schiebt sich von Jahr zu Jahr um 23 m in das „Schwäbische Meer". Ein um die letzte Jahrhundertwende auf österreichischem Gebiet angelegter Stichkanal leitet einen Großteil des Rheinwassers geradewegs nordwärts in die Fußacher Bucht des Bodensees (6 km westlich von der Vorarlberger Landeshauptstadt Bregenz).

Bodensee

Der vor dem nördlichen Alpenrand gelegene Bodensee (natürlicher Name: Rheinsee), Deutschlands bei weitem größter Binnensee (538,5 km^2; von Bregenz bis Stein am Rhein 69 km lang, bis 252 m tief), mit der Schweiz und Österreich als weiteren Anrainern (Staatsgrenzen weithin unbestimmt), steht nach dem ungarischen Plattensee und dem Genfer See an dritter Stelle in der Rangfolge der ausgedehntesten Seen Mitteleuropas und an zweiter Stelle der Alpenrandseen.

Der Bodensee gliedert sich, von Südosten nach Nordwesten verlaufend, in den Obersee, das sich von der Bregenzer Bucht bis zum Konstanzer Eichhorn erstreckende große und tiefe Hauptbecken, sowie die beiden wesentlich schmäleren, kürzeren und viel weniger tiefen Zweigbecken von Überlinger See (zwischen Bodanrück und Linzgau) und Untersee, der vom Hauptbecken durch eine bei Konstanz vom Rhein durchschnittene Landbrücke getrennt ist und in seinem nördlichen Teil die beiden ‚Finger' von Gnadensee (zwischen der Insel Reichenau und dem Bodanrück) und Zeller See (in der Bucht von Radolfzell zwischen den Halbinseln Höri und Mettnau) bildet.

In jedem der drei Seebecken befindet sich eine größere Insel: gegen das Ostende des Obersees die Inselstadt Lindau im Bodensee, beim Südende des Überlinger Sees die Blumeninsel Mainau und inmitten des Untersees die größere Gemüseinsel Reichenau mit ihren kunst- und kulturgeschichtlich bedeutenden Denkmalen.

Die äußerst wechselhafte Wasserführung des Alpenrheins sowie der zahlreichen anderen Zuflüsse des Bodensees beeinflussen den Seewasserstand in erheblichem Maße; alljährlich werden dem Obersee vor allem durch den Rhein rund 4 Mio. m^3 Geschiebe zugeführt.

Seerhein

Der Rhein ist zugleich Hauptzufluß und Hauptabfluß des Bodensees. Als Alpenrhein (102 km) strömt er in einem weit vorgeschobenen Delta am Südostende des Seebeckens ein, durchfließt den Obersee, durchquert als Seerhein (4 km lang, 200–500 m breit) das Stadtgebiet von Konstanz und verläßt den Untersee auf schweizerischem Gebiet bei Stein am Rhein als Hochrhein. In Konstanz beginnt die offizielle Rheinkilometrierung (Rhein-km 0: Mitte der Rheinbrücke).

Hochrhein

Nach dem Ausfluß aus dem Bodensee strömt der Hochrhein bis Basel gut 145 km generell in westliche Richtung, wobei der Lauf jedoch beträchtlich mäandriert. Bis auf drei kurze Abschnitte (unterhalb von Stein am Rhein, im Stadtgebiet von Schaffhausen sowie etwa zwischen der Mündung der Thur und Eglisau) markiert er die Staatsgrenze zwischen der Schweiz (Südufer) und der Bundesrepublik Deutschland (Nordufer).

Rheinfall

Etwa 20 km flußabwärts vom Westende des Bodensees und 3 km südwestlich des schweizerischen Kantonshauptortes Schaffhausen stürzt der Rhein bei der Ortschaft Neuhausen in 150 m Breite über eine 22 m hohe Jurakalkschwelle, von der mitten im Fluß zwei höhere Felsen stehengeblieben sind. Dieser Rheinfall bei Schaffhausen ist der mächtigste Wasserfall in Mitteleuropa.
Das Tal des Hochrheins ist eine freundliche Stromlandschaft, die im Norden von den Hängen des Schwarzwaldes und im Süden von den Ausläufern des Schweizer Juras umrahmt wird. Das Rheinwasser fließt hier bei unausgeglichenem Gefälle (‚Laufen‘ = Stromschnellen) relativ schnell und wird von etlichen Kraftwerken zur Stromerzeugung genutzt. Erst ab Rheinfelden (Rhein-km 149,20) ist der Strom schiffbar.

Nebenflüsse des Hochrheins

Die wichtigsten linken Nebenflüsse des Hochrheins sind Thur, Töss, Glatt, Aare (mit ihren Zuflüssen Limmat und Reuss), Ergolz und Birs, als größere rechte Nebenflüsse sind Biber,

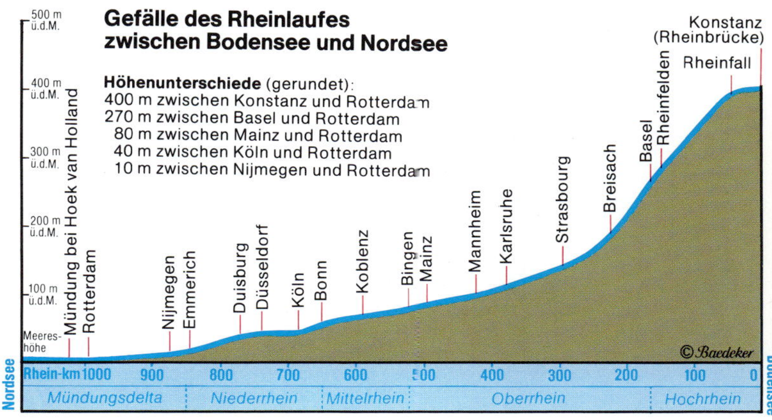

Hochrhein (Fortsetzung)

Durach, Wutach (mit ihrem Zufluß Schlücht), Alb, Murg und Wehra zu nennen.

In seinem Lauf von den Quellen bis Basel (Rhein-km 165–169) entwässert der Rhein etwa zwei Drittel der schweizerischen Landesoberfläche, darunter über 500 km^2 Gletschergebiet. Bei Basel fließen aus der Schweiz pro Sekunde durchschnittlich mehr als 1000 m^3 Rheinwasser nach Norden.

Oberrhein

Im Stadtgebiet von Basel wendet sich der Rhein in einem Knie nordwärts und durchfließt als Oberrhein (358 km) in trägem Lauf und über weite Strecken kanalisiert die Oberrheinische Tiefebene. Zwischen Basel und Lauterbourg bildet er die deutsch-französische Staatsgrenze.

Der 30–40 km breite oligozäne Grabenbruch der Oberrheinischen Tiefebene wird im Osten vom Schwarzwald, dem Kraichgau und dem Odenwald, im Westen von den Vogesen, der Haardt und dem Nordpfälzer Bergland begrenzt. Ihre Gesteine, die in den Randzonen zutage treten, sind in der Rheinebene von Ablagerungen aus der letzten Erdentwicklungsperiode bedeckt. Die Lößschichten der Diluvialzeit bieten die Voraussetzung für ein fruchtbares Obst- und Weinbaugebiet (Markgräflerland, Elsaß, Ortenau, Deutsche Weinstraße, Bergstraße, Rheinhessen).

Durch die 1817 von dem Bauingenieur Johann Gottfried Tulla begonnenen Regulierungsmaßnahmen am Oberrhein wurden zwar einerseits die Hochwassergefahr gemindert, die Flußniederungen nutzbar gemacht und die Schiffahrt begünstigt, andererseits aber der Grundwasserspiegel abgesenkt und die urwüchsige Stromauenlandschaft weitgehend zerstört.

Elsässischer Rheinseitenkanal

Zwischen Basel und Straßburg (Strasbourg) benutzt die Großschiffahrt den Elsässischen Rheinseitenkanal (Grand Canal d'Alsace), der eine Verbindung mit dem Rhein-Rhône-Kanal (Canal du Rhône au Rhin) besitzt. Im südlichen, ganz kanalisierten Abschnitt zwischen Village-Neuf und Breisach (53 km) bestehen vier Staustufen mit Flußkraftwerken bei Kembs, Ottmarsheim, Fessenheim und Vogelgrün; zwischen Breisach und Straßburg ist der Rhein gemäß der sogenannten Schlingenlösung in der Weise ausgebaut, daß jeweils ein Schiffahrtskanal zu jeder der vier weiteren Staustufen mit Flußkraftwerken bei Marckolsheim, Rhinau, Gerstheim und Straßburg (Strasbourg) hingeführt sowie unterhalb dieser Anlagen wieder zum Fluß zurückgeführt wird. Stromabwärts folgen dann noch zwei Staustufen mit Flußkraftwerken bei Gambsheim und Iffezheim.
Bedeutendster Hafenplatz im südlichen Teil des Oberrheins ist neben Basel die ‚Europastadt' Straßburg (Strasbourg), Anfangs- bzw. Endpunkt des Rhein-Marne-Kanals (Canal de la Marne au Rhin).

Nebenflüsse des Oberrheins

Die wichtigsten kleineren Nebenflüsse des Oberrheins sind von links Ill, Moder, Sauer und Lauter, von rechts Wiese, Kander, Elz (Leopoldskanal), Kinzig, Rench und Murg, zwei große rechte Nebenflüsse Neckar und Main (Rhein-Main-Donau-Kanal im Ausbau).

Rhein-Neckar-Raum

Wirtschaftliche Schwerpunkte des deutschen Oberrheingebietes bilden neben Karlsruhe die Zwillingsstädte Ludwigshafen

Burg Rheinstein über Trechtingshausen

Burg Stahleck über Bacharach

Burg Rheinfels über St. Goar

Burg Stolzenfels bei Koblenz

Rhein-Main-Gebiet

und Mannheim im Mündungsbereich des Neckars sowie nahe der Mündung des Mains die Städte Mainz und Wiesbaden als westliche Exponenten des bedeutenden Rhein-Main-Wirtschaftsraumes.

Rheingau

Rheinhessen

Bei Mainz macht der Rhein eine abrupte Wendung in westliche Richtung und durchzieht bis Bingen den nördlichsten Teil der Oberrheinischen Tiefebene. Während die Ausläufer des Taunus den weingesegneten Rheingau nach Norden abschirmen, geht entlang dem südlichen Flußufer die tertiäre Senke des Mainzer Beckens in das Rheinhessische Hügelland über. Wie weit das Rheinwasser in vorgeschichtlicher Zeit reichte, zeigen die fossilienträchtigen Ablagerungen in Sand- und Mergelgruben bei Gau-Algesheim, Sprendlingen und Weinheim (Alzey).

Mittelrhein

Der Rheinstrom, der bei Mainz angesichts der Mauer des Rheingaugebirges unvermittelt nach Westen abbiegt, ändert bereits bei Bingen wieder seine Richtung und fließt nun als Mittelrhein (126 km) nordwestwärts in einem schluchtartig engen Tal mitten durch das Rheinische Schiefergebirge, und zwar quer zu dessen Aufbau, den harten Quarzitzug von Hunsrück und Taunus teilend. Das Gebirge hob sich seit dem mittleren Tertiär, während sich der Rhein in einer vorgezeichneten Mulde stufenweise einschnitt und eine Terrassenlandschaft schuf; Rheinschotter ist daher in verschiedenen Höhen zu finden.

Die Schiffahrt auf dem Rhein muß zwischen Bingen und St. Goar wegen des starken Gefälles und der Enge die schwierigste Strecke bewältigen. Die früher höchst gefährlichen Passagen durch das ‚Binger Loch', am sagenumwobenen Loreleyfelsen bei St. Goarshausen und vor St. Goar sind heute entschärft, nachdem man etliche Klippen ausgesprengt, das Geröll ausgebaggert und somit neue, praktisch kanalisierte Fahrrinnen geschaffen hat; an unübersichtlichen Stellen regeln Warnzeichen die Berg- und Talfahrt der Schiffe.

Romantischer Rhein

In den zwischen den Engpässen gelegenen offeneren Talsenken wird wieder Raum für Siedlungen, Weinkulturen und Obstanbau. Zusammen mit den zahlreichen, auf steilen Talrändern malerisch thronenden Burgen und Burgruinen sowie einer Reihe von Strominseln (bis Bingen ‚Auen', unterhalb ‚Werthe') ergibt sich ein überaus abwechslungsreiches Landschaftsbild. Unmittelbar entlang beiden Ufern des Mittelrheins verlaufen äußerst verkehrsreiche Eisenbahnstrecken sowie Bundes- bzw. Ferienstraßen (u.a. linksrheinisch: B 9, hier ‚Rheingoldstraße'; rechtsrheinisch: B 42, hier ‚Loreley-Burgenstraße').

Neuwieder Becken

Hinter Koblenz, wo der Rhein am ‚Deutschen Eck' die Mosel aufnimmt, weitet sich das Flußtal zu dem kleinen Neuwieder Becken, einem tertiären Einbruch des Schiefergebirges, der von den Ablagerungen des Stroms und von vulkanischen Auswürfen angefüllt wurde. Die Rheinorte haben hier eine rege Industrie entwickelt, während das linksrheinische Hinterland zusammen mit dem zur vulkanischen Eifel überleitenden Maifeld vorwiegend landwirtschaftlich genutzt wird.

Siebengebirge

Kurz vor dem Eintritt des Rheins in die niederrheinische Ebene erhebt sich auf dem rechten Ufer als Ausläufer des Westerwaldes das formenreiche Siebengebirge (vermutl. von ‚Siefen' = tiefe wasserführende Täler; Naturpark).

Blick auf das Siebengebirge (links der Drachenfels, 324 m ü.d.M.)

Es besteht hauptsächlich aus vulkanischem Trümmergestein; (höchste Erhebung: Großer Ölberg, 460 m ü.d.M.; Petersberg, Drachenfels) und bildet den prächtigen Abschluß des mittelrheinischen Abschnittes. Sein Rand ist das nördlichste Weinbaugebiet am Rhein und eines der nördlichsten der Erde.

Nebenflüsse des Mittelrheins

Dem Mittelrhein fließen folgende Nebenflüsse zu: von links Nahe, Mosel und Ahr, deren Täler bekannte deutsche Weingebiete sind, von rechts Wisper, Lahn, Wied und Sieg.

Niederrhein

Unterhalb von Bonn erreicht der Rhein die Kölner Bucht, den südlichen Teil des weiten Niederrheinischen Tieflandes. Sie ist durch den Einbruch eines Gebirges entstanden und weist flachwelliges Gelände auf; nur südwestlich von Köln ergibt das sogenannte Vorgebirge eine stärkere Gliederung. Die hier in der mittleren Tertiärzeit entstandenen, lediglich von einer dünnen Erdschicht bedeckten und im Tagebau erschlossenen Braunkohlenlager besitzen mit über 100 m die größte auf der Erde bisher festgestellte Mächtigkeit.

Am Niederrhein (212 km bis Deltabeginn) haben sich einige bedeutende Großstädte entwickelt, die eine wichtige Rolle in der deutschen Kultur- und Wirtschaftsgeschichte spielen: die Hauptstadt der Bundesrepublik Deutschland Bonn (der Geburtsort Beethovens), die Römer- und Domstadt Köln, die Hauptstadt des deutschen Bundeslandes Nordrhein-Westfalen Düsseldorf, die Textilstadt Krefeld und die Industriestadt Duisburg (mit dem größten Binnenhafen der Erde an der Mündung der Ruhr) am Westrand des gewaltigen Industrieverdichtungsraumes Ruhrgebiet (Rheinisch-Westfälisches Industriegebiet).

Holländische Windmühlen bei Kinderdijk am Rheinarm Noord (nahe Rotterdam)

Niederrhein (Fortsetzung)

Weiterhin ist die breite Flußniederung von fruchtbaren Marschwiesen bedeckt. Die Städte werden kleiner, sind aber nichtsdestoweniger geschichtsträchtige Plätze: Wesel, Xanten, Kleve und Emmerich. Am Fuße des Eltenberges (83 m ü. d. M.) passiert der Rhein dann die deutsch-niederländische Grenze (Rhein-km 857,68).

Nebenflüsse des Niederrheins

Auf deutschem Gebiet fließen dem Niederrhein die Nebenflüsse Erft von links sowie Wupper, Ruhr, Emscher und Lippe von rechts zu. Wichtige Kanäle sind der Rhein-Herne-Kanal und der Wesel-Datteln-Kanal, die den Rhein über den Dortmund-Ems-Kanal mit dem Mittellandkanal verbinden.

Mündungsgebiet Rhein-Maas-Delta

Die gewässergeographische Gesamtsituation des Rheins und seiner Mündungsarme in den Niederlanden ist recht kompliziert, zumal sie mit dem Lauf der Maas und ihren Verzweigungen verflochten ist.

Bovenrijn

An der deutsch-niederländischen Grenze, die zunächst 8 km in der Mitte des Rheins verläuft, nimmt der Strom den Namen Bovenrijn (Oberrhein) an. Nach weiteren 2 km verzweigt er sich in einen nördlichen und einen südlichen Arm.

Pannerdens Kanaal

Nederrijn

Der nördliche Rheinarm heißt bis Arnhem (Arnheim; Abzweigung der Gelderse IJssel zum IJsselmeer) Pannerdens Kanaal, dann bis Wijk bij Duurstede Nederrijn (Niederrhein).

Kromme Rijn

Oude Rijn

Kurz vor Wijk bij Duurstede zweigt nach Nordwesten der Kromme Rijn (Krummer Rhein) nach Utrecht ab; von Utrecht schlängelt sich der Oude Rijn (Alter Rhein) über Alphen aan den Rijn, die alte Universitätsstadt Leiden und Katwijk aan den Rijn zu dem Seebad Katwijk aan Zee, wo er in die Nordsee fließt.

Kurz hinter Wijk bij Duurstede kreuzt der Nederrijn den Amsterdam-Rijnkanaal (Verbindung mit der Waal) und ändert im weiteren Verlauf bis zur Einmündung der Noord, die eine Querverbindung mit der Merwede schafft, seinen Namen in Lek.
Im Stadt- und Hafengebiet von Rotterdam trägt der Fluß nacheinander die Bezeichnungen Nieuwe Maas (Neue Maas; bei IJsselmonde Abzweigung der Hollandse IJssel) und Het Scheur sowie zuletzt Nieuwe Waterweg (Neuer Wasserweg). Zwischen dem Erdölhafen Europoort und dem Fährhafen Hoek van Holland mündet der Nieuwe Waterweg in die Nordsee (Rhein-km 1035,5).

Lek

Nieuwe Maas
Het Scheur
Nieuwe Waterweg

Der südliche Rheinarm nimmt den Namen (die) Waal an, fließt an Nijmegen (Nimwegen) vorüber und verläuft in großen Zügen parallel zu der unweit südlich fließenden Maas (zwei Kanalverbindungen; Fortsetzung als Bergse Maas und Amer sowie mit Zufluß der Nieuwe Merwede ins Hollands Diep). – Bei Tiel mündet der Amsterdam-Rijnkanaal (Verbindung mit dem Lek) in die Waal.
Von der alten Maasmündung unweit von Gorinchem wird der südliche Rheinarm bis Dordrecht zur Merwede (Abzweigung der Nieuwe Merwede ins Hollands Diep), die sich hier in die Noord (Verbindung mit dem Lek) und die Oude Maas (Alte Maas) verzweigt. Die Oude Maas fließt südlich an Rotterdam vorbei und mündet gegenüber von Vlaardingen in die Nieuwe Maas (Het Scheur).

Waal

Merwede
Noord
Oude Maas

Im Rahmen des Deltaplanes (Gesetz von 1958) zur Sicherung von 15000 km^2 Land wurden die Mündungsarme von Rhein, Maas und Schelde – bis auf den Nieuwe Waterweg und die Westerschelde – abgedämmt; das Gezeitengebiet der Oosterschelde erhielt eine halboffene Staumauer (1986 fertiggestellt; bei Sturmflut geschlossen).

Deltaplan
Delta-Expo
(→Zierikzee, S. 233)

Strombreite

Ausgewählte Rheinuferorte	Flußbreite (Richtwerte)
Chur	80 m
Konstanz (Seerhein)	150 m
Basel	200 m
Strasbourg (Straßburg)	280 m
Karlsruhe	240 m
Ludwigshafen/Mannheim	280 m
Mainz	580 m
Loreley	112 m
Koblenz	300 m
Köln	520 m
Düsseldorf	400 m
Emmerich	990 m
Nijmegen (Waal)	400 m
Rotterdam (Nieuwe Maas)	400 m
Hoek van Holland (Nieuwe Waterweg)	1000 m

Wasserführung

Der Rhein ist mit Abstand der wasserreichste Strom Mitteleuropas, sein Wasserstand insgesamt relativ gleichmäßig.

Die mittlere Wasserabflußmenge beträgt bei Basel ca. 1028 m^3/s, bei Karlsruhe-Maxau ca. 1050 m^3/s, bei Kaub ca. 1530 m^3/s und bei Wesel ca. 2460 m^3/s.

Allgemeines

Wasserführung (Fortsetzung)

Das Abflußregime des Rheins ist von zwei Hauptfaktoren bestimmt: Zum einen führt die Firnschnee- und Gletscherschmelze in den Alpen zu einem Sommermaximum am Alpenrhein, Hochrhein und Oberrhein (bei Basel Juni/Juli), zum anderen bringt die Schneeschmelze der Mittelgebirge ein Frühjahrsmaximum nördlich des Rheinischen Schiefergebirges. Hier können auch in den Wintermonaten nach plötzlichen Warmlufteinbrüchen mit starken Niederschlägen gefährliche Hochwasser eintreten (höchste Pegelstände in diesem Jahrhundert bei Kaub am 27.2.1970 mit 793 cm und bei Wesel am 3.1.1926 mit 1231 cm). Am geringsten ist die Wasserführung des Rheins bei Basel in den Monaten Dezember, Januar und Februar, bei Wesel hingegen im September und Oktober (niedrigste Pegelstände in diesem Jahrhundert bei Kaub am 3.11.1947 mit 42 cm und bei Wesel am 19.10.1959 mit 129 cm).

Vereisung

Wegen des gemäßigten Klimas und nicht zuletzt der Einleitung erwärmter Kühlwässer aus Industrieanlagen und Kernkraftwerken ist die Vereisungsgefahr des Rheins heutzutage gering (letzter Eisgang im Rhein mit Eisschollen bis 30 m^2 und Schifffahrtssperre vom 16.1. bis 22.2.1963).

Rheinkilometrierung

Zwischen Konstanz am Bodensee und der niederländischen Nordseeküste ist der Rhein in allen Uferstaaten durchlaufend kilometriert.
Die Einteilung beginnt in der Mitte der Konstanzer Rheinbrücke (Stromkilometer 0) und endet an der Mündung des Nieuwe Waterweg in die Nordsee bei Hoek van Holland (Stromkilometer 1035,5).

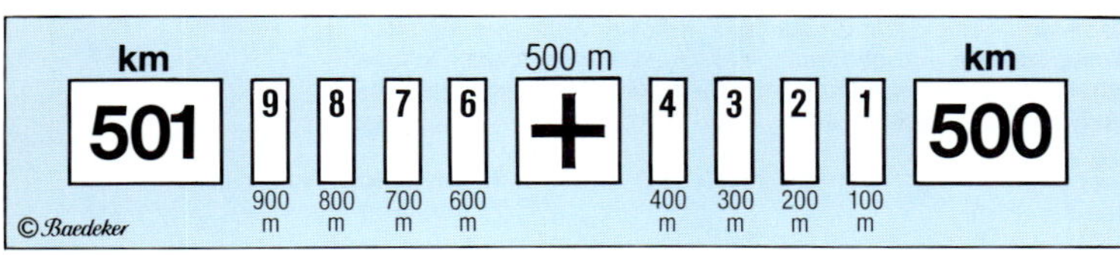

In der Schweiz, der Bundesrepublik Deutschland und Frankreich ist die Kilometereinteilung durch am Ufer aufgestellte verschieden große Tafeln kenntlich gemacht, auf denen die vollen Kilometer mit großen Zahlen, die halben Kilometer (500 m) mit einem deutlichen Kreuz und die 100-Meter-Abschnitte auf schmalen Tafeln mit kleineren Zahlen von 1 bis 4 bzw. 6 bis 9 oder senkrechten Strichen angegeben sind, jeweils schwarz auf weißem Grund.
In den Niederlanden sind lediglich die vollen Kilometer bezeichnet, und zwar mit weißen Zahlen auf schwarzem Grund.

Wassernutzung

Hauptnutzungsbereiche des Rheinstromes sind neben der Entnahme von Wasser für industrielle und gewerbliche Zwecke sowie von Trinkwasser – besonders in den Niederlanden, die rund drei Viertel ihres Trinkwassers aus dem Rhein beziehen – die Energiegewinnung (am Hochrhein elf, am Oberrhein/Rheinseitenkanal zehn Staustufen mit Wasserkraftwerken) und die →Schiffahrt.

Brücken, Fähren

Die den Rhein überquerenden Brücken und Fähren sind auf der großen Panoramakarte am Ende des Buches verzeichnet.

Klima

Da der Rhein von seinem Quellgebiet in den Schweizer Alpen bis zu seinem Mündungsdelta an der Nordsee durch Regionen verschiedenster geographischer Breiten und Höhenlagen fließt, findet man in den einzelnen Abschnitten des Rheintales entsprechend vielfältige Klimaerscheinungen.

Alpenrhein

Im Graubündener Einzugsbereich des Rheins herrscht ein nördlich-kontinentales Klima vor. Die Stadt Chur unweit vom Rhein an der Plessur gelegen, ist dagegen wetterbegünstigt (Januarmittel −1,5 °C), so daß hier Obst und Wein, an geschützten Stellen sogar Eßkastanien und Feigen gedeihen.
Ein in den Alpen und im Voralpenraum häufiges Wetterphänomen ist der Föhn. Bei Tiefdrucklage nördlich der Alpen wird die Luft von Süden angesaugt, steigt am Alpenhauptkamm unter Wolkenbildung bei starkem Regen empor und fällt dann als warmer trockener Wind hinab in die Täler, wobei sie sich pro 100 Höhenmeter um 1 °C erwärmt (der Föhn ‚frißt' den Schnee). Mit Föhnlagen gehen meist klare Luft und gute Fernsicht einher, aber besonders bei wetterfühligen Menschen kann eine deutliche Beeinträchtigung des Wohlbefindens eintreten. – Früher waren im Rheintal die sogenannten Föhnbrände gefürchtet, denen ganze Ortschaften zum Opfer fielen.

Bodensee

Zwischen Bregenz und Rorschach mündet der Rhein mit einem Delta in den Bodensee. Wegen der relativ niedrigen und südlichen Lage sowie aufgrund des gemäßigten Seeklimas ist der Bodenseeraum im Gegensatz zum übrigen Alpenvorland ein Gebiet mit milder Witterung (frühes Frühjahr, später Herbst). Obst-, Gemüse- und Weinbau liefern gute Ernteerträge; auf der Insel Mainau gedeihen sogar subtropische Pflanzen.
Das Wasser des Sees speichert die sommerliche Wärme bis in den Spätherbst. Mit durchschnittlichen Lufttemperaturen von wenig unter 0 °C ist der Januar der kälteste Monat (mittlerer Jahrestiefstwert −14 °C). Am wärmsten wird es im Juli, dem zugleich sonnigsten Monat des Jahres, wo die Temperatur im Schnitt gut 18 °C beträgt. Während alle paar Jahre eine Eisdecke den Untersee überzieht, friert der Obersee nur selten zu.
Bei gleichbleibender Meereshöhe nehmen die Niederschläge von Westen nach Osten gegen das Gebirge stark zu: Auf der Linie Romanshorn – Friedrichshafen gehen 900 mm, in Bregenz annähernd 1500 mm nieder. Der meiste Regen fällt im Juni.
Sobald sich die Lufttemperatur dem Taupunkt nähert, d. h. sobald die relative Luftfeuchtigkeit 100 Prozent erreicht, kommt es zur Bildung von Nebel. Diese vor allem in den Übergangsjahreszeiten häufige Erscheinung tritt ein, wenn warme Luft über kalten Untergrund streicht, aber auch, wenn feuchte Luft abkühlt, z. B. durch Wärmeabstrahlung über Nacht. Insbesondere für die Schiffahrt bringt der Nebel eine starke Behinderung.
Neben dem Seewind (tagsüber) und dem Landwind (nachts) können Gewitterstürme sowie der hier aus dem Tal des Alpenrheins einfallende Föhn auftreten.

Hochrhein

Am Hochrhein, der Flußstrecke zwischen Stein am Rhein und Basel, herrscht ebenfalls ein mildes Klima (Januarmittel 0 bis −2 °C; Julimittel 14–18 °C). Während die Niederschläge sich südlich des Hochrheins auf 1000 bis 1500 mm im Jahr belaufen,

Hochrhein (Fortsetzung)

werden am nördlichen Ufer (d. h. südlich vom Schwarzwald) nur bis zu 1000 mm erreicht.
Auch die Stadt Basel ist aufgrund ihrer Lage am Rhein klimabegünstigt (Januarmittel 1,2 °C; Julimittel 18,5 °C; Jahresmittel 10,1 °C). Die Niederschläge sind relativ gering (815 mm Jahresniederschlag), da sich die Wolken an den Bergen des Jura abregnen.

Oberrhein

Durch seine Lage im Wind- und Regenschatten der Vogesen ist das Oberrheintal in seinem westlichen Teil (Elsaß) eine klimatisch besonders bevorzugte Region, für die warme Sommer und milde Winter kennzeichnend sind. Das Jahresmittel von Straßburg liegt bei 10 °C (Januarmittel 1,5 °C; Julimittel 19 °C); die Höhe der jährlichen Niederschläge beläuft sich auf 696 mm. Bei Colmar gibt es im Bereich der rebenbestandenen Vorbergzone eine Trockeninsel mit kaum mehr als 400 mm Regen pro Jahr. Durch die Burgundische Pforte dringen regenbringende Westwinde in das Oberrheintal.
Entsprechend günstige Klimaverhältnisse herrschen auch im badischen Teil der Oberrheinebene sowie in den nördlich anschließenden, vom Odenwald auf der östlichen und vom Pfälzer Wald auf der westlichen Seite begrenzten Zone (Bergstraße). Unter den deutschen Landschaften hat das Oberrheinische Tiefland das mildeste Klima. Mit einem Jahresmittel von 10,3 °C liegt die Temperatur hier um 1,2 °C über dem Mittel des übrigen Deutschland. Dies hat mehrere Ursachen: Das im Verhältnis zu seiner Umgebung tief gelegene Gebiet ist vor rauhen Winden geschützt, und die Nord-Süd-Ausdehnung begünstigt eine starke Sonneneinstrahlung; ferner ist die Niederschlagsmenge wegen der westlichen Randgebirge gering (Karlsruhe 672 mm; Mainz 515 mm).
Klimatisch besonders begünstigt ist der Kaiserstuhl, zwischen Freiburg und Colmar, wo wegen der hohen Sommertemperaturen und der geringen Niederschläge vor allem Wein angebaut wird.
Unter den größeren Städten der Bundesrepublik Deutschland haben Ludwigshafen und Mainz im Oberrheintal die höchste Jahres- bzw. Julitemperatur (Januarmittel 1,7 °C; Julimittel 19 °C; Jahresmittel 10,5 bzw. 10 °C).
Ein gutes Kriterium für die Wärmeverhältnisse einer Region ist das Datum des Beginns der Apfelblüte und damit des Frühlings: Im Oberrheintal zwischen Basel und Freiburg setzt die Apfelblüte etwa zwischen 10. und 20. April ein, im inneren Schwarzwald dagegen erst zwischen 20. und 31. Mai. Schon im April blühen Mandel- und Pfirsich-, anschließend Kirsch- und Pflaumenbäume; bereits Anfang Juni gibt es reife Kirschen. In Rheinhessen, dem niederschlagsärmsten Gebiet Deutschlands (unter 500 mm), gedeihen im Rheinknie zwischen Worms, Mainz und Bingen die rheinhessischen Weine.

Mittelrhein

Zwischen den Mittelgebirgen – Hunsrück, Taunus, Eifel, Westerwald und Siebengebirge – ist das Rheintal ausgesprochen regenarm; denn es erstreckt sich überwiegend in Lee (= windabgewandte Seite) der Gebirge und wird nur in geringem Maße von den regenbringenden Westwinden erreicht. Bei Koblenz liegt die jährliche Niederschlagsmenge um 580 mm. Auch für das Mittelrheintal ist im Gegensatz zu den angrenzenden Gebirgen eine vorwiegend milde Witterung charakteristisch. Bei Koblenz beläuft sich das Jahresmittel der Temperatur auf 11 °C (Januar 1,8 °C; Juli 18,5 °C).

Klima am Niederrhein

Im Bonner Raum und in der Kölner Bucht herrscht das für Mitteleuropa charakteristische gemäßigte Klima, das durch den Einfluß des Golfstromes gemildert wird. Dadurch sinken die Temperaturen im allgemeinen im Winter nicht allzu tief ab und werden im Sommer nicht unerträglich hoch (Köln: Januarmittel 2,5 °C; Julimittel 18 °C; Jahresmittel 10,2 °C). In Bonn wird es im Sommer allerdings manchmal recht schwül (Kesselklima).

Die Niederlande, wo sich der Rhein in mehrere Arme teilt, haben ein ozeanisches Klima mit verhältnismäßig kühlen Sommern und milden Wintern (Rotterdam: Januarmittel 2,8 °C; Julimittel 18,2 °C; Jahresmittel 10 °C). Die vorherrschenden West- und Südwestwinde verstärken den maritimen Einfluß. Im Niederrheingebiet erreichen die jährlichen Niederschläge im Mittel eine Höhe von 650–750 mm.

Sonnenschein am Rhein

Am Bodensee und Hochrhein, ungefähr bis Mulhouse, verzeichnet man im Jahresdurchschnitt 1500–1700 Stunden Sonnenschein, im anschließenden Gebiet bis Mannheim 1700–1900 Stunden. Nördlich von Mannheim liegt wie eine Insel das sonnenreichste Gebiet der Bundesrepublik Deutschland mit knapp 2000 Jahresstunden. Bis Koblenz erreichen die Werte wiederum etwa 1500–1700 Stunden, um im weiteren Verlauf des Rheins auf 1300–1500 Stunden pro Jahr abzusinken.

Rheinwasserführung

→Zahlen und Fakten, Allgemeines

Natur und Ökologie

Frühe Nutzung des Rheinlaufes

Schon in vorrömischer Zeit sind der Rhein und sein Tal als wichtiger Handels- und Verkehrsweg in nord-südlicher Richtung bezeugt. Den Römern diente er zudem als schwer überwindbare natürliche Grenze gegen Germanien und als strategische Ader. Die zu allen Jahreszeiten reichliche Wasserführung sowie die geringe Vereisungsgefahr begünstigten von jeher die Schiffahrt. Im Mittelalter wurde der Strom zum bedeutendsten Binnenwasserweg Mitteleuropas, und schon damals waren Klagen über Wasserverunreinigungen zu hören.

Entwicklung von Verkehr und Industrie

Aufgrund der außerordentlichen, durch den Bau von Straßen und später auch von Eisenbahnen beiderseits des Flußlaufes noch verstärkten Verkehrsbedeutung wurden seit dem 19. Jahrhundert die Rheinufer als Industriestandorte bevorzugt. Die historischen Zoll-, Handels- und Stapelplätze dehnten sich zu Fabrikstädten aus. Alte Gewerbe zogen neue Industrien an, und so verwandelten sich im Laufe von gut hundert Jahren große Flußabschnitte zu geschlossenen Industrie- und Wirtschaftszonen: Rhein-Neckar-Raum, Rhein-Main-Gebiet, Neuwieder Bekken, Rheinisch-Westfälisches Industriegebiet. Nach dem Zweiten Weltkrieg erfuhr der Verkehr auf der Rheinstrecke durch die Umlenkung der vorher hauptsächlich ost-westlich ausgerichteten Verkehrsströme in nord-südliche Richtung eine weitere Belebung.
Heute ist der Rhein als Hauptachse des zentraleuropäischen Binnenwasserstraßennetzes der am meisten befahrene, der am intensivsten besiedelte und industrialisierte und damit der am stärksten durch die Zivilisation belastete Wasserweg Europas.

Ludwigshafen: Chemiewerk

Duisburg: Schwerindustrie

Ökologisches Gefüge

Die Wunden, die der Mensch dem Rhein in seinem natürlichen Landschaftsbild, aber auch in seinem ökologischen Gefüge geschlagen hat, sind noch kaum zu übersehen und möglicherweise nicht wiedergutzumachen. Die Sanierung des als ‚größte Kloake Europas' mißbrauchten Stromes, der rund 30 Millionen Menschen mit Trinkwasser versorgen muß und vor allem in den Niederlanden zur Bewässerung von Pflanzenkulturen dient, ist zu einem brennenden multinationalen Umweltproblem geworden (→ Geschichte, S. 67).

Jahrzehntelanges sorgloses Einleiten ungereinigter Haushalts-, Industrie- und Schiffsabwässer hat das ökologische Gleichgewicht des Flusses schwer geschädigt. Natürliche, insbesondere fließende Gewässer haben ein gewisses Selbstreinigungsvermögen; wird dieses durch übermäßige Belastung überfordert, so ‚kippt' es. Leben ist dann nur noch in engen Grenzen oder überhaupt nicht mehr möglich. So besehen war der Rhein in der Zeit des ungezügelten wirtschaftlichen Aufschwungs nach dem Zweiten Weltkrieg in mehrfacher Hinsicht ‚gekippt'.
Infolge des katastrophal geschrumpften und obendrein verseuchten Fischbestandes mußte die gewerbliche Fischerei eingestellt werden.
Das Baden im Fluß war damals aus hygienischen Gründen allgemein untersagt.

Sauerstoffhaushalt

Auch für pflanzliches und tierisches Leben im Wasser ist Sauerstoff unentbehrlich. Der Anteil des in einem gesunden Fließgewässer gelösten Sauerstoffes beträgt ungefähr 10 Milligramm pro Liter. Dieser Gehalt wird einerseits gesenkt durch übermäßigen Pflanzenwuchs infolge Überdüngung sowie durch exzessive Zufuhr von organischen Abfällen und ihre Fäulnis. Andererseits wird er stark vermindert durch die Erhöhung der Wassertemperatur. Bis in die siebziger Jahre dieses Jahrhunderts hinein ist der Sauerstoffgehalt des Rheinwassers fortwährend gesunken und erreichte mit nur 5 Milligramm pro Liter einen höchst kritischen Wert. Durch den inzwischen energisch vorangetriebenen Ausbau von Kläranlagen hat sich die Sauerstoffsituation mittlerweile wieder verbessert. Hierdurch konnte eine der wesentlichen Voraussetzungen für das Gedeihen einer natürlichen Lebensgemeinschaft im Fluß zurückgewonnen werden.

Schadstoffe

Die Niederlande haben vor der Rheinmündung eine gigantische Spezialdeponie für aus dem Strom gebaggerten Giftschlick angelegt. Sie hat eine Grundfläche von 260 ha, eine Gesamttiefe von 51 m (23 m hoher Deich) und ein Fassungsvermögen von 150 Mio. cbm.

Bedrohlich ist hingegen abschnittweise noch immer die Konzentration schwer abbaubarer anorganische Stoffe wie Quecksilber, Cadmium, Chrom, Blei, Kupfer, Zink u. a., die in den Klärwerken nur unvollkommen beseitigt werden können. Sie werden dem Strom in Schüben bei Basel (chemisch-pharmazeutische Industrie), bei Karlsruhe (Maxau Papierindustrie), bei Ludwigshafen (chemische Industrie), mit dem Neckar bei Mannheim, mit dem Main bei Mainz und in großen Mengen im Rheinisch-Westfälischen Industriegebiet (Hüttenwerke, chemische Industrie) zugeführt und verlieren sich teilweise durch Sedimentation – eine unabsehbare Gefahr für die Zukunft.

Versalzung

Ein weiteres Ärgernis für die Anliegerstaaten Bundesrepublik Deutschland und die Niederlande ist die Versalzung des Rheins. Zu dem vom Wasser durch natürliche Lösung mitgeführten Salz gelangen auf anderem Wege zusätzlich täglich 56000 t Kochsalz in den Strom, wovon auch ein gewisser Anteil aus dem elsässischen Kalibergbau zugeleitet wird. –

Kernkraftwerk Biblis

Versalzung (Fortsetzung)

Im Rahmen des 1987 beschlossenen Rheinsanierungs-Aktionsprogrammes zur 50%igen Verringerung schädlicher Einleitungen in den Rhein bis zum Jahre 2000 ist auch das französische Umweltministerium bestrebt, entsprechende Maßnahmen zu forcieren. Abgesehen davon, daß Wasser mit überhöhtem Salzgehalt für die Berieselung von Blumen- und Gemüsezuchten (v. a. in den Niederlanden) untauglich ist, sind gesundheitliche Schäden durch den hohen NaCl-Gehalt des Trinkwassers für die Bevölkerung nicht auszuschließen.

Kraftwerke (Kohle, Öl, Kernkraft)

Aufheizen des Flusses durch Kraftwerke kann zu starker Wassertemperaturerhöhung bzw. Sauerstoffunterversorgung von Flußorganismen führen. Die Frage evtl. Einleitungen radioaktiver Substanzen wird immer noch diskutiert.

Wasserkontrolle

Im ganzen haben die Bemühungen um eine Verbesserung des Rheinwassers in den vergangenen 15 Jahren gefruchtet; die schädlichen Emissionen sind bis Mitte der 80er Jahre spürbar zurückgegangen. Heute ist der Rhein einer der am besten überwachten Flußläufe in Europa. An insgesamt 15 Meßstationen werden regelmäßig Wasserproben entnommen und Veränderungen der Wasserqualität registriert. Auf diese Weise können Flußvergiftungen zwar nicht verhindert, aber die Einleiter häufiger als früher ermittelt werden. – Begünstigt wurde die positive Entwicklung wohl auch durch den zwischenzeitlichen Rückgang der Wirtschaftskonjunktur und die gestiegene Sensibilität in der Bevölkerung für Umweltverschmutzungen.

Fische

Als Folge der verbesserten Sauerstoffversorgung des Rheinwassers sind die Fischbestände heute wieder deutlich angewachsen. Dies geschah allerdings im wesentlichen durch künstliche Aufstockung; denn als stark befahrene Schiffahrtsstraße mit weitgehend gepanzerter Flußsohle bietet insbesondere der Oberlauf des Rheins nur wenig geeignete Laichgründe für Fische. Verbreitet sind nun wieder Barsch, Barbe und Rotauge, seltener Aal, Hecht, Gründling, Kaulbarsch, Schleie und Zander. Gelegentlich treten sogar Forelle, Wels und der einst so geschätzte Rheinsalm auf. Der letztgenannte muß freilich künstlich ausgesetzt werden; denn es gelingt ihm nicht, die ‚chemische Schwelle' vom Meer bis hinauf zu den Laichplätzen zu überwinden.

Die Uferzonen sind mancherorts wieder besetzt mit Muscheln, Schnecken, niederen Krebsen, Egeln, Süßwasserschwämmen und Strudelwürmern. – Das Baden im Fluß ist mit Vorbehalt an manchen Stellen wieder möglich.

Flußlandschaft

Die Industrialisierung hat nicht nur die Wasserqualität, sondern auch das natürliche Landschaftsbild entlang den Rheinufern verändert oder gar zerstört. Dies weniger am Alpenrhein, Bodensee, Hochrhein und Oberrhein, wo insgesamt immer noch mehr als ein Drittel der Uferzonen als ursprünglich anzusehen sind. Am Mittelrhein konnten hingegen nur rund 5% und am Niederrhein lediglich 0,4% der Ufer ihren naturnahen Charakter bewahren.

Am Hochrhein haben Begradigungen des Flußbettes sowie andere Wasserschutz- und Wasserbewirtschaftungsmaßnahmen zu merklichen Veränderungen der Uferlandschaft geführt.

Folgen der Rheinregulierung

Den vermutlich gravierendsten Eingriff in die Landschaft der Oberrheinischen Tiefebene verursachte der im frühen 19. Jahrhundert von J. G. Tulla begonnene Ausbau des Flußlaufes, der aber erst während des ‚modernen Oberrheinausbaues' nach dem Zweiten Weltkrieg schwerste Schäden verzeichnete. Er stand abwechselnd im Dienste der Schiffahrt, der Energiegewinnung und/oder des Hochwasserschutzes sowie der Seuchenbekämpfung (Trockenlegung von Feuchtgebieten) und der Nutzbarmachung der Auen (für Land- und Forstwirtschaft, Kiesabbau, Siedlungen, Verkehrs- und Industrieanlagen). Die ökologischen Folgen waren allerdings dramatisch: Vor der Begradigung floß der Rhein in einem vielarmigen Flußbett zwischen Basel und Breisach sowie in großen Flußschleifen (Mäandern) unterhalb bis Mainz. Das warmfeuchte Klima und die regelmäßigen Überschwemmungen förderten eine einmalige Vielfalt an Lebensräumen (Inseln, Sand- und Kiesbänke, Schlammfluren, Altarme, üppige Auwälder usw.) und Organismen (z. B. Lachs, Biber, Fischotter). Durch die Rheinbegradigungen aber wurde der Flußlauf um über 80 km verkürzt, so daß sich die Fließgeschwindigkeit und mit ihr die Erosion beschleunigten. Die Flußsohle grub sich z. T. um bis über 7 m tiefer in den Untergrund ein, wodurch der Grundwasserspiegel absank und weite Teile der einst regelmäßig überfluteten Feuchtgebiete trockenfielen. Der Bauabschnitt des Rheinseitenkanals (Basel–Breisach), Kanalschlingen und der ‚Vollausbau' zwischen Straßburg und Iffezheim schufen eine Kette von 10 Stauhaltungen und umfangreichen Dammsystemen, die die Dynamik des ehemaligen Wildstromes zerstörten und ihn von den Auen, den ‚Kinderstuben' der Flußorganismen, abschnitten. Nur etwa 6% dieser früheren Wildnis blieben von schweren Eingriffen bis heute verschont. Negativfaktoren sind daneben auch die Abschwemmung von Düngemitteln und Pestiziden der Land- sowie großflächige Anpflanzung von Pappelmonokulturen der Forstwirtschaft; ferner fügen der Bau von Verkehrswegen, Wohn- und Industriegebieten sowie der Tourismus der Natur weitere empfindliche Störungen zu. – Für spezialisierte Arten ist so das Überleben in einer veränderten, verseuchten und nahrungsarmen Umwelt immer schwerer. Unzählige Insekten, Amphibien und Vogelarten sind mittlerweile selten geworden oder gänzlich verschwunden. Auffälligstes Beispiel ist der Storch, einst überall verbreiteter Charaktervogel der Rheinebene (heute fast nur noch künstliche Ansiedlung).

Tullastein am Rhein beim Hofgut Maxau (Karlsruhe)

Die Tullasche Rheinregulierung brachte auch das Ende der einst rege betriebenen Goldwäscherei (‚Rheingold').

Eine weitere Folge der Umwandlung der Oberrheinlandschaft ist die Hochwassergefahr. Baden-Württemberg will mit der Renaturierung der Rheinauen (ehemalige Hochwasserrückhalteräume) bis zum Jahr 2000 dagegen Abhilfe schaffen; damit würden die Selbstreinigungskräfte des Flusses verbessert, die Grundwasseranreicherung gefördert und neue Lebensmöglichkeiten für ‚Rote-Liste-Arten' geschaffen; bei anderen Rheinanliegern stehen diese Entscheidungen jedoch noch aus.

Naturschutz

In der jüngsten Vergangenheit hat man zunehmend die Bedeutung der Erhaltung einer gesunden Umwelt erkannt. Durch die Einrichtung von Natur- und Landschaftsschutzgebieten wird versucht, die Schäden der Zivilisation zu mildern und zugleich Erholungsräume für die Verdichtungszentren zu schaffen.

Am Bodensee steht ein breiter Ufergürtel unter Naturschutz; ferner besteht als größtes das Natur- und Landschaftsschutzgebiet Wollmatinger Ried / Untersee / Gnadensee, ein rund 767 ha großes Verlandungsgebiet, das bei Hochwasser überflutet wird und für Vogel- und Pflanzenreichtum bekannt ist.

Auwaldlandschaft im Naturschutzgebiet Kühkopf-Knoblochsaue

Naturschutz (Fortsetzung)

Die größten geschlossenen Auwälder am Oberrhein stehen in den Gebieten Kühkopf-Knoblochsaue (zwischen Gernsheim und Oppenheim; 2378 ha) sowie Taubergießen (bei Rust; 1600 ha). Hier wie in den kleineren noch verbliebenen Auwaldstücken Rastatter Rheinaue (845 ha), Hördter Rheinaue (818 ha), Lampertheimer Altrhein (516 ha), Ketscher Rheininsel (490 ha), Mariannenaue, Fulderaue, Illmenaue und Rüdesheimer Aue (zus. 470 ha), Flotzgrün (südlich von Speyer; 204 ha), Reißinsel und Kuckucksinsel (Landkreis Mannheim; zus. 92 ha), Neuhofener Altrhein (50 ha), Rheinwald Neuenburg (34 ha), Altrhein-Königsee (Landkreis Karlsruhe; 11 ha), Tieflachgraben bei Au am Rhein (Landkreis Rastatt; 10 ha) u. a. bestehen noch die weitgehend intakten Pflanzengesellschaften aus Stieleiche (Quercus robur), Esche (Fraxinus excelsior), Feldulme (Ulmus carpinifolia), Silberpappel (Populus alba) und Silberweide (Salix alba), durchrankt von der Gemeinen Waldrebe (Clematis vitalba). Dieser dichte Urwald ist Brut-, Durchzugs- oder Überwinterungsort von so rar gewordenen Vögeln wie Kormoran, Eisvogel, Pirol, Haubentaucher, Waldkauz, Bläßhuhn, Kleiber oder Drosselrohrsänger. Selbst der Laubfrosch ist hier noch relativ verbreitet.

Verlandete ehemalige Rheinschlingen sind vielfach bedeckt mit Röhrichten auf Flachmoorstandorten (z. B. Eich-Gimbsheimer Altrhein, 162 ha; Hinterer Roxheimer Altrhein, 43 ha; Sauscholle, Landkreis Lahr, 57 ha; Laubenheimer Ried, 15 ha).
Auf Schotterböden im Oberrheintal gibt es noch bedeutende Standorte für Orchideen und Pulsatilla (Kuh- oder Küchenschelle).

Naturschutz (Fortsetzung)

Gelegentlich hat sogar die wirtschaftliche Nutzung (Steinbrüche, Kiesgruben, Stauseen) neue und bemerkenswerte Biotope geschaffen (z. B. im Altrheinbecken beim Kraftwerk Wyhlen am Hochrhein, 24 ha).

Als typische Auwaldreste an Mittel- und Niederrhein, mit Erlen (Alnus), Eiche (Quercus) und Hainbuche (Carpinus) sind nur der Eller Forst (Landkreis Düsseldorf; 60 ha), das Naturschutzgebiet Waldwinkel (Landkreis Kempen-Krefeld, 17 ha) und das Urmitzer Werth bei Neuwied (4 ha) geblieben. An den unwegsamen Felshängen der Erpeler Ley (gegenüber von Remagen; 7 ha) und am Langenbergskopf (Landkreis Neuwied; 2 ha) haben sich pontisch-mediterrane Flora sowie eine große Zahl an Sing- und Greifvögeln gehalten.

Die ausgedehntesten ursprünglichen Sumpf- und Überschwemmungsgebiete am Niederrhein sind die Rheinaue Walsum (345 ha), die Rheinaue Friemersheim (181 ha), der Alte Rhein bei Bienen-Praest (Landkreis Rees; 340 ha), mit dem größten europäischen Standort der Seekanne (Nymphoides peltata), ferner die Vogelfreistätten Xantener Altrhein (223 ha) sowie Milliger und Hurler Meer (Landkreis Rees; zus. 67 ha).

Eine landschaftliche Besonderheit stellen die Wisseler Dünen (Landkreis Kleve; 80 ha) dar, ein vermutlich erst im Spätmittelalter am linken Niederrheinufer angewehtes Dünenland, in dem durch Hochwasser zahlreiche Vertreter der Rheintalflora angesiedelt sind.

Der im Ansatz höchst begrüßenswerte Naturschutz wird bedauerlicherweise durch vielerlei Umstände behindert. Es stehen ihm allenthalben Eigentumsvorbehalte und Nutzungsrechte, Schwerfälligkeit der Verwaltung und politische Beschränkungen im Wege. Nicht zuletzt aber schädigt oft der Erholungssuchende selbst, dem der Naturschutz letztendlich zugute kommen sollte, durch Gedankenlosigkeit und Bequemlichkeit die Landschaft am meisten.

Wein

Rheinwein

Der Rhein hat neben seiner verkehrs- und energiewirtschaftlichen Bedeutung wie auch seinen landschaftlichen Reizen nicht zuletzt dem Wein seinen Weltruf zu verdanken.

Herkunft und Verbreitung

Die wilde Weinrebe war vermutlich schon in vorgeschichtlicher Zeit nördlich der Alpen heimisch. Den Genuß des Weines als Getränk sollen zuerst griechische Händler in Mitteleuropa bekannt gemacht haben. Griechische Phokäer hatten sich bereits zu Beginn des siebten vorchristlichen Jahrhunderts in Massalia (Marseille) niedergelassen und den Weinbau von dort nach Westen auf die Iberische Halbinsel und nach Norden ins heutige Frankreich gebracht.
Im Gefolge der Eroberung Galliens durch die Römer um die Zeitenwende drang der Wein dann nach Burgund, ins Elsaß sowie an Rhein und Mosel vor und fand weite Verbreitung. Im dritten nachchristlichen Jahrhundert hob der römische Kaiser Probus das im Römischen Reich auf die Italische Halbinsel beschränkte Weinmonopol auf und ließ den Weinbau in den Provinzen wieder zu. Er verfiel jedoch nach dem Abzug der Römer.

Herkunft und Verbreitung (Fortsetzung)

Über sein Schicksal während der Zeit der Völkerwanderung läßt sich kaum etwas sagen. Belegt ist jedoch, daß die merowingischen und karolingischen Könige ihn verbesserten sowie Kirche und Klöster ihn besonders im Rheinland förderten. Allmählich drang der Wein nach Mittel- und sogar Nordeuropa (um 1400 bis an die Ostsee) vor.

Rückschläge

Als der mächtige Städtebund der Hanse zunehmend süffige Weine aus Italien und Spanien einführte und später die Reformation die nordischen Klöster beseitigte, ging die heimische Weinerzeugung merklich zurück. Einen weiteren Rückschlag brachten die Verheerungen des Dreißigjährigen Krieges im 17. Jahrhundert.
Erst seit dem beginnenden 19. Jahrhundert weiß man naturreinen, ungewürzten Wein zu schätzen.
Um die Mitte des 19. Jahrhunderts waren es aus der Neuen Welt eingeschleppte Schädlinge wie Reblaus und Mehltau, welche die Weinreben am Rhein und seinen Nebenflüssen katastrophal dezimierten. Es dauerte lange Jahrzehnte, bis neue, schädlingsresistente Sorten nachgezüchtet waren.

Wiederaufschwung

Einen neuerlichen Aufschwung nahm der Weinbau besonders in der Bundesrepublik Deutschland seit den fünfziger Jahren dieses Jahrhunderts.
Die Weinberge müssen alle 20–50 Jahre erneuert werden, die jungen Pfropfreben entwickeln sich dann in 3–4 Jahren zu tragfähigen Weinstöcken.
Im folgenden sind die Weinregionen entlang dem Rheinstrom talwärts umrissen:

Alpenrhein

In nächster Alpennähe erstreckt sich nördlich des Graubündener Kantonshauptortes Chur das schweizerische Rheinweingebiet der sogenannten Bündner Herrschaft. Man keltert hier hauptsächlich Rosé- und Rotweine. Malanser, Jeninser, Maienfelder und Fläscher sind die bekanntesten Kreszenzen.
Am weiteren Verlauf des Alpenrheins seien noch die Weine von Mels und Berneck im Kanton St. Gallen erwähnt.

Bodensee

Größere Rebflächen befinden sich an den Ufern des Bodensees in seinem westlichen Teil, der zum deutschen Weinbaugebiet Baden gehört:
bei Meersburg, Hagnau (1881 Gründung des ersten badischen Winzervereins), Markdorf, Bermatingen, Überlingen, Espasingen, Bodman, Konstanz, Allensbach, auf der Insel Reichenau sowie auf der Halbinsel Höri, ferner bei Kressbronn;
in der Schweiz am Untersee zwischen Steckborn und Tägerwilen (Geburtsort des Rebzüchters Hermann Müller, 1850–1927; ‚Müller-Thurgau‘ = Riesling × Sylvaner), bei Stein am Rhein sowie am Ottenberg über dem Thurtal nordwestlich von Weinfelden.

Meersburger und Konstanzer gelten als die besten Seeweine. Es sind dies vorwiegend aus blauen Burgundertrauben gekelterte zartrote Roséweine (Weißherbst; frisch, kernig, mit angenehmer Säure), die zu Bodenseefisch ausgezeichnet munden. Roter Bodensee-Burgunder ist rubinrot und hat ein fruchtiges Bukett.

Hochrhein

Entlang dem Flußabschnitt des Hochrheins, also zwischen Bodensee und Basel, ist Weinbau überwiegend auf schweizerischem Gebiet anzutreffen. Erwähnung verdienen hier die Schaffhausener Weine Hallauer, Osterfinger und Rheinhalder, aus dem Tösstal Neftenbacher und Wiler, die Aargauer Weine

Das römische Weinschiff von Neumagen an der Mosel

Hochrhein (Fortsetzung)

Villiger Schlossberger und Geissberger sowie der Riehener Schlipfen vom Baseler Nordufer des Rheins.

Elsaß

Der Ruf des berühmten Weinlandes Elsaß geht bis ins Mittelalter zurück, als elsässische Weine in deutschen Landen die meistgetrunkenen waren. Auf trockenen Kalkböden an den sonnenbeschienenen östlichen Vorbergen der Vogesen, in Höhen von 200 bis 450 m ü.d.M. und auf einem nur etwa 2 km breiten Streifen entlang der rund 150 km langen Elsässischen Weinstraße (Route du Vin), bauen heute etwa 50000 Winzerfamilien in rund 100 Weinbaugemeinden fast ausschließlich weiße Trauben an.

Die wichtigsten Rebsorten sind Riesling (rassig, elegant), Silvaner (frisch, fruchtig), Weißklevner / Weißburgunder / Pinot Blanc (herb, blumig), Muskat(eller) / Muscat d'Alsace (herb, fruchtig), Grauklevner / Tokajer / Tokay d'Alsace (herb, wuchtig), Gewürztraminer / Gewurztraminer (herb, vollmundig) und Spätburgunder / Pinot Noir (herb, aromatisch; Rosé d'Alsace) sowie Gutedel / Chasselas und Knipperlé (beide weniger schmackhaft).
Zwicker und Edelzwicker werden aus verschiedenen guten bzw. edlen Weinsorten verschnitten.
Die Weine des weniger niederschlagsgeschützten Unterelsaß stehen jenen des Oberelsaß mit trockeneren Lagen an Geschmack und Blume nach. Die besten Weine gedeihen bei Riquewihr (Reichenweier), Ribeauvillé (Rappoltsweiler), Hunawihr (Hunaweier), Sigolsheim, Kaysersberg, Ammerschwihr (Ammerschweier), Turckheim (Türkheim), Katzenthal, Guebwiller (Gebweiler) und Thann.

Elsässer Weintraube

Riquewihr: elsässischer Weinort

Elsaß
(Fortsetzung)

Beim Keltern legen die elsässischen Winzer größten Wert auf Reinheit und lehnen jegliche Zusätze ab; so entstehen kräftige, herb-würzige Weine, die absolut ungeschönt bleiben. Man kann sie vielerorts direkt bei den Erzeugern kaufen; die touristische Elsässische Weinstraße ist gespickt mit Verkaufsstellen und werbenden Hinweisen.

Elsässer Wein wird zum überwiegenden Teil in grünliche schlanke Flaschen mit langem Hals (‚Flûtes d'Alsace') abgefüllt und in der ‚Winstub' aus solchen eingeschenkt; nur mindere Qualitäten kommen offen zum Ausschank. Getrunken wird der Wein jung (bis fünf Jahre; nur wirklich ‚große' Jahrgänge halten wesentlich länger), bei einer Temperatur von 10 °C und stilecht aus einem Tulpenglas.

Bundesrepublik
Deutschland

Wenngleich sich der Weinbau auf den südwestlichen Teil Deutschlands konzentriert, gehören diese Weinberge zu den am weitesten nördlich gelegenen der Erde. Wegen der geographischen Lage ist die Qualität der Weine – anders als in südlichen Ländern – sehr stark von den Witterungsverhältnissen des jeweiligen Jahres abhängig, wobei unter günstigen Bedingungen bestimmte Jahrgänge eine Ausgewogenheit aufweisen, die sie weit über die Grenzen des Landes hinaus berühmt gemacht hat.
Es überwiegen die weißen Rebsorten; die Rotweine erreichen nur rund 15% der Gesamtproduktion.

Weinbereitung

Nach der Weinlese (Oktober/November) werden die Trauben gemahlen und gekeltert, der entstehende Most beginnt bald zu

Weinbereitung (Fortsetzung)

gären und ist als ‚Sauser', später als ‚Federweißer' geschätzt. Wenn sich die Hefe abgesetzt hat und der Wein sich klärt (Mitte bis Ende November), wird er vom Trub abgezogen, geschwefelt und in Großbehälter gefüllt. Im Frühjahr wird der Wein dann geschönt, gefiltert und im Laufe des Sommers oder Herbstes auf Flaschen gezogen.
Traubenmoste aus geringeren Lagen werden in ungünstigen Jahren verbessert, d. h. mit ‚Süßreserve' (Zucker) versetzt. Diese Zuckerung des Mostes vor der Gärung nannte man hierzulande ‚Verbesserung', da sie objektiverweise zu einer qualitativen Anhebung des Lesegutes führte. Heute wird die Maßnahme in den EG-Verordnungen einheitlich als ‚Anreicherung/Chaptalisation' bezeichnet. Allerdings dürfen in Deutschland nur Tafel- und Qualitätsweine unter Verwendung von Saccharose angereichert werden. Die Höhe des Zusatzes ist streng begrenzt. Nicht zulässig ist die Anreicherung in der Bundesrepublik Deutschland für Prädikatsweine (Kabinettsweine, Spätlese, Auslese). Gelegentlich in Flaschenwein auftretende Kristalle sind niemals Zucker; denn selbst bei unsachgemäßer Anreicherung hätte sich der Zucker bis zum Zeitpunkt der Flaschenfüllung restlos aufgelöst. Bei diesen Kristallen handelt es sich um Weinsteinausfällung, die durch eine Verbindung von Weinsäure und Kalium entstehen kann. Gut ausgebaute Weine halten sich 10–20 Jahre, nehmen aber mit der Zeit eine Altersfirne an, die nicht jedem zusagt.
Es besteht der Brauch, süddeutsche und Moselweine in grüne, Rheinweine in braune Flaschen abzufüllen. Vielerorts schenken die Winzer vor der Lese ihre eigenen Weine aus dem Vorjahr selbst aus und zeigen dies durch Kränze oder Tannensträuße an ihren Häusern an (‚Strauß'-, ‚Besen'- oder ‚Winzerwirtschaften').

Weinkönigin

Alljährlich im Herbst wird aus dem Kreise der regionalen Weinköniginnen die Deutsche Weinkönigin gekürt.

Weingesetz

Gemäß dem bundesdeutschen Weingesetz von 1971 werden die Weine nicht mehr nach Lagen, sondern allein nach ihrem Mostzuckergehalt (Grad Öchsle) eingestuft. Es gibt nunmehr drei Güteklassen:
Tafelwein ist einfacher Tischwein ohne jede Nachweispflicht.
Qualitätswein muß aus bestimmten ‚Gebieten' stammen, ein Mindestmostgewicht haben und eine Prüfnummer führen.
Qualitätswein mit Prädikat, die traditionellen Spitzenweine, denen kein Zucker zugesetzt werden darf; mit herkömmlichen, jetzt jedoch genau festgelegten Bezeichnungen (Prädikate) in der Rangfolge ‚Kabinett', ‚Spätlese' (aus spätgelesenen, vollreifen Trauben), ‚Auslese' (nach Aussonderung nicht einwandfreier Trauben), ‚Beerenauslese' (nur aus überreifen oder edelfaulen Beeren), ‚Trockenbeerenauslese' (aus sehr spät gelesenen und durch Edelfäule eingeschrumpften Beeren) und ‚Eiswein' (aus bei Lese und Kelterung gefrorenen Beeren).

Weinbaugebiete

Entlang dem Rhein unterscheidet man in der Bundesrepublik Deutschland folgende großräumige Weinbaugebiete: Baden, Hessische Bergstraße, Rheinpfalz, Rheinhessen, Rheingau, Nahe, Mosel-Saar-Ruwer, Mittelrhein und Ahr.

Baden

Zum deutschen Weinbaugebiet Baden (Bundesland Baden-Württemberg) gehört neben dem westlichen Bodensee und dem badischen Frankenland (Taubertal; Weinabfüllung in Bocksbeutel) vor allem die deutsche Seite des Oberrheintales zwischen dem Baseler Rheinknie und dem Mündungsbereich des Neckars.

Weingesegneter Kaiserstuhl (im Hintergrund die Vogesen)

Baden
(Fortsetzung)

Der Reichtum der badischen Weinkarte manifestiert sich in einer großen Zahl von Edelsorten und in vielfältigen Geschmacksnuancen. Das Weinland Baden gliedert sich in eine Reihe von Bereichen, die durch verschiedenartige Bodenbeschaffenheit und differenzierte klimatische Gegebenheiten für jede Sorte ideale Standortbedingungen bieten.

Als klassische badische Rebsorten gelten Gutedel, Müller-Thurgau (Riesling × Silvaner), Silvaner, Ruländer, Weißer Burgunder, Riesling, Traminer, Gewürztraminer, Spätburgunder (Weißherbst und Rotwein) und Muskateller; Neuzüchtungen sind Scheurebe (Silvaner × Riesling), Freisamer (Silvaner × Ruländer), Muskat-Ottonel, Nobling (Silvaner × Gutedel), Bacchus (Silvaner × Riesling × Müller-Thurgau) und Findling.

Die touristische Badische Weinstraße verbindet die meisten oberrheinischen Weinorte zwischen Lörrach und Baden-Baden.

Markgräflerland

Das Markgräflerland erstreckt sich zwischen Lörrach und Freiburg im Breisgau. Die bekanntesten Weinbaugemeinden sind hier Haltingen, Efringen-Kirchen, Schliengen, Auggen, Müllheim, Badenweiler, Hügelheim, Britzingen, Laufen, Ballrechten-Dottingen, Wettelbrunn, Staufen, Ehrenstetten, Kirchhofen, Pfaffenweiler, Ebringen und Wolfenweiler.
Die schon im alten Ägypten gezogene Gutedelrebe steht im Markgräflerland an erster Stelle und bringt Kreszenzen mit hohen Auszeichnungen, Weine feiner Art, süffig und dennoch bekömmlich. Auch dem Müller-Thurgau und dem Gewürztraminer bekommt das südliche Klima vorzüglich.

Kaiserstuhl/Tuniberg

Unweit westlich von Freiburg im Breisgau erheben sich der Kaiserstuhl und der anschließende Tuniberg unvermittelt aus der Rheinebene. Auf vulkanischem Gestein mit einer dicken Lößschicht bringen die sonnigen Rebterrassen kraftvoll-feurige Weine hervor. Ihringen, Achkarren, Wasenweiler, Bickensohl, Oberrotweil, Bötzingen und Sasbach sind hier die bekanntesten Weinorte.
Aus der ‚Küche des Bacchus', wie diese außergewöhnlichen Rebgärten auch genannt werden, kommen wuchtige und fruchtige Ruländer, milde Silvaner, bukettreiche Traminer und Gewürztraminer, aber auch samtiger Spätburgunder Rotwein sowie kräftiger Spätburgunder Weißherbst, eine badische Spezialität.

Breisgau

Im Weingebiet Breisgau zwischen Freiburg und Lahr werden süffige, saubere und gepflegte Weine erzeugt, die man für ihre Bekömmlichkeit lobt. Von den hiesigen Weinbaugemeinden seien Ohrenbach im Glottertal, Mundingen, Hecklingen, Kenzingen, Herbolzheim, Ettenheim und Sulz genannt.

Ortenau

Im Schutze des Schwarzwaldes dehnen sich zwischen Offenburg und Baden-Baden in der sonnenbeschienenen Vorbergzone die herrlichen Südlagen der Ortenau aus, das große geschlossene Riesling-Anbaugebiet Badens mit zahlreichen bekannten Namen wie Gengenbach im Kinzigtal, Ortenberg, Fessenbach, Zell-Weierbach, Rammersweier, Durbach, Oberkirch, Waldulm, Kappelrodeck, Sasbachwalden, Altschweier, Eisental-Affental, Neuweier, Steinbach, Umweg, Varnhalt und Fremersbach. Auch Rotweine finden hier hervorragende Wachstumsbedingungen.

Kraichgau / Badische Bergstraße

Nördlich von Karlsruhe beginnt der weinreiche Kraichgau (mit Schwerpunkten bei Weingarten und Bruchsal), an den sich die Badische Bergstraße von Wiesloch über Heidelberg (am Neckar) und Schriesheim bis Weinheim anschließt. Der natürliche Reiz dieser heiteren Parklandschaft spiegelt sich im Charme ihrer Weine.
Riesling und Ruländer sind hier besonders frisch und von eleganter Nuancierung, charaktervoll der Weißburgunder. Die edle blaue Spätburgundertraube ergibt einen beachtlichen Rotwein.

Hessische Bergstraße

Der nördliche Teil der Bergstraße gehört zum deutschen Bundesland Hessen. Die ‚strata montana' der Römer begleitet den Oberrheingraben am Westabhang des Odenwaldes bis Darmstadt. Bekannt ist diese Gebirgsrandzone für ihr mildes Klima. Im Frühling, der hier früher einzieht als sonst irgendwo in Deutschland, verwandelt sich die Landschaft in ein Meer von Blüten. Neben Edelobst (u. a. Aprikosen, Pfirsiche und Feigen), Walnüssen, Edelkastanien und Mandeln sowie Gemüse gedeiht in diesem lößbodigen Fruchtgarten natürlich auch Wein.
Die Bergsträßer Weine sind blumig-herzhafte Weißweine, von den hier bevorzugten Traubensorten Riesling, Müller-Thurgau und Silvaner.

Rheinpfalz

In der linksrheinischen Rheinpfalz, dem südlichsten Teil des deutschen Bundeslandes Rheinland-Pfalz, erstreckt sich im Windschatten der Haardt zwischen dem Elsaß im Süden und Rheinhessen im Norden ein rund 80 km langer und nur 4–6 km breiter Weinbaustreifen. Die rheinpfälzischen Weinorte verbin-

Rheinpfalz (Fortsetzung)

det die touristische Deutsche Weinstraße von Schweigen (Weintor an der französisch-deutschen Grenze) über Bad Bergzabern, Neustadt an der Weinstraße und Bad Dürkheim bis Bockenheim.
Rund ein Viertel der Anbaufläche sind mit Müller-Thurgau-Reben bestanden, gefolgt von Silvaner-, Riesling- und Portugieserreben (die letztgenannten für Rotwein).

Zwischen der elsässischen Grenze und Neustadt spricht man von der Oberhaardt. Bekannte Weinorte sind hier Schweigen, Bad Bergzabern, Edenkoben, Maikammer und Hambach; gekeltert werden vor allem Muskat, Traminer, Tokajer und Silvaner.
In der Mittelhaardt, dem Rebgebiet zwischen Neustadt und Dackenheim, gedeihen die besten Pfälzer Weine (über 30% rassiger Riesling) bei Gimmeldingen, Ruppertsberg, Deidesheim, Forst, Wachenheim, Bad Dürkheim, Ungstein, Kallstadt und Freinsheim.
Als Unterhaardt wird der kurze nördlichste Abschnitt zwischen Kirchheim und Bockenheim bezeichnet, wo eher weiche und milde Sorten erzeugt werden.
Die Weine der Nordpfalz (Alsenztal, Glantal, Zellertal) sind als kernig und frisch zu bezeichnen.

Rheinhessen

Rheinhessen ist eine linksrheinische Landschaft, die früher (wie der Name sagt) zu Hessen gehörte, heute jedoch ein Teil des deutschen Bundeslandes Rheinland-Pfalz ist. Sie umfaßt das aus tertiären Schichten aufgebaute, von breiten Tälern zerteilte, waldarme Hügelland zwischen Rhein und Nahe, dessen Bodengunst ertragreichen Gemüse-, Obst- und Weinbau (vielfach landwirtschaftliche Gemischtbetriebe) ermöglicht.

Die Rheinhessischen Weine wachsen im Rheinkniedreieck zwischen Worms, Mainz und Bingen, also in der die Rheinpfalz nach Norden fortsetzenden Landschaft, wobei der Rhein gegen Osten und Norden die natürliche Grenze bildet.
Die Vielfalt der Bodenarten erzeugt einen großen Reichtum an Geschmacksrichtungen. Die bevorzugten Traubensorten sind hier Müller-Thurgau, Silvaner und Riesling.

Die Wormser ‚Liebfrauenmilch' oder ‚Liebfraumilch', deren weltbekannter Name zugleich Gattungsbegriff für ähnlich milde Weine anderer Gegenden Rheinhessens geworden ist, wächst auf Lößboden, dem weite Landstriche ihre Fruchtbarkeit verdanken.
Die an der sogenannten Rheinfront (touristische ‚Liebfrauenstraße' zwischen Worms und Mainz) gelegenen Gemarkungen geben den edelsten Rheinhessischen Weinen (hier hauptsächlich Riesling) ihren Namen: Wormser, Bechtheimer, Alsheimer, Guntersblumer; Dienheimer und Oppenheimer gedeihen auf kalkhaltigem Cerithienboden, das kalireiche Rotliegende bringt den berühmten Niersteiner und den Nackenheimer hervor. Nördlich schließt sich der Bodenheimer und der Laubenheimer (heute ein ‚Mainzer') an.
Der weiche Ingelheimer Rotwein wächst auf Cyrenenmergel und Flugsand, Weißwein dort und bei Gau-Algesheim auf Corbicula-Kalkschichten.
Von ganz anderer Art ist der feurige Binger Scharlachberg, der mit weiteren guten Lagen wie dem Eisler und Kempter an den Hängen des Rochusberges auf Schieferquarzit reift.

Das Innere Rheinhessens besitzt namhafte Weine bei Alzey, Gau-Bickelheim und im Selztal; im übrigen liefert das Hügelland auf schweren Mergel- und Kalkböden einen eher würzigen Landwein, der im Südwesten auf kalkhaltigem Quarzitporphyr besonders bukettreich wird.

Weinzentrum Mainz

Der wichtigste Weinhandelsplatz am Rhein ist die gegenüber der Mündung des Mains gelegene traditionsreiche Stadt Mainz, wo schon zur Römerzeit auf dem Stadthang ‚Kästrich' Wein angebaut wurde (heute wieder in den eingemeindeten Vororten Laubenheim und Ebersheim).
Mainz, seit 1950 Hauptstadt des deutschen Bundeslandes Rheinland-Pfalz, ist Sitz des einzigen deutschen Weinbauministeriums (rheinland-pfälzisches Ministerium für Landwirtschaft, Weinbau und Forsten), eines Universitätsinstitutes für Mikrobiologie und Weinkunde, des Deutschen Weininstitutes, der Deutschen Wein-Information, des Deutschen Weinfonds und des Rheinhessenwein-Vereins; 1864 wurde in Mainz die „Deutsche Wein-Zeitung" gegründet.
Am Ort bestehen über 100 Weinhandlungen und etliche Sektkellereien sowie Deutschlands größtes Spezialunternehmen für Weintransporte.
Der Mainzer Weinmarkt (August/September) ist das größte Weinfest am Rhein.

Rheingau

Der Rheingau, die südwestliche Abdachung des Taunus (Rheingaugebirge), erstreckt sich am rechten Rheinufer zwischen Wiesbaden und dem Durchbruch des Rheins durch das Rheinische Schiefergebirge (Binger Loch). Er gehört seit 1945 zum deutschen Bundesland Hessen. Die vorwiegend mit Löß

Weinberühmter Rheingau (Blick vom Niederwald auf Rüdesheim)

Rheingau
(Fortsetzung)

bedeckten und von mildem Klima begünstigten Hänge sind intensiv vom Obst- und vor allem Weinbau genutzt. Das Weingebiet erstreckt sich zwischen Hochheim am Main in Südlage bis Lorch am Rhein und gehört trotz seiner relativ geringen Ausdehnung zu den bekanntesten und besten Rheinweinregionen, für welche die kleinbeerige Rieslingtraube ganz überwiegend gebietstypisch ist.
Die touristische Rheingauer Riesling-Route verbindet auf der Talterrasse entlang dem Rhein die meisten der weithin bekannten Weinorte.

Die Rheingauer Weine, die besonders auf dem kalihaltigen, leicht verwitternden Serizitschiefer der älteren Gebirgsschichten und auf tertiärem Cyrenenmergel gedeihen, zählen zu den berühmtesten Weißweinen der Erde. Ihr Geschmack ist vollmundig, sehr fruchtig, würzig und bukettreich.
Als edelste Sorten gelten Steinberger (beim Kloster Eberbach, auf Hattenheimer Gemarkung), Johannisberger, Rüdesheimer, Erbacher, Rauenthaler, Kiedricher, Winkeler und Hochheimer. Aber auch aus Walluf, Martinsthal, Eltville, Hattenheim, Hallgarten, Oestrich, Mittelheim, Geisenheim und Lorch kommen erstklassige Gewächse.
Bei Assmannshausen gedeiht einer der bekanntesten deutschen Rotweine (Spätburgunder).

Die höchste Vollendung der Kreszenzen dieser wohl besten deutschen Weingegend liegt neben der Gunst von Lage und Klima in dem seit Jh.en mühevoll gepflegten Rebenanbau sowie der sachverständigen Kellereikunst der Klöster (Eberbach, Johannisberg) und zahlreichen Adelsweingüter begründet.

Nahe

Bei Bingen (Bundesland Rheinland-Pfalz) fließt dem Rhein von Süden die Nahe zu, an deren Talhängen vielerorts Wein angebaut wird. Für so weit nördlich gelegene Weinberge sind Weiche, Fülle, Feuer und Würze der hier gekelterten Riesling-Weißweine erstaunlich.
Als herausragende Naheweine außerhalb des lokalen Weinzentrums Bad Kreuznach, wo Kauzenberg und Brückes als beste Lagen gelten, sind die vom Rotenfels bei Bad Münster am Stein, wo auf den berühmten Porphyrböden elegante Rieslingweine wachsen, sowie jene von den Hängen um eine alte Kupfergrube bei Schloßböckelheim zu nennen.
Die Naheweinstraße ist ein touristischer Rundkurs, der in Bad Kreuznach beginnt bzw. endet und die Weinorte an der Nahe selbst sowie in ihrem nordwestlichen Vorfeld berührt.

Mittelrhein

Im gebirgigen Mittelrheinabschnitt (Bundesland Rheinland-Pfalz) zwischen dem Binger Loch und der Mündung der Mosel bei Koblenz wird Weinbau nicht zuletzt wegen der Enge des Stromtales nur an einigen offeneren Stellen oder in den kleinen Seitentälern betrieben. Nennenswerte Weine dieses sogenannten Rheinburgengaues kommen aus Steeg (unweit westlich von Bacharach), Kaub, Oberwesel (Engehöll, unterhalb der Schönburg) und Boppard.
Weiter nördlich reicht der Weinbau im Rheintal am rechten Stromufer über Leutesdorf, Hammerstein und Bad Hönningen bis an den Drachenfels (Drachenblut).

Mosel

Der Lauf der Mosel (von lateinisch ‚Mosella' = kleine Mosa/Maas) ist vom Quellgebiet in den Vogesen bis zur Einmündung in den Rhein bei Koblenz seit der Römerzeit von Weinbergen begleitet. In Frankreich und Luxemburg, wo der Fluß Moselle heißt, gedeihen nur recht leichte Weine. Im mittleren deutschen Abschnitt (Bundesland Rheinland-Pfalz), wo die Mosel besonders stark mäandriert, sind jedoch an den zum Teil äußerst steilen Talhängen ideale Bedingungen für die Rieslingrebe gegeben. Erwähnung verdienen auch die Weine der Moselzuflüsse Saar und Ruwer.

Die Moselweine, welche auf meist steilen Schieferfelslagen gewonnen werden, sind leichte Gewächse von lebendigem Geschmack und gewürzreichem Duft, in geringeren Sorten weniger guter Jahrgänge allerdings säuerlich und naturrein kaum zu verwenden.
Die bekanntesten Weinbauorte an der Mittelmosel talwärts heißen Klüsserath, Leiwen, Trittenheim, Neumagen-Drohn, Piesport (besonders kräftiger Wein), Minheim, Wintrich, Brauneberg (herausragende Qualitäten), Lieser, Bernkastel-Kues (beste Kreszenzen), Graach, Wehlen, Zeltingen-Rachtig, Ürzig, Erden, Lösnich, Kinheim, Kröv, Traben-Trarbach, Enkirch und Pünderich.

Die touristische Moselweinstraße folgt dem in neuerer Zeit kanalisierten und staugeregelten Fluß von Perl am französisch-luxemburgisch-deutschen Dreiländereck bis zum Deutschen Eck in Koblenz.

Ahr

Zwischen Sinzig und Remagen mündet von Westen die aus der Eifel herabkommende Ahr in den Rhein. Im Ahrgau (Bundesland Rheinland-Pfalz), ihrem unteren stark gewundenen Talstück zwischen Kreuzberg (bei Altenahr) und Bad Bodendorf wird vermutlich seit dem ausgehenden dritten nachchristlichen Jahrhundert Weinbau getrieben.
Die überwiegend roten Ahrweine gedeihen auf Schieferböden und zeichnen sich durch feine Würze aus. Die besten Blauburgundersorten stammen aus Walporzheim und Ahrweiler, beide heute zur Stadt Bad Neuenahr – Ahrweiler gehörig.
Die touristische Ahr-Rotweinstraße durchzieht den gesamten Ahrgau.

Sekt

Die Bezeichnung ‚Sekt' (von italienisch ‚secco' = trocken) für in Deutschland hergestellten Schaumwein soll auf den Schauspieler Ludwig Devrient (1784–1832) zurückgehen.

Schaumweine werden in Frankreich schon seit einigen Jahrhunderten hergestellt, doch kommt das Hauptverdienst auf diesem Gebiet Dom Pérignon (1631–1715) zu, einem Pater Kellermeister der Abtei Haut-Villers in der Champagne, der u. a. einen druckfesten Flaschenverschluß erfand. Der Name ‚Champagner' (französisch ‚Champagne'), der nur ganz bestimmten französischen Schaumweinen aus der Champagne zusteht, kam erst in den Revolutionskriegen (1793–1815) auf, als fremde Heere in der Champagne standen.

Daß sich auch aus deutschen Weinen Schaumwein herstellen läßt, wurde erstmals 1826 in Esslingen am Neckar, später im schlesischen Grünberg, in Hochheim am Main sowie in Eltville und Mainz am Rhein ausprobiert. Die Schaumweinproduktion nahm in Deutschland aber erst gegen Ende des 19. Jahrhunderts einen größeren Aufschwung.

Wein, Sekt (Fortsetzung)

Im Gegensatz zu den stillen enthalten die moussierenden Weine viel gelöste Kohlensäure und je nach Geschmack Zusätze von in Wein gelöstem Kandiszucker (‚Likör'). Verwendet wird meist ein Verschnitt (‚Cuvée') sorgfältig ausgesuchter Weine, den man in größeren Fässern herstellt. Nach längerer Faßlagerung wird der Wein unter Zusatz von Reinzuchthefe und Zucker auf starkwandige Flaschen gezogen, in denen sich dann in gleichmäßig temperierten Kellern während 6–8 Wochen die zweite Gärung und die eigentliche Reifung vollziehen. Schließlich wird die Hefe ausgefiltert oder nach herkömmlicher Art degorgiert:
Nach einer Erfindung der berühmten französischen Veuve Cliquot steckt man die Flaschen mit dem Hals nach unten in Rüttelpulte; mehrere Wochen lang wird dann jede einzeln täglich leicht gerüttelt und ein kleines Stück gedreht, wobei sich die Hefe auf den Korken senkt, mit dem sie leicht zu entfernen ist. Der Sekt wird dann entweder in dieser Form (‚nature' oder ‚brut' = strengherb) oder mit Zuckerzusatz (‚extra sec', ‚extra dry' = sehr trocken, d. h. sehr herb; ‚sec', ‚dry' = leicht süß; ‚demi-sec' = süß; ‚doux' = sehr süß) trinkfertig gemacht, jedoch erst nach weiterer mehrmonatiger Lagerung in den Handel gebracht.
Bedeutende Sektkellereien befinden sich am Rhein in Wiesbaden und Mainz (Löwenanteil), Eltville und Koblenz, ferner in Worms, Hochheim am Main, Gau-Algesheim, Geisenheim, Bingen und Rüdesheim. Immer bekannter und auch beliebter wird der deutsche Winzersekt, der seit einiger Zeit selbst auf den Weinkarten kleinerer Weingüter aller Anbaugebiete zu finden ist.

Weinbrand

Weinbrand ist die Bezeichnung für deutschen Trinkbranntwein, dessen Bukettstoffe und Alkohole zum großen Teil vom Wasser geschieden worden sind. Seine charakteristische goldgelbe bis braune Färbung und seinen duftigen Geschmack erhält er durch langjährige Lagerung in kleinen Fässern aus luftdurchlässigem Holz. Für den Genuß muß das hochprozentige Weindestillat mit Wasser verdünnt werden. Durch Verschnitt von Weinbränden verschiedener Herkunft und Jahrgänge nach der Lagerung werden gleichbleibende Qualitäten erzielt.
Bedeutende Weinbrennereien sind in Mainz und Umgebung sowie im Rheingau (Rüdesheim) ansässig.

Schiffahrt

Anfänge

Kelten

Archäologische Ausgrabungsergebnisse entlang dem Rhein belegen, daß der Strom bereits seit dem zweiten vorchristlichen Jahrhundert von den Kelten mit einfachen Wasserfahrzeugen befahren wurde. Die noch heute mancherorts anzutreffenden hölzernen Rheinnachen gehen auf den keltischen Bootstypus eines hochbordigen Kahnes (urspr. mit Ledersegel) zurück.

Römer

Der zunächst allein dem Handel dienende Schiffsverkehr erfuhr durch die von Gallien her an den Rhein vorstoßenden römischen Legionen eine beträchtliche Steigerung. So besorgte die stattliche Rheinflotte der Römer (Classis Germanica) die Verbindung zwischen den am Rhein gelegenen Kastellen. Die wichtigsten Werftplätze jener Zeit waren Mainz (Ausgrabung von Römerschiffen s.S. 193), Vetera (bei Xanten) und Köln.

Völkerwanderung

Infolge der um 400 n. Chr. einsetzenden Völkerwanderung kommt die Großschiffahrt auf dem Rhein jedoch zum Erliegen; die bestehenden Hafenanlagen verfallen, die Schiffe verrotten. Die mittlerweile romanisierten Kelten haben sich jedoch die Kunst des Bootsbaus bewahrt und stellen sie in den Dienst nunmehr germanischer Herren.

Friesen

Im 8. Jahrhundert befahren die Friesen mit Flachbooten (Holken) den Rhein von den Mündungen hinauf bis zum Oberrhein (Straßburg).

Normannen

Im 9. Jahrhundert erscheinen die Normannen (Wikinger) mit schnittigen Langschiffen auf dem Rhein; auf ihren Raubzügen plündern und brandschatzen sie Uferorte am Niederrhein.

Mittelalter

Im Mittelalter wurde der Rhein zum wichtigsten Handelsweg im mitteleuropäischen Nord-Süd-Verkehr. Im 11. und 12. Jahrhundert war Mainz an der Mündung des Mains der bedeutendste Warenumschlagplatz, wurde aber dann von Köln überflügelt. Schon frühzeitig fahren Straßburger Schiffe bis ins Rheindelta, und in der Gegenrichtung erreichen Seeschiffe Köln. In der Koblenzer Zollordnung des Jahres 1209 werden auch Basler Rheinschiffe erwähnt.
Die größten Werftplätze im Mittelalter waren Köln und Dorsten.

Bis ins 16. Jahrhundert wurde die Rheinschiffahrt nicht nur von den Städten, sondern auch von Klöstern (z. B. Lorsch oder Eberbach) in eigener Regie sowie nicht zuletzt von privaten Händlern und Fischern betrieben. Wegen der zahlreichen Gefahrenstellen im Flußlauf (Klippen, Sandbänke, Untiefen, Strudel; bes. auf der Mittelrheinstrecke) war jedoch eine durchlaufende Schiffahrt auf dem Rhein noch nicht möglich.
Ganz wesentliche Verkehrshindernisse stellten aber auch die Zölle (Höchststand mit 62 Zollstationen im 14. Jh.; 1848 immer noch 18) sowie die Umschlags- und Stapelrechte dar. Dem Piratenunwesen der Raubritter konnte erst der 1254 geschlossene Rheinische Städtebund Einhalt gebieten.

Schiffstypen

Zwischen dem 15. und dem 18. Jahrhundert ging die Typenentwicklung der Rheinschiffe unterschiedliche Wege:
Die ober- und mittelrheinische Schiffahrt war wegen des niedrigen Tiefganges und streckenweise engen Fahrwassers auf flachgehende Kähne angewiesen, wobei in erster Linie die Talfahrt Bedeutung hatte. Als meistgefahrene Typen seien am Oberrhein ‚Lauertanne‘ (für einmalige Talfahrt) und ‚Schnieke‘ (Hauptfahrzeug der Straßburger Schiffer), am Mittelrhein ‚Oberländer‘ (Köln), ‚Schelch‘ (Mainz), später ‚Frankenschiff‘ und ‚Bönder‘ sowie am Oberrhein ‚Rheinberger‘ zu erwähnen. Am Niederrhein übertrugen sich die Merkmale des starken holländischen Seeschiffbaus auch auf die Schiffe des Deltas und des Niederrheins; als Haupttypus ist hier die jahrhundertelang gebräuchliche ‚Aak‘ (in vielen Varianten) zu nennen.
Gegen Ende des 18. Jahrhunderts intensivierten sich die Handels- und Schiffahrtsbeziehungen zwischen Oberrhein und Niederrhein. Analog dazu wurden die Schiffstypen weitgehend vereinheitlicht, wobei die von Holland beeinflußte Bauweise vorherrschend blieb.

Treideln
eines Rheinschiffes
(Mauerbild am Gasthof zum Landsknecht bei St. Goar)

Dampfschiffahrt

Das 19. Jahrhundert gab der Rheinschiffahrt neue, bahnbrechende Impulse. Im Jahre 1816 erschien mit der „Prince of Orange“ das erste Dampfschiff auf dem Rhein; dieses engli-

Dampfschiffahrt (Fortsetzung)

sche Dampfboot verließ Rotterdam am 8. Juni, erreichte Köln am 12. Juni und wurde weiter stromaufwärts bis Koblenz von Pferden getreidelt. Ebenfalls aus England kommend, fuhr 1817 der Schaufelraddampfer „Caledonia“ rheinaufwärts; 1824 kam das niederländische Dampfschiff „De Zeeuw“ bis Kaub, 1825 ein weiteres, „De Rijn“, bis Straßburg; 1832 landete die „Stadt Frankfurt“ in Basel.

Fahrgastschiffahrt

Mit der „Concordia“ nahm 1827 die Preußisch-Rheinische Dampfschiffahrts-Gesellschaft (die heutige ‚KD‘; →Praktische Informationen, Köln-Düsseldorfer) den regelmäßigen Personenverkehr zwischen Mainz und Köln auf. Der rasanten Entwicklung der Eisenbahn, die dem Passagierverkehr auf dem Oberrhein schon bald wieder den Garaus machte, begegnete die KD mit der Indienststellung neuer, besonders gut ausgerüsteter Salonschiffe.
Die Köln-Düsseldorfer hat der Fahrgastschiffahrt auf dem Rhein immer wieder neue Anstöße gegeben: Nach der Weiterentwicklung der Schaufelraddampfer von hölzernen Schiffen über die ersten Dampfer mit Eisenrumpf bis zu den luxuriösen Doppeldeck-Salondampfern der Jahrhundertwende stellte die Reederei die größten und modernsten Fahrgastschiffe auf europäischen Binnengewässern in Dienst. Das erste und einzige Tragflügelboot auf dem Rhein fährt ebenso unter der KD-Flagge wie die komfortablen Kabinenschiffe, die speziell als schwimmende Hotels für Rheinreisen zwischen der Schweiz und den Niederlanden entwickelt wurden.

Schleppschiffahrt

Nach dem Bau des ersten eisernen Schleppkahnes (1841; 250 t Tragkraft) wurde der bis dahin ausschließlich betriebene Holzschiffbau allmählich verdrängt. Innerhalb von gut 80 Jahren erhöhten sich die Tragfähigkeit der Lastschiffe auf das Zehnfache, ihre Länge und Breite in etwa auf das Doppelte der früher üblichen Maße.
Bald lief der Gütertransport der Personenbeförderung den Rang ab. Für die bislang bei Bergfahrt von Pferden gezogenen Segelfrachter setzte man ab 1821 Schleppdampfer ein. An die Seite der Radschlepper traten im Laufe der Zeit auch viele Schraubenschlepper.
Im 20. Jahrhundert ersetzten dann sukzessive Sauggasmaschinen, Dampfturbinen und vor allem Dieselmotoren die alten Dampfmaschinen der Rheinschlepper, die in den dreißiger Jahren ihren technischen Höchststand erreichten.

Folgen des Zweiten Weltkrieges

Am Ende des verheerenden Zweiten Weltkrieges war der Schiffsverkehr auf dem Rhein gänzlich zum Erliegen gekommen. Zuerst mußte das Fahrwasser von den Trümmern der allenthalben gesprengten Brücken, von den Wracks versenkter Schiffe sowie von Minen und Bombenblindgängern befreit werden. Erst nach der Währungsreform des Jahres 1948 kam die Schiffahrt langsam wieder in Gang; noch unterstand sie – wie auch der Schiffbau – der Kontrolle und Genehmigungspflicht durch die alliierten Besatzungsmächte. Nachdem man zunächst lediglich die noch verbliebenen Schlepper repariert und wieder fahrtüchtig gemacht hatte, wurden zunehmend auch neue Wasserfahrzeuge auf Kiel gelegt.

Als führende Werftplätze am Rhein sind in der Bundesrepublik Deutschland der Großraum Duisburg (Ruhrort, Meiderich, Walsum) sowie Mainz und Germersheim zu nennen. Im Jahre

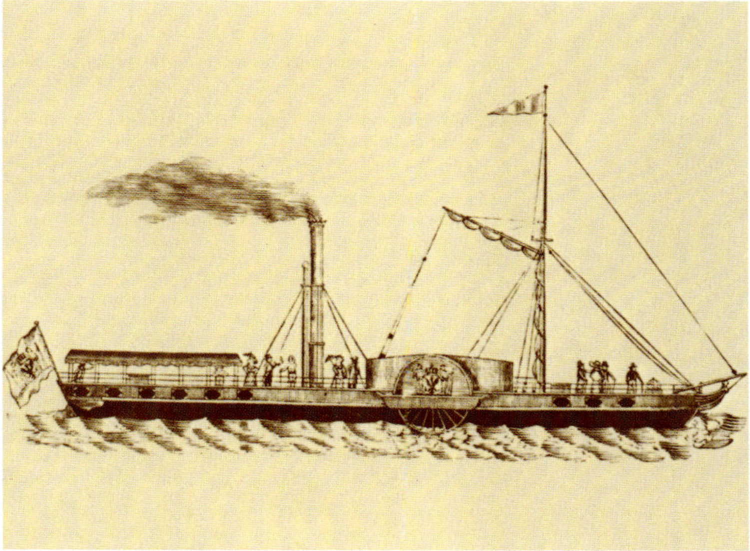

Historischer Rheindampfer „Concordia“

Modernes Kabinenmotorschiff „France“ (vor Boppard)

1954 wurde in Duisburg eine Versuchsanstalt für Binnenschiffbau ins Leben gerufen.

Selbstfahrer-Motorschiffe

Die Ära der herkömmlichen Schleppschiffahrt ging jedoch zu Ende. Nunmehr setzten sich Schiffe mit Eigenantrieb durch. Schon Ende des 19. Jahrhunderts hatte man begonnen, Frachtschiffen durch den Einbau von Motoren zu eigenem Antrieb zu verhelfen. Doch es sollte noch Jahrzehnte dauern, bis solche ‚Selbstfahrer' auf dem Rhein zur Regel wurden; vereinzelte Beispiele sind aus den vierziger Jahren bekannt. In der Wiederaufbauzeit nach dem Zweiten Weltkrieg stieg die Zahl der Selbstfahrer dann rapide an; zu den gängigen Frachtschiffen kamen nun auch zunehmend Spezialschiffe, insbesondere Tankschiffe (Tanker). Der Einsatz von Schleppschiffen geriet nicht zuletzt aus Kostengründen immer mehr ins Hintertreffen, zumal die Motorschiffe gut allein manövrieren können und selbst die Bugsierdienste der Schlepper überflüssig wurden.

Schubschiffahrt

Die fünfziger Jahre brachten die Einführung der Schubschiffahrt. Hatten früher die Schlepper ihre Lastkähne gezogen, so entwickelte man jetzt Schubschiffe, die ihre Leichter ‚drücken'. Im Jahre 1957 wurde mit dem „Wasserbüffel", einer deutsch-niederländischen Gemeinschaftsentwicklung, das erste Schubboot auf dem Rhein in Dienst gestellt. Dank starker Motoren (bis zu 4400 kW/6000 PS) sind die modernen Schubschiffe leicht manövrierfähig und können Verbände mit bis zu sechs Leichtern (mit zus. bis zu 16000 t Tragfähigkeit) ‚drücken'.

Küstenmotorschiffe, Rhein-See-Schiffe

Neben den für die Binnenschiffahrt ausgelegten Motorschiffen verkehren auf dem Rhein – und hier besonders auf der Nieder-

Schubschiff „Herkules IV" in Aktion

rheinstrecke – auch zahlreiche Küstenmotorschiffe (‚Kümos') und Rhein-See-Schiffe (v. a. mit Stückgut und Containern).

Spezialfahrzeuge zur Wasserreinhaltung

Bei der Überwachung und größtmöglichen Reinhaltung des Rheins kommt den Bilgenentölungsbooten (‚Bibos'), den Chemikalien-Verbrennungsschiffen sowie den Laborschiffen eine verantwortungsvolle Aufgabe zu. So nehmen die gelben ‚Bibos' alljährlich etwa 10000 t Altöl von Rheinschiffen auf.

Polizei- und Zollboote

Erwähnt seien ferner die Wasserfahrzeuge der Polizei- und Zollbehörden.

Solarboot

1989 fährt das erste Solarboot, die „Basilisk", auf dem Rhein.

Schiffbarkeit

Der Rhein bildet die Hauptader des mitteleuropäischen Binnenwasserstraßennetzes. Er ist zwischen Rheinfelden (am Hochrhein) und dem Mündungsbereich in den Niederlanden durchgehend schiffbar für Wasserfahrzeuge bis 3000 t Tragfähigkeit; seine wichtigsten Nebenflüsse Neckar, Main und Mosel sind kanalisiert und staugeregelt sowie mit Schiffen bis 1500 t Tragfähigkeit befahrbar.
Von dem projektierten Ausbau des Hochrheins (Schleusen, Kanalumgehung des Rheinfalls bei Schaffhausen) mit dem Ziel, den Bodenseeraum an das Wirtschaftsgebiet des Oberrheins anzuschließen, ist vorerst aus umweltschützerischen Rücksichten Abstand genommen worden, da die Verwirklichung einen gefährlichen Eingriff in die Stromlandschaft zur Folge hätte.
Die jahresdurchschnittlich relativ reichliche Wasserführung und die geringe Vereisungsgefahr des Rheins begünstigen die Schiffahrt. Nach Beseitigung der letzten Hindernisse im Strom auf dem Mittelrheinabschnitt sind die nautischen Bedingungen heute auf allen schiffbaren Flußstrecken gut.

Kanalanbindungen

Über den Rhein-Rhône-Kanal, den Rhein-Marne-Kanal und die Mosel ist der Rhein mit dem französischen Kanalnetz verbunden.
Die Verbindung zwischen Rhein und Donau über den Main-Donau-Kanal (Rhein-Main-Donau-Großschiffahrtsweg) wird im Herbst 1992 fertiggestellt sein.
Über den Rhein-Herne-Kanal und den Wesel-Datteln-Kanal sowie deren Fortsetzung im Dortmund-Ems-Kanal und im Mittellandkanal können Binnenschiffe zwischen dem Rhein und der deutschen Nordseeküste sowie den mitteldeutschen Flüssen verkehren.
In den Niederlanden schafft der Amsterdam-Rijnkanaal einen Großschiffahrtsweg nordwärts bis Amsterdam. Ferner besteht dort ein weitverzweigtes Wasserstraßennetz im Rhein-Maas-Delta, wobei auch Verbindungen zu den belgischen Binnenwasserwegen gegeben sind.

Rhein-See-Verkehr

Zwischen zahlreichen Rheinhäfen, besonders am Niederrhein, und deutschen sowie anderen Seehäfen findet ein reger Rhein-See-Verkehr statt.

Wasserstand

Der am örtlichen Pegel (Wasserstandsmesser; von lateinisch ‚pagella' = Maßstab) gemessene Flußwasserstand wird als Pegelstand bezeichnet und gestattet die Beurteilung der jeweiligen Fahrwasserverhältnisse.
Hierbei geht man vom ‚Pegelstand des gleichwertigen Wasserstandes' aus. Dies ist ein amtlich festgelegter Niedrigwasserstand, der an durchschnittlich 20 eisfreien Tagen im Jahr unter-

Alte Rheinhochwassermarken in Kaub

Moderner Rheinpegel in Wesel

Wasserstand (Fortsetzung)

schritten wird. Wegen der naturgegebenen Strombettveränderungen werden die Pegelstände in Abständen von jeweils zehn Jahren neu festgesetzt. Folgende Pegelstände des gleichwertigen Wasserstandes dienen am Rhein als Richtwertmeßstationen:

Pegelstände

Rheinfelden (am Oberrhein; Beginn/Ende der Rheinschiffahrt), Maxau (Karlsruhe), Speyer, Mannheim, Worms, Mainz, Bingen, Kaub, Koblenz, Andernach, Bonn, Köln, Düsseldorf, Ruhrort (Duisburg), Wesel, Rees, Emmerich, Lobith (deutsch-niederländische Grenze), Pannerdense Kop (Verzweigung in Pannerdens Kanaal / Nederrijn / Lek und Waal), Nijmegen (Nimwegen; an der Waal), Tiel (an der Waal), IJsselkop (Mündung der Hollandse IJssel in die Nieuwe Maas vor Rotterdam).

Wasserstandsmeldungen

Die für die Schiffahrt äußerst wichtigen Wasserstände werden täglich mehrmals im Rundfunk gesendet.

Fahrwasser

Das Rheinfahrwasser ist auf weiten Strecken durch Schiffahrtszeichen markiert. In der Regel handelt es sich im Wasser um Bojen, Baken oder Tonnen, die mit Signalanstrichen und teilweise auch mit Lichtzeichen oder Radarreflektoren versehen sind. Hinzu kommen am Ufer (Buhnen, Längswerke, Böschungen) und an Brücken diverse Verkehrszeichen.

Die Wasser- und Schiffahrtsverwaltungen sind bemüht, die Rheinfahrrinne je nach Stromstrecke auf Mindesttiefen zwischen 2,10 m und 2,50 m zu halten. Bei wesentlichen Abweichungen werden entsprechende Peilergebnisse kurzfristig bekanntgegeben.

Wahrschau

An Brückendurchfahrten und Strompartien, die wegen ihrer Enge nur in jeweils einer Richtung befahren werden dürfen (z. B. auf der Gebirgsstrecke zwischen Oberwesel und St. Goar), bestehen sogenannte Wahrschauen (seemannssprachlich für ‚Wahrzeichen'; Warnruf „Wahrschau!" = „Vorsicht!"), die für eine reibungslose Verkehrsabwicklung sorgen. Die Wahrschauer sind Bedienstete der Wasser- und Schiffahrtsverwaltungen.

Lotsen

Wenngleich auf dem gesamten schiffbaren Rhein keine Lotsenpflicht für Wasserfahrzeuge besteht, halten sich für den Oberrhein oberhalb von Mannheim und für die Gebirgsstrecke des Mittelrheins fahrtkundige Flußlotsen zur Verfügung.

Zentralkommission für die Rheinschiffahrt

Aufbau und Rechtsstellung der Zentralkommission für die Rheinschiffahrt gehen zurück auf die Schlußakte des Wiener Kongresses von 1815 und gründen sich auf die Mannheimer Rheinschiffahrtsakte vom 17. Oktober 1868 sowie auf Bestimmungen des Friedensvertrages vom 28. Juni 1919; eine teilweise Revision erfolgte durch ein internationales Übereinkommen vom 20. November 1963, speziell über den Gewässerschutz wurde am 3. Dezember 1976 ein Zusatzabkommen geschlossen.
Die Zentralkommission für die Rheinschiffahrt hat ihren Sitz in Straßburg (Strasbourg) und fungiert als ständige beratende und beschlußfähige diplomatische Konferenz, die sich aus den bevollmächtigten Vertretern der Vertragsstaaten Belgien, Bundesrepublik Deutschland, Frankreich, Großbritannien, Niederlande und Schweiz zusammensetzt.
Die Aufgaben der Zentralkommission zur gemeinsamen Beratung über Angelegenheiten der Rheinschiffahrt sind die Überwachung der Freiheit der Schiffahrt, der Gleichbehandlung der Flaggen sowie der Befreiung von Abgaben und von Schiffahrtshindernissen technischer, administrativer und fiskalischer Art, des weiteren die Ausarbeitung einheitlicher Vorschriften für das Schiffahrtspolizeirecht und das Schiffahrtsverwaltungsrecht, ferner die Herausgabe eines alljährlichen Berichtes über die Verkehrsbedingungen und die Verkehrsleistungen der Rheinschiffahrt.

Hoheitliche Zuständigkeiten

Auf der Grundlage der Mannheimer Akte von 1868 untersteht der Schiffsverkehr auf dem Rhein den Verkehrsministerien der Rheinuferstaaten bzw. den nachgeordneten Wasser- und Schiffahrtsverwaltungen sowie der Wasserschutzpolizei.
Für den bundesdeutschen Bereich des Rheins wie auch in den Niederlanden für Pannerdens Kanaal, Nederrijn, Lek und Waal gilt die Rheinschiffahrtspolizeiverordnung in ihrer jüngsten Fassung von 1981. Auf den übrigen zum Rhein-Maas-Delta gehörigen niederländischen Wasserstraßen kommen jeweils gesonderte Verordnungen zur Anwendung.
In der Schweiz und in Frankreich gelten die jeweiligen Binnenschiffahrtsverordnungen dieser Staaten. Hinzu kommen Sonderbestimmungen für den Hafenverkehr (lokale Hafenordnungen) sowie für den Fährverkehr (Rheinfährenordnung).
In allen größeren Rheinhäfen bestehen Zollstellen.

Seit 1973 gilt das Übereinkommen über die Schiffahrt auf dem Bodensee zwischen der Bundesrepublik Deutschland, der Schweiz und Österreich. Die Abmachung regelt den Schiffsverkehr auf dem Obersee und dem Überlinger See, wobei die Was-

Schiffahrt

Hoheitliche Zuständigkeiten Bodensee

serfläche in drei sogenannte Vollzugsbereiche eingeteilt wurde, d.h. in den Ufern der drei Vertragsstaaten vorgelagerte, jedoch nicht verbindlich abgegrenzte Seegebiete.

Sportschiffahrt

Für die Sportschiffahrt auf dem Rhein gelten die Vorschriften der Verordnung über das Führen von Sportbooten auf den Binnenschiffahrtsstraßen (Sportbootführerscheinverordnung-Binnen) von 1978, auf dem Bodensee die Bodensee-Schiffahrtsordnung von 1976 mit Ergänzungsbestimmungen von 1989.

Güterverkehr

Parallel zur Industrialisierung hat sich in der Neuzeit eine bedeutende gewerbliche Großschiffahrt auf dem Rhein entwikkelt. Galt es zunächst vor allem, die Hüttenwerke des Ruhrgebietes mit Erz zu versorgen und die Ruhrkohle abzutransportieren, ist der Rhein heute der wichtigste zentraleuropäische Transportweg für Massengüter aller Art. Die Bedeutung der sogenannten Rheinschiene hat durch die Umlenkung der Verkehrsströme nach dem Zweiten Weltkrieg aus ost-westlicher in nord-südliche Richtung sowie die Bildung und Entfaltung der Europäischen Wirtschaftsgemeinschaft beträchtlich zugenommen.

Die weltweite Wirtschaftsrezession der sechziger und siebziger Jahre dieses Jahrhunderts hat aber auch am Rhein zur Schrumpfung des Transportvolumens und damit der Rheinflotte geführt.

Der Güterverkehr auf dem schiffbaren Rhein zwischen Rheinfelden und der Mündung in die Nordsee hat gegenwärtig ein jährliches Transportvolumen von rund 200 Mio. t. Haupttransportgüter sind Eisenerze, Baustoffe, Mineralöle, Stein- und Braunkohlen, Roheisen, Rohstahl, Walzwerkprodukte und Schrott, außerdem Chemikalien sowie Getreide, Ölsaaten und Futtermittel.

Güterumschlag in ausgewählten Rheinhäfen

Hafen	Gesamtgüterumschlag 1987	1988	Kai- bzw. Ufergesamtlänge
Rheinfelden	155000 t	160000 t	180 m
Basel	8208000 t	8452000 t	7000 m
Strasbourg (Straßburg)	10804000 t	11070000 t	33000 m
Kehl	2424809 t	2677065 t	12090 m
Karlsruhe	9746000 t	10312000 t	16000 m
Mannheim	8603000 t	8618000 t	54500 m
Ludwigshafen	9542000 t	9077000 t	20300 m
Mainz	3504000 t	3722000 t	12700 m
Wiesbaden	1082000 t	1061000 t	2000 m
Koblenz	1227872 t	827630 t	2700 m
Andernach	2656000 t	2695000 t	1100 m
Bonn	506715 t	515567 t	900 m
Köln	10103000 t	10226000 t	26200 m
Leverkusen	1889000 t	2069000 t	1000 m
Neuss	4444000 t	4579000 t	17500 m
Düsseldorf	2979000 t	2865000 t	11300 m
Krefeld	3428000 t	3674000 t	11400 m
Duisburg-Ruhrort	40114000 t	44283000 t	43000 m
Wesel	585139 t	620000 t	805 m
Emmerich	424844 t	570000 t	1050 m
Dordrecht	2285025 t	2397611 t	12000 m
Rotterdam (Binnenschiffahrt)	255000000 t	272800000 t	36800 m

Passagierverkehr

Von allen europäischen Flüssen weist der Rhein den stärksten Passagierverkehr auf, der sich hauptsächlich als Erholungs- und Ausflugsverkehr während des Sommerhalbjahres manifestiert. Eine gewichtige Rolle spielt hier die KD mit ihrer stattlichen Rheinflotte (→Praktische Informationen, Köln-Düsseldorfer).

Ab 1990 soll ein touristisches U-Boot den Bodensee befahren

Auch auf dem Bodensee ist die Personenschiffahrt so stark wie auf keinem anderen europäischen Binnensee entwickelt. Hauptbetreiber sind die Schiffsbetriebe der Deutschen, der Schweizerischen und der Österreichischen Bundesbahnen sowie die Schweizerische Schiffahrtsgesellschaft Untersee und Rhein, ferner für den Fährbetrieb die Stadtwerke Konstanz.

Internationale Rheinflotte

Auf Beschluß der Zentralkommission für die Rheinschiffahrt werden seit 1973 alle den Rhein befahrenden Schiffe numeriert. Die Schiffsnumerierung ist die Grundlage für die Ausstellung eines Rheinschiffsattestes. Alle Wasserfahrzeuge, denen eine Schiffsnummer zugeteilt und ein Schiffsattest ausgestellt sind, zählen zur sogenannten Rheinflotte.
Die nachstehende Tabelle zeigt den Stand von 1983:

Herkunftsland	Anzahl der Schiffe	Kapazität in Tonnen (t)
Niederlande	7656	6344092
Bundesrepublik Deutschland	2989	3194459
Frankreich	4296	2092003
Belgien	2187	1634367
Schweiz	234	440032
Rheinflotte insgesamt	17362	13704953
davon Tankschiffe	2260	2267702

Berühmte Persönlichkeiten

Konrad Adenauer (5. 1. 1876 – 19. 4. 1967)

Deutscher Politiker und Staatsmann (geb. in Köln, gest. in Rhöndorf / Bad Honnef). Der promovierte Jurist war von 1917 bis zu seiner Entlassung durch die nationalsozialistischen Machthaber im Jahre 1933 Oberbürgermeister der Stadt Köln. Nach dem Ende des Zweiten Weltkrieges zählte er zu den Mitbegründern der CDU und war von 1949 bis 1963 der erste Bundeskanzler der Bundesrepublik Deutschland. Sein ehemaliges Wohnhaus in Bad Honnef-Rhöndorf ist heute eine museale Gedenkstätte (Stiftung ‚Bundeskanzler-Adenauer-Haus').

Agrippina d. J. Iulia (6. 11. 15 – 59 n. Chr.)

Die in Köln geborene Enkelin des Kölner Stadtgründers Marcus Vipsanius Agrippa war die Schwester des römischen Kaisers Caligula und die Mutter Neros, der sie ermorden ließ. 48 n. Chr. heiratete sie ihren Onkel Claudius, den sie im Jahre 50 veranlaßte, sie zur Kaiserin und ihren Geburtsort zur Stadt römischen Rechts zu erheben. Fortan hieß Köln ‚Colonia Claudia Ara Agrippinensium' (CCAA).

Albertus Magnus (um 1200 – 15. 11. 1280)

Deutscher Theologe, Philosoph und Naturforscher (eigentl. Albert der Große, Graf von Bollstädt; geb. in Lauingen/Donau,

Konrad Adenauer

Karl Baedeker

Ludwig van Beethoven

Albertus Magnus
(Fortsetzung)

gest. in Köln). Trat während seines Studiums in Padua dem Dominikanerorden bei, für den er 1248–1254 ein ‚Studium generale' in Köln einrichtete. Bahnbrechend waren seine Aristoteleskommentare sowie seine naturwissenschaftlichen Studien.

Hans Arp
(16. 9. 1887 – 7. 6. 1966)

Deutsch-französischer Bildhauer, Maler und Schriftsteller (geb. in Straßburg, gest. in Basel). Mitbegründer des Dadaismus. Als bildender Künstler gehört er zur ‚konkreten' Richtung der gegenstandslosen Kunst.

Karl Baedeker
(3. 11. 1801 – 4. 10. 1859)

Deutscher Buchhändler und Verleger (urspr. Bädeker; geb. in Essen, gest. in Koblenz). Gründete 1827 in Koblenz eine Verlagsbuchhandlung, die Keimzelle der berühmten Baedeker-Reisehandbücher.

Hans Baldung
(1484/85 – September 1545)

Deutscher Maler, Zeichner, Kupferstecher und Holzschneider (gen. Grien; geb. in Schwäbisch Gmünd, gest. in Straßburg). Freund und Mitarbeiter Dürers, dessen Einfluß erkennbar ist; seit 1509 am Oberrhein tätig. In seinem der Spätgotik verbundenen Werk zeigt sich bereits die Freizügigkeit und Sinnenhaftigkeit der Renaissance. Als sein Hauptwerk gilt der Hochaltar im Freiburger Münster (1512–1516).

August Bebel
(22. 2. 1840 – 13. 8. 1913)

Deutscher Politiker (urspr. Drechsler; geb. in Köln-Deutz, gest. in Passugg/Graubünden), Mitbegründer und Führer der deutschen Sozialdemokratischen Arbeiterpartei (SDAP), an deren Festigung er entscheidenden Anteil hatte.

Ludwig van Beethoven
(16.? 12. 1770 – 26. 3. 1827)

Deutscher Komponist (getauft am 17. 12. 1770 in Bonn, gest. in Wien). Schüler von Joseph Haydn und nebst diesem sowie Mozart der bedeutendste Tondichter der sogenannten Wiener Klassik. Schrieb v. a. Klaviersonaten, Sinfonien und Streichquartette, ferner die Oper „Fidelio" sowie Messen und Lieder.

Carl Friedrich Benz
(25. 11. 1844 – 4. 4. 1929)

Deutscher Ingenieur und Automobilkonstrukteur (geb. in Karlsruhe, gest. in Ladenburg). Entwickelte 1885 unabhängig von Gottlieb Daimler einen von einem liegenden Einzylinder-Viertaktmotor angetriebenen dreirädrigen Kraftwagen. Seine 1883 gegründete Firma Benz & Cie. wurde 1926 mit der Daimler-Motoren-Gesellschaft zur Daimler-Benz AG (‚Mercedes'; Sitz in Stuttgart) zusammengeschlossen.

Jakob Bernoulli
(27. 12. 1654 – 16. 8. 1705)
Johann Bernoulli
(27. 7. 1667 – 1. 1. 1748)

Schweizer Mathematiker (Brüder; beide geb. und gest. in Basel). Jakob Bernoulli trug entscheidend zur Einführung und Fortentwicklung der Infinitesimalrechnung bei (Aufstellung der Bernoullischen Zahlen). Nach dessen Tode setzte Johann Bernoulli, Lehrer von Leonhard →Euler und bedeutendster Mathematiker jener Zeit, die Arbeiten seines Bruders, besonders zur Theorie der Integral- und Differentialrechnung, fort.

Ernst Bloch
(8. 7. 1885 – 4. 8. 1977)

Deutscher Philosoph (geb. in Ludwigshafen, gest. in Tübingen). Entwickelte auf der Grundlage der jüdisch-christlichen Eschatologie eine marxistische Philosophie der Hoffnung, durch die Natur und Gesellschaft ihre Unzulänglichkeiten allmählich überwinden und zu einer utopischen Lebensharmonie finden.

Arnold Böcklin
(16. 10. 1827 – 16. 1. 1901)

Schweizer Maler (geb. in Basel, gest. in Fiesole bei Florenz). Schuf im Geiste der Romantik dekorative Gemälde von starken Lichtgegensätzen und leuchtender Farbenfülle. Seine idealisierten Landschaften sind von mythischen Gestalten belebt.

Heinrich Böll
(21. 12. 1917 – 16. 7. 1985)

Deutscher Schriftsteller (geb. in Köln). Gilt als einer der herausragendsten Vertreter der deutschen Nachkriegsliteratur. Er erhielt 1972 den Nobelpreis für Literatur.

Clemens Brentano
(8. 9. 1778 – 28. 7. 1842)

Deutscher Dichter der Hochromantik (geb. in Ehrenbreitstein bei Koblenz, gest. in Aschaffenburg), Bruder der Schriftstellerin Bettina von Arnim. Gemeinsam mit seinem Freund und späteren Schwager Achim von Arnim gab er die Volksliedersammlung „Des Knaben Wunderhorn" heraus. In seinen Novellen und Kunstmärchen zeigt er sich als meisterhafter Erzähler. Brentano gilt als Schöpfer der Balladengestalt Loreley, die später Heinrich →Heine in seinem berühmten Gedicht „Ich weiß nicht, was soll es bedeuten ..." besungen hat.

Georg Büchner
(17. 10. 1813 – 19. 2. 1837)

Deutscher Dramatiker und Mediziner (geb. in Goddelau bei Darmstadt, gest. in Zürich). Vom Geist der Französischen Revolution ergriffen, gründete er in Gießen eine ‚Gesellschaft der Menschenrechte' und unterstützte die Bauernunruhen durch seine Flugschrift „Der Hessische Landbote". Seine revolutionären Dramen „Dantons Tod" und „Woyzeck" (unvollendet) wiesen dem Theater neue Wege.

Peter Cornelius
(24. 12. 1824 – 26. 10. 1874)

Deutscher Komponist und Dichter (Peter Carl August Cornelius; geb. und gest. in Mainz). Schuf unter dem Eindruck der Musikgewaltigen Liszt und Wagner Werke von eindringlicher Zartheit und Innigkeit. Cornelius' Bühnenwerken war der Erfolg versagt; geblieben sind seine zahlreichen Kunstlieder nach eigenen Texten.

Wilhelm Dilthey
(19. 11. 1833 – 1. 10. 1911)

Deutscher Philosoph (geb. in Biebrich bei Wiesbaden, gest. in Seis am Schlern/Südtirol). Begründer einer methodischen Deutung geisteswissenschaftlicher – besonders historischer – Zusammenhänge (Hermeneutik).

Karl Friedrich Drais
(29. 4. 1785 – 10. 12. 1851)

Deutscher Erfinder (Karl Friedrich Drais, Freiherr von Sauerbronn; geb. und gest. in Karlsruhe). Entwickelte einen leichten vierrädrigen Wagen, der durch menschliche Muskelkraft angetrieben wurde und später als ‚Draisine' bei der Gleisüberwachung der Eisenbahnen vielfach Verwendung fand. Seine ebenfalls nach ihm benannte zweirädrige ‚Laufmaschine' mit

K. F. Drais
(Fortsetzung)

Lenkstange und Sattel war besonders in England und Frankreich beliebt und gilt als Vorläufer des Fahrrades.

Drusus
(38 – 9 v. Chr.)

Römischer Kaiser (Nero Claudius Drusus). Führte in den Jahren 12 bis 9 v. Chr. von Mainz ausgehend einen Feldzug gegen die rechtsrheinischen Germanen und drang hierbei bis zur Elbe (Albis) vor. Auf dem Rückzug starb er an den Folgen eines Sturzes vom Pferd.

Konrad Duden
(3. 1. 1829 – 1. 8. 1911)

Deutscher Philologe (geb. auf dem Gut Bossigt bei Wesel, gest. in Sonnenberg bei Wiesbaden). Schuf mit seinem „Vollständigen orthographischen Wörterbuch der deutschen Sprache“ (1880) die Grundlage der deutschen Einheitsrechtschreibung. Heute wird der „Duden“ von Dudenredaktionen in Mannheim und Leipzig fortgeführt und stellt nach wie vor das maßgebende Nachschlagewerk für die deutsche Rechtschreibung dar.

Guillaume Henri Dufour
(15. 9. 1787 – 14. 7. 1875)

Schweizer General (geb. in Konstanz, gest. in Contamines bei Genf). Reformer der Eidgenossenschaft und Mitbegründer des Internationalen Komitees vom Roten Kreuz. Als Leiter der schweizerischen Landesvermessung schuf er die nach ihm benannte „Topographische Karte der Schweiz“ („Dufour-Karte“), die besonders für die Gebirgsdarstellung wegweisend wurde.

Erasmus von Rotterdam
(28. 10. 1466 – 12. 7. 1536)

Niederländischer Philologe und Humanist (seit 1496 Desiderius Erasmus; geb. in Rotterdam, gest. in Basel). Bedeutendster Denker seiner Zeit. Mit kritisch-satirischen Angriffen auf die Verweltlichung von Theologie und Kirche wurde er zum geistigen Wegbereiter der Reformation, von der er sich gleichwohl stets distanziert hat.

Leonhard Euler
(15. 4. 1707 – 18. 9. 1783)

Schweizer Mathematiker (geb. in Basel, gest. in St. Petersburg/Rußland). Als Schüler von Johann →Bernoulli ersetzte er die bis dahin gebräuchliche geometrisch-synthetische durch die allgemeinere analytische Methode, die er auf physikalische Probleme anwandte. Euler lieferte in seinem sehr umfangreichen und vielseitigen Gesamtwerk (Eulersche Formeln, Wellentheorie des Lichts, Entwicklung der Variationsrechnung u. v. a. m.) grundlegende Gedanken zu Mathematik, Physik und Astronomie.

Anne Frank
(12. 6. 1929 – März 1945)

Deutschstämmiges jüdisches Mädchen (geb. in Frankfurt am Main, gest. im KZ Bergen-Belsen), dessen Tagebuch die Zeit vom Aufenthalt ihrer Familie im Amsterdamer Versteck bis zur Deportation in deutsche Konzentrationslager schildert und als erschütterndes Dokument der nationalsozialistischen Gewaltherrschaft in viele Sprachen übersetzt sowie verfilmt wurde.

Stefan George
(12. 7. 1868 – 4. 12. 1933)

Deutscher Lyriker (geb. in Büdesheim bei Bingen, gest. in Minusio bei Locarno). Entwickelte in bewußtem Gegensatz zum Naturalismus und wissenschaftlichen Positivismus ein ästhetisierendes elitäres Kunstverständnis, das Schönheit und Geistigkeit in strenger, nicht selten starrer Form bindet. In seiner Vision von einer vollkommenen schöngeistigen Welt verschmelzen Vorstellungen von klassisch-griechischem Heroentum, mittelalterlicher Askese und adeliger Lebensführung mit der Freude am Dekorativen.

Gerschom Ben Jehuda
(um 960 – 1028 oder 1040)

Jüdischer Rechtsgelehrter (gen. Meor ha-Gola = ‚Licht der Diaspora‘; geb. in Metz?, gest. in Mainz). Begründer der talmudi-

Clemens Brentano

Erasmus von Rotterdam

Johannes Gutenberg

schen Gelehrsamkeit des Judentums in Deutschland und Frankreich.

Curt Goetz
(17. 11. 1888 – 12. 9. 1960)

Deutscher Schriftsteller und Schauspieler (eigentl. Kurt Götz; geb. in Mainz, gest. in Grabs/Ostschweiz). Schrieb hauptsächlich Komödien, in denen er vielfach die Hauptrolle übernahm. Etliche seiner Theaterstücke wurden verfilmt.

Gottfried von Straßburg
(12./13. Jh.)

Neben Hartmann von Aue und Wolfram von Eschenbach der hervorragendste Dichter der Stauferzeit. Nach anglo-normannischem Vorbild schuf er das unvollendet gebliebene Versepos „Tristan“, eines der Hauptwerke der mittelhochdeutschen Minnedichtkunst.

Gustaf Gründgens
(22. 12. 1899 – 7. 10. 1963)

Deutscher Schauspieler, Regisseur und Theaterleiter (geb. in Düsseldorf, gest. in Manila/Philippinen). Generalintendant des Staatlichen Schauspielhauses in Berlin (1934–1945), der Städtischen Bühnen in Düsseldorf (1947–1955) und des Deutschen Schauspielhauses in Hamburg (1955–1963). Auf der Bühne und im Film stellte er vorzugsweise dämonische Charaktere dar und schuf beispielhafte Theater- und Operninszenierungen.

Matthias Grünewald
(um 1470/74 – August 1528)

Deutscher Maler (eigentl. Mathis Gothardt, gen. Nithardt; geb. in Aschaffenburg?, gest. in Halle an der Saale). Neben Albrecht Dürer der größte Maler der späten Gotik in Deutschland. Sein sehr umfangreiches, aber nur zu einem kleinen Teil überliefertes Werk zeugt von tiefer grüblerischer Gläubigkeit und großer künstlerischer Spannweite. Neben ergreifenden naturalistischen Darstellungen des Leidens und der Trauer stehen Welten mystischer Verklärtheit und phantastischer Träume. Sein Hauptwerk, der Isenheimer Altar (im Colmarer Museum Unterlinden), weist bereits auf die Auseinandersetzung mit der Geisteswelt der Renaissance hin.

Johannes Gutenberg
(um 1397 – 3. 2. 1468)

Mainzer Patrizier (eigentl. Henne Gänsfleisch zur Laden; geb. und gest. in Mainz). Erfinder des Buchdrucks mit beweglichen Lettern. Hierzu entwickelte er als wichtigste Hilfsmittel die Metallgußform (Matrize), das Handgießinstrument, die Druckerpresse und die Druckerschwärze. Sein Meisterwerk ist die 1452–1455 entstandene 42zeilige Gutenberg-Bibel (u. a. im Mainzer Gutenberg-Museum).

Berühmte Persönlichkeiten

Frans Hals (zwischen 1581 und 1585 bis 1666)	Niederländischer Maler (geb. in Antwerpen?, begraben am 1. 9. 1666 in Haarlem). Schuf v. a. Porträts und Gruppenbilder von Menschen aller Gesellschaftskreise. Seine eigenwillige Malerei nimmt mit der großzügigen und sicheren Pinselführung bereits Züge des Impressionismus vorweg.
Johann Peter Hebel (10. 5. 1760 – 22. 9. 1826)	Alemannischer Dichter (geb. in Basel, gest. in Schwetzingen). Schrieb „Alemannische Gedichte", in denen er das ländliche Leben in seiner südbadischen Heimat besingt. Seine „Kalendergeschichten" und die im „Schatzkästlein des rheinischen Hausfreundes" zusammengefaßten Erzählungen sind volkstümlich, schlicht in der Sprache und von gemütvoller Heiterkeit.
Heinrich Heine (13. 12. 1797 – 17. 2. 1856)	Deutscher Dichter, Schriftsteller und Publizist (eigentl. Harry Heine; geb. in Düsseldorf, gest. in Paris). Autor des bekannten Loreley-Liedes „Ich weiß nicht, was soll es bedeuten ..." (→Der Rhein in Zitaten). Durch seine polemischen Angriffe auf engstirnigen Patriotismus, Kleinbürgerlichkeit und politische Mißstände in Deutschland zog er sich den Unwillen der Obrigkeit zu. Im französischen Exil erlangte er durch seinen eleganten, pointierten, von der Spannung zwischen Empfindsamkeit und Spott getragenen Stil sowie seinen kritischen Geist hohes Ansehen. – Alljährliche Düsseldorfer Heine-Preis-Verleihung.
Heinrich von Meißen (um 1250 – 29. 11. 1318)	Mittelhochdeutscher Dichter und Minnesänger (gen. Frauenlob; geb. in oder bei Meißen, gest. in Mainz). Einer der zwölf ‚Meister des Meistersanges'.
Hildegard von Bingen (1098 – 17. 9. 1179)	Erste deutsche Mystikerin (geb. in Bermersheim bei Alzey, gest. im Kloster Rupertsberg bei Bingen). Benediktinernonne und Gründerin des Klosters Rupertsberg bei Bingen. Sie verfaßte außer mystischen auch naturkundliche und medizinische Schriften.
Hans Holbein d. J. (1497/98 – 1543)	Deutscher Maler und Zeichner (geb. in Augsburg, begraben am 29. 11. 1543 in London). Wichtigster Vertreter der beginnenden Renaissance in Deutschland. Schuf vorwiegend Porträts von Wirklichkeitsnähe und kühler Sachlichkeit. Seine Freundschaft mit →Erasmus von Rotterdam und die Begegnung mit humanistischem Gedanken- und Bildungsgut haben sein Werk entscheidend geprägt.
Johan Huizinga (7. 12. 1872 – 1. 2. 1945)	Niederländischer Historiker (geb. in Groningen, gest. in De Steeg bei Arnhem). Arbeitete hauptsächlich über die burgundisch-niederländische Kultur- und Geisteswelt des späten Mittelalters.
Karl Jaspers (23. 2. 1883 – 26. 2. 1969)	Deutscher Philosoph (geb. in Oldenburg/Oldbg., gest. in Basel). Begründer einer geisteswissenschaftlich orientierten Psychopathologie und Hauptvertreter der Existenzphilosophie in Deutschland.
Jean Baptiste Kléber (9. 3. 1753 – 14. 6. 1800)	Französischer General (geb. in Strasbourg, ermordet in Kairo). Nahm an Napoleons Ägyptischer Expedition teil, schlug die Türken mehrfach und eroberte Kairo.
Adolf Kolping (8. 12. 1813 – 4. 12. 1865)	Deutscher Geistlicher (geb. in Kerpen bei Köln, gest. in Köln). Seit 1845 katholischer Priester; Begründer der ‚Gesellenvereine' (‚Kolpingfamilie') zur religiösen, sozialen, beruflichen und musischen Förderung und Weiterbildung.

Carl von Kügelgen (6. 2. 1772 – 9. 1. 1832)
Gerhard von Kügelgen (6. 2. 1772 – 27. 3. 1820)

Deutsche Maler. Carl von Kügelgen (geb. in Bacharach, gest. in Friedheim bei Reval) schuf am Zarenhof von St. Petersburg hauptsächlich Landschaftsbilder. Sein Zwillingsbruder Gerhard von Kügelgen (geb. in Bacharach, ermordet bei Loschwitz/Dresden) malte im klassizistischen Stil Bilder religiösen oder mythologischen Inhalts sowie gute Porträts.

Wilhelm Lehmbruck (4. 1. 1881 – 25. 3. 1919)

Deutscher Bildhauer (geb. in Duisburg-Meiderich, gest. durch Selbstmord in Berlin). Fand mit seinen überlängten, feingliedrigen Figuren weltweite Anerkennung als einer der wichtigsten deutschen Vertreter expressiver Plastik (Hauptwerke im Wilhelm-Lehmbruck-Museum der Stadt Duisburg).

Stefan Lochner (um 1410 – 1451)

Deutscher Maler (geb. in Meersburg?, gest. in Köln). Als größter Meister der Kölner Malerschule verband er die strenge idealreligiöse Tradition mittelalterlicher Malerei mit dem ‚modernen' niederländischen Realismus zu einem unverkennbaren persönlichen Stil. Neben hervorragenden Bildern wie „Madonna im Rosenhag" oder „Madonna mit dem Veilchen" schuf er den berühmten Altar der Stadtpatrone (fälschlich ‚Dombild' genannt) im Kölner Dom.

Gerhard Mercator (5. 3. 1512 – 2. 12. 1594)

Geograph und Kosmograph (eigentl. Gerhard Cremer; geb. in Rupelmonde? bei Antwerpen, gest. in Duisburg). Entwickelte das nach ihm benannte Verfahren der winkeltreuen Projektion der gekrümmten Erdoberfläche auf das ebene Landkartenblatt (‚Mercator-Projektion'). Im Jahre 1595 erschien postum das von ihm zusammengestellte Kartenwerk der ganzen Erde (bedeutende Mercator-Sammlung im Duisburger Niederrheinischen Museum).

Matthäus Merian d. Ä. (22. 9. 1593 – 19. 6. 1650)

Schweizer Kupferstecher (geb. in Basel, gest. in Langenschwalbach). Schuf mit seiner 30bändigen „Topographia" sowie dem „Theatrum Europaeum" hervorragende und kulturgeschichtlich höchst bedeutsame Ansichten und Pläne von zahllosen Städten und Ortschaften in ganz Europa.

Fürst Metternich (15. 5. 1773 – 11. 6. 1859)

Österreichischer Staatsmann (Klemens Wenzel Nepomuk Lothar Fürst von Metternich; geb. in Koblenz, gest. in Wien). Während seiner Studienzeit in Mainz und in den Niederlanden kam es zur Begegnung mit der Französischen Revolution, deren Ausweitung in Europa er fortan entschieden bekämpfte. In der Erhaltung des monarchistischen Systems sah er die einzige Möglichkeit zur Wahrung politischer Stabilität (‚Metternichsches System' des Gleichgewichts der Mächte).

Peter Minuit (um 1580 – 1638 oder 1641)

Reformierter Geistlicher (auch Peter Minnewit; geb. in Wesel, umgekommen bei einem Schiffsuntergang). Kaufte den um die Hudson-Mündung lebenden Algonquin-Indianern die Insel Manhattan für Tand geringen Wertes ab und gründete dort die Ansiedlung ‚Nieuw Amsterdam', aus der die Weltmetropole New York City erwachsen ist.

Sebastian Münster (20. 1. 1488 – 26. 5. 1552)

Deutscher Theologe, Hebraist und Kosmograph (geb. in Ingelheim, gest. in Basel). Seine Hauptwerke sind die „Biblia Hebraica" sowie die „Cosmographia" mit Beschreibungen der Länder und Städte im deutschen Raum.

Nikolaus von Kues (1401 – 11. 8. 1464)

Mathematiker, Theologe und Philosoph (latinisiert Nicolaus Cusanus, eigentl. Nikolaus Chryfftz oder Krebs; geb. in Kues an

Berühmte Persönlichkeiten

Nikolaus von Kues (Fortsetzung)

der Mosel, gest. in Todi/Mittelitalien). Stand gedanklich an der Wende vom Mittelalter zur Neuzeit; suchte den Ausgleich der Gegensätze im Weltlichen durch den Begriff ‚Coincidentia oppositorum' (= Zusammenfall der Gegensätze) zu schaffen. Danach wird alles Irdische in Gott eins.

Josef Maria Olbrich (22. 12. 1867 – 8. 8. 1908)

Architekt (geb. in Troppau/Nordmähren; gest. in Düsseldorf). Einer der produktivsten Jugendstilbaumeister, Mitbegründer der ‚Wiener Secession' und des ‚Deutschen Werkbundes' sowie Mitglied der ‚Darmstädter Künstlerkolonie'.

Rabanus Maurus (um 780 – 4. 3. 856)

Deutscher Theologe (auch Rhabanus Maurus oder Hrabanus Maurus, eigentl. Hraban; geb. und gest. in Mainz). 847–856 Erzbischof von Mainz. In seinem 22bändigen Hauptwerk „De rerum naturis seu de universo" ("Über die Natur der Dinge oder das Universum") stellte er den Wissensstoff von der Antike bis zu seiner Zeit zusammen.

Friedrich Wilhelm Raiffeisen (30. 3. 1818 – 11. 3. 1888)

Deutscher Sozialreformer (geb. in Hamm an der Sieg, gest. in Neuwied). Begründete das landwirtschaftliche Genossenschaftswesen in Deutschland. (‚Raiffeisenvereine', ‚Raiffeisenkassen', ‚Raiffeisenversicherungen').

Rembrandt (15. 7. 1606 – 4. 10. 1669)

Berühmtester und kreativster niederländischer Maler (Rembrandt Harmensz van Rijn; geb. in Leiden, gest. in Amsterdam). Zog nach einer produktiven Schaffensperiode in Leiden im Jahre 1632 nach Amsterdam und heiratete 1634 die vornehme und reiche Saskia van Uijlenburgen. Im ersten Jahrzehnt seiner Amsterdamer Zeit wurde er zum begehrtesten Porträtisten. Als er jedoch immer weniger bereit war, seine künstlerischen Intentionen den Porträtwünschen seiner Auftraggeber unterzuordnen, geriet er zunehmend in finanzielle Schwierigkeiten. Er starb gesellschaftlich isoliert und verarmt, hinterließ jedoch ein künstlerisches Werk von unschätzbarem Wert (562 Gemälde, 300 Radierungen, 1600 Zeichnungen).

Joseph Viktor von Scheffel (16. 2. 1826 – 9. 4. 1886)

Deutscher Schriftsteller (geb. und gest. in Karlsruhe). Volkstümlicher Verfasser launiger Studentenlieder (z. B. „Gaudeamus"). Seine romantisch-patriotische Gesinnung zeigen das Versepos „Der Trompeter von Säckingen" und der Roman „Ekkehard" (Scheffels Originalhandschriften im Karlsruher Oberrheinischen Dichtermuseum).

René Schickele (4. 8. 1883 – 31. 1. 1940)

Schriftsteller (geb. in Oberehnheim/Elsaß, gest. in Vence). Sohn eines Deutschen und einer Französin; arbeitete in Berlin, Paris und Straßburg als Journalist, gab 1916 – 1920 in Zürich die expressionistisch-pazifistischen „Weißen Blätter" heraus, lebte bis 1932 in Badenweiler, danach in Frankreich. In seinen Werken suchte er die Spannung zwischen deutschem und französischem Kulturbewußtsein ausgleichend zu überwinden.

Schinderhannes (25. 5. 1783 – 21. 11. 1803)

Räuberhauptmann (eigentl. Johannes Wilhelm Bückler; geb. in Miehlen/Taunus, hingerichtet in Mainz). Trieb sein Unwesen vorwiegend in dem damals französischen Gebiet des heutigen Bundeslandes Rheinland-Pfalz. Bei seinen Raubzügen zeigte er sich als Gegner der Franzosen und als Beschützer der Armen, was ihm Sympathien beim Volk und seinen legendären Ruf eintrug. In einem Schauprozeß zum Tode verurteilt, wurde er in Mainz öffentlich guillotiniert (Fallbeil im Mainzer Polizeipräsidium).

Heinrich Heine

Rembrandt

Johann Gottfried Tulla

Martin Schongauer
(zwischen 1425 und 1453 – 2. 2. 1491)

Kupferstecher und Maler (geb. und gest. in Colmar). Führte in der Zeit der Spätgotik die oberrheinische Tradition fort, läßt jedoch auch niederländische Einflüsse erkennen. Von seinen Gemälden sind nur wenige erhalten („Maria im Rosenhag" in der Colmarer Dominikanerkirche) bzw. ihm zweifelsfrei zuzuordnen. Von entscheidendem Einfluß auf das Werk Albrecht Dürers waren Schongauers zahlreiche hervorragende Kupferstiche.

Robert Schumann
(8. 6. 1810 – 29. 7. 1856)

Deutscher Komponist (geb. in Zwickau, gest. in Endenich/Bonn). Seine von hochromantischer Gefühlskraft und Empfindsamkeit, aber auch von seelischer Zerrissenheit zeugenden Werke haben u. a. Brahms, Chopin und Schubert wesentlich beeinflußt. Er vertonte in seinen Liedern einfühlsam die Lyrik Goethes, Eichendorffs, Mörikes und Heines. Daneben sind die Klavierkompositionszyklen wie auch die vom Klavierpart beherrschten Orchesterwerke seine stärksten Schöpfungen. Schumann war seit 1840 mit der Pianistin Clara Wieck (13. 9. 1819 – 20. 5. 1896) verheiratet, die seine Werke der Öffentlichkeit vorstellte. Ab 1850 wirkte er als städtischer Musikdirektor in Düsseldorf. In geistiger Umnachtung suchte Schumann 1854 seinem Leben durch einen Sprung in den Rhein ein Ende zu setzen.

Carl Schurz
(2. 3. 1829 – 14. 5. 1906)

Politiker und Publizist (geb. in Liblar bei Köln, gest. in New York City). Schloß sich als Student der demokratischen Bewegung des Jahres 1848 an, mußte aus Deutschland fliehen und emigrierte in die USA. Dort fühlte er sich bald als Amerikaner und wurde zum überzeugten ‚Republikaner'. Als US-Innenminister unter Präsident Hayes (1877 – 1881) bemühte er sich um innere Reformen und humanere Politik gegenüber den Indianern. Seine Frau, Margarethe Meyer-Schurz, gründete den ersten Kindergarten in den USA.

Albert Schweitzer
(14. 1. 1876 – 4. 9. 1965)

Evangelischer Theologe, Missionsarzt, Kulturphilosoph und Musiker (geb. in Kaysersberg/Elsaß, gest. in Lambarene/Gabun). Richtete 1913 in Lambarene (im westafrikanischen Land Gabun) ein Tropenhospital ein, das er zunächst aus eigener Kraft durch Orgelkonzerte, Vorträge und Publikationen finanzierte. Als Theologe fand er Anerkennung in der Leben-Jesu-Forschung. Seine Verdienste als Musiker liegen in der Interpre-

A. Schweitzer
(Fortsetzung)

tation des Bachschen Orgelwerkes. Im Jahre 1952 wurde Albert Schweitzer mit dem Friedensnobelpreis ausgezeichnet.

Anna Seghers
(19. 11. 1900 – 1. 6. 1983)

Deutsche Schriftstellerin (eigentl. Netty Radvanyi, geb. Reiling; geb. in Mainz, gest. in Ost-Berlin). Als Mitglied der Kommunistischen Partei Deutschlands war sie 1933 zur Emigration nach Frankreich, 1941 nach Mexiko gezwungen, von wo sie 1947 nach Ost-Berlin zurückkehrte. In ihren Schriften kämpft sie mit sachlicher Anteilnahme gegen soziale Ungerechtigkeit, Unterdrükkung und Unmenschlichkeit. Ihr wohl bekanntestes Werk ist der im mexikanischen Exil geschriebene Widerstandsroman „Das siebte Kreuz“, für den sie 1947 den Georg-Büchner-Preis erhielt. Gedenktafel am Geburtshaus, Paracelsusstr. 5, in Mainz.

Severus Alexander
(208 – 235 n. Chr.)

Römischer Kaiser (Marcus Aurelius Severus Alexander). Zog im Jahre 234 n. Chr. an den Rhein und ließ bei Mainz eine Brücke über den Fluß schlagen, um dem Vordringen der Germanen über den Limes Einhalt zu gebieten. Severus Alexander wurde im März 235 gemeinsam mit seiner Mutter Iulia Mammaea im Feldlager bei Bretzenheim (heute ein südwestlicher Stadtteil von Mainz) ermordet.

Andreas Silbermann
(16. 5. 1678 – 16. 3. 1734)

Deutscher Orgelbauer (geb. in Kleinbobritzsch/Sachsen, gest. in Straßburg). Schuf neben vielen anderen die Orgeln in der Baseler St. Leonhardskirche und im Straßburger Münster sowie jene in den elsässischen ehemaligen Benediktinerabteien Maursmünster (Marmoutier) und Ebersmünster (Ebersmunster). Sein Sohn Johann Andreas Silbermann (26. 6. 1712 – 11. 2. 1783) führte die Straßburger Orgelbauwerkstatt nach des Vaters Tode fort.

Johann Gottfried Tulla
(20. 3. 1770 – 27. 3. 1828)

Deutscher Bauingenieur (geb. in Karlsruhe, gest. in Paris). Gründete 1817 in Karlsruhe eine Ingenieurschule, aus der 1825 die ‚Polytechnische Schule‘ als erste deutsche Technische Hochschule (seit 1885 so genannt; seit 1902 ‚Fridericiana‘, seit 1967 Universität) hervorgegangen ist. Ab 1817 war Tulla Leiter der erst 1885 abgeschlossenen Begradigung, Kanalisierung und Zusammenfassung der Oberrheinläufe, durch welche die versumpften Rheinauen trockengelegt werden sollten.

Friedrich Weinbrenner
(29. 11. 1766 – 1. 3. 1826)

Deutscher Architekt (geb. und gest. in Karlsruhe). Neben Schinkel einer der bekanntesten Baumeister des Klassizismus in Deutschland. Das Stadtbild von Karlsruhe, wo er seit 1800 als Stadtbaudirektor wirkte, trägt ganz seine Handschrift.

Graf Zeppelin
(8. 7. 1838 – 8. 3. 1917)

Deutscher Luftschiffbauer (Ferdinand Graf von Zeppelin; geb. in Konstanz, gest. in Berlin). Konstruierte das erste lenkbare Starrluftschiff, das am 2. Juli 1900 in Manzell am Bodensee (heute ein Stadtteil von Friedrichshafen) startete und bereits alle Konstruktionsmerkmale der insgesamt 129 späteren ‚Zeppeline‘ besaß.

Carl Zuckmayer
(27. 12. 1896 – 18. 1. 1977)

Deutscher Schriftsteller und Dramatiker (geb. in Nackenheim, gest. in Visp/Südwestschweiz). In seinen von erfrischender Natürlichkeit und vitaler Volkstümlichkeit sprühenden Werken wendet er sich mit hintergründigem Humor und feinsinniger Satire gegen bürgerliche Enge, Untertanengeist und Militarismus. Zu den Hauptwerken Zuckmayers zählen die Theaterstücke „Der fröhliche Weinberg“, „Der Hauptmann von Köpenick“ und „Des Teufels General“.

Geschichte

In der Steinzeit leben die Menschen in Horden als Jäger, Sammler und Fischer; sie wohnen in Höhlen, Zelten oder Hütten. Zu den ältesten Funden auf deutschem Gebiet, die auf menschliches Leben hindeuten, zählen die 1988 im Neuwieder Becken entdeckten Siedlungen bei Miesenheim, nahe Andernach (vermutl. Siedlungsplatz des „Homo heidelbergensis"), sowie bei Kärlich, ferner der Unterkiefer des ‚Homo heidelbergensis' von Mauer bei Heidelberg sowie die Skelettreste des ‚Neandertalers' aus dem Neandertal bei Düsseldorf.	1 000 000 bis 8000 v. Chr.
Übergang zur Anlage von Siedlungen; ‚Pfahlbauten' am Bodensee. Beginn von Ackerbau und Viehzucht sowie von Handel und Verkehr.	8000–1800
Bronzezeit in Mitteleuropa; bevorzugte Werkstoffe sind Bronze, Bernstein und Gold.	1800–750
Beginn der Eisenzeit.	um 1000
Die Kelten, westindogermanische Stämme, besiedeln Teile West- und Mitteleuropas, darunter auch das Gebiet der heutigen Schweiz (Helvetier).	ab 600
Die Kelten begründen in Mitteleuropa die La-Tène-Kultur, benannt nach dem Fundort La Tène in der Westschweiz; eines ihrer Zentren liegt am Mittelrhein.	5. Jahrhundert
Die Römer erobern das Gebiet des heutigen Südfrankreich und gründen dort die Provinz Gallia Narbonensis (121).	seit 125
Im Rheindelta leben die germanischen Bataver.	1. Jahrhundert
Vordringen der Germanen von Norden her gegen keltisches Gebiet, u. a. zum Rhein.	um 70
Gaius Iulius Caesar erobert Gallien; damit beginnt die sprachliche und kulturelle Romanisierung im Gebiet des heutigen Frankreich. – Der Rhein wird durch die Kriege der Römer (erste Berichte über Germanien in Caesars „De Bello Gallico") zur Nordostgrenze des Römischen Reiches. Aus Römerlagern oder in ihrer Nachbarschaft entwickeln sich in der Folgezeit zahlreiche Ortschaften. – Den nördlichen Teil Galliens bewohnen keltische Belgen.	58–51
Caesar schlägt zwischen Koblenz und Andernach eine erste Brücke über den Rhein (53 v. Chr. eine zweite weiter stromaufwärts).	55
Beginn der römischen Herrschaft am Bodensee (lateinisch ‚Lacus Venetus').	um 50
Sicherung der Rheinlinie durch Kastelle in Köln, Trier, Koblenz, Mainz und andernorts.	nach 40
Die Römer fassen den Entschluß, Germanien bis zur Elbe zu unterwerfen.	um 16

Die Römer am Rhein

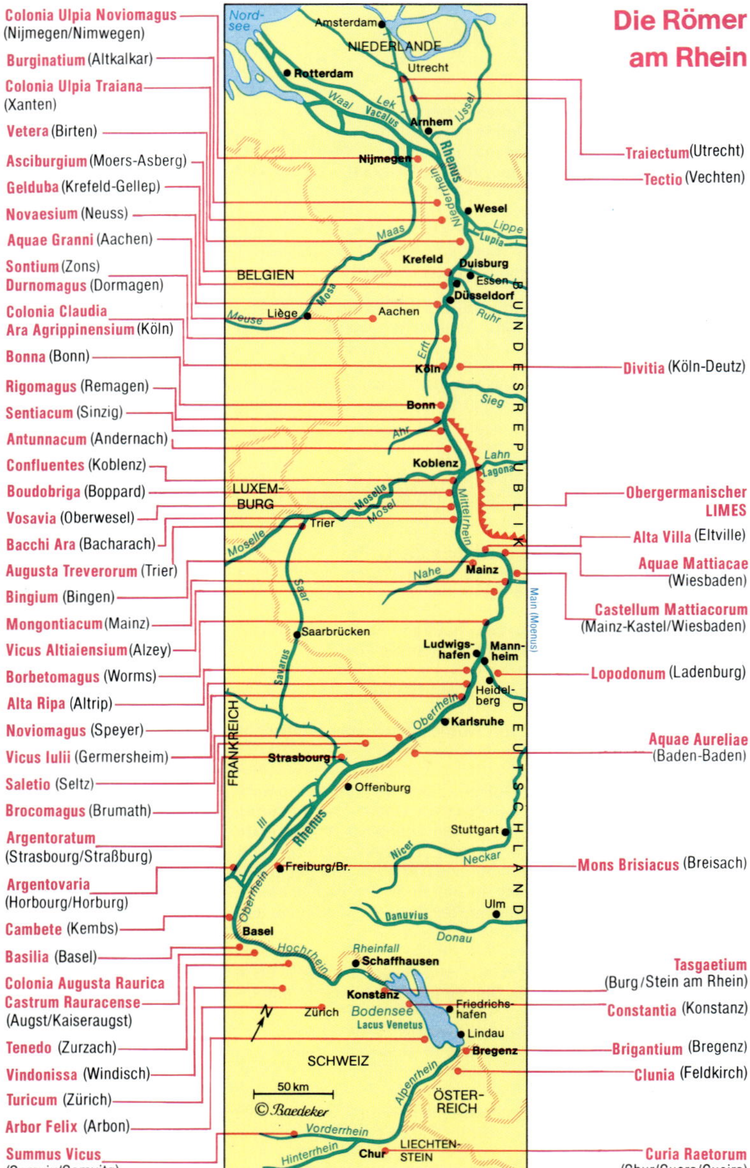

Tiberius besiegt die keltischen Vindeliker und errichtet in Bregenz am Bodensee einen Stützpunkt; weitere römische Gründungen am Seeufer sind Arbon und Konstanz.	16/15
Drusus, Stiefsohn des Kaisers Augustus, läßt zur Sicherung der Rheingrenze entlang dem linken Flußufer rund 50 Kastelle anlegen.	um 15 v. Chr.
Feldzüge der Römer in Westeuropa und Germanien, die zum Teil bis zur Elbe führen.	12 v. Chr. – 16 n. Chr.
Bei der Schlacht im Teutoburger Wald unterliegen die Römer unter Publius Quinctilius Varus den von dem Cheruskerfürsten Arminius geführten Germanen. Dadurch werden die Römer an den Rhein und die Donau zurückgedrängt.	9 n. Chr.
Aufgabe des Plans der Römer, Germanien zu erobern. Am Rhein werden die Legionen auf feste Standorte verteilt: nach Vetera (bei Xanten) und Mainz kommen je zwei Legionen; in Neuss, Bonn, Straßburg und Windisch liegt je eine Legion.	16
Im Südwesten wird die Donau befestigte Militärgrenze Roms; Errichtung der Provinz Raetia.	46
Vorverlegung der Grenzen des Römischen Reiches am Oberrhein bis zum Schwarzwald und zu den Donauquellen.	69/70
Aufstand der Bataver am Niederrhein gegen die Römer.	69–71
Die Römer erobern das Gebiet zwischen Rhein und Donau (Agri decumates); Bau einer Straße vom Rhein zur Donau.	74
Einrichtung der Provinzen Niedergermanien (Germania Inferior) mit Köln als Sitz eines Legaten und Obergermanien (Germania Superior) mit Mainz als Statthaltersitz.	90
Um Vorstöße der Germanen zu verhindern, bauen die Römer den Obergermanisch-Rätischen Limes, einen rund 550 km langen Grenzwall zwischen Rhein und Donau. Der Obergermanische Limes begann unterhalb von Rheinbrohl (zwischen Koblenz und Bonn) am Rhein und führte zum Main bei Hanau sowie durch das Neckarland südwärts nach Lorch. Nach Süden schloß sich der Rätische Limes an, der über die Fränkische Alb zur Donau führte und bei Eining (westlich von Kelheim) endete. Errichtung von Kastellen in Wiesbaden, Augsburg, Regensburg, Passau und andernorts.	seit 90 Limes
Trier wird Hauptstadt der Provinz Belgica Prima.	117
Erster Frankeneinfall am Niederrhein.	239
Franken und Alemannen erobern Gebiete in Obergermanien und Rätien; Rhein und Donau bilden erneut die Grenze des Römischen Reiches.	259/260
Vereinigung der römischen Provinzen des Westens in einem Reich; Köln und Trier werden Kaiserresidenzen.	259–274
Franken, Alemannen und Burgunder überschreiten die Rheingrenze.	286–288

293	Aufgliederung des Römischen Reiches in vier Teilgebiete (Tetrarchie); Trier wird Hauptstadt des Constantius zugesprochenen Westens.
334/335	Kämpfe des Constantius gegen die Alemannen im Bodenseeraum.
335	Julian wird Kaiser des Westens.
357	Bei Straßburg siegt Julian über die Alemannen.
um 375	Hunneneinfall in Europa.
395	Die Residenz des Westreiches wird von Trier nach Mailand verlegt, die Zivilverwaltung nach Arles.
um 400	Beginn der Völkerwanderung.
400–402	Abzug der römischen Truppen vom Rhein und aus Rätien.
Anfang 5. Jh.	Alemannen und Franken siedeln am Rhein; um Worms gründen Burgunder ein Reich.
436	Vernichtung der Burgunder (Nibelungen) durch die Römer und verbündete Hunnen.

Nibelungen

Das Nibelungenlied, ein mittelhochdeutsches, in der sogenannten Nibelungenstrophe (vier paarweise reimende Langzeilen) abgefaßtes Epos, entstand in der Zeit um 1200; Elemente aus den Sagenkreisen verschiedener germanischer Stämme haben in die Versdichtung Eingang gefunden.
Eine geographische Zuordnung zum Thema ‚Rhein‘ ist insofern gegeben, als Siegfried, der Held im Mittelpunkt des Nibelungenliedes, der Überlieferung nach aus Xanten stammte, wohingegen die Burgunderkönige Gunther, Gernot und Giselher, deren Schwester die von Siegfried umworbene Kriemhild ist, seit 413 über ein Reich um Worms herrschten. Aus einem Ort Tronege (?), der westlich von Worms vermutet wird, soll Hagen von Tronje, der treue Gefolgsmann König Gunthers, stammen.
In der Stoffgeschichte überschneiden sich in dem Versepos zwei Themenkreise: Siegfrieds Werben um Kriemhild und der Untergang des Burgunderreiches.
König Gunther verspricht Siegfried seine Schwester unter der Bedingung zur Gemahlin, daß Siegfried zuvor Brünhild, die überaus starke Königin von Island, mit der Gunther die Ehe schließen will, an Gunthers Stelle besiegt, ohne daß sie es merkt. Dies gelingt Siegfried mit Hilfe einer Tarnkappe. Als Brünhild später von der Täuschung erfährt, stiftet sie Hagen an, Siegfried zu ermorden. Nach Siegfrieds Tod geht der Goldschatz (‚Hort‘) der Nibelungen, den Siegfried dem Zwerg Alberich abgetrotzt hat, an die Burgunderkönige über, die jetzt selbst ‚Nibelungen‘ heißen; der Schatz wird im Rhein versenkt. Kriemhild, die in der Folgezeit Gemahlin des Hunnenkönigs Etzel (Attila) wird, sucht sich an den Burgundern für den Tod Siegfrieds und den Verlust des Goldschatzes zu rächen. Während eines Festes in Ungarn, zu dem sie ihre Brüder und deren Gefolgschaft geladen hat, kommt es zu einem Streit, der mit Waffen ausgetragen wird. Im Verlauf des Kampfes fallen alle Beteiligten; zuletzt sterben Gunther und Hagen, welche die

Hagen versenkt den Nibelungenhort im Rhein (Hagendenkmal in Worms)

Herausgabe des Nibelungenhortes verweigern. Schließlich tötet Hildebrand, Waffenmeister des als christlich-ritterlicher Held dargestellten Dietrich von Bern (Theoderich d. Gr.; Bern = Verona), die in ihrer Rache maßlose Kriemhild. Dieser Episode liegt als geschichtliche Tatsache die Vernichtung des Burgunderreiches durch hunnische Truppen auf Geheiß eines römischen Heermeisters im Jahre 436 zugrunde. Nibelungen (Fortsetzung)
Das Nibelungenlied, von dem es mehrere Handschriften aus der zweiten Hälfte des 13. Jahrhunderts gibt, gewann zur Zeit der Romantik, als sich viele deutsche Dichter dem Schrifttum des Mittelalters zuwandten, erneut an Interesse. Der Komponist Richard Wagner (1813–1883) schuf in der Zeit zwischen 1854 und 1874 das vierteilige Opernwerk „Der Ring des Nibelungen" („Das Rheingold", „Die Walküre", „Siegfried", „Götterdämmerung"), wobei er jedoch in der Gewichtung des Stoffes Akzentverschiebungen vornahm und Figuren aus der altgermanischen Mythologie miteinbezog.

Die linksrheinischen Gebiete fallen endgültig an die Franken. 455

Romulus Augustulus, der letzte weströmische Kaiser, wird durch den germanischen Heerführer Odoaker abgesetzt. 476

Chlodwig I., Frankenkönig aus dem Haus der Merowinger, beseitigt die verbliebenen Reste römischer Herrschaft in Gallien und begründet das Frankenreich. 482–511

Das Gebiet im Vogesenraum, seit der Völkerwanderung alemannisch, jetzt von Franken beherrscht, erhält den Namen ‚Elsaß' (‚Elisaza' = Land der ‚Fremdsassen'). um 496

Christianisierung der Germanen, vielerorts durch iro-schottische Mönche. seit 600

Gründung des bedeutenden Klosters St. Gallen (aus der Zelle des Gallus). um 720

Auf der Bodensee-Insel Reichenau entsteht das gleichnamige Kloster. 724

Der Germanenmissionar Bonifatius (672/73–754) wird Titularerzbischof von Mainz. 747

Karl der Große, aus dem Geschlecht der Arnulfinger oder auch Karolinger, herrscht als König über die Franken. 768–814

Bestätigung der Macht Karls des Großen im westlichen Europa durch die Kaiserkrönung in Rom; Erneuerung des Römerreiches. 800
Gliederung des Frankenreiches in Grafschaften; Sicherung nach außen durch Grenzmarken; Kaiserpfalzen (Aachen, Ingelheim, Worms, Nimwegen u. a.) werden zu wirtschaftlichen und kulturellen Zentren.

Zwischen den Karolingern Ludwig dem Deutschen, Karl dem Kahlen und Lothar I., alle drei Enkel Karls des Großen, kommt es zum Bruderkrieg, da Lothar die volle Kaisergewalt für sich beansprucht. 840

Lothar wird bei Fontenay geschlagen. 841

842	Durch die Straßburger Eide (in althochdeutscher und französischer Sprache) verbinden sich Ludwig und Karl enger.
843	Im Vertrag von Verdun wird das Karolingerreich geteilt: Das Gebiet westlich der Schelde, das Westfrankenreich, erhält Karl der Kahle; das Ostfrankenreich fällt an Ludwig den Deutschen (die Westgrenze verläuft von der Wesermündung über die Ruhr zu Rhein und Aare); Lothar erhält Italien und Gebiete nördlich der Alpen. Die Gaue von Mainz, Speyer und Worms auf der linken Seite des Rheins gehören zum Gebiet Ludwigs des Deutschen.
843–880	Entstehung des Deutschen Reiches aus dem Ostfrankenreich.
um 860	Das Gebiet von der Nordsee bis zu den Maas- und Moselquellen, das zum Reich Lothars gehört hat, bekommt den Namen ‚Lotharingien‘ (Lothringen).
870	Im Vertrag von Mersen (Meerssen bei Maastricht) wird Lotharingien zwischen Karl dem Kahlen und Ludwig dem Deutschen geteilt. Das Elsaß fällt an das Deutsche Reich.
917	Ungarische Reiterheere zerstören die Stadt Basel und das karolingische Münster.
10./11. Jahrhundert	Unter den Ottonen Blütezeit der roman. Baukunst (Dome in Mainz, Speyer; Rheinlande daher auch ‚Pfaffengasse‘ genannt.).
1044	Lothringen zerfällt in das nördliche Niederlothringen (die heutigen Niederlande und Belgien ohne Flandern) und das südliche Oberlothringen (Moselgebiet).
1079	Unter dem schwäbischen Geschlecht der Hohenstaufen wird das Elsaß Kernstück der kaiserlichen Hausmacht; Bau zahlreicher Burgen.
1153	Der Staufer Friedrich I. Barbarossa beschließt in Konstanz den Krieg gegen die lombardischen Städte.
1184	Kaiser Barbarossa feiert auf der Maaraue bei Mainz ein großes Reichsfest.
1250–1450	In Freiburg (Breisgau), Straßburg und Köln werden Dome in gotischem Stil erbaut.
1254	Gründung des Rheinischen Städtebundes durch Mainz und Worms mit dem Ziel, in kaiserloser Zeit den Landfrieden zu wahren (über 70 Mitglieder).
1338	Im ‚Kurverein von Rhens‘ (am Rhein, oberhalb von Koblenz) setzen die Kurfürsten die Bestimmung durch, daß der von ihnen gewählte deutsche König auch ohne päpstliche Zustimmung und Krönung in Rom als Römischer Kaiser anzuerkennen sei.
1354	Die elsässischen Orte Mülhausen, Colmar, Münster, Türkheim, Kaysersberg, Schlettstadt, Oberehnheim, Rosheim, Hagenau und Weißenburg schließen den Zehnstädtebund, dessen Leitung einem kaiserlichen Landvogt obliegt.

Auf den Reichstagen zu Nürnberg und Metz wird ein Gesetz, die Goldene Bulle, beschlossen, das die Königswahl endgültig den sieben Kurfürsten (darunter die Erzbischöfe von Mainz, Trier, Köln und der Pfalzgraf bei Rhein) überträgt. 1356

Im Appenzellerkrieg unterstützt der Bund der Bodenseestädte den Abt von St. Gallen gegen die Bergbauern, die 1408 bei Bregenz unterliegen. 1403–1408

Das Konzil von Konstanz beseitigt die Kirchenspaltung. 1414–1418

Der böhmische Reformator Jan Hus wird in Konstanz als Ketzer verbrannt. 1415

Das Konzil von Basel, eine zur Reformation der Kirche einberufene Kirchenversammlung, erläßt verschiedene Dekrete, die eine Schmälerung der päpstlichen Vorrechte bewirken sollen. 1431–1439

Johannes Gutenberg erfindet in Mainz den Buchdruck mit beweglichen Lettern. um 1450

Basel wird Mitglied der Schweizerischen Eidgenossenschaft. 1501

Städtebund zwischen Konstanz, Zürich und Bern. 1517

Als Folge der Reformation werden von den am Rhein gelegenen Gebieten die Pfalz, Nassau und Hessen, ferner die Reichsstädte Worms, Speyer, Frankfurt am Main und Wetzlar sowie Teile von Kleve und Berg protestantisch. 16. Jahrhundert

Beginn der Gegenreformation. 1568

Im Jülich-Cleveschen Erbfolgestreit, ausgelöst durch das Aussterben des jülich-kleveschen Herzoghauses, stehen sich Ansprüche von Ländern verschiedener Konfessionszugehörigkeit gegenüber. 1609–1614

Im Vertrag von Xanten kommen Jülich und Berg an den katholischen Pfalzgrafen von Pfalz-Neuburg, Kleve, Mark und Ravensberg an den reformierten Kurfürsten von Brandenburg. 1614

Der Schwedenkönig Gustav Adolf erobert Mainz. 1631

Im Westfälischen Frieden, der den Dreißigjährigen Krieg (1618–1648) beendet, erhält Frankreich die habsburgischen Besitzungen im Elsaß, ausgenommen Straßburg und Mülhausen. 1648

Münster, Pfalz-Neuburg sowie die Kurfürsten von Köln und Trier schließen sich in der Rheinischen Allianz zusammen, um einen regionalen Block zwischen Frankreich und Habsburg zu bilden. 1654

Der Kurfürst von Mainz tritt der Rheinischen Allianz bei. 1655

Nach der Wahl Leopolds I. zum deutschen Kaiser schließt Frankreich mit mehreren deutschen Fürsten in Frankfurt am Main den gegen Habsburgs Politik gerichteten Rheinbund (Alliance du Rhin). 1658

Auflösung des Rheinbundes. 1668

1678/1679	Aufgrund der Beschlüsse französischer Gerichtshöfe (Reunionskammern) nimmt Ludwig XIV. Teile von Elsaß und Lothringen in Besitz.
1681	Die Franzosen annektieren Straßburg (Strasbourg).
1688–1697	Der Pfälzische Erbfolgekrieg, ausgelöst durch Ansprüche Ludwigs XIV., führt zu Verwüstungen in der Pfalz (Speyer, Worms; Heidelberg).
1770/1771	J. W. Goethe studiert in Straßburg.
1789	Während der Französischen Revolution suchen die Aufständischen das Elsaß vollständig in ihren Staat einzugliedern; 1798 wird auch Mülhausen französisch (Mulhouse).
1792	Klubisten unter Georg Forster rufen die Mainzer Republik aus.
1795	Friede von Basel zwischen Frankreich und Preußen: Frankreich bleibt im Besitz des linken Rheinufers.
1797	Friede von Campoformio: Österreich stimmt der Abtretung des linken Rheinufers an Frankreich zu.
1801	Friede von Lunéville zwischen Frankreich und Österreich: Das linke Rheinufer bleibt französisch.
1803	Durch den Reichsdeputationshauptschluß werden die geistlichen Fürstentümer in Deutschland aufgehoben.

Blücher überschreitet den Rhein bei Kaub (Neujahrsnacht 1814)

Im Rheinbund (Confédération du Rhin) schließen sich mehrere süd- und westdeutsche Fürsten unter dem Protektorat Napoleons I. zusammen. Nachdem die Fürsten sich vom Reich losgesagt haben, legt Franz II. die deutsche Kaiserwürde nieder (6. 8.). 1806

Ende des Rheinbundes. 1813

Im Rahmen der Befreiungskriege zwischen Frankreich und den verbündeten Gegnern überschreitet das Schlesische Heer unter Gebhard Leberecht von Blücher in der Neujahrsnacht bei Kaub und Koblenz den Rhein. 1813/1814

Wiener Kongreß zur Neuordnung Europas unter Leitung des Fürsten Metternich (Österreich; geb. in Koblenz). Politische Prinzipien: Restauration, Legitimität und Solidarität der Fürsten zur Abwehr revolutionärer und nationaler Ideen. 1814/1815
Gründung des Deutschen Bundes (39 Staaten: 35 Fürsten und vier freie Städte); aus alten preußischen Gebietsteilen (Kleve, Geldern, Moers u. a.) sowie neuerworbenen Provinzen Kleve-Berg und Niederrhein; der bisher österreichische Breisgau kommt an Baden und Württemberg.
Errichtung des Königreiches der Vereinigten Niederlande (1830 Abfall Belgiens).
Bundesvertrag der Schweizerischen Eidgenossenschaft (nunmehr 22 Kantone).

In der Schlußakte des Wiener Kongresses wird die Einführung eines internationalen Rheinschiffahrtsrechtes festgeschrieben.

Das erste Dampfschiff auf dem Rhein (1816)

Geschichte

1816	Aufgrund einer Bestimmung des Wiener Kongresses wird Mainz Hauptstadt der Provinz Rheinhessen. Erstes Dampfschiff auf dem Rhein.
1824	Kleve-Berg und Niederrhein werden zur Rheinprovinz vereinigt.
1827	Die Preußisch-Rheinische Dampfschiffahrts-Gesellschaft nimmt den ersten regelmäßigen Personenverkehr und Eilgüterdienst auf dem Mittelrhein zwischen Mainz und Köln auf.
1831	In der Mainzer Rheinschiffahrtsakte kommen die Uferstaaten Baden, Bayern, Frankreich, Hessen, Nassau, die Niederlande und Preußen überein, die herkömmlichen Stapel- und Umschlagsrechte sowie die alten Privilegien der Schifferzünfte und -gilden aufzuheben.
1833	Basel-Stadt trennt sich von Basel-Land und bildet einen selbständigen Halbkanton.
1840	Max Schneckenburger veröffentlicht sein politisches Zeitgedicht „Die Wacht am Rhein".
1868	Die Mannheimer Rheinschiffahrtsakte tritt in Kraft: Die Schiffahrt auf dem Rhein wird allen Nationen gestattet; Einsetzung der Zentralkommission für die Rheinschiffahrt mit Sitz in Straßburg.
1870/1871	Deutsch-Französischer Krieg. Im Vorfrieden von Versailles (26. 2. 1871) werden das Elsaß (ohne Belfort) und der Ostteil Lothringens (mit Metz; ohne Nancy) dem Deutschen Reich zugesprochen. Zum Reichsland Elsaß-Lothringen vereinigt, bildet die Region ein reichsunmittelbares Gebiet.
1876	Mit Richard Wagners Tetralogie „Der Ring des Nibelungen" wird das Festspielhaus in Bayreuth eingeweiht.
1914–1918	Erster Weltkrieg. Frankreich sucht Elsaß und Lothringen zurückzugewinnen.
1919	Durch den Friedensvertrag von Versailles kommen Elsaß und Lothringen wieder zu Frankreich. – Deutschland verzichtet auf das Eigentum an den Kohlengruben im Saargebiet, deren wirtschaftliche Nutzung jetzt Frankreich zufällt. – Besetzung des Rheinlandes durch Briten, Franzosen und US-Amerikaner; die Kontrolle liegt bei der Rheinlandkommission.
1925	Im Locarnopakt garantiert Deutschland die Unverletzlichkeit der französischen Ostgrenze.
1925–1930	Schrittweise Räumung der von den Alliierten besetzten Landesteile im Rheinland.
1935	Aufgrund einer Volksabstimmung kommt das Saargebiet wieder an Deutschland.
1936	Der Einmarsch deutscher Truppen in das entmilitarisierte Rheinland löst keine militärischen Aktionen aus.
1939–1945	Zweiter Weltkrieg. Deutsche Truppen besetzen das Elsaß, das dem Gauleiter von Baden unterstellt wird. Praktisch alle deut-

schen Großstädte am Rhein werden im Luftkrieg schwer getroffen, Rotterdam von der deutschen Luftwaffe 1940 verheerend bombardiert, Nimwegen (Nijmegen) und Arnheim (Arnhem) bei den Kampfhandlungen gegen Kriegsende verwüstet. Am 7. März 1945 überschreiten US-amerikanische Truppen die Rheinbrücke bei Remagen (am 17. 3. eingestürzt).

Nach dem Ende des Zweiten Weltkrieges fallen Elsaß und Lothringen wieder an Frankreich. – Die Rheinlande werden der britischen, amerikanischen und französischen Besatzungszone zugeschlagen, später in die neugeschaffenen Bundesländer Nordrhein-Westfalen, Rheinland-Pfalz, Hessen und Baden-Württemberg integriert. Der amerikan. Colonel Cowent trennt Amöneburg, Kastel und Kostheim von Mainz und schenkt sie Wiesbaden (ab 1945 Hessens Landeshauptstadt). 1945

Die Stadt Bonn wird Sitz der Regierung der Bundesrepublik Deutschland. – Im gleichen Jahr wählt man Straßburg zum Sitz des Europarates, später auch des Europäischen Parlamentes. 1949

Mainz wird Hauptstadt von Rheinland-Pfalz (zuvor Koblenz). 1950

Zusammenfassung der Länder (Süd-)Baden, Württemberg-Baden und Südwürttemberg-Hohenzollern zum Bundesland Baden-Württemberg. 1952

Am 1. Juni vereinbaren die drei Seeuferstaaten Deutschland, Österreich und Schweiz ein Übereinkommen für die Schiffahrt auf dem Bodensee und Rhein. 1973

Atomkraftgegner erkämpfen vor einem Freiburger Gericht die Aufhebung der Teilgenehmigung für ein geplantes Kernkraftwerk, das in Wyhl am Oberrhein seinen Standort haben soll. 1977

Aus Anlaß des hundertjährigen Jubiläums der Domfertigstellung besucht Papst Johannes Paul II. die Stadt Köln. 1980

In Bonn demonstrieren rund 500 000 Menschen gegen die Stationierung von Marschflugkörpern und neuen Mittelstreckenraketen auf dem Gebiet der Bundesrepublik Deutschland. 1983
Frankreich ratifiziert als letzter Vertragspartner die bereits 1976 in Bonn zwischen der Bundesrepublik Deutschland, den Niederlanden, Luxemburg, der Schweiz und Frankreich getroffene Konvention zum Schutz des Rheins (v. a. Herabsetzung der Salzeinleitung aus den elsässischen Kaligruben).

Chemieunfälle führen zur Verseuchung des Rheins und der Luft bei Basel und in der angrenzenden Region. 1986

Unter dem Vorsitz des französischen Umweltministers einigen sich in Straßburg die Rhein-Anliegerstaaten sowie Luxemburg auf ein Programm zur Rheinsanierung bis zum Jahr 2000. 1987

Zur Rettung der Auenwälder am Oberrhein legt das baden-württembergische Umweltministerium ein ‚integriertes Rheinprogramm' vor, mit dem in größtmöglichem Umfang natürliche Überflutungsflächen geschaffen werden sollen. 1988
Laufen für Vater Rhein: Rund 500 Studenten aus 17 europäischen Hochschulen beteiligen sich an der Ersten Internationalen Rheinstafette (19. – 31. 10.), um auf die Verschmutzung des Rheins aufmerksam zu machen; mit Quellwasser im Staffelstab vom Toma-See geht der Lauf bis nach Rotterdam.

Ein japanischer Geschäftsmann kauft die bei St. Goarshausen hoch über dem Rhein gelegene Burg Katz, um sie für mehrere Millionen Mark zu einem Spitzenhotel ausbauen zu lassen. 1989

Eröffnung des Rhein-Main-Donaukanals. 1992

Der Rhein in Zitaten

Gaius Iulius Caesar
„De Bello Gallico“
(„Der Gallische Krieg“)
Buch IV, Kapitel 10
(55 v. Chr.)

Mosa profluit ex monte Vosego, qui est in finibus Lingonum, et parte quadam ex Rheno recepta, quae appellatur Vacalus, insulam efficit Batavorum neque longius ab Oceano milibus passuum LXXX in Rhenum influit. Rhenus autem oritur ex Lepontiis, qui Alpes incolunt, et longo spatio per fines Nantuatium, Helvetiorum, Sequanorum, Mediomatricorum, Tribocorum, Treverorum citatus fertur et, ubi Oceano adpropinquavit, in plures diffluit partes multis ingentibusque insulis effectis, quarum pars magna a feris barbarisque nationibus incolitur, ex quibus sunt, qui piscibus atque ovis avium vivere existimantur, multisque capitibus in Oceanum influit.

Die Maas entspringt in jenem Teil der Vogesen, der im Lande der Lingonen liegt, nimmt einen Arm des Rheins auf, der Waal genannt wird, bildet die Insel der Bataver und mündet nicht weiter als 80 Meilen (120 km) vom Ozean entfernt in den Rhein. Der Rhein aber kommt aus dem Land der Lepontier, welche die Alpen bewohnen, und fließt in langem und schnellem Lauf durch die Gebiete der Nantuaten, der Helvetier, der Sequaner, der Mediomatriker, der Triboker und der Treverer. Wenn er sich dem Ozean genähert hat, teilt er sich in mehrere Arme, wobei er viele ausgedehnte Inseln bildet. Diese werden zum großen Teil von wilden, barbarischen Völkern bewohnt, von denen sich einige nur von Fischen und Vogeleiern ernähren sollen. Schließlich ergießt sich der Rhein mit mehreren Mündungen in den Ozean.

Francesco Petrarca
Brief
(1333)

An den Kardinal Colonna in Avignon

Ich hatte Aachen verlassen, zuvor aber noch in den wie zu Bajae heißen Quellen gebadet, von denen die Stadt, wie man glaubt, ihren Namen hat, und Köln nahm mich auf, die agrippinische Kolonie, die am linken Rheinufer gelegen ist, ein Ort, berühmt durch seine Lage und seinen Strom, berühmt auch durch seine Bevölkerung. Erstaunlich, wie groß im Barbarenlande die Gesittung, wie schön der Anblick der Stadt, wie gesetzt die Haltung der Männer, wie schmuck das Gebaren der Frauen!

... Ich hatte mich an einem etwas erhöhten Fleck aufgestellt, von dort auf das, was sich abspielte, zu schauen. Es war ein unglaublicher Zulauf ohne Gedränge. Manche waren mit duftenden Kräutern umwunden und hatten die Ärmel über die Ellenbogen zurückgestreift. So wuschen sie in fröhlichem Durcheinander die weißen Hände und Arme im reißenden Strom und mit fremdländischen Murmellauten sagten sie dabei zueinander irgend etwas Reizendes. Kaum irgendwo habe ich noch so klar verstanden, was dem Cicero zu sagen beliebt und was auch ein altes Sprichwort zu sagen pflegt, daß nämlich alle Menschen, wenn sie unbekannte Sprachen hören, gewissermaßen taub und stumm sind. Der einzige Trost war für mich: es fehlte mir nicht an gar liebenswürdigen Dolmetschern. Denn auch das unter dem allen wirst du bestaunen, daß jener Himmelsstrich den Musen ergebene Geister auferzogen hat. Wenn also Juvenal sich wundert, daß Gallien bildet beredt die prozessierenden Briten, könnte er sich ebensogut wundern, daß das gebildete Deutschland geistvolle Dichter genähret.

... es sei ein uralter Landesbrauch und besonders das Weibervolk bilde sich fest ein, jedwedes für das ganze Jahr etwa drohende Unheil werde reinigend weggespült durch die Waschung im Strome an diesem Tage und im Verfolge werde nur Erfreuliches eintreffen; daher denn diese Läuterung alljährlich mit stets unerschöpflichem Eifer begangen werde und auch zu begehen sei.

Dazu sagte ich lächelnd: O überglücklich seid ihr, ihr Anwohner des Rheins, wenn dieser euch euer Elend abwäscht; das unsere abzuwaschen hat weder der Po je vermocht noch der Tiber. Ihr sendet euer Leid den Britanniern mit dem Fährmann Rhein hinüber, wir würden das unsre gern den Afern und Illyrern schicken. Aber wir haben, wie leicht zu erkennen ist, trägere Flüsse. ...

Matthias Claudius
„Rheinweinlied"
(1775)

Bekränzt mit Laub den lieben vollen Becher,
Und trinkt ihn fröhlich leer.
In ganz Europia, Ihr Herren Zecher!
Ist solch ein Wein nicht mehr.

Er kommt nicht her aus Hungarn noch aus Polen,
Noch wo man franzmännsch spricht;
Da mag Sankt Veit, der Ritter, Wein sich holen,
Wir holen ihn da nicht.

Ihn bringt das Vaterland aus seiner Fülle;
Wie wär er sonst so gut!
Wie wär er sonst so edel, wäre stille
Und doch voll Kraft und Mut!

Er wächst nicht überall im deutschen Reiche;
Und viele Berge, hört,
Sind, wie die weiland Kreter, faule Bäuche,
Und nicht der Stelle wert.

Thüringens Berge zum Exempel bringen
Gewächs sieht aus wie Wein;
Ist's aber nicht. Man kann dabei nicht singen,
Dabei nicht fröhlich sein.

Im Erzgebirge dürft Ihr auch nicht suchen,
Wenn Ihr Wein finden wollt.
Das bringt nur Silbererz und Koboldkuchen,
Und etwas Lausegold.

Der Blocksberg ist der lange Herr Philister,
Er macht nur Wind wie der;
Drum tanzen auch der Kuckuck und sein Küster
Auf ihm die Kreuz und Quer.

Der Rhein in Zitaten

M. Claudius
„Rheinweinlied"
(Fortsetzung)

Am Rhein, am Rhein, da wachsen unsre Reben;
Gesegnet sei der Rhein!
Da wachsen sie am Ufer hin, und geben
Uns diesen Labewein.

So trinkt ihn denn, und laßt uns allewege
Uns freun und fröhlich sein!
Und wüßten wir wo jemand traurig läge,
Wir gäben ihm den Wein.

Heinrich von Kleist
„An Adolfine von Werdeck"
(1801)

... Von Mainz aus fuhr ich mit Ulriken auf dem Rheine nach Koblenz – Ach, das ist eine Gegend, wie ein Dichtertraum, und die üppigste Phantasie kann nichts Schöneres erdenken, als dieses Tal, das sich bald öffnet, bald schließt, bald blüht, bald öde ist, bald lacht, bald schreckt. Pfeilschnell strömt der Rhein heran von Mainz, als hätte er sein Ziel schon im Auge, als sollte ihn nichts abhalten, es zu erreichen, als wollte er es, ungeduldig, auf dem kürzesten Wege ereilen. Aber ein Rebenhügel (der Rheingau) beugt seinen stürmischen Lauf, sanft aber mit festem Sinn, wie eine Gattin den stürmischen Willen ihres Mannes, und zeigt ihm mit stiller Standhaftigkeit den Weg, der ihn ins Meer führen wird – Und er ehrt die edle Warnung und gibt sein voreiliges Ziel auf, und durchbricht, der freundlichen Weisung folgend, den Rebenhügel nicht, sondern umgeht ihn, mit beruhigtem Laufe seine blumigen Füße ihm küssend –

Aber still und breit und majestätisch strömt er bei Bingen heran, und sicher, wie ein Held zum Siege, und langsam, als ob er seine Bahn doch wohl vollenden würde – Und ein Gebirge (der Hundsrück) wirft sich ihm in den Weg, wie die Verleumdung der unbescholtenen Tugend. Er aber durchbricht es, und wankt nicht, und die Felsen weichen ihm aus, und blicken mit Bewunderung und Erstaunen auf ihn hinab – doch er eilt verächtlich bei ihnen vorüber, aber ohne zu frohlocken, und die einzige Rache, die er sich erlaubt, ist diese, ihnen in seinem klaren Spiegel ihr schwarzes Bild zu zeigen –

Und hier in diesem Tale, wo der Geist des Friedens und der Liebe zu dem Menschen spricht, wo alles, was Schönes und Gutes in unsrer Seele schlummert, lebendig wird, und alles, was niedrig ist, schweigt, wo jeder Luftzug und jede Welle, freundlichgeschwätzig, unsere Leidenschaften beruhigt, und die ganze Natur gleichsam den Menschen einladet, vortrefflich zu sein – o war es möglich, daß dieses Tal ein Schauplatz werden konnte für den Krieg? Zerstörte Felder, zertretene Weinberge, ganze Dörfer in Asche, Festen, die unüberwindlich schienen, in den Rhein gestürzt – Ach, wenn ein einziger Mensch so viele Frevel auf seinem Gewissen tragen sollte, er müßte niedersinken, erdrückt von der Last – ...

Ernst Moritz Arndt
Schlagzeile
(1813)

„Der Rhein – Teutschlands Strom, aber nicht Teutschlands Gränze", der Titel einer nach der Völkerschlacht bei Leipzig von dem deutschen Dichter und politischen Schriftsteller Ernst Moritz Arndt (26. 12. 1769–29. 1. 1860) veröffentlichten Flugschrift, wurde zu einem geflügelten Wort (Inschrift am Arndt-Denkmal in Bonn).

Johann Wolfgang von Goethe
„Sankt-Rochus-Fest
zu Bingen" (1814)

... Vertraute gesellige Freunde, welche schon wochenlang in Wiesbaden der heilsamen Kur genossen, empfanden eines Tages eine gewisse Unruhe, die sie durch Ausführung längst ge-

Gaius Iulius Caesar

Ernst Moritz Arndt

J. W. von Goethe

hegter Vorsätze zu beschwichtigen suchten. Mittag war schon vorbei und doch ein Wagen augenblicklich bestellt, um den Weg ins angenehme Rheingau zu suchen. Auf der Höhe über Biebrich erschaute man das weite prächtige Flußtal mit allen Ansiedelungen innerhalb der fruchtbarsten Gauen ...

... Nun fuhren wir bis Schierstein durch breite Kornfelder, hie und da mit Nußbäumen geschmückt. Dann erstreckt sich das fruchtbare Land links an den Rhein, rechts an die Hügel, die sich nach und nach dem Wege näher ziehen. Schön und gefährlich erscheint die Lage von Walluf, unter einem Rheinbusen, wie auf einer Landzunge. Durch reich befruchtete, sorgfältig unterstützte Obstbäume hindurch sah man Schiffe segeln, lustig, doppelt begünstigt, stromabwärts.

Auf das jenseitige Ufer wird das Auge gezogen; wohlgebaute, große, von fruchtbaren Gauen umgebene Ortschaften zeigen sich, aber bald muß der Blick wieder herüber: in der Nähe steht eine Kapellenruine, die, auf grüner Matte, ihre mit Efeu begrünten Mauern wundersam reinlich, einfach und angenehm erhebt. Rechts nun schieben Rebhügel sich völlig an den Weg heran.

In dem Städtchen Walluf tiefer Friede, nur die Einquartierungskreide an den Haustüren noch nicht ausgelöscht. Weiterhin erscheint Weinbau zu beiden Seiten. Selbst auf flachem, wenig abhängigem Boden wechseln Rebstücke und Kornfelder, entferntere Hügel rechts ganz bedeckt von Rebgeländern.

Und so, in freier, umhügelter, zuletzt nordwärts von Bergen umkränzter Fläche liegt Ellfeld (Eltville), gleichfalls nah am Rheine, gegenüber einer großen bebauten Aue. Die Türme einer alten Burg sowie der Kirche deuten schon auf eine größere Landstadt, die sich auch inwendig, durch ältere, architektonisch verzierte Häuser und sonst auszeichnet.

Die Ursachen, warum die ersten Bewohner dieser Ortschaften sich an solchen Plätzen angesiedelt, auszumitteln, würde ein angenehmes Geschäft sein. Bald ist es ein Bach, der von der Höhe nach dem Rhein fließt, bald günstige Lage zum Landen

J. W. v. Goethe
„Sankt-Rochus-Fest
zu Bingen"
(Fortsetzung)

und Ausladen, bald sonst irgend eine örtliche Bequemlichkeit ...

... Erbach ist, wie die übrigen Orte, reinlich gepflastert, die Straßen trocken, die Erdgeschosse bewohnt und, wie man durch die offenen Fenster sehen kann, reinlich eingerichtet. Abermals folgt ein palastähnliches Gutsgebäude, die Gärten erreichen den Rhein, köstliche Terrassen und schattige Lindengänge durchschaut man mit Vergnügen. Der Rhein nimmt hier einen andern Charakter an; es ist nur ein Teil desselben, die vorliegende Aue beschränkt ihn und bildet einen mäßigen, aber frisch und kräftig strömenden Fluß. Nun rücken die Rebhügel der rechten Seite ganz an den Weg heran, von starken Mauern getragen, in welchen eine vertiefte Blende die Aufmerksamkeit an sich zieht. Der Wagen hält still, man erquickt sich an einem reichlich quellenden Röhrwasser; dieses ist der Marktbrunnen, von welchem der auf der Hügelstrecke gewonnene Wein seinen Namen hat.

Die Mauer hört auf, die Hügel verflächen sich, ihre sanften Seiten und Rücken sind mit Weinstöcken überdrängt. Links Fruchtbäume. Nah am Fluß Weidichte, die ihn verstecken.

Durch Hattenheim steigt die Straße; auf der hinter dem Ort erreichten Höhe ist der Lehmenboden weniger kiesig. Von beiden Seiten Weinbau, links mit Mauern eingefaßt, rechts abgeböscht. Reichardtshausen, ehemaliges Klostergut, jetzt der Herzogin von Nassau gehörig. Die letzte Mauerecke durchbrochen, zeigt einen anmutig beschatteten Akaziensitz.

Reiche sanfte Fläche auf der fortlaufenden Höhe, dann aber zieht sich die Straße wieder an den Fluß, der bisher tief und entfernt gelegen. Hier wird die Ebene zu Feld- und Gartenbau benutzt, die mindeste Erhöhung zu Wein. Östrich in einiger Entfernung vom Wasser, auf ansteigendem Boden, liegt sehr anmutig: denn hinter dem Orte ziehen sich die Weinhügel bis an den Fluß, und so fort bis Mittelheim, wo sich der Rhein in herrlicher Breite zeigt. Langenwinkel folgt unmittelbar; den Beinamen des Langen verdient es, ein Ort bis zur Ungeduld der Durchfahrenden in die Länge gezogen, Winkelhaftes läßt sich dagegen nichts bemerken.

Vor Geisenheim erstreckt sich ein flaches niederes Erdreich bis an den Strom, der es wohl noch jetzt bei hohem Wasser überschwemmt; es dient zu Garten- und Kleebau. Die Aue im Fluß, das Städtchen am Ufer ziehen sich schön gegeneinander, die Aussicht jenseits wird freier. Ein weites hüglichtes Tal bewegt sich zwischen zwei ansteigenden Höhen gegen den Hunsrück zu.

Wie man sich Rüdesheim nähert, wird die niedere Fläche links immer auffallender, und man faßt den Begriff, daß in der Urzeit, als das Gebirge bei Bingen noch verschlossen gewesen, das hier aufgehaltene zurückgestauchte Wasser diese Niederung ausgeglichen, und endlich, nach und nach ablaufend und fortströmend, das jetzige Rheinbett daneben gebildet habe.

Und so gelangten wir in weniger als viertelhalb Stunden nach Rüdesheim, wo uns der Gasthof zur Krone, unfern des Tores anmutig gelegen, sogleich anlockte.

Er ist an einen alten Turm angebaut, und läßt aus den vordern Fenstern rheinabwärts, aus der Rückseite rheinaufwärts blikken; doch suchten wir bald das Freie. Ein vorspringender Steinbau ist der Platz, wo man die Gegend am reinsten überschaut. Flußaufwärts sieht man von hier die bewachsenen Auen, in ihrer ganzen perspektivischen Schönheit. Unterwärts am gegenseitigen Ufer Bingen, weiter hinabwärts den Mäuseturm im Flusse.

Von Bingen heraufwärts erstreckt sich, nahe am Strom, ein Hügel gegen das obere flache Land. Er läßt sich als Vorgebirg in den alten höheren Wassern denken. An seinem östlichen Ende sieht man eine Kapelle, dem heiligen Rochus gewidmet, welche soeben vom Kriegsverderben wieder hergestellt wird. An einer Seite stehen noch die Rüststangen; dessen ungeachtet aber soll morgen das Fest gefeiert werden. Man glaubte, wir seien deshalb hergekommen, und verspricht uns viel Freude. ...

Heinrich Heine
„Loreley-Lied"
(1822)

Ich weiß nicht, was soll es bedeuten,
Daß ich so traurig bin;
Ein Märchen aus alten Zeiten,
Das kommt mir nicht aus dem Sinn.

Die Luft ist kühl und es dunkelt,
Und ruhig fließt der Rhein;
Der Gipfel des Berges funkelt
Im Abendsonnenschein.

Die schönste Jungfrau sitzet
Dort oben wunderbar;
Ihr goldnes Geschmeide blitzet,
Sie kämmt ihr goldenes Haar.

Melodie von Friedrich Silcher
(1837)

Sie kämmt es mit goldenem Kamme
Und singt ein Lied dabei;
Das hat eine wundersame,
Gewaltige Melodei.

Den Schiffer im kleinen Schiffe
Ergreift es mit wildem Weh;
Er schaut nicht die Felsenriffe,
Er schaut nur hinauf in die Höh.

Ich glaube, die Wellen verschlingen
Am Ende Schiffer und Kahn;
und das hat mit ihrem Singen
Die Lore-Ley getan.

Loreley

Friedrich von Matthisson
„Erinnerungen"
(1827)

Unter den Fahrgästen eines der ersten Dampfschiffe auf dem Rhein, der „Concordia", befand sich der Korrespondent des „Morgenblattes für gebildete Stände", Friedrich von Matthisson, der den Rhein bereits früher an seinem Oberlauf bereist hatte. Seine Reisebeobachtungen hielt er in seinen „Erinnerungen" fest.

F. v. Matthisson
Zitat

Auf dem Dampfschiff „Concordia", 16. Mai 1827.
Man kann sich nichts Eleganteres und Bequemeres denken als dieses Dampfschiff, welches den schönen Namen von Schillers Glocke führt ... Vom Morgen bis zum Abend kannst du für Leib und Seele das gemächlichste Leben darin treiben ... Für alles ist gesorgt. Auch eine kleine Bibliothek steht den Reisenden zu Gebote. Die Möbel sind so zierlich, wie man sie in Palästen zu sehen gewohnt ist ... Gegen Mittag waren wir bei dem schönsten Sonnenschein vor Koblenz, wo das Zauberschiff eine Stunde lang Halt machte. Kaum war der fahrende Gasthof wieder im Fluge, als die Tischglocke geläutet wurde. Die Tafel war so bestellt, daß es mir vorkam, als hätten höhere Gewalten dem Frankfurter Schwan seine angeborene Schwimmnatur wiedergegeben. Angenehmer sich durch die Welt bewegen als auf einem solchen Dampfschiffe mag auch der lebhaftesten Phantasie kaum erträumbar sein.

Annette von Droste-Hülshoff
Brief
(1828)

... Ein so großes Dampfschiff ist etwas höchst Imposantes, man kann wohl sagen, Fürchterliches. Es wird, wie Du wohl weißt, durch Räder fortbewegt, die, verbunden mit dem Geräusch des Schnellsegelns, ein solches Gezisch verursachen, daß es auf dem Schiff schwerhalten muß, sich zu verstehen. Doch dieses ist nicht das eigentlich Ängstliche. Aber im Schiff steht eine hohe dicke Säule, aus der unaufhörlich der Dampf hinausströmt in einer Rauchsäule mit ungeheurer Gewalt und einem Geräusch, wie das der Flamme bei einem brennenden Hause. Wenn das Schiff stillsteht oder wenn der Dampf so stark wird, daß er die Sicherheitsventile öffnet, so fängt das Ding dermaßen an zu brausen und zu heulen, daß man meint, es wolle sogleich in die Luft fliegen. Kurz, das Ganze gleicht einer Höllenmaschine, doch soll keine Gefahr dabei sein ...

Victor Hugo
„Le Rhin" („Der Rhein")
(1838)

... Der Rhein vereinigt alles. Der Rhein ist reißend wie die Rhône, breit wie die Loire, eingedämmt wie die Maas, geschlungen wie die Seine, hell und grün wie die Somme, geschichtlich wie der Tiber, königlich wie die Donau, geheimnisvoll wie der Nil, mit Gold gefleckt wie ein amerikanischer Fluß, mit Fabeln und Phantomen bedeckt wie ein Fluß Asiens ...

J. A. Klein / K. Baedeker
„Rheinreise"
(1839)

Reiseplan

Die genußreichste Art, den Rhein zu bereisen, ist unstreitig die Fußwanderung. Man ist frei, kann sich ungehindert nach allen Richtungen hin bewegen, verweilen, wo man will, Höhen besteigen und kleine Seitenthäler besuchen. Auch die leibliche Pflege braucht hierbei nicht außer Acht gelassen zu werden. In allen Städten und selbst in den Dörfern am Rheine gibt es gute Gasthöfe oder Wirthshäuser. Wer frisch umher schaut mit gesunden Sinnen, wird auf einer Fußwanderung am besten alle die zahlreichen Schönheiten auffinden, welche das gesegnete Rheinthal darbietet, und sich ihrer mit offenem Herzen erfreuen.

Seitdem die Verwaltung der Dampfschiffe gestattet, daß der Reisende an allen Stationsorten aussteigen und ein folgendes Schiff mit derselben Karte zur Weiterreise benutzen kann, hauptsächlich seitdem die Schiffe täglich einigemal stromauf- und abwärts fahren, kann man die Vortheile des Dampfschiff-Reisens in etwa mit den Annehmlichkeiten der Fußwanderung verbinden, wenn man an den Orten, wo Höhen besonders anziehende Aussichten gewähren, oder wo in den Städten merkwürdige Gegenstände zu sehen sind, das Schiff verlässet, seine besondern Zwecke verfolgt, und zur Weiterreise das nächstfolgende Schiff derselben Gesellschaft benutzt.

Bei solchem Vorhaben ist aber jede Art von Gepäck sehr hinderlich, wie denn überhaupt der Reisende die Bemerkung machen wird, daß gerade die Handhabung und Beaufsichtigung des Gepäckes auf Dampfschiffen besonders lästig wird, zu mancherlei Ausgaben Veranlassung gibt und ihn nothwendig mit Leuten in Berührung bringt, welche geeignet sind, die Annehmlichkeiten einer Reise sehr herabzustimmen. Wer beabsichtigt, das Dampfschiff einigemal zu verlassen, sende lieber sein Gepäck nach Köln, Koblenz oder Mainz voraus. Die Fracht kostet, insofern die Stückzahl gering ist, weniger, als jedesmal an die Packträger für den Transport vom Schiffe in den Gasthof bezahlt werden muß.

Die Mehrzahl der Reisenden ist der Meinung, daß man die Schönheiten des Rheins gesehen habe, wenn man mit dem Dampfschiffe flüchtig auf- und abgefahren sei. Es kann nicht oft genug wiederholt werden, daß keine Meinung irriger ist, als diese. So hübsch auch die Landschaft vom Flusse aus gesehen, sich darstellt, so entfaltet die Gegend doch ihre herrlichsten Reize erst auf den Höhen. Darum wähle man als Haltpunct Rüdesheim oder Bingen, St. Goar, Koblenz und Godesberg, deren Umgegend grade die größte Mannigfaltigkeit darbietet, und mache von hier aus seine Ausflüge theils auf die Höhen, theils in die Seitenthäler.

Peter Cornelius
Lied
(1840)

Der Rheinstrom ist vor Allen
Der schönste Strom der Welt,
Wem der Rhein nicht möcht gefallen,
Um den wär's schlecht bestellt.

Die schönste Stadt am Rheine
Ist Mainz, das goldene genannt,
Weil es mit goldnem Scheine
Funkelt durchs weite Land.

Friedrich Engels
„Siegfrieds Heimat"
(1840)

Nicht allein oberhalb Köln sollte der Rhein besucht werden, und namentlich die deutsche Jugend sollte sich nicht dem reisenden John Bull gleichstellen, der sich von Rotterdam bis Köln in der Kajüte des Dampfschiffes langweilt, und erst dann aufs Verdeck steigt, weil hier sein „Panorama des Rheins von Köln bis Mainz" oder sein „Guide for travellers on the Rhine" beginnt. Die deutsche Jugend sollte sich einen wenig besuchten Ort zum Wallfahrtsorte wählen, ich meine die Heimat Hürnensiegfrieds (‚hürnen' = hörnern, hornhautbedeckt), Xanten.

Thomas Mann
„Bekenntnisse des
Hochstaplers Felix Krull"
(1922)

Felix Krulls Heimat

Der Rheingau hat mich hervorgebracht, jener begünstigte Landstrich, welcher, gelinde und ohne Schroffheit sowohl in Hinsicht auf die Witterungsverhältnisse wie auf die Bodenbeschaffenheit, reich mit Städten und Ortschaften besetzt und fröhlich bevölkert, wohl zu den lieblichsten der bewohnten Erde gehört. Hier blühen, vom Rheingaugebirge vor rauhen Winden bewahrt und der Mittagssonne glücklich hingebreitet, jene berühmten Siedlungen, bei deren Namensklange dem Zecher

Th. Mann
(Fortsetzung)

das Herz lacht, hier Rauenthal, Johannisberg, Rüdesheim, und hier auch das ehrwürdige Städtchen, in dem ich, wenige Jahre nur nach der glorreichen Gründung des Deutschen Reiches, das Licht der Welt erblickte. Ein wenig westlich des Knies gelegen, welches der Rhein bei Mainz beschreibt, und berühmt durch seine Schaumweinfabrikation, ist es Hauptanlegeplatz der den Strom hinauf und hinab eilenden Dampfer und zählt gegen viertausend Einwohner ...

René Schickele
„Blick auf die Vogesen“
(1927)

Vive l'Alsace

In Rheinweiler stieg er aus und ging langsam über die Schiffbrücke.
Der Rhein mit dem schmalen Steg lag auf dem Grund eines hohen Frühlingsmorgens ...
Der Rhein, der Rhein!
Immer häufiger blieb Claus stehen, reckte sich, tief atmend, spreizte die bloßen Hände, warf den Kopf in den Nacken, senkte ihn lächelnd. Da klopfte sein Herz in der Schwebe zwischen Deutschland und Frankreich, mitten auf dem Rhein, der ein heiliger Strom war, und trieb fröhlich das Blut durch den Körper, und ihm war, als kreise ein heller Schimmer davon auch außerhalb seiner Leiblichkeit, viel, viel weiter, als die waagerecht ost- und westwärts ausgestreckten Arme – von einem Gebirgszug am Horizont zum andern! ...

Kurt Tucholsky
„Denkmal am Deutschen Eck“
(1930)

... Ich kannte Koblenz nicht. Das erste, was mir auffiel war ein breites und lautes Bürgerpublikum von Reisenden, die sich merkwürdig aufgeregt gebärdeten. So, wie schwarzhaarige Frauen, wenn sie einmal in Paris sind, dem Zauber des Wortes ‚Paris' erliegen und sich so benehmen, wie sie es zu Hause niemals täten, so kippten hier die blonden Damen aus den Pantinen; der Rhein, Vater Rhein, der deutsche Rhein klingelte in den Gläsern, und es war ziemlich scheußlich anzusehen. Das zweite, was damals auffiel, war die ‚Schmachch'. Wir sprachen das Wort mit zwei ch, und wir meinten die Franzosen damit, von deren ‚schwarzer Schmach' wir so viel in den bildenden Kinos gesehen hatten. Hier war nur weiße Schmachch, und wir mochten sie nicht. Und zwar nicht etwa, weil wir die Franzosen nicht mögen, sondern weil wir das Militär nicht mögen. ...

... Wir spazierten also am Rhein entlang, ich hatte wieder einmal meine Geographie nicht gelernt und ließ mir von Jakopp die Gegend erklären. Da war der Ehrenbreitstein; auf dem brannte zum Gaudium aller Rheinkadetten eine französische Fahne – wirklich, die Fahne brannte hoch am Fahnenstock, verglomm, leuchtete wieder auf ... mich interessiert Militär nicht, und ich weiß nicht, was sie da gekokelt haben. Es ist ja auch gleichgültig, so gleichgültig wie alles, was diese uniformierten Brüder tun. Und da war der Rhein, der kitschumrauschte, und, wie bei Goethe steht, da waren große Schiffe im Begriffe, auf diesem Flusse hier zu sein ... und plötzlich bekam ich den größten Schreck auf dieser Reise. Ich weiß es noch ganz genau:

Wir gingen auf der breiten, baumbestandenen Allee; vorn an der Ecke war eine Fotografenbude, sie hatten Bilder ausgestellt, die waren braun wie alte Daguerrotypien, dann standen da keine Bäume mehr, ein freier Platz, ich sah hoch ... und fiel beinah um.

Da stand – Tschingbumm! – ein riesiges Denkmal Kaiser Wilhelms des Ersten: ein Faustschlag aus Stein. Zunächst blieb einem der Atem weg.

Sah man näher hin, so entdeckte man, daß es ein herrliches, ein wilhelminisches, ein künstlerisches Kunstwerk war. Das Ding sah aus wie ein gigantischer Tortenaufsatz und repräsentierte jenes Deutschland, das am Kriege schuld gewesen ist ...

... „Ja", sagte Jakopp, „das ist das Kaiser-Wilhelm-Denkmal am Deutschen Eck." ...

Ich bin bereit, dem Rhein alles zu glauben, nur seine sommerliche Heiterkeit habe ich ihm nie glauben können; ich habe diese Heiterkeit gesucht, aber nie gefunden; vielleicht ist es ein Augenfehler oder ein Gemütsfehler, der mich hinderte, diese Heiterkeit zu entdecken.

Heinrich Böll
„Undines gewaltiger Vater"
(1960)

Mein Rhein ist dunkel und schwermütig, ist zu sehr Fluß händlerischer Schläue, als daß ich ihm sein sommerliches Jünglingsgesicht glauben könnte. ...

... Die Verhältnisse im Rhein haben sich in mancher Hinsicht in den letzten zehn Jahren verbessert: Die Belastung des Stromes mit Schwermetallen hat abgenommen; die schwermetallhaltigen Sedimente indes wanderten flußabwärts.
Die Belastung sowohl mit gelösten organischen Substanzen als auch mit Kohlenwasserstoffen des Benzpyren-Typs ging zurück.
Der Sauerstoffgehalt, entscheidender Faktor für die Flußfauna, stieg zum Teil erheblich an. Die Folge: Deutliche Verbesserungen der Gewässergüte in vielen Flußabschnitten – allerdings nicht im Ruhrgebiet. Drei Ursachen sind für diese Fortschritte zu nennen: Einerseits tragen die erheblichen Anstrengungen der Industrie zur Klärung ihrer Abwässer Früchte; zum anderen ist es aber auch der Rückgang der Konjunktur und drittens eine seit 1976 deutlich gestiegene Wasserführung ...

Egmont R. Koch /
Fritz Vahrenholt
„Die Lage der Nation"
(1983)

... Dennoch: Der Rhein ist und bleibt nicht nur die wirtschaftliche Schlagader der westdeutschen Industriegebiete, sondern auch deren Abwasserrinne. ...

Der Rhein – Modell für den Gewässerschutz

... Am Rhein ist ... die Abwassersanierung am weitesten fortgeschritten, und er zählt mit Sicherheit zu den am gründlichsten untersuchten und am sorgfältigsten überwachten Flüssen der Erde. ... Die Einleiter von Abwasser sind großenteils zur Eigenüberwachung verpflichtet und werden dabei behördlich kontrolliert. Die Behörden selbst untersuchen in hochmodernen festen Stationen und von Bord von Meßschiffen aus kontinuierlich die Gewässergüte. Die Werte werden mit den anderen Rhein-Anlieger-Staaten abgeglichen und veröffentlicht. ...
... Völlig unabhängig davon läuft eine parallele Überwachung durch diejenigen Wasserwerke, die das Rheinwasser nach der Passage und Reinigung durch einen Uferstreifen als Rohwasser (Uferfiltrat) einsetzen. Auch diese Werte unterliegen dem internationalen Prüfungsmechanismus. So l egt eine Datenflut vor, die kritische Auswertungen in vielerlei Hinsicht möglich macht. ...

Karl-Geert Malle
„Spektrum der Wissenschaft"
(August 1983)

K.-G. Malle
(Fortsetzung)

... Sauerstoffhaushalt, Salzgehalt, Eutrophierung, Erwärmung, Schwermetalle, Reststoffe und Einzelverbindungen, alle diese Probleme werden im dichtbesiedelten und hochindustrialisierten Rhein-Einzugsgebiet sorgfältig überwacht. Die Anstrengungen der letzten zehn Jahre haben eine grundlegende Verbesserung bewirkt. Der Rhein kann als Schulbeispiel eines verantwortungsbewußten Gewässerschutzes angesehen werden.

Die Bemühungen um eine weitere Verbesserung müssen jedoch fortgesetzt werden, wobei es vordringlich ist, die internationale Zusammenarbeit zu verstärken. Ein Schwerpunkt der zukünftigen Forschung wird bei der Untersuchung der Einzelverbindungen liegen, wobei jedoch die Entdeckung wesentlicher unbekannter Gefahrenpotentiale kaum mehr zu erwarten ist.

Dr. Erwin Vetter
„Hochwasserschutz und Ökologie"
(November 1988)

... stellt der Rhein das größte Flußsystem Mitteleuropas dar. Er ist im Bereich des baden-württembergischen Stromabschnittes vom Basler Rheinknie bis zur hessischen Landesgrenze Lebensader einer Landschaft, die sich beiderseits des Stromes zu einem bedeutenden Lebens- und Wirtschaftsraum entwickelt hat.

Seit Beginn des letzten Jahrhunderts haben umfangreiche wasserbauliche Maßnahmen den Strom von einem ungezähmten Wildwasser zu der heutigen Großschiffahrtsstraße umgestaltet und so die Grundlage für die Entwicklung dieses Lebensraums geschaffen. Ziel der verschiedenen Maßnahmen war zunächst der Schutz der Bevölkerung vor Hochwasser. Später kamen die Ermöglichung und Verbesserung der Schiffahrtsverhältnisse und mit Ratifizierung des Versailler Vertrages schließlich die Energiegewinnung hinzu. Dabei dominierten immer nur Fragen der Politik, der Technik und der Ökonomie. Ökologische Gesamtzusammenhänge wurden kaum berücksichtigt.

Dieser Ausbau des Oberrheins hat zu negativen Folgen für den Hochwasserschutz und die Ökologie der in Mitteleuropa einzigartigen Rheinauen geführt, die korrigiert werden müssen. Das Umweltministerium hat hierzu ein „Integriertes Rheinprogramm" erarbeitet. Es setzt ein Signal für eine Weichenstellung in der Wasserwirtschaft. Das Programm zeigt die Folgen des Oberrheinausbaus für die Veränderung der Hochwasserverhältnisse und die Wechselbeziehung zwischen Grundwasser–Oberflächenwasser und der Ökologie. Es macht deutlich, daß die Oberrheinebene als geologische, hydrologische und ökologische Einheit angesehen werden muß und entwickelt erstmals aus einer Gesamtschau heraus die Grundlagen möglicher Abhilfen. Diese Maßnahmen haben gleichrangig die Wiederherstellung des Hochwasserschutzes und die Erhaltung auetypischer Biotopsysteme in einer lebensfähigen Rheinlandschaft im Auge. Der Ministerrat hat am 7. 11. 1988 dem „Integrierten Rheinprogramm" zugestimmt. ... müssen nun die erforderlichen Untersuchungen, Vorplanungen und Planungen in Abstimmung mit den Fachbehörden, den betroffenen Kommunen, Berufs- und Naturschutzverbänden vorangetrieben und realisiert werden.

Der Rhein von den Quellen bis Basel

Hinweis

Wenngleich dieser Reiseführer im wesentlichen die Darstellung des Rheins und seines Umfeldes zwischen Basel und Rotterdam zum Thema hat, sollen im folgenden Kapitel auch die Flußabschnitte zwischen den Rheinquellen und der Oberrheinischen Tiefebene im Hinblick auf die dort anzutreffenden touristischen Sehenswürdigkeiten angesprochen werden. Dies geschieht in knapper Form, wobei die wichtigsten Landschaften, Städte und Ortschaften im Zuge des Rheinlaufes so aufgereiht sind, wie man sie an einer dem Fluß talwärts folgenden Route vorfindet, und zwar von den Quellflüssen Vorderrhein und Hinterrhein über den Alpenrhein und den Bodensee bis hin zum Hochrhein.
Über die geographischen Verhältnisse dieser Regionen ist im einleitenden Kapitel →Zahlen und Fakten (Allgemeines) berichtet.

Quellflüsse Vorderrhein und Hinterrhein

Vorderrhein

Der unweit südlich vom Oberalppaß aus einem kleinen Gebirgssee kommende Vorderrhein (Rein Anteriur) durchfließt zunächst die malerische Talschaft Tavetsch (Tujetsch) vorüber an den Weilern Tschamut, Selva, Rueras, Camischolas und dem Talhauptort Sedrun (in der Kirche St. Vigilius ein Schnitzaltar von 1491) bis zu dem Luftkurort und Wintersportplatz Dísentis

Vorderrheintal

Quellflüsse Vorderrhein und Hinterrhein

Vorderrhein (Fortsetzung)

(Mustér; große Benediktinerabtei), wo von Süden der Medelser Rhein mündet und die Lukmanierstraße vom Lukmanierpaß herabkommt. – Dann durchzieht der Vorderrhein das Surselva genannte Bündner Oberland vorbei an Somvix (Sumvitg; von lateinisch ‚summus vicus' = höchstgelegenes Dorf), Rabius, Trun (Truns; Museum Sursilvan), Tavanasa, Waltensburg (Vuorz, 3 km nördlich bergauf; in der Kirche bedeutende Fresken des 14. und 15. Jh.s) und Strada bis Ilanz (Glion), der ‚ersten Stadt am Rhein' (erstmals 765 n. Chr. erwähnt) und Marktzentrum der Surselva. Hier mündet von Süden der Valser Rhein, begleitet von der schönen Valser Hochtalstraße. Nahe Ilanz kämpft sich der Rhein durch Felsblöcke und Geröll, für Wildwasserfahrer eine Strecke von hohem Schwierigkeitsgrad.

Weiter flußabwärts folgen nördlich abseits hoch über dem Vorderrheintal die bekannten Touristenorte Laax und Flims. Nun durchfließt der Vorderrhein in tiefer Schlucht (‚Grand Canyon der Schweiz') die Schuttmassen des Flimser Bergsturzes. Unterhalb von Tamins vereinigt sich der Vorderrhein bei Reichenau mit dem Hinterrhein.

Hinterrhein

Der unweit östlich vom San-Bernardino-Paß (auch Straßentunnel) aus dem Zapportgletscher des Rheinwaldgebirges (Adula) kommende Hinterrhein (Rein Posteriur) durchfließt zunächst die prächtige Hochgebirgstalschaft Rheinwald mit den Dörfern Hinterrhein, Nufenen und Medels bis Splügen, wo von Süden die Splügenstraße vom Splügenpaß herabkommt.

Weiter talwärts ist der Hinterrhein bei Sufers zum Sufnersee aufgestaut. Später nimmt er von Südosten den Averser Rhein

Hinterrheintal

Hinterrhein (Fortsetzung)

auf und zwängt sich durch die felsige Roflaschlucht in die freundliche Talweitung Schams (Sassám) mit dem Hauptort Andeer (Pfarrkirche von 1673, sgraffitogeschmückte Steinhäuser), einst Stapelplatz des mittelalterlichen Warenverkehrs, heute als Luftkurort und Heilbad sowie zum Wintersport besucht.

Nur 4 km nördlich von Andeer bietet die ursprünglich frühromanische Kirche von Zillis (Ziran/Ciraun) mit ihrer bemalten Kassettenholzdecke aus dem 12. Jh. ein einzigartiges Werk frühester figürlicher Malerei.
Danach durchbraust der Hinterrhein die berühmtberüchtigte Via Mala, eine von 500 m hohen Kalkfelsen gebildete wildromantische Klamm, und erreicht den rings von Ruinen mittelalterlicher Burgen umgebenen Marktort Thusis (Tusaun), wo eine durch die Schinschlucht von Tiefencastel kommende Straße einmündet.

„Christus vor Pilatus" Bildfeld Nr. 143 der Kassettenholzdecke in der Martinskirche von Zillis

Im weiteren Verlauf des Hinterrheins weitet sich das Flußtal: Der steile westliche Hang heißt Heinzenberg, die Talsohle und der sanfte untere Osthang Domleschg (Tumliasca), bei dessen Beginn der Hinterrhein von Südosten die Albula aufnimmt. Cazis, Fürstenau, Rodels, Paspels und Rothenbrunn sind die wichtigsten Ortschaften des kirchen- und burgenreichen Domleschg, an dessen nördlichem Ende die Orte Rhäzüns (Schloß, urspr. aus dem 13. Jh.) und Bonaduz liegen.

Bei Reichenau vereinigt sich der Hinterrhein mit dem Vorderrhein zum Alpenrhein.

Alpenrhein (von Chur bis zum Bodensee)

Chur

Die rätoromanisch Cuera bzw. Cuoira genannte Hauptstadt (587 m ü.d.M.; 33500 Einw.) des ostschweizerischen Kantons Graubünden Chur (wohl von keltisch ‚kora' = Sippe) liegt auf dem Geröllkegel der Plessur, die von Südosten dem nahen Alpenrhein zufließt. Die Stadt ist umgeben von über 2000 m hohen Bergen und erfreut sich trotz der Höhenlage auf etwa 600 m ü.d.M. eines ungewöhnlich milden Klimas, das hier reichlich Obst und Wein gedeihen läßt.
Chur gilt als die älteste städtische Siedlung in der Schweiz (erste Belege um 3000 v. Chr.; römisches Kastell ‚Curia Raetorum'; 452 n. Chr. als Bischofssitz erwähnt) und ist dank seiner hervorragenden strategischen Lage am Ausgangs- bzw. Endpunkt bedeutender Alpenpaßstraßen ein wichtiger Warenumschlagsplatz sowie das wirtschaftliche, kulturelle und geistige Regionalzentrum der Ostschweiz. In Chur enden die internationalen Eisenbahnverbindungen und beginnen die Linien der Rhätischen Bahn (Schmalspur) nach Arosa und ins Engadin (St. Moritz) sowie der Furka-Oberalp-Bahn (‚Glacier Express') ins Rhônetal (Brig). – Postkutschenverbindung von Chur nach Laax.

Die wichtigsten Sehenswürdigkeiten sind die Kathedrale (12./13. Jh.; Grabmal des in Chur ermordeten Freiheitskämpfers Jürg Jenatsch, 1596–1639) mit dem Dommuseum (Kirchenschatz), der große Bischöfliche Hof, die ehemalige Klosterkirche St. Luzius (12. Jh.; Ringkrypta des 8. Jh.s), das Rathaus von

Bischöflicher Hof in Chur

Chur (Fortsetzung)

1465, das Rätische Museum, das Bündner Naturmuseum und das Kunsthaus.
Lohnend ist ein Gang durch die guterhaltene Altstadt.

Zizers

Der Marktort Zizers (Zizras; 540 m ü. d. M.) besitzt eine schon 955 erwähnte Pfarrkirche sowie zwei Schlösser der Familie Salis aus dem 17. Jh. (Unteres und Oberes Schloß).

Landquart

Bei dem lebhaften Verkehrsknotenpunkt Landquart (527 m ü. d. M.) mündet von Osten der gleichnamige Nebenfluß in den Rhein. Die Landquart kommt von dem bekannten Wintersportort Klosters herab durch die Talschaft Prättigau, deren Ausgang das viertürmige Schloß Marschlins (13. und 17. Jh.) beherrscht.

Bündner Herrschaft

Nordwestlich von Landquart beginnt über dem rechten Ufer des Alpenrheins die sogenannte Bündner Herrschaft, mit obst- und rebenreichen Berghängen. Malans (viele Holzhäuser), Jenins, Maienfeld (zwei Schlösser, stattliche Herrenhäuser; auf dem Friedhof das Grab des Schweizer Schriftstellers John Knittel, 1891–1970) und Fläsch sind die Weinorte (Rot- und Roséwein) der Bündner Herrschaft.

Bad Ragaz

Das am Ausgang der Taminaschlucht hübsch gelegene Bad Ragaz (SG; 517 m ü. d. M.; 4000 Einw.) gehört zu den bedeutendsten Heilbädern der Schweiz. Die 37°C warmen radioaktiven Quellen entspringen in der wildromantischen Schlucht der Tamina und werden seit 1840 nach Bad Ragaz geleitet.

Sargans

Das alte Bergwerkstädtchen Sargans (482 m ü. d. M.), ein wichtiger Verkehrsknotenpunkt (Einmündung der Walenseestraße von Zürich), ist von Obst- und Weingärten umgeben. Es wird überragt von dem stattlichen Schloß Sargans (uspr. 12. Jh.), von 1483 bis 1798 Sitz der eidgenössischen Landvögte, die das Rheintal von Landquart bis zum Bodensee beherrschten.

Liechtenstein

Das Fürstentum Liechtenstein ist ein selbständiger Zwergstaat (demokratisch-konstitutionelle Monarchie; 160 km^2; 28000 Einw.) zwischen Österreich und der Schweiz, wobei der Alpenrhein die Westgrenze bildet. Das Land erstreckt sich von der Westabdachung des Rätikon bis zum Rhein; dichter besiedelt und landwirtschaftlich genutzt ist vor allem die Rheinebene, während auf den Berghängen Wald, in den alpinen Hochtälern Alpweiden und Matten vorherrschen.

Die 1342 gegründete Grafschaft Vaduz wurde 1712 von Fürst Hans Adam Andreas von Liechtenstein erworben und mit der Herrschaft Schellenberg vereint. Während Liechtenstein von 1852 bis nach dem Ersten Weltkrieg nähere Beziehungen zu Österreich pflegte, wurde 1924 der Zollvertrag mit der Schweiz abgeschlossen (Auslandsvertretung durch die Schweiz, eigene Botschaft in Bern; Schweizer-Franken-Währung; Schweizer Zoll- und Postverwaltung, aber eigene Briefmarken). – Mitglied des Europarates und der EFTA. – Leitung der Regierungsgeschäfte seit 1984 durch Erbprinz Hans Adam. Durch eine großzügige Steuergesetzgebung wurde der wirtschaftliche Aufschwung im Lande sehr gefördert. (‚Briefkastenfirmen'). Liechtenstein ist das relativ am meisten industrialisierte Land der Erde, und auch das Pro-Kopf-Einkommen seiner Bürger steht mit an erster Stelle in der Welt. Die Staatssprache ist Deutsch, Umgangssprache ein alemannischer Dialekt.

Liechtenstein: Alpenrhein ...

... und Schloß Vaduz

Liechtenstein (Fortsetzung)

Residenz und Regierungssitz des Fürstentums Liechtenstein ist das Städtchen Vaduz (5000 Einw.), das unweit vom rechten Ufer des Alpenrheins liegt und vom Schloß Vaduz, dem Wohnsitz der fürstlichen Familie, überragt wird. Lokale Sehenswürdigkeiten sind die Liechtensteinischen Kunstsammlungen, das Landesmuseum und das Postmuseum. Triesenberg (700 m ü. d. M.; Walsermuseum), beliebter Ferienort und Ausgangspunkt für das liechtenstein. Alpengebiet (höchste Erhebung: Grauspitz, 2599 m ü. d. M.), mit den Weilern Gaflei, Masescha und Silum, ist – wie Steg und Malbun – eine vielbesuchte Sommerfrische (Wintersport in den beiden letzteren). Wichtigste Orte im Talgebiet: Vaduz, Balzers, Triesen, Schaan, Eschen und Nendeln.

Buchs

Der Bezirkshauptort im schweizerischen Kanton St. Gallen Buchs ist ein belebter Verkehrsknotenpunkt (viele Speditionsfirmen) sowie Grenzübergang nach Österreich (Feldkirch–Innsbruck–Wien). – In Werdenberg (1289 erw.), einer intakten mittelalterlichen Holzbausiedlung, erhebt sich über einem See Schloß Werdenberg (13. und 16./17. Jh.; Rheinmuseum und kantonale Waffensammlung).

Werdenberg

Hoher Kasten

Westlich abseits erhebt sich über dem Alpenrhein auf der Grenze zwischen den Schweizer Kantonen St. Gallen und Appenzell (Innerrhoden) der Aussichtsberg Hoher Kasten (1795 m ü. d. M.; Luftseilbahn von Brülisau).

Feldkirch

Die alte Bezirkshauptstadt im österreichischen Bundesland Vorarlberg Feldkirch (460 m ü. d. M.; 25000 Einw.) liegt an einem Straßen- und Eisenbahnknoten der vom Bodensee zum Arlberg führenden Strecke im Tal der Ill, die hier von Südosten aus dem Walgau durch eine Felsenge in das breite Tal des Alpenrheins durchbricht. – Feldkirch gilt als ‚Studierstädtle' mit zahlreichen Schulen (u. a. das 1856 gegründete Jesuitenkolleg ‚Stella Matutina') und ist seit 1968 Sitz eines katholischen Bischofs, einer Pädagogischen Akademie sowie seit 1977 des Landeskonservatoriums. – Die altertümliche Stadt ist noch zum Teil von Mauern umgeben. Zu ihren Sehenswürdigkeiten zählen die 1478 vollendete Domkirche, das Rathaus, die Kirche St. Johannes sowie die Schattenburg (12. Jh.; Heimatmuseum); am Ardetzenberg Wildpark und Waldlehrpfad.

Götzis

Über dem rechtsrheinischen Vorarlberger Marktort Götzis ragt die Ruine der 1405 abgebrannten Burg Neu-Montfort auf.

Altstätten

Altstätten (SG; 457 m ü. d. M., 10000 Einw.), altes Schweizer Städtchen am Westrand der hier rund 10 km breiten Rheinebene und Ausgangspunkt des Rheintal-Höhenweges, hat hübsche Lauben und Häuser mit Appenzeller Giebeln an der Marktgasse. Sehenswert ferner der Engelplatz mit dem Untertor sowie die moderne Gut-Hirt-Kirche.

Hohenems

Etwa auf gleicher Breite wie Altstätten liegt am östlichen Rheintalrand der Vorarlberger Ferienort Hohenems (432 m ü. d. M.; 13500 Einw.). In dem hiesigen, 1560 errichteten Schloß der Grafen von Waldburg-Zeil wurden 1755 und 1779 die Handschriften C und A des Nibelungenliedes gefunden. – Alljährlich ‚Schubertiade' (Juni).

Dornbirn

Als größte Stadt im österreichischen Bundesland Vorarlberg breitet sich die Gartenstadt Dornbirn (435 m ü. d. M.; 38000 Einw.)

Alpenrhein, Dornbirn (Fortsetzung)

mit lebhafter Maschinen- und Textilindustrie (Bundestextilschule) am Fuße des Bregenzer Waldes aus. – Sehenswert u. a. die Vorarlberger Naturschau in der Stadt (Dornbirner Messegelände am westl. Ortsrand) sowie die von der Dornbirner Aache (einem rechten Nebenfluß des Alpenrheins) durchtoste Rappenlochschlucht und die Alplochschlucht mit einem 120 m hohen Wasserfall, ferner das als Luftkur- und Wintersportgebiet gern besuchte Bödele, eine von Fichtenwald umgebene Wiesenkuppe mit prächtiger Aussicht auf den Bodensee.

Lustenau

Der Vorarlberger Industrieort (v. a. Stickerei; auch -museum) Lustenau (405 m ü. d. M.; 18000 Einw.) liegt unweit südlich der Gabelung des Alpenrheins in den Alten Rhein (nach Nordwesten) und den um die letzte Jahrhundertwende durchgestochenen Kanal, der das Rheinwasser nordwärts in den Bodensee leitet.

St. Margrethen

Ein wichtiger Grenzort für den Eisenbahn- und den Straßenverkehr zwischen Österreich und der Schweiz ist das am linken Ufer des Alten Rheins in obstreicher Gegend auf Schweizer Gebiet gelegene St. Margrethen (410 m ü. d. M.; 5000 Einw.); neben ‚Bade- und Einkaufsort der Ostschweiz‘ auch bedeutender Zollumschlagsplatz (viele Speditionsunternehmen). Unmittelbar an der Autobahn liegt das Einkaufszentrum „Rheinpark“. – Sehenswürdigkeiten am Ort sind die Fresken und spätbarocken Altäre in der aus dem Jahre 1090 stammenden Friedhofskirche St. Margaretha, ferner die Schlösser Bergstein und Vorburg in der nahen Umgebung.

Rheineck

Der schmucke Schweizer Grenzort Rheineck (400 m ü. d. M.; 3000 Einw.) liegt am idyllischen Alten Rhein. Beachtung verdienen die Arkadenstraßen, ein altes Stadttor, das Rathaus von 1555, die schloßartigen Bürgerhäuser Löwenhof und Custerhof, die spätgotisch-barocke Kirche sowie eine Burgruine (Aussicht).

Fußach

Der Vorarlberger Hafenort Fußach (398 m ü. d. M. 2500 Einw.) am linken Ufer des hier kanalisierten Rheins kurz vor seiner Mündung in die Fußacher Bucht des Bodensees ist Sitz einer Schiffswerft.

Rheinau

Zwischen Rohrspitz und Rheinspitz, den beiden äußersten Punkten des fischreichen Rheindeltas in der Südostecke des Bodensees, erstreckt sich in der Rheinau ein etwa 2000 ha großes Ried- und Schilfgelände (Naturschutzgebiet; rund 300 Vogelarten) entlang der Bucht ‚Wetterwinkel‘.

Bodensee

Landschaft

Das einzigartige Landschaftsbild am Bodensee ist geprägt von der majestätisch weiten Wasserfläche des Sees, die ein belebender Kranz alter Uferstädte und freundlicher Ortschaften umschließt. Den großen Rahmen geben im Süden bewaldete Berge, darüber in der Ferne die Kette der Appenzeller Alpen mit dem Säntis (2504 m ü. d. M.), weiter östlich, jenseits des breiten Alpenrheintals, die Vorarlberger Alpen und darüber der Rätikon mit der Schesaplana (2964 m ü. d. M.) sowie im Osten der Bregenzer Wald mit dem Pfänder (1064 m ü. d. M.) und die Allgäuer Alpen. Das oberschwäbische Vorland im Norden des Boden-

Landschaft (Fortsetzung)

sees, nach Westen der Linzgau, ist ein von vielen Flüssen durchzogenes Hügelland, das im Höchsten bis 837 m ü.d.M. ansteigt und durchsetzt ist von Streusiedlungen, Wäldern, Feldern und Obstkulturen.

Die Ufer des meerartigen Obersees sind weithin flach und besonders im Bereich des Mündungsdeltas von Alpenrhein, Dornbirner und Bregenzer Ache durch große Buchten gekennzeichnet. Das alte Kulturland des durch Bodanrück, Mettnau und Höri reich gegliederten westlichen Seebeckens, mit dem fjordähnlichen Überlinger See, setzt sich nach Westen ohne Unterbrechung im Hegau fort, der mit seinen kühnen Bergformen zu den reizvollsten deutschen Vulkanlandschaften zählt.

Bregenz

Die Hauptstadt des westlichsten österreichischen Bundeslandes Vorarlberg Bregenz (keltische Burg der Brigantier; römische Militär- und Verkehrsstation Brigantium) liegt an der Bregenzer Bucht, dem Ostende des Bodensees (Heimathafen der ÖBB-Bodenseeflotte). Die bekannte Festspielstadt mit zahlreichen Bildungseinrichtungen ist die einzige unmittelbar am Alpenrand gelegene Bodenseestadt (395 m ü.d.M.; 27000 Einw.). – Ihre weitläufige Bebauung breitet sich unter dem aussichtsreichen Pfänder (1064 m, Luftseilbahn, Alpenwildpark; Autobahntunnel) aus, dem Eckpfeiler des mit seinen vielfach noch ruhigen Sommerfrischen und Wintersportorten gern besuchten Bregenzer Waldes, und reicht nach Süden bis zur Bregenzer Ache. – Die Bregenzer Altstadt hat sich ihren altertümlichen Charakter bewahrt, während die Partien am See modern und für den Touristenbetrieb (Spielbank) angelegt sind. Einen Besuch verdient das reichhaltige Vorarlberger Landesmuseum am Kornmarkt. Das Kongreß- und Festspielhaus (mit Seebühne) liegt am südwestlichen Ende der hübschen Seeanlagen. 2 km südlich von Bregenz erhebt sich der Gehrenberg (600 m ü.d.M.); von der Terrasse des Burgrestaurants Blick u.a. auf das Rheintal sowie die Appenzeller und Glarner Alpen.

Lindau

Lindau (882 erstmals erwähnt) ist die größte Stadt (400 m ü.d.M.; 25000 Einw.) am bayerischen Bodenseeufer. Sie besteht aus der sich weitläufig zwischen Obstkulturen an Moränenhängen ausbreitenden Gartenstadt Lindau auf dem Festland und der durch die ‚Seebrücke‘ sowie einen Eisenbahndamm mit diesem verbundenen Inselstadt Lindau im Bodensee, der äußerst malerischen Altstadt auf einer von den Bodenseeschiffen angelaufenen Insel. Im Sommerhalbjahr spielt der Tourismus (u.a. Spielbank) die beherrschende Rolle; auch als Tagungsort hat Lindau Bedeutung. – Der Ortsteil Bad Schachen (Heilkuren; Akupunktur) liegt inmitten prachtvoller Parkanlagen unmittelbar am Bodenseeufer; in der Villa Lindenhof ein Friedensmuseum.

Wasserburg

Der bayerische Luftkurort Wasserburg hat seinen reizvollen alten Ortskern auf einer 1720 landfest gewordenen Bodenseeinsel zwischen der Nonnenhorner Bucht im Westen (bester Blick aus dem Malerwinkel) und der Wasserburger Bucht im Osten.

Friedrichshafen

Die ‚Messe- und Zeppelinstadt‘ Friedrichshafen (urspr. Buchhorn; 400–500 m ü.d.M.; 53000 Einw.) im deutschen Bundesland Baden-Württemberg ist nach Konstanz die größte Stadt am Bodensee sowie Hafen für die Fährschiffe nach Romanshorn am Schweizer Seeufer. – Die Stadt hatte entscheidenden Anteil an der Entwicklung des frühen Flugzeugbaus (Zeppelinmuseum im Rathaus) und beherbergt heute etliche Maschinen-

Lindau im Bodensee: Seehafen

Friedrichshafen (Fortsetzung)

fabriken. Alljährlich findet in Friedrichshafen u.a eine internationale Bodenseemesse und Bootsausstellung statt. – An der Uferstraße der Jachthafen und das 1985 eröffnete, der Form eines Schiffes ähnelnde ‚Graf-Zeppelin-Haus' (Kultur- und Kongreßzentrum); westlich Schloß und Schloßkirche. – Bei dem industriereichen Friedrichshafener Stadtteil Manzell baute Ferdinand Graf von Zeppelin (1838–1917) im Jahre 1899 auf dem See eine Luftschiffhalle (hier am 2. Juli 1900 Aufstieg des ersten Zeppelins „LZ 1"), und in Manzell gründete Claudius Dornier (1884–1969) im Jahre 1914 eine Werft für Wasserflugzeuge.

Meersburg

Das über eintausendjährige Meersburg (400–500 m ü. d. M.; 5000 Einw.) hat sich sein mittelalterliches Bild erhalten und ist eines der besuchenswertesten Städtchen am Bodensee. Es liegt reizvoll an und auf einem steilen Rebhang am Übergang des Obersees in den Überlinger See (Kfz-Fährverbindung mit Konstanz). Das Alte Schloß (die ‚Meersburg'; urspr. 7. Jh.) stellt die älteste bewohnte Burg Deutschlands dar; im Innern u.a. das Arbeits- und Sterbezimmer der deutschen Dichterin Annette von Droste-Hülshoff (1797–1848). Der Marktplatz in der Oberstadt gehört mit seinen Fachwerkhäusern und dem Obertor zu den bekanntesten deutschen Altstadtbildern. Im ehem. Dominikanerinnenkloster eine äußerst sehenswerte Bibelgalerie und das Stadtmuseum; ferner u.a. Weinbau-, Zeppelin- und Zeitungsmuseum. Das Neue Schloß wurde 1741–1750 nach Plänen von Balthasar Neumann als Residenz der Konstanzer Bischöfe erbaut. – Unweit westlich, in dem zur Gemeinde Uhldingen-Mühlhofen gehörigen Bodenseeuferort Unteruhldingen (beliebter Jachthafen) das Freilichtmuseum Deutscher Vorzeit mit Pfahlbaumuseum, Steinzeitdorf und Bronzezeitdorf.

Unteruhldingen

Meersburg: Altes Schloß

Konstanz: Blumeninsel Mainau

Birnau

Ebenfalls zur Gemeinde Uhldingen-Mühlhofen gehört die inmitten von Weinbergen prächtig über dem Überlinger See gelegene Barockkirche Birnau. Das überaus malerische Innere der 1747–1750 von Peter Thumb erbauten Wallfahrtskirche besticht durch seine vielfach geschwungenen Linien und die harmonisch abgestimmten Farben der Deckenfresken, Ornamente und Altäre in reinstem Rokokostil.

Überlingen

Viel besucht als Ferienziel sowie als Kur- und Kneippbad wird Überlingen (403 m ü. d. M.; 18000 Einw.) der am steilen Uferhang des gleichnamigen Sees ansteigende Hauptort im Linzgau. Die Stadt wurde 1180 von Barbarossa gegründet und hat sich aus der reichsstädtischen Zeit (14. Jh. bis 1802) ansehnliche Reste der einstigen Befestigung mit Wällen, Wehrtürmen und Stadtgräben sowie zahlreiche historische Bauwerke bewahrt.
Über dem Rathaus an der Hofstatt steht das gotische Münster St. Nikolaus, das im 14. Jh. begonnen und 1586 vollendet wurde. Westlich der Altstadt erstrecken sich am Hang der 1875 angelegte Stadtgarten mit reicher subtropischer Vegetation und weiter südlich längs dem Seeufer die ausgedehnten Kuranlagen.
Am Ort herrscht reges Kultur- und Kunstleben.

Mainau

Die Mainau, das wegen seiner überaus reichen subtropischen und z. T. tropischen Vegetation auch ‚Blumeninsel' genannte Eiland (45 ha) im Überlinger See, ist mit seinen prächtigen Park- und Gartenanlagen eines der meistbesuchten Touristenziele in ganz Süddeutschland. Die Insel gehört zur Stadtgemeinde Konstanz und wird von dem schwedischen Grafen Lennart Bernadotte af Wisborg verwaltet.

Konstanz

Die baden-württembergische Kreisstadt Konstanz ist die größte Stadt (404 m ü.d.M.; 78000 Einw.) am Bodensee (Haupthafen der DB-Bodenseeflotte; ständige Kfz-Fährverbindung mit Meersburg) und – zwischen dem Obersee (Konstanzer Bucht) und dem mit diesem durch den fischreichen Seerhein verbundenen Untersee gelegen – ein bedeutendes regionales Kulturzentrum mit Universität (seit 1966), Ingenieurhochschule, zwei limnologischen Instituten, Wetterwarte, regem Theater- und Musikleben, Kunstschule sowie mehreren Museen und Kunstgalerien und gilt als bevorzugter Kongreß- und Tagungsort. Im Wirtschaftsleben hat neben Handel, Dienstleistungsgewerbe (Tourismus; Spielbank), Handwerk und Weinbau die vielseitige Industrie beträchtliches Gewicht. Etliche Verlage und Druckereien sind hier ansässig.

Als Keimzelle der Stadt wird eine keltische Fischersiedlung angenommen, die in spätrömischer Zeit den Namen ‚Constantia' erhielt.

Auf dem Konstanzer Konzil (1414–1418), dem 16. ökumenischen Konzil der Kirchengeschichte und mit etwa 50000 Teilnehmern (bei nur 6000 Einwohnern) dem größten mittelalterlichen Kongreß des Abendlandes, wurde Martin V. zum Papst gewählt und damit das Schisma der Gegenpäpste beendet. Den tschechischen Reformator Jan Hus (um 1370 bis 1415) verurteilte das Konzil zum Tode auf dem Scheiterhaufen.

Die malerische Altstadt mit ihren mittelalterlichen Bauten liegt zwischen dem Rhein (Beginn der Rhein-Kilometrierung unter der Rheinbrücke: Rhein-km 0) und der Schweizer Grenze (Kreuzlingen). Die weitläufig gebaute Neustadt schmiegt sich an die sanften Hänge vom Bodanrück, der in seinem östlichen Teil ebenso wie die vielbesuchte Blumeninsel Mainau zu Konstanz gehört.

Von den vielen Konstanzer Sehenswürdigkeiten verdienen besondere Erwähnung das Münster (urspr. 11. Jh., später mehrfach umgestaltet; * Blick vom Münsterturm), das Rosgartenmuseum (Kunst- und Kulturgeschichte des Bodenseeraumes), die Wessenberggalerie (Gemälde, Zeichnungen) und das 1388 errichtete Kaufhaus, bekannt als Konzilgebäude, so benannt nach dem Konstanzer Konzil, während dem hier am 8. November 1417 die einzige Papstwahl auf deutschem Boden stattfand, heute Konzert- und Kongreßhaus.

Reichenau

Die Reichenau ist mit 5 km Länge, 1,5 km Breite und 428 ha Fläche die größte Insel im Bodensee. Mildes Inselklima, fruchtbarer Boden und künstliche Beregnung ermöglichen einen höchst ertragreichen Gemüsebau (‚Gemüseinsel'), der die Nachfolge des früher vorherrschenden Weinbaus antrat. Von Bedeutung ist auch die Fischzucht.

Die Kirchen der einst weltberühmten Abtei (724 unter Karl Martell vom hl. Pirmin gegründet) in den drei Streusiedlungen Oberzell, Mittelzell und Unterzell gehören in ihrer Anlage und mit den großartigen Fresken zu den bedeutendsten Zeugen frühromanischer Kunst in Deutschland.

Radolfzell am Bodensee

Die am Zeller See, einem nördlichen Zweig des Untersees gelegene Stadt Radolfzell am Bodensee (826 als Kloster ‚Cella Ratoldi' gegründet; 395–675 m ü.d.M.; 24000 Einw.) besitzt in ihrer Altstadt enge verwinkelte Straßen mit schönen Adels- und Patrizierhäusern.

Radolfzell
(Fortsetzung)

Die Kur- und Freizeiteinrichtungen auf der Halbinsel Mettnau machen Radolfzell zum Heilsport- und Kneippkurort sowie zu einem beliebten Ferienzentrum.

Schweizer Bodenseeufer
(von Osten nach Westen)

Der Rorschacher Ortsteil Altenrhein liegt am Mündungsdelta des Alten Rheins (z. T. Naturreservat) und ist Sitz der Flug- und Fahrzeugwerke Altenrhein (FFA; ehem. Dornier); hier starteten in den zwanziger Jahren die bekannten Dornier-Flugboote.
Rorschach (947 Marktrecht), einstiger Hafenplatz St. Gallens, heute Industriestadt (398 m ü. d. M.; 10800 Einw.), erstreckt sich zu Füßen vom Rorschacher Berg an der gleichnamigen Bucht.

Arbon, die auf einer Halbinsel an der Stelle des keltischen ‚Arbona' und römischen ‚Arbor Felix' gelegene Hafenstadt (398 m ü. d. M.; 12300 Einw.), gehört zum Schweizer Kanton Thurgau und beherbergt eine rege Industrie.

In den kleinen Uferorten Uttwil und Kesswil gibt es schmucke Fachwerkhäuser, am See frühgeschichtliche Pfahlbauten.

Romanshorn ist der bedeutendste Verkehrsplatz am Schweizer Bodenseeufer und ein auch als Seebad beliebter Hafenort (403 m ü. d. M.; 8200 Einw.; Heimathafen der Schweizer Bodenseeflotte, SBB-Werft), von dem eine Kfz-Fährverbindung mit Friedrichshafen am deutschen Ufer besteht.
Besonders bemerkenswert ist die romanisch-gotische Historische (Alte) Kirche im Seepark.

Münsterlingen, ein auf einer kleinen Halbinsel gelegenes Erholungsdorf (389 m ü. d. M.; 900 Einw. m. Scherzingen), birgt in seiner Kirche seit der ‚Seegfrörne' von 1963 eine Büste Johannes' des Täufers (16. Jh.), die jeweils bei Zufrieren des Bodensees zwischen Hagnau (südöstlich von Meersburg) und Münsterlingen den Standort wechselt. – Am nahen Seeufer mehrere Pfahlbauten aus frühgeschichtlicher Zeit.

Kreuzlingen (404 m ü. d. M.; 17000 Einw.) ist eine von Konstanz nur durch die Grenze getrennte schweizerische Stadt mit beträchtlicher Industrie; nördlich am See der Seeburgpark.

Gottlieben am Untersee (398 m ü. d. M.; 300 Einw.), ein Ortsteil von Tägerwilen, dem Geburtsort des Rebzüchters Hermann Müller (1850–1927; ‚Müller-Thurgau' = Riesling × Silvaner), besitzt ein ursprünglich 1251 für die Konstanzer Bischöfe als Nebenresidenz erbautes Schloß (zuletzt 1837/38 neugotisch umgebaut) sowie mehrere bemerkenswerte alte Fachwerkhäuser.
Ein lokales Spezialgebäck sind die ‚Gottlieber Hüppen'.

Ermatingen (412 m ü. d. M.; 2000 Einw.) ist ein als Erholungsort besuchtes Fischerdorf auf der Landzunge ‚Staad' (Pfahlbauten) mit hübschen Fachwerkhäusern und dem Bodensee-Fischereimuseum. Über dem Ort bietet das Schloß Wolfsberg (16. Jh.) eine schöne Aussicht.
Der Ortsteil Mannenbach (405 m ü.d.M.; zus. mit Salenstein 900 Einw.) liegt anmutig gegenüber der Insel Reichenau (2 km; Überfahrt) und wird von mehreren Burgen und Schlössern überragt. Südlich von Mannenbach der dazugehörige Ortsteil Salenstein. – Über dem Ort die Burg Salenstein (urspr. 11. Jh.; 1842 erneuert). Östlich auf einer Terrasse das Schloß Arenenberg (Napoleonmuseum), 1540–1546 erbaut, später umgebaut und

1830–1837 Wohnsitz der Königin Hortense de Beauharnais (1783–1837), der Stieftocher Napoleons I., deren Sohn Louis Napoléon (1808–1873), der spätere Napoleon III., hier glückliche Jugendjahre verlebte. – Westlich oberhalb von Mannenbach steht die Schloßruine Sandegg, unweit südlich davon das Schloß Eugensberg, das 1820 für Eugène Beauharnais, den Stiefsohn Napoleons I. und Bruder der Königin Hortense, erbaut wurde.

Steckborn (404 m ü.d.M.; 3500 Einw.) ist ein altes Städtchen auf einer in den Untersee hineinragenden Halbinsel mit malerischen Fachwerkhäusern, dem ursprünglich um 1320 erbauten Schlößchen Turmhof und Rathaus von 1667 (Waffensammlung). Am südwestlichen Ortsende liegt die Nähmaschinenfabrik ‚Bernina' mit einem Nähmaschinenmuseum.

Kunstdenkmäler im Bodenseeraum

Dem an der Kunstgeschichte Interessierten bietet der Bodenseeraum mannigfaltige Zeugnisse künstlerischen Schaffens aus allen großen Stilepochen. Wer den Besuch der Landschaften um den ‚Dreiländersee' mit einer kleinen Kunstreise verknüpfen möchte, sei auf folgende Sehenswürdigkeiten hingewiesen.

Die hervorragendsten Beispiele der Romanik findet man auf der Klosterinsel Reichenau (Münster in Mittelzell, St. Georg in Oberzell, St. Peter und Paul in Niederzell), aber auch in Konstanz (Münster), Lindau (St. Peter), Arbon (Galluskapelle) und Schienen (St. Genesius).
Ungleich zahlreicher sind die Zeugen der Gotik, die sich sowohl in sakraler als auch in profaner Baukunst manifestiert: Konstanz (St. Stephan, Mauritiusrotunde beim Münster; Kaufhaus/Konzilsgebäude); Meersburg (Grethgebäude); Überlingen (Münster); Lindau (Diebsturm); Bregenz (St. Gallus; Martinsturm in der Oberstadt); Eriskirch (Pfarrkirche); Radolfzell (Münster); Markdorf (St. Nikolaus; Stadtschloß); Salem (Klosterkirche); Ravensburg (St. Jodok; Rathaus, Waaghaus).
Eindrucksvolle Bauten der Renaissance sind die Schlösser Heiligenberg und Wolfegg wie auch die Rathäuser von Lindau und Konstanz.
Aus dem Frühbarock stammen das Alte Schloß in Meersburg, die Schloßkirche in Friedrichshafen und das Ritterschaftshaus in Radolfzell.
Aus der Zeugenreihe des Hochbarock und Rokoko stechen vor allen die Abteikirche Weingarten und die Wallfahrtskirche Birnau hervor; daneben seien genannt das Neue Schloß in Meersburg, der Kaisersaal im ehem. Kloster Salem, das Neue Schloß in Tettnang, die ehem. Klosterkirche Weißenau (bei Ravensburg), die Kirchen St. Martin in Langenargen und St. Marien in Lindau, das Schloß und die Schloßkirche auf der Insel Mainau sowie nicht zuletzt die Kathedrale und die Klosterbibliothek zu St. Gallen.
Gute Beispiele aus der Zeit des Klassizismus bilden das Schloß Arenenberg (bei Mannenbach) und der Marktplatz von Heiden.
Mit der Wirtschaftshochschule St. Gallen und der neuen Universität Konstanz hat die moderne Architektur der Nachkriegszeit zwei beachtenswerte Baukomplexe geschaffen.

Kunstmuseen

Besonders besuchenswerte Kunstmuseen sind in Konstanz das Rosgartenmuseum und in Bregenz das Vorarlberger Landesmuseum.

Stein am Rhein (Hochrhein)

Stadtbilder im Bodenseeraum

Die geschlossensten alten Stadtbilder im Bodenseegebiet zeigen Meersburg, Lindau und Überlingen, ferner Stein am Rhein, Ravensburg und Wangen im Allgäu sowie die Niederburg von Konstanz und die Oberstadt von Bregenz.

Hochrhein (vom Bodensee bis Basel)

Stein am Rhein

Das zum Schweizer Kanton Schaffhausen gehörende Städtchen Stein am Rhein (405 m ü. d. M.; 3000 Einw.) liegt am Ende des Untersee genannten Teils des Bodensees, wo diesem der Rhein als Hochrhein entströmt, und gilt mit seinen erker- und freskengeschmückten Häusern als eine der am besten erhaltenen mittelalterlichen Kleinstädte der Schweiz (‚Rothenburg des Hochrheins'). Besonders sehenswert sind am Marktplatz das Rathaus von 1538 (Historische Sammlung der Stadt) und an der Hauptstraße das Haus Weißer Adler (Nr. 14) sowie das Untertor und das Obertor, ferner das Klostermuseum St. Georgen. In der Schwarzhorngass 136 ein Puppenmuseum (im Winter geschl.); ferner nahe der Schifflände eine Miniatur-Dampfbahn für Kinder.
Nördlich über der Stadt thront auf dem bewaldeten Klingenberg (593 m) die aus dem 12. Jh. stammende, wohlerhaltene Burg Hohenklingen (Aussicht), einst Sitz des Minnesängers Walther von Klingen (um 1350).
Am linken Rheinufer liegt der Steiner Stadtteil Burg, wo auf dem Burghügel (Aussicht) die Reste des römischen Rheinkastells Tasgaetium (294 n. Chr.) zu sehen sind. Innerhalb des Kastells steht die Pfarrkirche St. Johann (urspr. 5. Jh.; Chorfresken um 1400).

Von der kleinen ehemaligen Benediktinerpropstei in Wagenhausen ist die romanische Pfeilerbasilika (1083–1087) erhalten.

Diessenhofen

Das altertümliche Schweizer Grenzstädtchen Diessenhofen (416 m ü. d. M.; 3000 Einw.) war im Mittelalter freie Reichsstadt; u. a. geschlossenes Gassenbild, schöne Bürgerhäuser, alte Befestigungen (Siegelturm), Kirche (1602) und Klosterbauten (1571). Am gegenüberliegenden rechten Hochrheinufer (alte gedeckte Holzbrücke; Grenzübergang) liegt der deutsche Ort Gailingen.

Büsingen

Am nördlichen Hochrheinufer erstreckt sich zwischen Diessenhofen und Schaffhausen die deutsche Enklave Büsingen (Schweizer Währungs- und Zollgebiet).

Schaffhausen

Schaffhausen, die Hauptstadt (404 m ü. d. M.; 34000 Einw.) des fast ganz nördlich des Hochrheins gelegenen und vom Gebiet der Bundesrepublik Deutschland umschlossenen gleichnamigen Schweizer Kantons, ist ein wichtiger Verkehrsknotenpunkt und lebhafter Industrieplatz.
Neben der reizvollen Altstadt zählen zu den wichtigsten Sehenswürdigkeiten das Münster (1087–1150 erbaut), das reichhaltige Museum zu Allerheiligen (ehem. Benediktinerkloster, um 1050 gegründet), die Hallen für Neue Kunst und das die Stadt im Osten beherrschende Kastell Munot, ein nach Dürers Befestigungslehre 1564–1585 errichteter Rundbau, der einen rebenbestandenen Hügel krönt (schöne Aussicht).
Schaffhausen ist Sitz der Schweizerischen Schiffahrtsgesellschaft Untersee und Rhein, deren Kursschiffe im Sommer mehrmals täglich zwischen Schaffhausen und Kreuzlingen verkehren.

Von Schaffhausen bis zum Rheinfall bildet der Hochrhein die Grenze zwischen den Schweizer Kantonen Schaffhausen und Zürich.

Rheinfall

Der Rheinfall bei Schaffhausen ist der mächtigste Wasserfall in Mitteleuropa. Etwa 4 km südwestlich von Schaffhausen stürzt

Rheinfall (Fortsetzung)

das Wasser des Hochrheins bei Neuhausen am Rheinfall in 150 m Breite 22 m tief über eine Jurakalkschwelle, von der mitten im Fluß zwei höhere Felsen stehengeblieben sind. Am wasserreichsten ist der Rheinfall im Juni und Juli nach der Schneeschmelze in den Alpen.

Ein guter Überblick über den Rheinfall bietet sich vom südlichen Rheinufer beim Schloß Laufen (Terrassen und Stege bis in nächste Nähe des Wasserfalls), die beste Gesamtansicht hat man jedoch vom Schloß Wörth am rechten Flußufer (Überfahrt; gefahrlose Bootsfahrt zum mittleren Felsen).

Rheinau

Das malerische Schweizer Grenzstädtchen Rheinau (Kanton Zürich; 372 m ü.d.M.) umzieht fast ringsum eine Schlinge des Hochrheins (Brücke, Grenzübergang; Flußstauwerk, Motorboote zum Rheinfall). Die doppeltürmige Barockkirche (1704–1711) gehörte zu einer im 9. Jh. gegründeten und 1862 aufgelösten Benediktinerabtei (auf einer Aueninsel).

Ellikon

Unweit südlich der linksrheinischen Fischersiedlung Ellikon (schöne Riegelhäuser; Personenfähre zum deutschen Rheinufer) mündet von Osten die Thur in den Hochrhein.

Eglisau

Das rechtsrheinische Eglisau (360 m ü.d.M.) ist ein altertümliches Brückenstädtchen im Schweizer Kanton Zürich. Nach Norden erstreckt sich das auf drei Seiten von deutschem Gebiet umschlossene Rafzer Feld; in Rafz ist der Gasthof Goldenes Kreuz aus dem 18. Jh. beachtenswert.

Glattfelden

Glattfelden (Kanton Zürich; 359 m ü.d.M.), an der unweit unterhalb in den Hochrhein mündenden Glatt gelegen, ist die Heimat der Familie des Schweizer Dichters Gottfried Keller (1817–1890), der den Ort in seinem bekannten Roman „Der grüne Heinrich" mehrfach erwähnt. – Technisches Museum im Stromhaus Burenwisen.

Kaiserstuhl

Das alte Grenzstädtchen Kaiserstuhl (350 m ü.d.M.) liegt malerisch über dem südlichen Ufer des Hochrheins und besitzt einen mächtigen Turm aus dem 12./13. Jh. sowie eine gotische Kirche (Anfang 17. Jh. barockisiert).
Eine Rheinbrücke (Grenzübergang) führt ans deutsche Ufer nach Hohentengen mit dem Schloß Rötteln.
Rheinaufwärts bei Weiach und rheinabwärts bei Rümikon befinden sich die Reste römischer Wachttürme.

Zurzach

Am linken Ufer des Hochrheins liegt Zurzach (342 m ü.d.M.), das römische Tenedo (Kastell und Reste einer Kirche des 5. Jh.s auf dem Kirchlibuck), einst als Flußhafen mit bedeutenden Warenmessen bekanntes, heute als Thermalkurort besuchtes Schweizer Städtchen im Kanton Zürich.
Das Thermalbad (40°C warme Quelle; Whirlpool u.a.) mit den Kuranlagen befindet sich westlich vom Zentrum.
Im Ort sind bemerkenswert die schönen alten Bürgerhäuser sowie die Stiftskirche aus dem 10. Jh. (Chorturm 14. Jh.; in der Krypta der Sarkophag der hl. Verena; reicher Kirchenschatz).
Am rechten Rheinufer (Brücke, Grenzübergang) der deutsche Ort Rheinheim.

Koblenz

Der schweizerische Straßenknotenpunkt Koblenz ist in der Nähe des Zusammenflusses (lateinisch ‚Confluentes') von Aare und Rhein gelegen und war schon für die Römer von Bedeutung. Ruinen des römischen Wachtturms Kleiner Laufen (4. Jh. n. Chr.). 4 km westlich das KKW Leibstadt. – Nördlich jenseits des Rheines (Brücke, Grenzübergang) liegt Waldshut (Ortsteil der deutschen Doppelstadt Waldshut-Tiengen, 300–700 m ü.d.M.); unweit rheinaufwärts mündet von Nordosten die durch den Klettgau herabkommende Wutach in den Hochrhein.

Albbruck

Bei dem rechtsrheinischen deutschen Uferort Albbruck (324–700 m ü.d.M.; 6000 Einw.) mündet von Nordwesten das felsige Albtal. – Am südlichen Ufer des Hochrheins (hier keine Brücke) befinden sich bei dem Schweizer Ort Schwaderloch zwei römische Wachttürme (Oberes und Unteres Bürgli).

Laufenburg

Von bewaldeten Uferhöhen umrahmt, bilden das zum Schweizer Kanton Aargau gehörende Städtchen Laufenburg (von ‚Laufen' = Stromschnellen; 318 m ü.d.M.; 2000 Einw.) am südlichen Rheinufer und die am Nordufer gegenüberliegende deutsche Stadt Laufenburg in Baden (300–715 m ü.d.M.; 7500 Einw.), durch eine steinerne Brücke (Grenzübergang) verbunden, einen der landschaftlich reizvollsten Punkte am Hochrhein.

Murg

Beim rechtsrhein. deutschen Ort Murg (600 m ü.d.M.; 6500 Einw.) mündet von Nordwesten das aus dem Hotzenwald (südl. Abdachung des Schwarzwaldes) herabkommende Murgtal.

Bad Säckingen

Das badische Rheinuferstädtchen Säckingen (290 m ü.d.M.; 15800 Einw.) trägt seit 1978 den Namen Bad Säckingen (Kochsalzthermen, 32 bzw. 28,5°C; Kur- und Badezentrum).
Außen am Chor des Fridolinsmünsters (u.a. Silberreliquienschrein des hl. Fridolin) der Grabstein für Werner Kirchhofer

Bad Säckingen: Rheinbrücke

Bad Säckingen (Fortsetzung)

(† 1690) und seine Gattin Maria Ursula von Schönau, der Joseph Viktor von Scheffel (1826–1886) die Anregung zu seinem romantischen Versepos „Der Trompeter von Säckingen“ gab. Am Rhein steht in einem Park das Schloß Schönau (‚Trompeterschlößchen‘, 17. und 18. Jh.; Hochrheinmuseum, Trompetermuseum: ältestes Stück v. 1664). – Seit mehr als 400 Jahren verbindet eine 200 m lange gedeckte Holzbrücke (auf Steinpfeilern ruhend) das deutsche mit dem Schweizer Rheinufer (Ortschaft Stein im Kanton Aargau). – Müllmuseum (1992).

Rheinfelden

Zu beiden Seiten des ab hier schiffbaren Rheins (Rhein-km 149) liegt je eine Stadt mit dem Namen Rheinfelden. Die deutsche am Nordufer ist ein Industrieplatz (280–408 m ü. d. M.; 27000 Einw.). Die schweizerische am Südufer ist ein altertümliches Städtchen (277 m ü. d. M.; 7000 Einw.) mit Mauern und Türmen über dem hier rasch dahinströmenden Hochrhein, das auch als Solbad (stark salzhaltige Quellen) besucht wird; beachtenswert sind das Rathaus (16.–18. Jh.) und die Martinskirche (15. Jh.; barocke Innenausstattung) sowie das regionalgeschichtliche Fricktaler Museum im ‚Haus zur Sonne‘ (Marktgasse Nr. 12); ferner ein Burgenmodell-Museum sowie ein Oldtimer-Museum am Ort. – Am Schweizer Ufer im großen Rheinbogen zwischen Rheinfelden und Mumpf befinden sich die Ruinen von insgesamt fünf römischen Wachttürmen aus dem vierten nachchristlichen Jahrhundert.

Augst

Das Schweizer Dorf Augst (275 m ü. d. M.) ist am linken Ufer der hier die Grenze zwischen den Kantonen Aargau und Basel (Land) bildenden und von Süden in den Hochrhein mündenden Ergolz gelegen (an der Ergolzbrücke ein spätgot. Gasthaus von 1540). Römermuseum mit Funden aus Augusta Raurica. – Unweit südlich von Augst, zwischen Ergolz und dem ihr zufließenden Violenbach, befindet sich die Ausgrabungsstätte der um 27 v. Chr. gegründeten römischen Colonia Augusta Raurica, von der ein großes Theater sowie die Reste mehrerer Tempel erhalten sind.
Am Anfang der Anlage ein 1953–1957 rekonstruiertes Römerhaus, ein Museum und das wiederhergestellte Theater (120–150 n. Chr.; im Sommer Aufführungen), östlich dahinter ein Tempel, das Hauptforum und eine Basilika; in der Westachse des Theaters auf einem Hügel der große Schönbühltempel, südlich vom Theater die Wohnbauten und Thermen. Im Südwesten der Anlage ein 1959 entdecktes Amphitheater.
Im Hochrhein zwischen Augst und Grenzach-Wyhlen (auf deutscher Seite) wurde 1907–1912 das Flußkraftwerk Augst-Wyhlen mit einem 212 m langen Stauwehr errichtet.

Kaiseraugst

Rund 1 km nordöstlich von Augst liegt rechts der Ergolz und hübsch am Rheinufer der aargauische Ort Kaiseraugst mit den Resten des Römerkastells Castrum Rauracense.

Grenzacher Horn

Bei dem rechtsrheinischen Kalkfelsen des Grenzacher Horns (Rhein-km 163) verläuft die Staatsgrenze (Straßengrenzübergang) zwischen der Bundesrepublik Deutschland (Bundesland Baden-Württemberg) und der Schweizerischen Eidgenossenschaft (Halbkantone Basel-Stadt und Basel-Land).
Auf dem südlichen (Schweizer) Ufer liegt Birsfelden (Flußkraftwerk, Rheinhafen) an der Mündung der Birs in den Rhein sowie am Ostrand von Groß-Basel (→Städte und Ausflugsziele, Basel).

Sehenswürdigkeiten entlang dem Rhein zwischen Basel und Rotterdam

Hinweis

Das folgende Kapitel dient als Leitfaden für den Hauptteil des Rheinlaufes zwischen Basel und Rotterdam, auf dem die großen Rheinreisen mit den Kabinenschiffen der Köln-Düsseldorfer (KD) veranstaltet werden.

Um dem Benutzer dieses Reiseführers eine optimale Orientierung während der Fahrt zu ermöglichen, ist der Flußlauf in Abschnitten von jeweils einer Doppelseite graphisch schematisiert dargestellt; den gesamten Verlauf zeigt die große Panoramakarte am Ende des Buches.

Zur Lokalisierung der einzelnen Positionen sind im blauen Flußband die entsprechenden Rhein-km (vgl. Rheinkilometrierung, S. 18) angegeben.

Bei Talfahrt (flußabwärts) verfolgt man die Beschreibungen und Verweise von unten nach oben, bei Bergfahrt (flußaufwärts) von oben nach unten.

Basel: Blick über den Rhein zum Münster

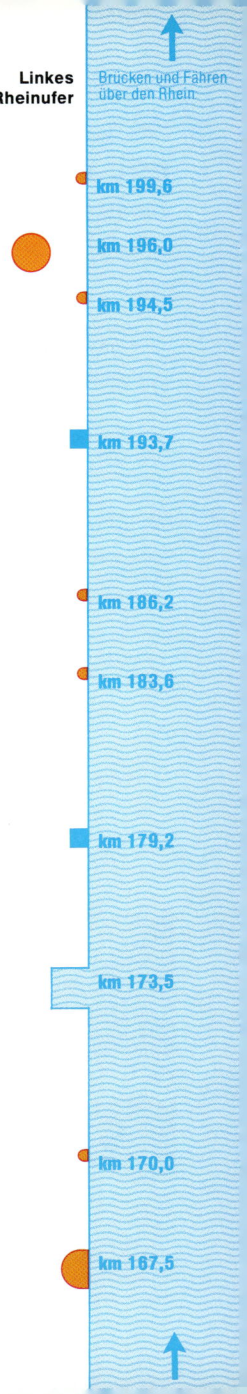

Chalampé (1034 Einw.), Industrieort und Zollgrenzstelle zwischen Frankreich und Deutschland. Golfplatz auf der Rheininsel.

Mulhouse (Mülhausen)
→Städte und Ausflugsziele von A bis Z

Ottmarsheim (2000 Einw.), Hafen- und Industriestädtchen (Kalibergbau), mit der ehemals zu einem Benediktinerinnenkloster gehörenden Stiftskirche St. Peter und Paul (Abteikirche 1049 geweiht). Sie ist die Nachbildung des karolingischen Aachener Domes, ein achteckiger Zentralbau mit von acht Säulenpaaren getragener umlaufender Empore im Inneren; Fresken.

Staustufe Ottmarsheim (1952 fertiggestellt) des Rheinseitenkanals mit Doppelschleuse (Abmessungen: 185 m × 23 m bzw. 12 m; Hubhöhe: 14,70 m) und Wasserkraftwerk (980 Mio. kWh/Jahr).

Niffer, Ortschaft unweit nördlich der Abzweigung eines 1967 fertiggestellten, 16 km langen Verbindungskanales zwischen Rheinseitenkanal und Rhein-Rhône-Kanal.

Kembs (2100 Einw.), Ort an der Stelle des römischen Brückenüberganges ‚Cambete'.
4 km südlich, bei der Kembser Staustufe des Rheinseitenkanales, der Ortsteil Kembs-Loechle, mit dem 1928–30 erbauten, nach Kriegszerstörungen (1942/43 und 1945) wiederaufgebauten ersten französischen Wasserkraftwerk am Oberrhein (rund 930 Mio. kWh).

Staustufe Kembs, die erste und älteste des Rheinseitenkanals, umgeht die einst für die Schiffahrt beschwerliche Isteiner Schwelle. Die Anlage wurde 1932 fertiggestellt und besteht aus Doppelschleuse (Abmessungen: 185 m bzw. 100 m × 25 m; Hubhöhe: 13,20 m) und Kraftwerk (928 kWh). Den Leitstand (Kontrollturm) entwarf der Architekt Le Corbusier.

Elsässischer Rheinseitenkanal (Grand Canal d'Alsace), linksrheinischer Schiffahrtskanal zwischen Basel und Straßburg zur Umgehung dieses früher an zahlreichen Stellen gefährlichen Rheinabschnittes. Er wird zwischen Basel und Vogelgrün, auf dem ältesten Abschnitt, als reiner Parallelkanal zum Rhein geführt; im weiteren Verlauf folgt er größtenteils dem eigentlichen Flußbett, wobei die nötigen Stau- und Schleusenanlagen an kürzeren Umleitungskanälen liegen (Schlingenlösung).

Huningue (Hüningen; 7000 Einw.), elsässisches Hafen- und Industriestädtchen. Ludwig XIV. ließ den Ort zur Festung ausbauen, die in der Folgezeit mehrfach von Österreich belagert, 1815 eingenommen und geschleift wurde (Geschichtsmuseum).

Basel (Groß-Basel)
(Ausgangs- bzw. Endpunkt der großen KD-Rheinreisen)
→Städte und Ausflugsziele von A bis Z

s. große Rheinkarte am Ende des Buches

km 208,0

Staufen im Breisgau
→Städte und Ausflugsziele von A bis Z

km 199,3

Neuenburg am Rhein (8600 Einw.), Grenzstädtchen, wurde im 12. Jh. an der Stelle eines alten Rheinüberganges von den Zähringern gegründet. Im 13. Jh. vorübergehend Reichsstadt, wurde Neuenburg im Dreißigjährigen Krieg und später im Holländischen Krieg verwüstet und schließlich im Spanischen Erbfolgekrieg gänzlich ausgelöscht. Im Zweiten Weltkrieg erlitt der Ort abermals schwerste Schäden. Auch von den vielfältigen Überschwemmungen des Rheins blieb Neuenburg im Laufe der Geschichte nicht verschont; 1525 rissen die Fluten das gotische Liebfrauenmünster (14. Jh.) mit sich.
Von Neuenburg führt eine Straßenbrücke nach Frankreich.

km 189,4

Bad Bellingen (3000 Einw.), aufstrebendes Heilbad mit drei Thermalquellen (35°–38,4°C; Markusquelle als erste 1956 erbohrt) gegen rheumatische Beschwerden sowie Herz-Kreislauf-Erkrankungen. Kurpark mit altem Baumbestand und Tulpenblüte im Frühling. – Römerbrunnen im Ortsteil Hertingen.

km 186,5

Rheinweiler, bescheidenes Dorf mit ehemaligem Schloß der Herren von Rotberg (jetzt Altersheim). In Rheinweiler fand man einen Urnenfriedhof aus der Bronzezeit sowie alemannisch-fränkische Reihengräber.

km 180,5

Isteiner Klotz, ein steil aufragender, sich weit in den Rhein vorschiebender Kalkfelsen, war der Rest einer Jura- und Tertiärscholle, die für die Zementherstellung weitgehend abgetragen worden ist. In den inzwischen fast ganz verschwundenen Felshöhlen fand man zahlreiches mittel- bis jungsteinzeitliches Gerät, das insbesondere aus dem am Ort selbst anstehenden Jaspis (Feuerstein) gefertigt war.
Der Isteiner Klotz war wegen seiner beherrschenden Lage über der Basler Bucht und am Eingang der Burgundischen Pforte stets von militärischer Bedeutung und durch starke Festungswerke gesichert. Von einer ersten Burg (um 1300; 1409–1411 geschleift) sind geringe Spuren erhalten. Die Befestigungen des Ersten und Zweiten Weltkrieges wurden jeweils nach Kriegsende gesprengt. – Zahlreiche Eidechsen, Schmetterlinge u.a.

km 171,0

Weil am Rhein (26000 Einw.), Grenzstadt im Dreiländereck nördlich Basel; Palmrainbrücke nach Frankreich. – Der 786 erstmals als St. Gallische Besitzung ‚Willa' urkundlich erwähnte Ort ist heute ein Verkehrsknotenpunkt mit Rheinhafen und Industrie (Chemie, Textilien u. a.); sehenswert das Staffelhaus (1607), das Vitra-Design-Museum (u.a. Stühle des US-Designers Ch. Eames) sowie die Oldenburg-Plastik „Balancing Tools" („Balancierende Werkzeuge"). – Laguna-Badeland.

km 169,9

Kleinhüningen, Rheinhafen für Basel, mit Schiffahrtsausstellung „Unser Weg zum Meer". Aussicht vom Siloturm (55 m).

– 169,0
km 165,0

Basel (Klein-Basel)
→Städte und Ausflugsziele von A bis Z

km 240,0

Staustufe Marckolsheim (Markolsheim; 1961 fertiggestellt) des Rheinseitenkanals mit Doppelschleuse (Abmessungen: 185 m × 23 m bzw. 12 m; Hubhöhe: 13,80 m) und Wasserkraftwerk (bis 938 Mio. kWh).
Eine 1984 erbaute Brücke (Grenzübergang) führt zum rechtsrheinischen Sasbach am Kaiserstuhl.
5 km westlich der Stauanlage liegt der nach schweren Kämpfen (1940) wiederaufgebaute Ort **Marckolsheim** (2800 Einw.) an der französischen ‚Blumenstraße' (Route Fleurie), mit Ehrenmal der Maginotlinie und Kriegsmuseum in der Kasematte 35/3 der Maginotlinie (Führungen auf Anfrage).

‚Maßarbeit' bei der Schleusendurchfahrt

km 225,6

Neuf-Brisach (Neubreisach; 2600 Einw.) wurde 1699 bis 1703 unter Ludwig XIV. als Festung erbaut. Die Anlage als achteckiger Stern mit vier Toren und quadratischem zentralem Exerzierplatz ist ein charakteristisches Beispiel Vaubanscher Bauweise. Ein Vauban-Museum befindet sich im Belforter Tor. Erhalten sind einige Bürgerhäuser aus dem 17. Jahrhundert.

km 224,6

Vogelgrun (Vogelgrün), 1959 vollendete **Staustufe** des Rheinseitenkanals mit Doppelschleuse (Abmessungen: 185 m × 24 m bzw. 12 m; Hubhöhe: 11,80 m) und Wasserkraftwerk (820 Mio. kWh).

km 210,5

Fessenheim (2000 Einw.), Dorf bei der gleichnamigen **Staustufe** des Rheinseitenkanals. Die Anlage mit Doppelschleuse (Abmessungen: 185 m × 24 m bzw. 12 m; Hubhöhe: 15,10 m) und Wasserkraftwerk (1030 Mio. kWh) wurde 1958 fertiggestellt. Seit 1978 arbeitet das Kernkraftwerk Fessenheim mit voller Leistung (rd. 12 Mrd. kWh/Jahr; Info-Zentrum).

s. große Rheinkarte am Ende des Buches

km 244,0

Wyhl am Kaiserstuhl, heftig umstrittener Standort für ein Kernkraftwerk, dessen Bau seit 1975 durch Gerichtsbeschluß unterbrochen ist. Obstsortenmuseum (rund 300 Hochstämme) am Ort.

km 240,2

Sasbach, (2700 Einw. mit Jechtingen und Leiselheim) an der Nordwestecke des Kaiserstuhls gelegenes Dorf, an dem der Rhein bis 1850 direkt vorbeifloß und wo die ‚ottonische Königsstraße' den Strom überschritt. An dieser Stelle verbindet heute eine Brücke (Grenzübergang) den Ort mit dem linksrheinischen Marckolsheim. Ein wissenschaftlicher „Lehrpfad" führt u.a. über den Limberg (Aussicht) zur 1,5 km nordwestlich, direkt über dem Rhein gelegenen Ruine der **Limburg** (269 m), auf der 1218 Rudolf von Habsburg geboren worden sein soll; auf dem nahen Lützelberg die Wallfahrtskapelle „Zur schmerzhaften Mutter Gottes".

km 234,8

Burkheim, ein Ortsteil von Vogtsburg im Kaiserstuhl (5100 Einw.), liegt auf einem Bergvorsprung über der Rheinniederung. Es besitzt die Ruine eines Renaissanceschlosses (16. Jh.), ein malerisches Rathaus (von 1604), mehrere schöne Bürgerhäuser (16./17. Jh.; u.a. Fachwerk) sowie Reste der ehemaligen Stadtmauern mit einem Tor.
3 km nordwestlich die Ruine der Burg **Sponeck** (13. Jh.; Privatbesitz); Lehrpfadtafel mit Erläuterungen zur Burg im Burghof.

km 232,0

* **Kaiserstuhl,** ein kleiner Gebirgsstock (16 km × 12 km Ausdehnung) vulkanischen Ursprungs, erhebt sich recht unvermittelt bis zu 557 m (Totenkopf) bzw. 555 m (Neunlindenbuck) Höhe zwischen Freiburg im Breisgau (Schwarzwald) und Colmar (Vogesen) aus der Oberrheinebene. Die jungvulkanischen Tuffe und Ergußgesteine sind fast überall von einer 10–20 m starken Lößschicht bedeckt, in die durch den Wasserabfluß tiefe Hohlwege eingeschnitten sind. Auf diesen Böden gedeihen bei hoher sommerlicher Sonneneinstrahlung hervorragende Weine (bes. um Achkarren, Bickensohl, Ihringen, Oberrotweil). Der Besuch dieser eigentümlichen inselartigen Landschaft mit ihrer reichen Pflanzen- und Tierwelt (Schmetterlinge, Bienen) ist sehr lohnend.

km 226,5

Breisach am Rhein
→Städte und Ausflugsziele von A bis Z

km 221,0

Freiburg im Breisgau
→Städte und Ausflugsziele von A bis Z

km 210,5

Bad Krozingen (12000 Einw.), ein seit der Erbohrung der Thermalquelle im Jahre 1911 bekannter, gegen Herz-, Kreislauf- und rheumatische Leiden besuchter Kurort (40,2° bzw. 37°C) am rebenreichen Fuß des südlichen Schwarzwaldes. Im Ort ein 1579 als Propsteigebäude von St. Blasien erbautes Schloß (Mus. hist. Tasteninstrumente). An der Staufener Straße die St.-Ulrichs-Kapelle im Glöcklehof mit ältestem Christusbild nördlich der Alpen; Kurzentrum im Nordwesten des Ortes.

km 325,0

* **Sessenheim** (Sesenheim; 1530 Einw.), ein durch Goethes Liebe zu der Pfarrerstochter Friederike Brion während seiner Studentenzeit in Straßburg (1770/71) bekanntes Dorf. In der 1912 neu erbauten evangelischen Kirche steht noch der alte Pfarrstuhl, worin Goethe an Friederikens Seite „eine etwas trockene Predigt nicht zu lang fand"; Grabplatten des Pfarrers Brion und seiner Frau außen an der Südmauer. Neben der Kirche das Gasthaus Zum Ochsen (Auberge Au Bœuf; gute Weine!), mit einem Goethe-Museum. Links vom Rathaus in der Alten Wache eine Goethe-Gedenkstätte.

km 309,0

Staustufe Gambsheim (1974 fertiggestellt) des Rheinseitenkanals, mit Doppelschleuse (Abmessungen: jeweils 270 m × 24 m; Hubhöhe: 10,35 m) und Kraftwerk (595 Mio. kWh).

km 295,0

Strasbourg (Straßburg)
(Anlegestelle der KD-Kabinenschiffe)
→Städte und Ausflugsziele von A bis Z

km 293,5

Europabrücke, 1960 fertiggestellte Rheinbrücke (248 m lang) zwischen Kehl und Strasbourg (Straßburg; Grenzübergang).

km 287,5

Staustufe Strasbourg (Straßburg; 1970 fertiggestellt) des Rheinseitenkanals mit einer Doppelschleuse (Abmessungen: 190 m × 24 m bzw. 12 m; Hubhöhe: 10,80 m) mit Kraftwerk (868 Mio. kWh/Jahr).

km 272,3

Staustufe Gerstheim (1967 fertiggestellt) des Rheinseitenkanals mit Doppelschleuse (Abmessungen: 190 m × 24 m bzw. 12 m; Hubhöhe: 11 m) und Kraftwerk (818 Mio. kWh/Jahr).

km 256,2

Rhinau (Rheinau), Dorf an der 1963 fertiggestellten Rheinauer **Staustufe** des Rheinseitenkanals, mit Doppelschleuse (Abmessungen: 185 m × 23 m bzw. 12 m; Hubhöhe: 12,30 m) und einem 4 km weiter südlich gelegenen Wasserkraftwerk (947 Mio. kWh).

Europabrücke über den Rhein zwischen Kehl und Straßburg

km 308,9

Freistett, Stadtteil von Rheinau (9000 Einw.), mit beachtenswertem frühromanischem Heidenkirchlein (10. Jh.).

km 293,6

Kehl (29000 Einw.), badische Grenz- und Hafenstadt, wurde im 17. Jh. als stark befestigter Brückenkopf für die Reichsstadt Straßburg an der Stelle eines mittelalterlichen Fischerdorfes und Rheinüberganges angelegt. Nach wechselvoller, durch die strategisch bedeutsame Lage bedingter Geschichte wurde Kehl im Zweiten Weltkrieg schwer beschädigt, jedoch inzwischen wiederaufgebaut. – Vom Rheinufer schöner Blick auf Straßburg. Östlich der Stadt, Friedhofstr. 5, das Hanauer Museum; ferner ein Ehrenfriedhof für Gefallene des Zweiten Weltkrieges.

km 293,5

Europabrücke s. gegenüber

km 274,4

Meißenheim, Dorf mit bemerkenswerter evangelischer Pfarrkirche aus dem 18. Jahrhundert (Silbermann-Orgel). An der Außenseite der Kirche der Grabstein der hier 1813 verstorbenen Friederike Brion aus Sesenheim, der Jugendliebe Goethes; Gedenkstube im Riedhof.

km 266,0

Lahr (Schwarzwald)
→Städte und Ausflugsziele von A bis Z

km 255,0

* **Taubergießen,** Naturschutzgebiet, unwegsamer und sumpfreicher Auwald im Bereich der Mündung der Elz (Leopoldskanal). Neben einer großen Zahl an selten gewordenen Pflanzen findet man hier noch die wilden Reben, von denen unser Kulturweinstock abstammt. – Östlich liegt der Ort **Rust** mit dem ‚Europa-Park' (über 40 ha großer Freizeit- und Familienpark).

km 249,0

Weisweil, Dorf mit bemerkenswerter ursprünglich gotischer Pfarrkirche (ev.), die im 18. Jh. erneuert und erweitert wurde.

km 247,0

Kenzingen (7000 Einw.), Landstädtchen mit wohlerhaltenem mittelalterlichem Stadtbild. Kenzingen wurde 1259 südlich des gleichnamigen Dorfes nach dem Vorbild der Zähringergründungen (bes. Freiburg) auf einer ovalen Elzinsel nach regelmäßigem Plan mit Achsenkreuz und Platz für die Hauptkirche angelegt. Die gotische Pfarrkirche St. Laurentius stammt aus dem 13. Jh. (mehrfach umgestaltet), das Rathaus aus dem 16. Jahrhundert. An den Wohnhäusern schöne Details der Gotik und der Renaissance. – Oberrheinisches Narrenmuseum am Ort.

Fort Louis ⇄ Altrip

Linkes Rheinufer

Brücken und Fähren über den Rhein

km 414,4

Altrip (6500 Einw.), links des Rheins gegenüber der alten Neckar-Mündung gelegener Ort, geht auf ein Römerkastell ‚Alta Ripa' (= hohes Ufer) zurück; im Bau der evangelischen Pfarrkirche (Mitte des 18. Jh.s) Elemente aus römischer Zeit und dem Mittelalter. ‚Regino-Zentrum' (Tagungen u.a.).

km 403,2

Autobahnbrücke (A 61), markante Schrägseilbrücke (456 m lang), mit einem 96 m hohen Pylonen.

km 400,0

Speyer
(Anlegestelle der KD-Kabinenschiffe)
→Städte und Ausflugsziele von A bis Z

Domstadt Speyer

km 384,0

Germersheim
→Städte und Ausflugsziele von A bis Z

km 354,6

Neuburg am Rhein (2500 Einw.), ein altes Straßendorf, lag ursprünglich auf dem rechten Ufer des Rheins, der hier mehrfach seinen Verlauf änderte.

km 352,1

Alte Lauter-Mündung. – Die im Mündungsgebiet der Lauter einst sehr zahlreich brütenden Störche sind jetzt ganz verschwunden.

km 349,5

Lauterbourg (Lauterburg; 2500 Einw.), nahe der Mündung der Lauter in den Rhein, ist seit 1815 Grenzort zwischen der Pfalz und dem Elsaß. Die Kirche stammt aus dem 15. Jahrhundert. Auf der rechten Seite der Lauter ziehen sich bis Wissembourg (Weißenburg) die Reste der berühmten alten Schanzreihen hin.

km 340,2

Seltz (Selz; 3000 Einw.), das römische ‚Saletio', im Mittelalter Sitz eines von Kaiserin Adelheid, der Gemahlin Ottos I., 987 gegründeten Benediktinerklosters; moderne Kirche (got. Chor aus dem 15. Jh. noch erh.). – Bei Seltz soll man, ebenso wie bei Germersheim, noch bis in die Mitte des 19. Jh.s hinein das beste Gold aus dem Rheinsand gewaschen haben (‚Rheingold'). – Autofähre über den Rhein nach Plittersdorf/Rastatt.

km 334,0

Staustufe Iffezheim (1977 fertiggestellt), des Rheinseitenkanals, an der einstigen Stelle des Jachthafens von Iffezheim, mit Doppelschleuse (Abmessungen: jeweils 270 m × 24 m; Hubhöhe: 10,30 m).

km 326,8

Fort Louis, 1688 als Festung von Sébastien le Prestre de Vauban auf einer Rheininsel angelegt, wurde 1793/94 von den Österreichern erobert. 1818 geschleift; Reste 1964 gesprengt.

s. große Rheinkarte am Ende des Buches

km 408,0

Ketscher Rheininsel (Naturschutzgebiet; 490 ha). – 3,5 km nordöstlich **Schwetzingen** (18500 Einw.; Spargelzucht), mit barockem * Schloß (u.a. Konzerte) und Schloßgarten; Festspiele (seit 1952; u.a. im Rokokotheater); ‚bellamar'-Bad.

km 403,2

Autobahnbrücke s. gegenüber

km 403,1

Hockenheim (16000 Einw.): Motorsport-Anlage (‚Motodrom') und -Museum am Hockenheimring; ‚aquadrom'-Bad.

km 396,3

Altlußheim (5000 Einw.), auf dem rechten Hochufer des Rheins gelegener alter Ort an der Stelle eines wichtigen römischen Flußüberganges.

km 389,9

Philippsburg (10700 Einw.), war einst eine berühmte Reichsfestung, wurde vom Bischof von Speyer und Kurfürsten von Trier Philipp Christoph von Sötern zu Anfang des Dreißigjährigen Krieges aufgeführt. 1674 wurde die Festung durch den französischen Marschall Turenne erobert und ihre Einnahme als ‚Fall von Philippsburg' berühmt. Die auf der sogenannten Rheinschanz-Insel gelegenen Anlagen sind seit dem Jahre 1800 geschleift. Festungs- und Waffengeschichtliches Museum am Ort.

km 389,2

Kernkraftwerk Philippsburg (zwei Kühltürme) am Altrhein.

km 360,9

Tullastein, Gedenkstein für die Rheinregulierung durch Johann Gottfried Tulla (1770–1828).

km 360,0

Karlsruhe
→Städte und Ausflugsziele von A bis Z

km 354,5

Neuburgweier, Zollhafen und Zollstelle an der deutsch-französischen Grenze.

km 344,3

Steinmauern, einst Haupthafen für die Holzflößerei am Fuße des Schwarzwaldes.

km 336,0

Rastatt
→Städte und Ausflugsziele von A bis Z

km 333,2

Iffezheim (4000 Einw.), Städtchen an der Stelle eines römischen Rheinüberganges auf der Höhe der heißen Quellen von **Baden-Baden,** mit katholischer Pfarrkirche St. Brigitta von Schweden (urspr. 15. Jh.; im 19. Jh. umgestaltet).
Die Pferderennbahn von Iffezheim (alljährlich im Frühjahr und Sommer internationale Pferderennen) wurde 1858 vom Gründer der Baden-Badener Spielbank angelegt.

km 486,5

Nackenheim (3750 Einw.), ein altes Weindorf, Geburtsort des Dichters Carl Zuckmayer (1896–1977), der hier auch seine Komödie „Der fröhliche Weinberg" spielen läßt. Schönes Rathaus (von 1751).

km 481,8

Nierstein
→Städte und Ausflugsziele von A bis Z

km 480,6

Nahe dem Ufer das im 19. Jh. entdeckte römische Bad **Sirona** (keltisch-römische Göttin), dessen Schwefelquellen im 1.–3. Jh. genutzt wurden. – Autofähre nach Groß-Gerau.

km 480,4

Oppenheim
→Städte und Ausflugsziele von A bis Z

Liebfrauenkirche bei Worms

km 443,3

Nibelungenbrücke, die erste in Spannbeton im Freivorbau ausgeführte Brücke über den Rhein. Von der ursprünglichen Brükke ist nur der 48 m hohe Torturm erhalten.

km 443,2

Worms
→Städte und Ausflugsziele von A bis Z

km 432,6

Frankenthal (Pfalz)
→Städte und Ausflugsziele von A bis Z

km 424,7

Ludwigshafen am Rhein
→Städte und Ausflugsziele von A bis Z

s. große Rheinkarte am Ende des Buches

km 496,6

Main-Mündung

km 494,0

Ginsheim-Gustavsburg (15000 Einw.), auf der Mainspitze gelegene Doppelgemeinde mit starker Industrie. Gustavsburg wurde 1632 als schwedische Festung gegründet.

km 488,0

Trebur (11000 Einw.) ist bereits 829 als karolingische Pfalz belegt und war im Mittelalter Schauplatz zahlreicher Reichsversammlungen. 887 dankte hier Karl der Dicke ab, und 1076 wurde hier der Reichstag zur Beilegung des Investiturstreites abgehalten. Vermutlich steht die evangelische Laurentiuskirche auf den ehemaligen Pfalzgebäuden.
Bei Trebur soll noch in historischer Zeit der Ur-Neckar gemeinsam mit dem Main in den Rhein gemündet sein.

km 472,5

* **Kühkopf,** ein von einem 16 km langen Altrheinarm umschlossenes Naturschutzgebiet, das bis zum Rheindurchstich im 19. Jh. eine linksrheinische Insel war. Das von dichtem Stieleichen- und Ulmenmischwald bedeckte Feuchtgebiet bildet einen idealen Lebensraum für zahlreiche selten gewordene Wasservögel. Nördlich anschließend, am rechten Rheinufer, das Naturschutzgebiet **Knoblochsaue.** Hier erhebt sich unweit des Durchstiches nahe am Fluß die Schwedensäule, ein von einem marmornen Löwen gekrönter Obelisk. Er wurde von dem schwedischen Festungsbaumeister Matthäus Stand zum Andenken an Gustav Adolfs Rheinübergang am 7. Dezember 1631 errichtet. Die Sage läßt den Schwedenkönig statt in einem Fahrzeug auf einem Scheunentor übersetzen. In dieser Gegend soll auch der Schatz der Nibelungen (Nibelungenlied 1077), der Nibelungenhort, in den Rhein versenkt worden sein.

km 463,0

Mutmaßliche Stelle eines römischen Anlegeplatzes.

km 462,0

Gernsheim
→Städte und Ausflugsziele von A bis Z

km 459,9

Biblis (8500 Einw.), eine ehemalige Landgemeinde (Obst- und Gemüsebau), heute Industrieort, mit einem Kernkraftwerk (Block A: 1200 MW; Block B: 1300 MW. – Informationszentrum (u. a. Kraftwerksmodell, Filmvorführungen).

km 443,3

Nibelungenbrücke s. gegenüber

km 437,0

Lampertheim
→Städte und Ausflugsziele von A bis Z

km 428,2

Neckar-Mündung

km 424,7

Mannheim
(Anlegestelle der KD-Kabinenschiffe)
→Städte und Ausflugsziele von A bis Z

km 513,5

Heidenfahrt, in römischer Zeit Ausgangspunkt einer Fähre zum rechten Rheinufer bei Erbach.

Mainzer Dom (Ostwerk)

km 498,5

Mainz
(Anlegestelle der KD-Tagesausflugsschiffe)
→Städte und Ausflugsziele von A bis Z

s. große Rheinkarte am Ende des Buches

km 513,0

Erbach, heute Stadtteil von Eltville, wurde schon 980 urkundlich erwähnt. Sehenswert die katholische Pfarrkirche St. Markus (15./16. Jh.), das spätgotische Rathaus und die meist verputzten Fachwerkhäuser des 16.–18. Jahrhunderts. Am Westende des Ortes steht das aus drei mittelalterlichen Höfen entstandene Schloß **Reinhartshausen** (Hotel; nach Umbau Wiedereröffnung Frühjahr 1990).
Zwischen Erbach und Hattenheim steht nahe der Straße der Marcobrunnen; seit 1104 wird in seiner Nähe einer der besten Rheinweine, der ‚Marcobrunner' angebaut.

km 511,0

Eltville am Rhein
(Anlegestelle der KD-Tagesausflugsschiffe)
→Städte und Ausflugsziele von A bis Z

km 508,1

Niederwalluf, heute ein Ortsteil von Walluf (5600 Einw.), am Eingang des Rheingaus gelegen, wurde 770 erstmals urkundlich erwähnt. Die kleine gotische Pfarrkirche St. Johannes d. T. (kath.) wurde im 18. Jh. umgestaltet.
Etwa 4 km nordwestlich das Dorf **Rauenthal,** bekannt durch seine Kirche mit der ‚Rauenthaler Madonna'; ferner vortreffliche Weinlagen. – Weiterhin 6 km im Tal des Wallufbaches aufwärts zu dem reizend gelegenen, nach den hier gelegentlich vorkommenden harmlosen Goldnattern benannten Thermalbad **Schlangenbad.**

km 505,5

Schierstein, ein seit 1926 zu Wiesbaden gehörendes altes Weindorf, inmitten von Reben und Obstkulturen, besitzt einen Hafen und Sektkellereien. Vor Schierstein im Rhein die Insel Rettbergsaue (Fähre ab Biebrich) mit Freizeiteinrichtungen.

km 503,0

Wiesbaden
→Städte und Ausflugsziele von A bis Z

km 502,5

Biebrich, seit 1926 Vorort von Wiesbaden, ist erstmals im Jahre 874 als Kaiserpfalz Biburk erwähnt und war Ausgangspunkt einer Rheinfähre. Mit der Verlegung der fürstlich nassauischen Residenz nach Biebrich und dem Ausbau des Rheinhafens nahm der Ort zu Beginn des 18. Jh.s einen raschen wirtschaftlichen Aufschwung. Heute ist Biebrich Sitz bedeutender Industrieunternehmen (u.a. Stahl, Chemie; Sektkellerei).
Nahe am Rheinufer liegt das * **Schloß** mit seiner breitgestreckten Barockfassade (1699–1745). Es beherbergt heute die Staatsbäderverwaltung, das Landesamt für Denkmalpflege und die Filmbewertungsgesellschaft Wiesbaden. Im oberen Teil des weiten Schloßparks die 1805 angeblich auf den Resten der alten Burg errichtete künstliche Mosburg. – Flußabwärts, in einer Villa am Rhein, schuf Richard Wagner das Orchestervorspiel seiner Oper „Die Meistersinger von Nürnberg".
Anlegestelle der KD-Tagesausflugsschiffe.

km 498,5

Kastel, ehemalige Mainzer Vorstadt, jetzt zu Wiesbaden gehörend, war der römische Brückenkopf ‚Castellum Mattiacorum'.

km 497,5

Maaraue, Insel in der Main-Mündung, wo Kaiser Barbarossa im Jahre 1184 ein glanzvolles Reichsfest feierte; jetzt Naherholungsgebiet (u.a. Spazierwege; Freischwimmbad).

Nahe-Mündung

Bingen am Rhein
(Anlegestelle der KD-Tagesausflugsschiffe)
→Städte und Ausflugsziele von A bis Z

Fulder Aue, Rheininsel mit einem Windrad.

Ingelheim am Rhein
→Städte und Ausflugsziele von A bis Z

Ober-Ingelheim: Teile der alten Ortsbefestigung

km 525,5

Rüdesheim am Rhein
(Anlegestellen der KD-Kabinenschiffe und der KD-Tagesausflugsschiffe)
→Städte und Ausflugsziele von A bis Z

km 523,3

Geisenheim
→Städte und Ausflugsziele von A bis Z

km 521,5

Fulder Aue s. gegenüber

km 520,0

Winkel, ein altes Weindorf mit gut erhaltenem typischem *Ortsbild, ist heute Stadtteil von Oestrich-Winkel. Die vielfach verputzten Fachwerkhäuser stammen aus dem 16. bis 18. Jahrhundert. Am westlichen Ortsausgang das 1751 erbaute Brentanohaus, mit Erinnerungen an Goethe und Dichter der Romantik. Nahe dem Ufer das ‚Graue Haus', das angeblich älteste erhaltene steinerne Wohnhaus Deutschlands (unter Verwendung fremder Bauteile des 9. Jahrhunderts), das nach einem Brand (1964) wiederaufgebaut wurde (jetzt Restaurant).

km 519,0

Mittelheim, ein alter Weinort, ist heute Stadtteil von Oestrich-Winkel. Sehenswert die ehem. Klosterkirche St. Ägidius (kath.) von 1138 und die hübschen Wohnhäuser des 16.–18. Jahrhunderts. Von Mittelheim führt eine Autofähre nach Ingelheim-Nord (Frei-Weinheim).

km 518,0

Oestrich, im Herzen des Rheingaus gelegener Ort und ehemals dessen wirtschaftliches Zentrum, ist heute Stadtteil von Oestrich-Winkel (12000 Einw.). Sehenswert die katholische Pfarrkirche St. Martin (urspr. 12. Jh.; 1508 erneuert), die älteste Kirche im Rheingau; auf dem Kirchhof eine Kreuzigungsgruppe des 16./17. Jahrhunderts. Der Ort besitzt zahlreiche, meist verputzte Fachwerkhäuser aus dem 16.–18. Jh.; besonders malerisch ist die *Rheinuferfront. Hier steht auch der alte hölzerne *Kran (16. Jh.; im 17. Jh. verändert), das Wahrzeichen des Ortes.
Etwa 4 km nördlich von Oestrich liegt das alte Weindorf **Hallgarten,** das heute ebenfalls zu Oestrich-Winkel gehört.

km 516,5

Reichartshausen, Schloß inmitten von Weinbergen, war seit dem 12. Jh. Weinniederlage des Klosters Eberbach. Die heutigen Baulichkeiten stammen von 1742.

km 515,8

Hattenheim, ein altes Weindorf, ist heute Ortsteil von Eltville. Sehenswert die katholische Pfarrkirche St. Vincenz über einer karolingischen Kapelle (vielfach, bes. im 18. Jh., umgestaltet), die Burg der Freiherren Langwerth von Simmern (Anfang 12. Jh.; erhalten der spätgotische Wohnturm) sowie die schönen Fachwerkhäuser und Adelshöfe. (16.–18. Jh.).
Etwa 4 km nördlich liegt die ebenfalls zu Eltville gehörende ehemalige Zisterzienserabtei * **Eberbach** (jetzt Staatliche Weindomäne), mit Kirche von 1186 und wohlerhaltenen Klostergebäuden aus dem 12.–14. Jh. (Besichtig.; u.a. Weinproben, -messen, -seminare; Konzerte). Auf dem zum Weingut gehörenden **Steinberg** gedeiht einer der berühmtesten Rheingauer Weine.

Trechtingshausen (1250 Einw.), ein alter Winzerort, ist Ausgangspunkt für den Besuch der Burgen Reichenstein und Rheinstein. – Fahrradweg am Rheinufer.

km 535,4

* **Reichenstein** (im 19. Jh. auch Falkenburg genannt; jetzt Schloßhotel), im 11. Jh. zum Schutz der Güter der Abtei Cornelimünster bei Aachen angelegt, 1282 als Raubburg von Rudolf von Habsburg zerstört, später neu befestigt, 1688 von den Franzosen erneut zerstört und seit 1899 wiederaufgebaut. Im Inneren ein Burgmuseum mit Waffen, Jagdtrophäen, Mineralien u. a.

km 534,5

Clemenskapelle (13. Jh.), an der Stelle des alten, wegen Hochwassers verlegten Ortes Trechtingshausen.

km 534,1

* **Rheinstein,** 80 m hoch über dem Rhein thronende Burg, früher als mainzische Zollstätte Voigtsburg oder Vautsberg genannt. 1279 erstmals erwähnt, wurde sie 1825–1829 vom Prinzen Friedrich Wilhelm Ludwig von Preußen, einem Vetter Kaiser Wilhelms I., ausgebaut; ab 1975 wurde die Burg erneut renoviert. Im Inneren u.a. Dürers Glasgemälde „Ritter, Tod und Teufel", Rüstungen. Konzerte. Ferner Burgundergarten mit mehr als 900 Jahre alten Rebstöcken.

km 533,0

Denkmal aus dem Jahre 1832 zur Erinnerung an die erste Erweiterung des Binger Lochs (s. gegenüber).

km 530,7

Mäuseturm (links) und Burgruine Ehrenfels (rechts)

* **Mäuseturm,** auf einer Felseninsel im Rhein gelegener ehemaliger Wartturm (13./14. Jh.) der Zollburg Ehrenfels. Seit 1855 ist der Turm im oberen Teil stark verändert und dient als Signalstation für die Schiffahrt durch das Binger Loch. Der Name ‚Mäuseturm' leitet sich von ‚Maut' (= Zoll) ab. Legende ist, daß der Mainzer Erzbischof Hatto wegen der Verbrennung Hungernder von Mäusen in den Turm verfolgt und dort gefressen worden sei.

km 530,2

Bingerbrück, links der Nahe-Mündung gelegene Vorstadt von Bingen, verdankt seine Entstehung dem Bau der Rheinischen und der Nahe-Eisenbahnlinie.

km 529,4

s. große Rheinkarte am Ende des Buches

Blick auf Assmannshausen

km 532,3

Assmannshausen, vielbesuchter, durch seinen Rotwein bekannter * Weinort am Fuße des Niederwaldes, ist heute Stadtteil von Rüdesheim. Die katholische Pfarrkirche zur Kreuzerhöhung stammt aus dem 14. Jahrhundert. Der Ort besitzt schöne Fachwerkhäuser. Die schon den Römern bekannte lithiumhaltige alkalische Thermalquelle (32,5°C) wird bei Gicht und Rheuma aufgesucht. – Am Ort ein Oldtimer-Museum; ferner Deutsches Motorroller-Museum. – Von Assmannshausen Sessellift (auch Fußweg) zum Jagdschloß Niederwald (Hotel).
Anlegestelle der KD-Tagesausflugsschiffe.

km 530,7

* **Binger Loch,** nur 250 m breite, von Untiefen und Riffen durchsetzte Stromenge am Durchbruch des Rheins durch die Quarzitbarriere von Taunus und Hunsrück. Bis ins späte Mittelalter war diese Stelle unpassierbar. Alle Güter wurden zwischen Geisenheim bzw. Rüdesheim und Lorch auf dem ‚Kaufmannsweg' zu Lande transportiert. Erst im ausgehenden Mittelalter schuf man eine künstliche Fahrrinne, die zu Beginn des 19. Jh.s erstmals erweitert wurde und seit 1974 mit 120 m Breite und 2,10 m Tiefe den Schiffsverkehr in beiden Richtungen ungehindert erlaubt.

km 530,4

Ehrenfels, auf halber Höhe inmitten von Reben gelegene Burgruine. Die Burg wurde um 1211 im Auftrag des Mainzer Erzbischofs wohl zur Sicherung der Rheintalenge bei Bingen angelegt, später mit Zollregal ausgestattet und 1689 von den Franzosen zerstört.

km 530,2

Mäuseturm s. gegenüber

Bilder vom Mittelrhein

Schloß Biebrich (Wiesbaden)

Burgruine Nollig

Pfalzgrafenstein

Loreley

Burg Katz

Schloß Arenfels

Marksburg

Brücke von Remagen

Festung Ehrenbreitstein (Koblenz)

Rheinufer in Oberwesel

km 550,0

Oberwesel
(Anlegestelle der KD-Tagesausflugsschiffe)
→Städte und Ausflugsziele von A bis Z

km 549,1

* **Schönburg,** auf steilem Felsgrat thronende Ruine der wahrscheinlich schon im 10. Jh. begonnenen Burganlage, mit stattlichen Türmen und mächtiger, noch vollständig erhaltener Schildmauer (‚Hoher Mantel'). Die Burg wurde 1689 von den Franzosen zerstört, im 19. Jh. aber z. T. wieder auf- und ausgebaut. Heute beherbergt sie ein Burghotel sowie eine private Galerie; neben der Burg ein Jugendgästehaus.

km 543,1

* **Stahleck,** schon 1135 genannte Burg auf einem Felssporn, stand einst im Besitz Konrads von Hohenstaufen und wurde 1689 von den Franzosen zerstört. Heute ist in der Ruine eine Jugendherberge eingerichtet (prächtige Aussicht).

km 543,0

Bacharach
(Anlegestelle der KD-Tagesausflugsschiffe)
→Städte und Ausflugsziele von A bis Z

km 541,0

Rheindiebach, ein ehemals mit einer Ringmauer befestigtes Dorf, beherrscht von der 1219 zum Schutz der kurkölnischen Besitzungen und als Zollstätte errichteten Burg **Fürstenberg,** die 1689 von den Franzosen zerstört wurde; die Ruine befindet sich heute in Privatbesitz.

km 539,4

Niederheimbach, langgestreckter Ort, überragt von dem mächtigen Turm der 1305 vollendeten, 1689 zerstörten und im ausgehenden 19. Jh. von Hugo Stinnes wiederhergestellten **Heimburg.**
Anlegestelle der KD-Tagesausflugsschiffe.

km 537,4

* **Sooneck,** am Steilhang des Soonwaldes gelegene Burg, ursprünglich wohl wie Reichenstein im 11. Jh. zum Schutz der Besitzungen der Abtei Cornelimünster angelegt und wie diese im 13. Jh. als Raubburg von Rudolf von Habsburg zerstört. 1344 wurde Sooneck kurmainzisch; wenig später erfolgte der Wiederaufbau. Die Franzosen sprengten die Anlage 1689. Um 1840 ließ Friedrich Wilhelm IV. von Preußen die Burg wiederherstellen. Sie ist heute im Staatsbesitz (Besichtigung möglich).

s. große Rheinkarte am Ende des Buches

km 554,2

** **Loreley** (oder Lorelei bzw. Lurlei; von mittelhochdeutsch ‚lure' = tückisch und ‚lei' = Felsen), mächtiger, 132 m hoch vom hier auf nur 113 m verengten Rheinstrom aufragender Schieferfelsen (untertunnelt), in der Bronzezeit von einer Burg gekrönt. Der Felsen wurde weltweit bekannt durch die im beginnenden 19. Jh. aufkommende Sage von der bezaubernden Jungfrau Loreley, die mit ihren süßen Gesängen vorbeifahrende Schiffer ins Verderben lockte, bis sie sich selbst, von Liebe bezwungen, in die Tiefe stürzte; Bronzesitzbild →St. Goarshausen. Heinrich Heine knüpfte an diese Sage sein Lied (→Der Rhein in Zitaten). Oben ein Berghotel sowie eine Freilichtbühne.

km 551,0

Die sieben Jungfrauen, Felsenklippen, von denen die Sage erzählt, es seien einst Jungfrauen gewesen, die der Flußgott zur Strafe für ihre Sprödigkeit in Felsen verwandelt habe.

km 546,5

* **Gutenfels** (169 m ü.d.M.), wohl im 13. Jh. begonnene stattliche Burg, 1504 von Landgraf Wilhelm von Hessen vergeblich belagert (daher der Name Gutenfels) und nach dem Dreißigjährigen Krieg verfallen. Die Anlage wird seit 1876 fortlaufend ausgebaut und dient heute als Schloßhotel.

km 546,3

Kaub
(Anlegestelle der KD-Tagesausflugsschiffe)
→Städte und Ausflugsziele von A bis Z

km 545,0

** **Pfalzgrafenstein** (Besichtigung möglich), im Volksmund kurz ‚die Pfalz bei Kaub' genannt, ist eine 1326 von König Ludwig dem Bayern zur Sicherung des Rheinzolls auf dem Felsenriff Falkenau vor Kaub im Rhein errichtete und im 17. Jh. erweiterte Flußfeste. Sie ist die einzige ihrer Art und mit ihrer Gestalt eines kompakten wehrhaften Schiffes auf langgezogenem sechseckigem Grundriß von überaus malerischer Wirkung.

km 542,0

Lorchhausen, am Beginn des Rheingaus gelegenes altes Dorf, heute Ortsteil von Lorch. Oberhalb der neugotischen katholischen Pfarrkirche liegen Reste der alten Ortsbefestigung.

km 539,8

Lorch
(Anlegestelle der KD-Tagesausflugsschiffe)
→Städte und Ausflugsziele von A bis Z

Lorch an der Mündung der Wisper

Linkes Rheinufer

Brücken und Fähren über den Rhein

km 578,5

Spay (2100 Einw.), aus den alten Fischerdörfern Oberspay und Niederspay gebildetes Städtchen mit der Peterskapelle (14. Jh.; Fresken) und schönen Fachwerkhäusern, liegt inmitten von Obstkulturen in einer weiten Schleife des Rheins. Am Ende des Ortes öffnet sich der Blick auf die Marksburg (rechts).

km 570,5

Boppard
(Anlegestelle der KD-Kabinenschiffe und der KD-Tagesausflugsschiffe)
→Städte und Ausflugsziele von A bis Z

km 566,0

Bad Salzig, von Obstpflanzungen (bes. Kirschen) umgebener Ort, ist heute ein Stadtteil von Boppard.
Westlich etwas abseits ein Mineralheilbad (radioaktive Glaubersalzquellen), das bei Gicht und Rheuma sowie bei Magen- und Darmerkrankungen besucht wird; gepflegter Kurpark.
Anlegestelle der KD-Tagesausflugsschiffe.

km 562,5

Hirzenach, ein langgestrecktes altes Straßendorf, ist heute ein Ortsteil von Boppard. Sehenswert die schlichte romanische Propsteikirche (frühgotischer Chor; um 1250).

km 556,9

* **Rheinfels,** 115 m hoch über dem Rhein thronende Burgruine. Die einst mächtigste Feste am Mittelrhein und eine der bedeutendsten am Rhein überhaupt wurde 1245 von Graf Diether III. von Katzenelnbogen gegründet und 1568/69 von Landgraf Philipp II. von Hessen-Rheinfels glanzvoll ausgebaut. Die Anlage wurde 1797 von den Franzosen gesprengt und die Trümmer nach 1818 zum Bau der Festung Ehrenbreitstein verwendet. Die Ruine wird heute u. a. von der alten Kaufmannsvereinigung des ‚Hanse-Ordens' betreut. Im Inneren ein Heimatmuseum; von oben prächtige Aussicht; Schloßhotel.

km 556,1

Sankt Goar
(Anlegestelle der KD-Tagesausflugsschiffe)
→Städte und Ausflugsziele von A bis Z

s. große Rheinkarte am Ende des Buches

km 575,2 **Osterspai** (1500 Einw.), ein hübscher Fachwerkort mit katholischer Pfarrkirche St. Martin (urspr. 12. Jh.) und ehemaliger Wasserburg (13. Jh.). Über dem Ort das Schloß Liebeneck.

km 571,3 **Filsen,** in der großen Rheinschleife ‚Bopparder Hamm' am Fuße des Aussichtsfelsens Filsener Ley (229 m) gelegenes Dorf.

km 567,0 **Kamp-Bornhofen** (2000 Einw.), in Obstpflanzungen eingebetteter, von den beiden ‚feindlichen Brüdern' Burg Liebenstein und Burg Sterrenberg überragter Doppelort an der Loreley-Burgenstraße. – Im Wallfahrtsort Bornhofen eine stattliche gotische Kirche (von 1435) und ein 1680–1684 errichtetes Franziskanerkloster. – In Kamp schöne Fachwerkhäuser, eine spätgot. ehem. Franziskanerinnen-Klosterkirche sowie ein Flößer- und Schiffermuseum (Voranmeldg.)
Anlegestelle der KD-Tagesausflugsschiffe.

km 566,5 * **Liebenstein** und * **Sterrenberg,** zwei auf hohem Felsgrat thronende, nach der von Heinrich Heine besungenen Sage von verfeindeten Brüdern bewohnte und daher im Volksmund ‚die feindlichen Brüder' genannte Burgen. Sie sind nur durch die grabenbewehrte ‚Streitmauer' voneinander getrennt. Sterrenberg (bewirtschaftet) bestand vielleicht schon vor 1100 als Reichsburg, wurde Mitte des 16. Jh.s verlassen (Wehranlagen u. 4 Türme erh.). Liebenstein (Rest. und Fremdenzimmer) ist jünger als Sterrenberg und wurde vermutlich als deren Vorburg angelegt.

km 563,3 **Kestert,** ein langgestrecktes Dorf inmitten von Obstpflanzungen.

km 560,0 **Ehrental,** ehemaliges Kloster der Abtei Prüm. In der Umgebung befanden sich früher Bleigruben.

km 558,9 **Wellmich,** mittelalterliches Städtchen zu Füßen der Burg Maus, ist heute Ortsteil von St. Goarshausen. Im Inneren der kleinen katholischen Pfarrkirche St. Martin (14. Jh.) ein schöner Grabstein der frühen Renaissance (von 1545) für Coryn von Nassau (gest. 1538).

km 558,7 **Maus** (eigentl. Burg Thurnberg oder Deurenburg), um 1355 zur Sicherung der kurtrierischen Besitzungen als Burg Peterseck gegründet. Nach Verfall im 19. Jh. wurde die Burg 1900–1906 nach alten Vorlagen restauriert und ist heute in Privatbesitz (Besichtigung möglich; Mai–Sept. Lehrvortrag und Flugvorführungen von Milanen, Seeadlern, einem Uhu u.a. im historischen Adler- und Falkenhof).

km 556,1 **Sankt Goarshausen**
(Anlegestelle der KD-Tagesausflugsschiffe)
→Städte und Ausflugsziele von A bis Z

km 555,9 **Katz** (eigentl. Neu-Katzenelnbogen), um 1370 von Graf Johann III. von Katzenelnbogen gegründete, im 18. Jh. verfallene, 1806 von den Franzosen vollends zerstörte und 1896–1898 wiederhergestellte Burg. Sie wurde 1989 an einen japanischen Geschäftsmann verkauft (→Geschichte).

Stolzenfels (s. S. 122) km 585,2

Rhenser Mineralbrunnen, seit 1680 geschätztes Tafelwasser. Hier stand ursprünglich der Königsstuhl (→Rhens); Gedenktafel. km 583,3

Rhens
(Anlegestelle der KD-Tagesausflugsschiffe)
→Städte und Ausflugsziele von A bis Z km 582,3

Brey (1100 Einw.), mit Fachwerkhäusern, römischer Wasserleitung und katholischer Kapelle (14. Jh.; 1954 umgebaut). km 581,0

Königsstuhl oberhalb von Rhens

s. große Rheinkarte am Ende des Buches

km 586,0

Lahnstein (s. S. 123)

km 585,1

* **Lahneck** (164 m ü.d.M.), erstmals 1226 erwähnte kurmainzische Feste, wurde vermutlich zur Sicherung des nahen Silberbergbaues auf steilem Felsenkamm angelegt und im 15. Jh. erweitert. Sie war im Dreißigjährigen Krieg von den Schweden besetzt und wurde nach deren Vertreibung dem Verfall preisgegeben. Die Franzosen zerstörten die Burg 1688 vollends. Seit 1852 erfolgte die Wiederherstellung im Stil der englischen Neugotik. Vom Turm reizvolle Aussicht auf die Lahnmündung, den Rhein, den Allerheiligenberg und das am anderen Rheinufer gelegene Schloß Stolzenfels. – Freilichtspiele u. gelegentl. Konzerte.

km 580,2

Braubach
(Anlegestelle der KD-Kabinenschiffe und der KD-Tagesausflugsschiffe)
→Städte und Ausflugsziele von A bis Z

km 580,0

** **Marksburg,** in prächtiger Aussichtslage auf steil abfallendem Felskegel, ist die einzige unzerstört erhaltene Höhenburg am Rhein (Burgmuseum, Ritterrüstungen; größte burgenkundl. Bibliothek Europas). Sie wurde vermutlich im 13. Jh. von Eberhard II. von Eppstein über älteren Befestigungsanlagen gegründet und später erweitert. Nach wechselvoller Geschichte steht die Burg seit 1899 im Besitz der Deutschen Burgenvereinigung. Der Name ‚Marksburg' leitet sich von der dem hl. Markus geweihten Burgkapelle her; vom Burgturm weite Aussicht.

1 Zugbrückentor
2 Tunnelbau
3 Fuchstor
4 Burgvogtturm
5 Große Batterie
6 Kleine Batterie
7 Eisernes Tor
8 Gotischer Saalbau

9 Kapellenturm
10 Rheinbau
11 Schachtbrunnen
12 Palas (Erweit.)
13 Roman. Palas
14 Bergfried
15 Frühgotische Zwingeranlage
16 Rheinzwinger (Bering)
17 Geißenzwinger
18 Schanze
19 Pulvereck
20 Äußerer Zwingerbering
21 Spitzes Eck

Marksburg

km 575,4

Liebeneck, 1873 an der Stelle eines Renaissanceschlößchens errichtete schloßähnliche Villa (Privatbesitz; eine Besichtigung ist nicht möglich).

Stolzenfels ⇄ Namedy

Namedy, heute ein Ortsteil von Andernach, mit Kirche aus dem 13. und 16. Jh. sowie Schloß (16. und 18. Jh.; 1896 ausgebaut).

Namedyer Werth, ehemalige Rheininsel, auf der früher in Abständen von 6 bis 7½ Stunden der geysirartige Namedyer Sprudel (18 °C) aus 343 m Tiefe bis zu 60 m hoch emporsprang. Das nahe Kohlensäurewerk der St. Augustinus AG verwertet drei eigene Quellen.

Andernach
(Anlegestelle der KD-Tagesausflugsschiffe)
→Städte und Ausflugsziele von A bis Z

Weißenthurm, mit Zollturm (‚weißer Turm'; um 1350) und Brauereien.

Kernkraftwerk Kärlich (nicht in Betrieb).

Niederwerth s. gegenüber

Mosel-Mündung

Koblenz
(Anlegestellen der KD-Kabinenschiffe und der KD-Tagesausflugsschiffe)
→Städte und Ausflugsziele von A bis Z

Kapellen-Stolzenfels, ein ehemaliges Dorf, wurde im 13. Jh. mit dem Bau der Burg Stolzenfels befestigt und ist heute mit dieser Stadtteil von Koblenz.
In der katholischen Pfarrkirche St. Menas (urspr. 14. Jh.; im 19. Jh. erneuert) ein der Riemenschneider-Schule zugeschriebener St. Sebastian.

* **Stolzenfels,** Schloß an der Stelle einer im 13. Jh. gegenüber der Lahn-Mündung erbauten, 1689 von den Franzosen zerstörten kurtrierischen Burg. Die Anlage wurde 1836–1842 im Auftrag Friedrich Wilhelms IV. u. a. nach den Entwürfen von Schinkel im neugotischen Stil wiederaufgebaut, wobei die erhaltenen Gebäudereste, insbesondere der alte Bergfried, bewußt einbezogen wurden (Führungen).

Linkes Rheinufer

s. große Rheinkarte am Ende des Buches

km 615,0

Namedyer Werth s. gegenüber

km 614,5

Leutesdorf (2000 Einw.), reizvoller alter Winzerort mit schönen ehemaligen Hofgütern, Fachwerkhäusern (16./17. Jh.) sowie Resten der ehemaligen Stadtbefestigung (16. Jh.). Die barocke Pfarrkirche St. Laurentius (kath.) besitzt noch einen mächtigen romanischen Turm (um 1200) und eine gotische Taufkapelle; im Inneren Wandmalereien (13. Jh.).
In der Wallfahrtskirche Heiligkreuz (17. Jh.) schöne Barockaltäre. – Autofähre nach Andernach.

km 606,0

Neuwied
(Anlegestelle der KD-Tagesausflugsschiffe)
→Städte und Ausflugsziele von A bis Z

km 600,9

Engers, heute Ortsteil von Neuwied und bereits in römischer Zeit besiedeltes Städtchen (Schwemmsteinfabriken) mit stattlichem ehemals kurtrierischem Schloß aus dem 18. Jh. (jetzt orthopädische Klinik ‚Heinrichshaus'); dabei das von Speesche Haus (von 1770).

km 599,0

Bendorf (16000 Einw.), eine ausgedehnte Industriestadt; 2 km östlich, im Ortsteil Sayn, eine 1202 gegründete Prämonstratenserabtei; ferner im Schloßpark des Fürstenhauses zu Sayn-Wittgenstein ein 550 m² großer ‚Garten der Schmetterlinge' (u.a. gigantische Atlasfalter).

km 595,5

Vallendar
→Städte und Ausflugsziele von A bis Z

km 595,0

Niederwerth, Rheininsel mit gleichnamigem Dorf, das schon zur Merowingerzeit bestand. In der katholischen ehemaligen Klosterkirche St. Georg (15. Jh.) Wandmalereien.

km 592,3

* **Ehrenbreitstein** (118 m; Sessellift), 1816–32 an der Stelle einer kurtrierischen Landesfeste erbaute mächtige Befestigungsanlage. Sie beherbergt heute das Landesmuseum Koblenz (Staatliche Sammlung technischer Kulturdenkmäler), das Rhein-Museum und eine Jugendherberge; ferner „Vogel Greif" (Kanone; 16. Jh.). Von den Terrassen Aussicht auf Koblenz, den Rhein, die Moselmündung am ‚Deutschen Eck' und die Vordereifel.

km 586,0

Lahnstein
(Anlegestellen der KD-Tagesausflugsschiffe in Niederlahnstein und Oberlahnstein)
→Städte und Ausflugsziele von A bis Z

Linkes Rheinufer

Brücken und Fähren über den Rhein

km 635,5

Haus Ernich, ehem. Residenz des französischen Botschafters.

km 633,5

Apollinariskirche, weithin sichtbar am Hang, an der Stelle eines alten Wallfahrtskirchleins 1839–1843 von dem Kölner Dombaumeister Ernst Friedrich Zwirner im neugotischen Stil errichteter viertürmiger Bau. Im Inneren Fresken der ‚Nazarener'; in der Krypta das Haupt des hl. Apollinaris von Ravenna, eines Schülers des Apostels Petrus.

km 633,0

Remagen
(Anlegestelle der KD-Tagesausflugsschiffe)
→Städte und Ausflugsziele von A bis Z

km 632,8

* **Brücke von Remagen** (Ludendorff-Brücke), 1916–1918 von dem General Ludendorff als strategisch bedeutsamer Rheinübergang errichtet. Nach mißlungener Sprengung durch die Deutschen erobern und überschreiten die US-Amerikaner die Brücke am 7. März 1945 erstmals und bilden am rechten Rheinufer, zu Füßen der Erpeler Ley, ihren ersten rechtsrheinischen Brückenkopf. Damit ist der weitere Vorstoß nach Norddeutschland gesichert. Am 17. März bricht die Brücke überraschend in sich zusammen. Beide Brückentürme werden als Denkmal erhalten; in dem linksrheinischen ein Friedensmuseum.

km 629,7

Bad Kripp, heute Ortsteil von Remagen, an der Ahr-Mündung gelegen, besitzt die Marie-Luisen-Quelle, einen alkalisch-muriatisch-salinischen Eisensäuerling für Trink- und Badekuren. – Autofähre nach Linz.

km 628,2

Sinzig (15180 Einw.), ein altes Städtchen etwas abseits vom Rhein in der fruchtbaren Ebene der ‚Goldnen Meil', unweit oberhalb der Einmündung des Ahrtales gelegen. Sinzig war wahrscheinlich das römische ‚Sentiacum', später fränkischer Königshof, dann kaiserliche Pfalz, und besitzt noch Reste der alten Stadtmauer. Die kohlensaure Mineralquelle im Ortsteil Bad Bodendorf wird zu Bade- und Trinkkuren genutzt. – Auf einer Anhöhe steht die spätromanische Pfarrkirche St. Peter (13. Jh.). Im Schloß (1854–58 über den Grundmauern einer Wasserburg aus dem 14. Jh. erbaut) das Heimatmuseum.

km 623,7

Bad Breisig
(Anlegestelle der KD-Tagesausflugsschiffe)
→Städte und Ausflugsziele von A bis Z

km 621,9

Rheineck (181 m), 1832 an der Stelle einer älteren Burg errichtet; der 20 m hohe viereckige Wartturm ist ein Rest der 1689 von den Franzosen zerstörten alten Pfalzgrafenburg.

km 620,2

Brohl-Lützing (2500 Einw.), an der Mündung des engen Brohltales gelegen, besitzt schon von den Römern ausgebeutete ausgedehnte Traß- und Tuffsteinbrüche.
Etwa 4 km talaufwärts liegt das kleine **Bad Tönisstein** mit ebenfalls schon von den Römern geschätzten Natrium-Lithium-Quellen gegen Rheuma, Blasen- und Nierenleiden.

km 617,0

Hammersteiner Werth s. gegenüber

km 633,4

Erpel (2300 Einw.), am Fuße der aussichtsreichen Erpeler Ley (191 m ü.d.M.) gelegener alter Weinort, mit hübschen Fachwerkhäusern (17./18. Jh.), stattlichem Rathaus (von 1780), romanischer Pfarrkirche St. Severin (13. Jh., 1751 erweitert) und Resten der Ummauerung (15. Jh.).

km 632,8

Brücke von Remagen s. gegenüber

km 630,7

Linzhausen, Ortsteil von Linz. Oberhalb, in **Ockenfels,** die Ruine der Burg zur Leyen (14. Jh.; Hotel).

km 629,9

Linz am Rhein
(Anlegestelle der KD-Tagesausflugsschiffe)
→Städte und Ausflugsziele von A bis Z

km 627,7

Leubsdorf, Ortschaft mit altem viertürmigem Burghaus (‚Saalburg') und hochgelegener neugotischer Kirche.

km 623,9

Bad Hönningen
(Anlegestelle der KD-Tagesausflugsschiffe)
→Städte und Ausflugsziele von A bis Z

km 621,5

Rheinbrohl (4050 Einw.), Weinort mit Fachwerkhäusern, an der Stelle, wo der im 1. Jh. n. Chr. angelegte römische LIMES den Rhein erreichte. – Römerturm am Rheinufer.
Etwa 2 km nördlich liegt **Arienheller,** mit den Abfüllanlagen der Arienheller Mineralquelle (‚Dreikönigsquelle'), die aus 390 m Tiefe kommt.

km 618,0

Hammerstein, mit den Ortsteilen Oberhammerstein und Niederhammerstein. In Oberhammerstein die romanische Pfarrkirche St. Georg (um 1200; kath.) und der Burgmannshof (16. Jh.). Über dem Ort, auf einem Grauwackefelsen, die Ruine der 1654 zerstörten Burg Hammerstein (196 m), in der 1105 Kaiser Heinrich IV. vor seinem Sohn Heinrich V. Zuflucht fand.

km 617,0

Hammersteiner Werth, Rheininsel mit Erholungsgebiet.

Bad Godesberg
(Anlegestelle
der KD-Tagesausflugsschiffe)
→Städte und Ausflugsziele von A bis Z

Godesburg über Bonn-Bad Godesberg

Nonnenwerth, Rheininsel mit dem Franziskanerinnenkloster St. Mariä (Mädchenschule), 1122 als Benediktinerinnenkloster gegründet. Auf Nonnenwerth lebte Franz Liszt in den Jahren 1840/41.

Rolandswerth, langgestreckter Ortsteil von Remagen unterhalb des Rolandsbogens.
Westlich über Rolandswerth liegt das Naturschutzgebiet um den vulkanischen waldlosen Rodderberg (195 m ü.d.M.), einen in der Eiszeit entstandenen, heute von Löß erfüllten Explosionskrater.
Grafenwerth s. gegenüber

Rolandseck, Ortsteil von Remagen, ist ein prächtig gelegener Villenort (auch Wildpark) mit * Blick auf das Siebengebirge. Hoch über dem Ort erhebt sich der efeuumsponnene * **Rolandsbogen** (105 m über dem Rhein), der Rest der 1099 gegründeten und 1633 zerstörten Burg Rulcheseck, mit großartiger Aussicht auf das Siebengebirge. Die Sage, daß Karls des Großen Paladin Roland hier in Trauer über den Verlust seiner ins Kloster Nonnenwerth gegangenen Geliebten gestorben sei, ist neueren Ursprungs. – Künstlerbahnhof Rolandseck (Veranstaltungen; u.a. Skulpturen von Henry Moore).
Oberwinter, langgezogener Ortsteil von Remagen, mit schönen Fachwerkhäusern (16.–18. Jh.) und einem Heiligenhäuschen (Unkelbachtal) von 1409. Jachthafen.

s. große Rheinkarte am Ende des Buches

km 647,6

Niederdollendorf (Ortsteil v. Königswinter; Kunstgalerie im Bredershof), ist Ausgangspunkt für den Besuch der ehem. Zisterzienser-Abteikirche Heisterbach (1986 bed. Ausgrabungen; Stiftung), von der nur noch der malerische frühgotische Chorschluß (13. Jh.) vorhanden ist.

km 645,3

Königswinter
(Anlegestelle der KD-Kabinenschiffe und der KD-Tagesausflugsschiffe)
→Städte und Ausflugsziele von A bis Z

Siebengebirge

km 643,7

Drachenfels
→Städte und Ausflugsziele von A bis Z, Königswinter

* **Siebengebirge** (vermutlich von ‚Siefen' = tiefe wasserführende Täler), der nordwestliche Abschluß des Westerwaldes, erstreckt sich unweit rheinaufwärts von Bonn am rechten Rheinufer in einer Länge von etwa 7 km und einer Breite von 4 km und bietet eines der schönsten Landschaftsbilder am Rhein (Naturpark Siebengebirge). Bei der Annäherung von Bonn her treten besonders folgende Höhen hervor: Drachenfels (Burgruine, 12. Jh.), Wolkenburg (Burg nicht mehr vorhanden), Lohrberg, Großer Ölberg (höchste Erhebung, 460 m), Nonnenstromberg, Petersberg (Wallfahrtskapelle, urspr. 12. Jh., im 18. Jh. neu erbaut; Hotel →Königswinter) und Löwenburg (Sanierungsarbeiten 1982–1985; Mauerreste und Bergfried erhalten).

km 643,0

Rhöndorf, am Fuße des Drachenfels gelegener Ortsteil von Bad Honnef, mit Fachwerkhäusern um die Marienkapelle (von 1714) und ‚Haus im Turm' (13. Jh.). Rhöndorf war Wohnort von Konrad Adenauer (1876–1967), dem ersten Bundeskanzler der Bundesrepublik Deutschland. In seinem Wohnhaus eine museale Gedenkstätte; sein Grab auf dem Rhöndorfer Friedhof.

km 642,0

Nonnenwerth s. gegenüber

km 641,3

Bad Honnef
(Anlegestelle der KD-Tagesausflugsschiffe)
→Städte und Ausflugsziele von A bis Z

km 641,0

Grafenwerth, Rheininsel mit Mineral-Freischwimmbad (19°C). Von hier reizvoller Blick auf Rolandseck und den Rolandsbogen.

km 638,6

Rheinbreitbach (4000 Einw.) liegt inmitten von Obstpflanzungen und Weinbergen und besitzt hübsche Fachwerkhäuser. In der spätmittelalterlichen Oberen Burg lebte und wirkte der Schriftsteller Rudolf Herzog (1869–1943). Am Rheinbreitbacher Hof eine Gedenktafel für die Gebrüder Grimm, die zeitweise hier lebten.

km 636,6

Unkel
(Anlegestelle der KD-Tagesausflugsschiffe)
→Städte und Ausflugsziele von A bis Z

km 740,3

Neuss →Städte und Ausflugsziele von A bis Z
Einmündung des Erftkanals. – In den Erftauen Insel Hombroich (Landschaftspark mit Künstlerpavillon).

km 717,5

* **Zons,** ein ehemals kurkölnisches Städtchen, das römische ‚Sontium', heute Ortsteil von Dormagen, besitzt die besterhaltene mittelalterliche Stadtbefestigung im Rheinland. Der von Erzbischof Friedrich von Saarwerden 1373–1400 errichtete Mauerring ist von zahlreichen Wachttürmen in regelmäßigen Abständen gekrönt. An der Südwestecke der Mühlenturm, im 15. Jh. zur Windmühle umgebaut; an der Nordostecke der Zollturm mit dem Rheintor. Der Juddeturm (14. Jh.) mit seinem geschweiften barocken Dachhelm gehört zu dem ehemaligen erzbischöflichen Schloß Friedestrom, von dem nur noch das Südtor und ein Torturm im Inneren des Hofes beachtenswert sind. – Freilichtbühne im einstigen Zwinger der Feste.
Vom nahen Rheindamm hübscher Blick auf den schiffbelebten Strom.

km 711,5

Dormagen (56000 Einw.), das ‚Durnomagus' der Römer, ist heute u.a. Sitz der Kunstfaserfabrikation der Bayer-Werke. – Im Ortsteil Knechtsteden ein ehem. Prämonstratenserkloster mit roman. Basilika und Missionsmuseum.

km 703,4

km 698,0

Rheinkassel, Vorort von Köln, mit der katholischen Pfarrkirche St. Amandus (10.–13. Jh.).

km 695,8

Fabrikanlagen der **Ford-Werke.**

km 690,3

Handels- und Industriehafen **Köln-Niehl I,** wo die Schiffe der KD überwintern.

km 688,0

Riehl, nördlicher Vorort von Köln, mit dem Zoologischen und dem Botanischen Garten (Zoobrücke u. Kabinenbahn).

Köln
(Anlegestellen der KD-Kabinenschiffe und der KD-Tagesausflugsschiffe)
→Städte und Ausflugsziele von A bis Z

km 670,0

Wesseling (30200 Einw.) bestand bereits in römischer Zeit als Kastell. Heute ist Wesseling eine Industrie- (Petrochemie) und Hafenstadt (bes. Braunkohlen- und Erdölumschlag).
Anlegestelle der KD-Tagesausflugsschiffe.

km 654,9

Bonn
(Anlegestellen der KD-Tagesausflugsschiffe)
→Städte und Ausflugsziele von A bis Z

km 744,2

Düsseldorf
(Anlegestelle der KD-Kabinenschiffe und der KD-Tagesausflugsschiffe)
→Städte und Ausflugsziele von A bis Z

km 722,0

Benrath, 1929 eingemeindeter Ortsteil von Düsseldorf, mit reizvoll an einem Teich gelegenem ehemaligen kurfürstlichen *Schloß (1755–1773; von N. de Pigage), prachtvoll im Rokokostil ausgestattet. Südlich vom Schloß erstreckt sich der weitläufige Schloßpark (u.a. Orangerie, Sternwarte). Westlich stößt an den Spiegelweiher ein ausgedehnter Waldpark, der sich bis nahe an den Rhein erstreckt und von einem sternförmigen Wegenetz durchzogen wird. – Im westlichen Flügelbau ein Naturkundliches Heimatmuseum.

km 713,5

Monheim (41 000 Einw.), Industriestadt (Erdölraffinerie, Metallverarbeitung, pharmazeutische Industrie).

km 700,0

Leverkusen (156 000 Einw.), junge, erst 1930 durch den Zusammenschluß von vier Gemeinden gebildete Industriestadt, Sitz der chemisch-pharmazeutischen Bayer-Werke; ferner u. a. zahlreiche Sportstätten sowie ein japanischer Garten. – Unweit östlich der Stadt Schloß Morsbroich mit einer Sammlung zeitgenössischer Kunst (Wechselausstellungen).

km 688,0

Köln (Köln-Deutz)
→Städte und Ausflugsziele von A bis Z

km 678,4

Porz, Industrievorstadt (Motoren- und Fahrzeugbau, Glas, Elektrotechnik u. a.) von Köln. Das Schloß im Ortsteil Wahn ist bereits im 14. Jh. erwähnt. Die heutige wasserumwehrte Anlage stammt aus der Mitte des 18. Jahrhunderts. Im Ortsteil Zündorf der Zollturm (13. Jh.; Heimatmuseum) im sogenannten Turmhof. Ringsum ein Erholungs- und Freizeitgelände.
Anlegestelle der KD-Tagesausflugsschiffe.

km 656,2

Schwarz-Rheindorf, Ortsteil von Bonn; die im 12. Jh. als Burgkapelle gegründete *Doppelkirche St. Clemens gehört zu den eigenartigsten romanischen Bauwerken Deutschlands.
Östlich von Schwarzrheindorf, in **Vilich,** die Kirche St. Peter (urspr. 11. Jh.; bis ins 18. Jh. mehrfach umgestaltet) des 987 gestifteten Benediktinerinnenklosters.

km 654,9

Beuel, Industrievorort von Bonn.

km 650,0

Oberkassel, industriereicher Vorort von Bonn.

Krefeld ⇄ Rotterdam

Linkes Rheinufer

Rotterdam
→Städte und Ausflugsziele von A bis Z

Dordrecht
→Städte und Ausflugsziele von A bis Z

Schloß Loevestein, nahe der Mündung der Afgedamte Maas in die Waal gelegen, wurde 1619 Gefängnis des Arminianers Hugo de Groot (Hugo Grotius) aus Rotterdam, der 1621 mit der Hilfe seiner Frau in einer Bücherkiste entkam (kleines Museum).

Zaltbommel (9500 Einw.), schon im 13. Jh. befestigtes Städtchen (5 Stadttore) am linken Ufer der bis hierher durch die Gezeiten beeinflußten Waal. Beachtenswert die gotische St. Maartenskerk (von 1304), mit schönem hohem Turm, sowie das Haus Maarten van Rossem (oder Rossum, 16. Jh.; Museum). Ferner am Markt und in den Seitenstraßen hübsche Wohnhäuser (15./17. Jh.).

Nijmegen (Nimwegen)
(Anlegestelle der KD-Kabinenschiffe)
→Städte und Ausflugsziele von A bis Z

Kleve
→Städte und Ausflugsziele von A bis Z

Xanten
→Städte und Ausflugsziele von A bis Z

Rampe und Pfeiler der im Zweiten Weltkrieg zerstörten **Weseler Eisenbahnbrücke.**

Borth, mit großem Salzbergwerk.

Homberg, ein Stadtteil von Duisburg, ist Industrieort mit dem Hafen Rheinpreußen.

Moers (101 000 Einw.), mit sehenswertem sanierten mittelalterlichen Stadtkern und farbig restaurierten Bürgerhäusern. – Grafenschloß (15. Jh.; Museum, Theater). – Alljährlich an Pfingsten findet das Internationale New Jazz Festival statt.

Rheinhausen, um 800 erstmals erwähnt, heute Stadtteil von Duisburg, ist ein Industrieort mit Eisenhütten (Krupp).

Krefeld
→Städte und Ausflugsziele von A bis Z

s. große Rheinkarte am Ende des Buches

km 999,5

Rotterdam
(Ausgangs- bzw. Endpunkt der großen KD-Rheinreisen)
→Städte und Ausflugsziele von A bis Z

km 983,8

Kinderdijk, Ortschaft am rechten Ufer der Noord, mit 19 noch betriebsfähigen *Windmühlen.

km 954,7

Gorinchem (28000 Einw.), lebhafte Stadt, einst wichtige Festung und einer der ersten Orte, die von den Wassergeusen den Spaniern entrissen wurden (1572). Es gibt noch alte Tore und Giebelhäuser (16./17. Jh.). Die Kirche (14.–16. Jh.) hat einen weithin sichtbaren Glockenturm (St.-Jan-Turm; 15. Jh.). Im sogenannten Bethlehemhaus (von 1566) ein kleines Heimatmuseum.

km 914,7

Tiel (30500 Einw.), Marktort in der obstreichen Betuwe, des alten Inselgaues ‚Batua', der durch Entwässerung des Marschlandes gewonnen wurde; viel Industrie am Ort.

km 913,4

Abzweigung des Amsterdam-Rijnkanaal (ca. 70 km lang; über Utrecht) mit der **Prins Bernhardsluis,** der größten Binnenschifffahrtsschleuse Europas (Abmessungen 350 × 18 m).

km 867,5

Pannerdense Kop, Anhöhe mit den Resten einer Festung. Hier gabelt sich der Strom in die Waal (links) und den Pannerdens Kanaal (rechts, jenseits Arnhem Nederrijn, später Lek).

km 862,3

Lobith-Tolkamer (2500 Einw.), niederländischer Grenzort. Der Ortsteil Tolkamer liegt unmittelbar am Rhein, Lobith etwa 2 km landeinwärts. – Bekanntes Wassersportgebiet bei Lobith.

km 851,9

Emmerich
→Städte und Ausflugsziele von A bis Z

km 837,4

Rees (18300 Einw.), ein reizvoll auf einer leichten Anhöhe über dem Rhein gelegenes Städtchen mit Teilen der alten Stadtbefestigung, besonders entlang der Rheinfront.

km 815,3

Reste der im Zweiten Weltkrieg zerstörten Weseler Eisenbahnbrücke (vgl. gegenüber).

km 814,0

Wesel
→Städte und Ausflugsziele von A bis Z

km 792,5

Walsum, Stadtteil von Duisburg, mit Werften und umfangreichen Hafenanlagen, Umschlagplatz für Oberhausen. Die Rheinaue Walsum steht seit 1983 unter Naturschutz.

km 778,0

Duisburg
→Städte und Ausflugsziele von A bis Z

km 755,7

Kaiserswerth, um ein im 7. Jh. gegründetes Benediktinerkloster entstandene Siedlung, heute Ortsteil von Düsseldorf, mit Ruine einer Barbarossapfalz und der ehemaligen Stiftskirche St. Suitbertus (13. Jh.; Suitbertusschrein).

BOEKHANDEL VAN HET

Städte und Ausflugsziele von A bis Z

Hinweis

Das folgende Hauptkapitel dieses Reiseführers umfaßt nicht nur alle größeren Städte und Ortschaften sowie einige touristisch bedeutsame Landschaften entlang dem Rheinstrom zwischen Basel und Rotterdam, sondern auch die wichtigsten Ziele für Ausflüge, welche im Veranstaltungsrahmen der großen KD-Rheinreisen empfohlen werden.
Die Sehenswürdigkeiten im Bereich der Quellflüsse Vorderrhein und Hinterrhein, längs dem Alpenrhein, am und im Bodensee sowie entlang dem Hochrhein sind im Kapitel →Der Rhein von den Quellen bis Basel zusammengefaßt.

Amsterdam

NL

Staat: Niederlande
Provinz: Noord-Holland
Höhe: unter dem Meeresspiegel
Einwohnerzahl: rd. 700 000

Köln-Düsseldorfer (KD)

KD-Anlegestelle:
Passagiers Terminal, Oostelijke Handelskade

Allgemeines

Die niederländische Hauptstadt Amsterdam liegt in der Provinz Noord-Holland an der Einmündung der Amstel in das IJ, eine Bucht des IJsselmeers. Zusammen mit zehn Umlandgemeinden hat Amsterdam mehr als eine Million Einwohner und bildet das größte Ballungszentrum der ‚Randstad Holland'. Die Stadt ist nicht ständige königliche Residenz und auch nicht Sitz der Regierung (beides in Den Haag). Mit einer Städtischen und einer auf evangelisch-reformierter Grundlage beruhenden Freien Universität, der Königlich Niederländischen Akademie der Wissenschaften und zahlreichen weiteren Forschungsanstalten und Konservatorien besitzt Amsterdam jedoch Einrichtungen, welche die Stadt zum bedeutendsten kulturellen Zentrum des Landes werden ließen. Im selben Zusammenhang sind die über 40 Museen der Stadt zu nennen wie auch das weltberühmte Concertgebouw-Orchester. – Gleichzeitig ist Amsterdam wirtschaftlicher Dreh- und Angelpunkt des Landes. Wichtig sind der Hafen (Reedereien), der zweitgrößte der Niederlande, sowie dadurch bedingt der Handel. Amsterdam liegt in einer mächtigen Industriezone, die sich zwischen IJmuiden und Hilversum erstreckt (Petrochemie, Chemie, Schiffsbau, Stahlindustrie, Maschinen-, Fahrzeug-, Flugzeugbau, Textilien, Brauerei). Nicht zu vergessen ist die nach der Plünderung von Antwerpen 1576 hierher gekommene Diamantschleiferei. – Die Häuser der fächerförmig angelegten Altstadt ruhen auf Pfählen, die durch die obere Schlamm- und Moorschicht in den unteren festen Sand bis zu 18 m Tiefe eingerammt sind. In den Grachten (etwa 2 m tief) liegen über 2000 Wohnboote. – Äußerst lohnend sind Grachten- und Hafenrundfahrten (Faltblatt „Cruising Amsterdam"; Museumsboot-Kombikarte). Mehrere hundert Brücken gewähren einen freundlichen, vielfach sehr malerischen Anblick. Um den ältesten Stadtteil reihen sich in konzentrischen Kreisen bis zur Singelgracht die Erweiterungen des 16./17. Jahrhunderts.

Grachten- und Hafenrundfahrten

◀ *Keizersgracht in Amsterdam*

Geschichte

Amsterdam entstand um 1270 und erhielt im 13. Jh. durch die Öffnung der Zuiderzee eine Verbindung zum Meer. 1368 Mitglied der Hanse. Mit dem niederländischen Unabhängigkeitskampf, der 1578 der Stadt die Freiheit brachte, begann für Amsterdam die Blütezeit. Zu Beginn des 17. Jh.s war die Stadt der bedeutendste Handelsplatz Europas, Kunst und Wissenschaft blühten. Im 18. Jh. verlor Amsterdam durch die Beteiligung am nordamerikanischen Befreiungskrieg gegen England einen Großteil seiner Flotte; die napoleonische Kontinentalsperre (1806–13) vernichtete den Handel vollends. Erst der Bau des Nordsee-Kanals (1875) und des Merwede-Kanals (1892) sowie des Amsterdam-Rhein-Kanals ermöglichten es der Stadt, ihren Platz als 2. Hafenplatz des Landes zu behaupten. 1987: Kulturhauptstadt Europas; 1990: Vincent-van-Gogh-Jahr.

Stadtrundfahrten

Besichtigungsfahrten ab Dam u. a. in histor. Straßenbahn.

Sehenswertes

*Königlicher Palast

Verkehrsmittelpunkt der inneren Stadt ist der am Westrand der ältesten Ansiedlung von Amsterdam gelegene Dam, ein weiter Platz (Nationaldenkmal). An seiner Westseite erhebt sich der auf 13659 Pfählen ruhende Königliche Palast (17. Jh.), mit 51 m hohem Turm (Glockenspiel). Im Inneren die noch heute benutzten königlichen Gemächer sowie der prächtige Bürgersaal (Festsaal). – In der Nordwestecke des Dam die Nieuwe Kerk (15. Jh.; reform.), in der die Königsproklamationen stattfinden; im Inneren Grabmäler berühmter Seehelden. – Vom Dam verläuft der breite Damrak nordöstlich zum Hauptbahnhof; rechts das Kulturzentrum „Börse von Berlage“ (1899–1903). An der dem Hafen zugekehrten Nordseite des Hauptbahnhofs die Anlegestelle für Motorboote und Fährschiffe. Unweit westlich vom Hauptbahnhof das 13stöckige Hafengebäude (Aussichtsrestaurant).

Die Hafenanlagen entstanden 1872 im Anschluß an den Bau des Nordsee-Kanals (lohnende Rundfahrten). – Das Hafengelände wurde dem IJ abgewonnen. Neben der vertieften Rinne schuf man künstliche Inseln mit Landungskais. – Am Oosterdok das Niederländische Schiffahrtsmuseum.

Von der Prins-Hendrik-Kade zweigt nahe der St.-Nikolauskirche der zum Nieuwmarkt führende Zeedijk ab, eine der ältesten, jedoch berüchtigten Straßen der Stadt, mit z. T. geneigten Häusern. – Unweit südwestlich liegt an dem stimmungsvollen Oudezijde Voorburgwal das Museum Amstelkring (sakrale Kunst). – Weiter südlich die Alte Kirche (13. Jh.; reform.), mit Westturm aus dem 15./16. Jahrhundert; im Inneren der Kirche prächtige Glasgemälde der holländischen Hochrenaissance (1555).

Auf dem Nieuwmarkt steht die 1488 als Stadttor erbaute St. Anthonieswaag (Centrum f. Information).– Östlich vom Nieuwmarkt der Montelbaanstoren, ein Rest der alten Befestigung (15. Jh.). – Westlich vom Nieuwmarkt das Alte Rathaus, der alte ‚Admiralitätshof‘; südlich davon die 1632 gegründete Städtische Universität. Schräg gegenüber der Universität das Dreigrachtenhaus (von 1610). Von hier gelangt man westlich durch die Langebrug zu dem vom Dam zum Muntplein führenden verkehrsreichen Rokin, bei dessen Anlage die Amstel teilweise zugeschüttet wurde. Westlich parallel verläuft die ebenfalls vom

*Kalverstraat

Dam zum Muntplein führende enge Kalverstraat (Nr. 156: Mme Tussauds Wachsfigurenkabinett, u. a. Boris Becker), die belebte Hauptgeschäftsstraße der Stadt. An ihrer Westseite im ehemaligen Bürger-Waisenhaus (Portal von 1581) das Amsterdamer Historische Museum, südlich anschließend der Beginenhof

Königlicher Palast am Dam

Patrizierhäuser an der Herengracht

(14.–17. Jh.). – Westlich das Bibelmuseum (Herengracht 366). – Südlich, am Singel, steht die Universitätsbibliothek, u.a. mit der Rosenthalschen Bibliothek (jüd. Literatur).

Im westlichen Teil der inneren Stadt liegen an der Prinsengracht die Noorderkerk von 1622 sowie am Westermarkt die Westerkerk (1620–31), in der Rembrandt begraben liegt (Gedenkstein). In der nahen Rozengracht Rembrandts Sterbehaus (Tafel). An der Prinsengracht Nr. 263 das Anne-Frank-Haus, in dem sich während der deutschen Besatzungszeit das durch sein Tagebuch bekannt gewordene jüdische Mädchen Anne Frank verborgen hielt. – Im Süden der inneren Stadt der Münzturm (15. Jh.), der Rest eines alten Stadttores. Nahebei, Reguliersbreestraat 26–28, das Cannon-Tuschinsky-Theater – als ‚schönstes Filmtheater (Jugendstil) Europas' bezeichnet. – Die von Bäumen gesäumte Herengracht vermittelt ein gutes Bild des vornehmen Amsterdam im 17. und 18. Jahrhundert. – Nahe dem östlichen Ende der Herengracht (Amstel Nr. 218) die Sixsche Gemäldegalerie, eine der bedeutendsten Privatsammlungen in den Niederlanden. Weiter südlich in der Keizersgracht (Nr. 609) das Fodor-Museum (Gemälde v.a. des 19. Jh.s).

* Sixsche Gemäldegalerie

Das weltberühmte Rijksmuseum ist in einem an der Stadthouderskade Nr. 42 gelegenen stattlichen Backsteinbau (1877–85) untergebracht (v.a. Kunst und Kultur der Niederlande). – Südwestlich vom Rijksmuseum, an der Paulus Potterstraat, das Museum Overholland sowie das Van-Gogh-Museum, mit 200 Gemälden, 500 Zeichnungen und 700 Briefen des Malers (1990: 100. Todestag). Im benachbarten Gebäude das Stadtmuseum (holländische und französ. Malerei des 19./20. Jh.). Südlich vom Stadtmuseum das Concertgebouw, in dem die Konzerte des 1888 gegründeten berühmten ‚Concertgebouworkest' statt-

** Rijksmuseum

Museum Overholland
* Van-Gogh-Museum

* Stadtmuseum

Flughafen, Den Haag — World Trade Center — Kongreßzentrum R.A.I.

Fußgängerzone

Hilversum, Amersfoort | Hilversum, Amersfoort

Métro/U-Bahn

Sehenswertes in Amsterdam (Fortsetzung)

finden. – Am Europaplein steht das Kongreßzentrum R.A.I. (über 45000 m^2). – In Amsterdam-Süd, Strawinskylaan 1, das World Trade Center. – Östlich der Innenstadt erstreckt sich das ehemalige Judenviertel. Mittelpunkt ist der Waterlooplein (Flohmarkt) mit Rathaus und Musiktheater. Am Meijerplein (Nr. 2–4) das Museum für Jüdische Geschichte. Im Zweiten Weltkrieg wurden während der deutschen Besetzung mehr als 70% der jüdischen Bevölkerung Amsterdams deportiert. Hier wurde 1632 der Philosoph Spinoza geboren. In der Jodenbreestraat Nr. 4–6 das Rembrandt-Haus (1606; Museum), das der große Maler von 1639 bis 1658 bewohnte. – An der Nordseite des nahen Mr. Visserplein 3 die Portugiesische Synagoge (1671–1675).

** Jüdisches Historisches Museum

* Rembrandt-Haus

Östlich vom Judenviertel, in dem ‚Plantage' genannten Stadtviertel, der Botanische Garten sowie weiter östlich der Zoologische Garten (Aquarium; Zoolog. Mus; Planetarium). – Südlich, jenseits der Singelgracht, das weltbekannte Tropenmuseum.

* Tropenmuseum

Amsterdam – Stadt der Diamanten

Bereits im 16. Jh. entwickelte sich in Amsterdam ein reger Diamantenhandel, der sich in der Folgezeit weiter ausdehnte. Nach der Entdeckung von Diamanten in Südafrika im Jahre 1867, die man größtenteils in Amsterdam bearbeitete, wurde die Stadt zu einem der bedeutendsten Diamantenzentren der Erde. Ausschlaggebend war hierbei die überragende Geschicklichkeit der Amsterdamer Diamantenschleifer. Die Bezeichnung ‚Amsterdamer Schliff' ist daher für den Kenner gleichbedeutend mit vollendeter Schliffausführung.

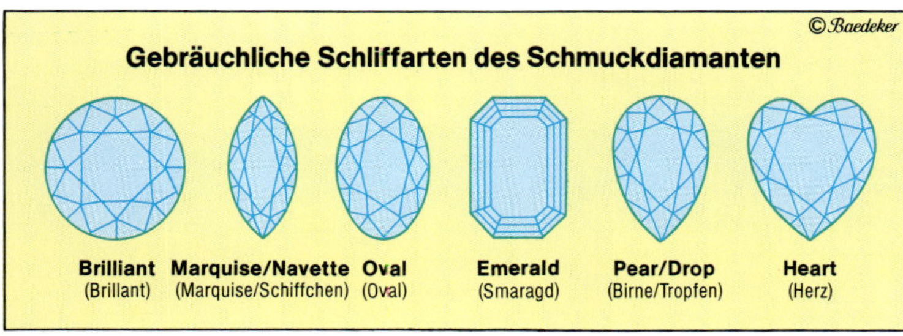

Gebräuchliche Schliffarten des Schmuckdiamanten

Andernach **D**

Staat: Bundesrepublik Deutschland
Bundesland: Rheinland-Pfalz
Höhe: 65 m ü.d.M.
Einwohnerzahl: 27 900

Köln-Düsseldorfer (KD)

Anlegestelle der KD-Tagesausflugsschiffe am Rheinufer

Allgemeines

Andernach, das urspr. römische Kastell ‚Antunnacum' (1988: 2000-Jahr-Feier), liegt am Rande des Neuwieder Beckens, nordwestlich von Koblenz. Der Ort wird im 6. Jh. als fränkischer Königshof erwähnt und war als Reichsstadt oft umkämpft.

Sehenswertes

Die altertümliche Stadt besitzt eine großenteils gut erhaltene Stadtmauer aus dem 14./15. Jh., mit dem Koblenzer Tor

Sehenswertes in Andernach (Fortsetzung)

(‚Burgtor‘; um 1450), dem romanisch-gotischen Rheintor mit den Steinfiguren der ‚Andernacher Bäckerjungen‘ und dem am Westrand der Stadt gelegenen, 56 m hohen ‚Runden Turm‘ (1448–1452; 15 m Durchmesser, 5 m starke Mauern; Besichtig. n.V.). Neben dem Koblenzer Tor die von Anlagen umgebene Ruine eines 1689 zerstörten kurkölnischen Schlosses. – Am Markt das spätgotische Rathaus (von 1572), einst als Synagoge gebraucht; im Hof ein Judenbad (14. Jh.; 13 m tiefer Schacht mit drei Gewölben). Östlich vom Markt die evangelische Pfarrkirche (14./15. Jh.); westlich die katholische Liebfrauenkirche (Kirche Mariae Himmelfahrt, auch ‚Mariendom‘; 1198) mit vier Türmen und beachtenswertem Inneren.

Alter Krahnen in Andernach

Am Ende der Rheinanlagen der 1554–1559 errichtete ‚Alte Krahnen‘, der bis 1911 in Gebrauch war (bes. zum Verladen von Mühlsteinen). – Im Haus von der Leyen das Stadtmuseum (Vor-, Stadt- und Heimatgeschichte).

Umgebung

Vom Krahnenberg (216 m ü.d.M.; 2 km westl.) reizvolle Aussicht, am besten nachmittags. – Wanderungen auf dem Rheinhöhenweg.

Antwerpen (Anvers) B

Staat: Belgien
Provinz: Antwerpen
Höhe: 3–9 m ü.d.M.
Einwohnerzahl: rd. 500000

Köln-Düsseldorfer (KD)

KD-Anlegestelle:
Plantinkaai

Allgemeines

Antwerpen (Anvers), Hauptstadt der gleichnamigen belgischen Provinz, ist dank seiner günstigen Lage am rechten Ufer der hier bis zu 500 m breiten Schelde (Escaut), 88 km vor deren Mündung in die Nordsee, einer der größten Seehäfen der Welt, außerdem eine der sehenswertesten Städte Belgiens. Wegen seines Hafens ist Antwerpen von alters her eine bedeutende Hafenstadt. Früh breitete sich hier das Bank- und Versicherungswesen aus; ferner wurden Gewerbe und Industrie rasch ansässig.
Zu den wichtigsten Industriezweigen zählen heute der Schiffsbau sowie Petrochemie und Fahrzeugbau. Eine besondere Rolle spielen der Diamantenhandel und die Diamantenindustrie (vgl. →Amsterdam). Im Großraum Antwerpen gibt es mehr als 250 Diamantschleifereien. Der Wohlstand der Stadt zeigt sich nicht allein in der Pracht ihrer Bauwerke, sondern ebenso in der großen Zahl der in ihrem Besitz befindlichen Gemälde des 15.–17. Jahrhunderts. – In Antwerpen ist die größte Gemeinde orthodoxer Juden in Europa ansässig.

Geschichte

Einer Legende zufolge geht der Stadtname auf ‚Hand werpen‘ (= Hand werfen) zurück: Der Römer Brabo tötete den Riesen Druon Antigon, schlug ihm die Hand ab und warf sie in die Schelde, nachdem jener Gleiches an vorüberfahrenden Schiffern, die ihm den Zoll verweigerten, verübt hatte. Wissenschaftlich belegt sind in den Strom hineinragende Landzungen (‚aanworp‘ = aufgeworfener Grund) an jener Stelle, wo sich der ‚Steen‘ (Burg), die älteste Ansiedlung Antwerpens, befindet. 1031 erscheint Antwerpen als Hafen (1313 erste Hanse-

Geschichte (Fortsetzung)

niederlassung). Unter dem Schutz von Karl V. schwang sich Antwerpen zur lebhaftesten und reichsten Handelsstadt der Christenheit auf (1560: rd. 100000 Ew.). – Unter der Herrschaft Philipps II. setzte der Niedergang der Stadt ein. Herzog Albas Ketzergericht vertrieb Tausende von Bürgern. Eine Plünderung durch die Spanier im Jahre 1576, wobei 7000 Menschen umgekommen sein sollen, sowie die Einnahme der Stadt im Jahre 1585 durch Herzog Alexander Farnese vollendeten den Niedergang Antwerpens, dessen Erbe nunmehr Amsterdam und Rotterdam antraten. 1790 zählte die Stadt nur noch 40000 Einwohner. – Erst Ende des 18. Jh.s trat für Antwerpen die Wende zum Besseren ein. Napoleon I. ließ 1800–03 die Scheldekais und die alten Hafenbassins anlegen, worauf Handel und Industrie einen überraschenden Aufschwung nahmen. Unter der holländischen Regierung nahm der Wohlstand durch den Handel mit den holländischen Kolonien rasch zu. – Seit 1859 war Antwerpen zu einer der stärksten Festungen Europas ausgebaut worden. Der Innere Wall wurde nach Schleifung der Befestigung in breite Boulevards umgewandelt; der Äußere ist erst nach dem Zweiten Weltkrieg beseitigt worden und heute nur noch an den übriggebliebenen Wassergräben (‚Vestingwater') zu erkennen.

Sehenswertes
*Kathedrale

In der Mitte der inneren Altstadt erhebt sich die Kathedrale (Onze Lieve Vrouwekatedraal), die größte gotische Kirche Belgiens (117 m lang, 55 m breit, 40 m hoch), mit 123 m hohem Nordturm (Glockenspiel). Der Bau der Kirche begann 1352 und zog sich bis ins 16. Jh. hin. Im Querschiff die Meisterwerke „Aufrichtung des Kreuzes" (1610) und „Kreuzabnahme" (1611–14) von Rubens; das Bild „Mariä Himmelfahrt" (1626) im Hochaltar stammt ebenfalls von Rubens. – Westlich der Kathedrale, auf dem Grote Markt, der große Brabo-Brunnen (von 1887), der den römischen Statthalter Silvius Brabo darstellt, wie er des besiegten Riesen Antigons Hand in die Schelde wirft (vgl. Geschichte).

An der Westseite des Grote Markt das Rathaus (1561–65), mit reich ausgestattetem Inneren (Umbau 19. Jh.). Die übrigen Gebäude am Markt sind meist ehemalige Zunfthäuser (Gildehuizen) des 16./17. Jahrhunderts. Hinter dem Rathaus sehr typische Altstadtstraßen.

An der Vleeshouwerstraat liegt die Alte Fleischhalle (1501–03), jetzt Museum Vleeshuis (Archäologie, Geschichte und Kunstgewerbe). – Unweit nördlich, am Veemarkt, die ehemalige Dominikanerkirche St. Paul (1533–71; 1968 durch Brand beschädigt). In der Umgebung der Kirche malerische Winkel.

Unweit nordöstlich der Kathedrale liegt am Conscienceplein die ehemalige Jesuitenkirche (Sint Carolus Borromeuskerk, 1614–21; im 18./19. Jh. nach Brand wiederhergestellt). – Südlich der Kathedrale auf dem belebten Groenplaats ein Rubensstandbild (von 1840).

*Plantin-Moretus-Museum

Südwestlich des Platzes liegt am kleinen Vrijdagmarkt das Plantin-Moretus-Museum; das Haus, mit ausgezeichnet erhaltener altflämischer Patrizierwohnung der Buchdruckerfamilien Plantin und Moretus (auch Werkstätte mit Druckerpressen aus dem 16. Jh.), ist eines der schönsten Beispiele flämischer Renaissancearchitektur (16./17. Jh.; Vorderhaus 18. Jh.); daneben das Städtische Kupferstichkabinett.

Antwerpen
300 m
© Baedeker
Zandvliet
Gent, Hulst
St. Annatunnel (Fußgänger)
DEURNE, Museum Sterckshof
Flughafen
Middelheimpark
Koning Albertpark
Grenze des Judenviertels
Schelde
Rijnkaai
Amsterdamstr.
Londenstr.
Noorderplaats
Noorderlaan
Napoleonskaai
Bonapartedok
Willemdok
Kon. Stapelhuis
Ellermanstraat
Van den Wervestraat
Dambruggestraat
Trapstraat
Brauerhuis
Godefriduskaai
Stapelhuis
KD-Anlegestelle
Waaslandtunnel (Fahrzeuge)
Oude Leeuwenrui
Ankerrui
Tunnelplaats
Italielei
Oranjestraat
Oude Steenweg
St. Amandus
Gasstraat
Orteliuskaai
Hessenhuis
St. Antonius
St. Jansplein
Falconrui
Paardenmarkt
Vondelstr.
Gummarusstraat
Diepestraat
Jordaenskaai
St. Paul
Veemarkt
Klapdorp
Venusstr.
Ned. Kerk
Begijnenhof
Van Maerlantstraat
Steen
Archiv
Minderbroedersrui
Kon. Acad. v. Schone Kunsten
Winkelstraat
Stralenstr.
Vleeshuis
Prinsstr.
Ethnogr. Museum
Stadhuis
Grote Markt
St. Carolus Borr.
Keizerstraat
Rockoxhuis
Conservatorium
Osystraat
Van Kon. Atheneum
Hl. Hart
Ernest van Dijckkaai
Bibl.
St. Kateliinevest
St. Jacob
Vlaykensgang
Kathedrale
Lange Nieuwstraat
Handelsbörse
Jordaenshuis
Groenplaats
Torengebouw
Rooseveltplaats
Gemeentestr.
Plantin-Moretus-Museum
Leysstr.
Kon. Opera
Koningin Astridplein
Naturhistor. Museum
Meir
Lombardenvest
Kon. Paleis
Feestzaal
De Keyserlei
Kloosterstraat
St. Andries
St. Augustinus
Rubenshuis
Hauptbahnhof
Dierentuin (Zoo)
Museum Mayer v. d. Bergh
Stadttheater
Frankrijklei
Diamantenmuseum
Arenbergtheater
Portug. Synagoge
Nationalestraat
Botan. Garten
Tabakvest
Paters Jezuieten
Maagdenhuis
Elisabethspital
Diamantenbörse
Pelikanstraat
Provinciestraat
Stadspark
Rubenslei
Quinten Matsijslei
St. Joris
Kronenburgstraat
Nation. Bank
Simonsstr.
Kasteelpleinstr.
St. Walburgis
Marnixplaats
Lange Boet Kapel
Plantin en Moretuslei
Van Eycklei
R.-Goldmuntz-Synagoge
Tolstraat
Britse Lei
St. Josef
Van Dijckstr.
Kon. Museum van Schone Kunsten
Gerechtshof
Mechelse
Leemstraat
Charlottal
Beth-Jitzchok-Synagoge
Amerikalei
Anselmostraat
Belgiëlei
Hauptsynagoge
Paleisstraat
H. Geestkerk
Lange Leemstraat
Museum R. S. van Gelder
Marcatorstraat
Solvijnstraat
Steenweg
Paleisstraat
Balansstr.
St. Laureisstraat
Belegstraat
Ballaerstraat
Lozanastraat
Kon. Harmonie
Belgiëlei

Kathedralenturm und Brabo-Brunnen

Steen

Sehenswertes (Fortsetzung)

Zentrum des Geschäftsverkehrs ist die langgestreckte Meir. An ihr stehen der 1745 als Patrizierhaus erbaute Königliche Palast (internat. Kulturzentrum; zeitgenöss. Kunst) und der Städtische Festsaal. Hinter dem Königlichen Palast führt der Wapper zum nahen Rubenshaus (Museum), an der Stelle eines 1613–1617 von Rubens erbauten Hauses, das dieser bis zu seinem Tode 1640 bewohnte.

* St. Jakobskirche mit Museum für Alte Kirchliche Kunst

Nördlich vom Festsaal erhebt sich an der Lange Nieuwstraat die St. Jakobskirche (15./16. Jh.; reiche barocke Ausschmükkung) mit dem Museum für Alte Kirchliche Kunst. Hinter dem Hochaltar die Rubenskapelle mit dem Grab des Malers. Das großartige Altarbild „Die Hl. Jungfrau mit dem Kinde und anderen Heiligen“ hat Rubens in seinen letzten Jahren gemalt und kurz vor seinem Tod selbst für seine Grabkapelle bestimmt.

Nordwestlich der St. Jakobskirche die um 1513 begonnene St. Annenkapelle.
Nördlich die 1663 gegründete Kunstakademie (ehem. Franziskanerkloster) sowie, in der Minderbroedersstraat Nr. 22, Archiv und Museum des flämischen Kulturlebens.

* Königliches Museum der Schönen Künste

Südlich vom Vrijdagmarkt liegt die 1529 geweihte St. Andreaskirche (Sint Andrieskerk), die ebenfalls sehenswerte Gemälde enthält. Im südlichen Querschiff ein kleines Denkmal für Maria Stuart, von zwei ihrer Hofdamen errichtet. Das Königliche Museum der Schönen Künste, an dem großen Leopold de Waelplaats, bietet einen umfassenden Überblick über alte und junge flämische sowie belgische Kunst.

Sehenswertes in Antwerpen (Fortsetzung)

An der Lange Gasthuisstraat Nr. 19 das Museum Mayer van den Bergh (Möbel, Gemälde, Plastik). In der ehemaligen Kapelle des nahen Maagdenhuis ein Museum mit Fayencen, Möbeln und Gemälden. – Am Nordende der Leopoldstraat das Königliche Theater (19. Jh.). Südlich der Botanische Garten.
Anstelle des 1540–43 angelegten, seit 1859 beseitigten Festungswalles umschließen breite Avenuen die Ostseite der Altstadt. Jenseits dieses Straßenrings erstrecken sich die neueren Stadtteile. – Zwischen der Frankrijklei, dem Zoologischen Garten (u.a. Kinderzoo; Naturhistorisches Museum; Planetarium) und dem Koning Albertpark liegt das Judenviertel, die größte und bedeutendste jüdische Gemeinde in Europa. In dem vorwiegend von strenggläubigen Juden bewohnten Gebiet zahlreiche Synagogen und eine der Diamantenbörsen.

Judenviertel

Die Schelde steht bis weit über Antwerpen hinaus unter der Einwirkung der Gezeiten (durchschnittlicher Unterschied 4,20 m). Ihre Tiefe gestattet Seeschiffen bis zu 8 m Tiefgang auch bei Ebbe die Zufahrt. Am Ufer des Stromes dehnen sich die 5,5 km langen und 100 m breiten Kais (19. Jh.) aus, an denen selbst große Seeschiffe anlegen können. Schöne Aussichtspromenaden begleiten die Kais. Drei Tunnels (Autobahn und Eisenbahn; Fußgänger; Kfz) führen unter dem Strom hindurch. – Im sogenannten Steen, einem Teil der ehemaligen Burg (19. Jh. restauriert) von Antwerpen, das Nationale Schiffahrtsmuseum; daneben der Schlepper „Lauranda".

* Schiffahrtsmuseum

Nördlich von Antwerpen erstrecken sich die großartigen nördlichen Hafenbecken, die z.T. von Napoleon I. angelegt wurden. Ganz im Norden das 10 km lange Kanaaldok, das vom Frans-Tijmans-Tunnel unterquert wird. Es ist durch die Zandvlietschleuse, die derzeit größte Seeschleuse der Welt, mit der Schelde verbunden und an den 37 km langen Rhein-Schelde-Kanal angeschlossen.

* Zandvlietschleuse

Etwa 3 km östlich von Antwerpen liegt in Deurne der Rivierenhof; im Schloß Sterckshof (18. Jh.) ein Kunstgewerbemuseum. Im Süden der Stadt befindet sich der ausgedehnte Nachtegalenpark mit dem ehemaligen Schloß Middelheim (‚Freilichtmuseum der Plastik'; u.a. Werke Rodins u. Zeitgenöss. Kunst).

* Rivierenhof (Park)

* Nachtegalenpark

Arnhem (Arnheim) NL

Staat: Niederlande
Provinz: Gelderland
Höhe: 20–60 m ü.d.M.
Einwohnerzahl: 127700

Allgemeines

Die niederländisch Arnhem, deutsch Arnheim genannte Hauptstadt der Provinz Gelderland erstreckt sich größtenteils am rechten Ufer des Niederrheins, von dem einige Kilometer oberhalb die IJssel abzweigt. – Arnhem ist Sitz eines Gerichtshofes, mehrerer staatlicher Institutionen und der Verwaltungsbehörden von Gelderland. Hinzu kommen zahlreiche höhere Fachschulen. – Auch die Industrie spielt eine wichtige Rolle. In einem Zinnschmelzwerk (1929) werden Erze von den Niederländischen Antillen verarbeitet. Ferner Betriebe der chemischen und metallverarbeitenden Industrie und anderer Branchen.

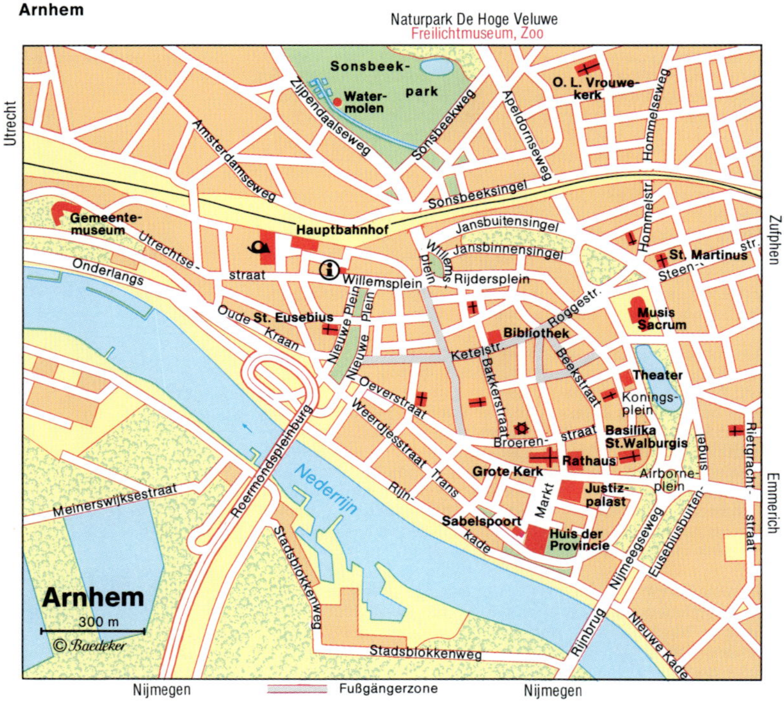

Geschichte

Arnhem wird im Jahre 893 erstmals urkundlich erwähnt, aber man vermutet, daß es an der Stelle des von Tacitus als Arenacum bezeichneten Ortes liegt. Stadtrecht erhielt der Ort 1233, und zwar von Otto III., Graf von Geldern. Bedingt durch die günstige Lage am Rhein blühte der Handel im Mittelalter stark auf, und im 15. Jahrhundert wurde Arnhem Mitglied der Hanse. Kaiser Karl V. erhob die Stadt zum Mittelpunkt Gelderns. 1672–74 und 1795–1813 herrschten die Franzosen über die Stadt; im November 1813 wurde Arnhem von preußischen Truppen erobert. Im Zweiten Weltkrieg erlitt die Stadt schwerste Schäden, besonders bei den Kämpfen im September 1944 und bei der Einnahme durch die Alliierten im April 1945, wurde jedoch tatkräftig wiederaufgebaut.

Sehenswertes

Verkehrsmittelpunkt von Arnhem ist der östlich vom Hauptbahnhof gelegene Willemsplein. Vom südlichen Teil des Nieuwe Plein führt der Rijn-, Vijzel-, Ketel- und Roggestraat benannte enge Hauptgeschäftsstraßenzug der Altstadt östlich zum Velperplein.

Im ältesten Teil der Stadt erstreckt sich, nahe am Rhein, der weite Markt. An seinem Nordende die Grote Kerk (15. Jh.; reform.); vom Turm (Glockenspiel) schöne Aussicht; im Chor das bedeutende Marmorgrabmal des letzten Gelderschen Herzogs Karl van Egmond (1538), des Gegners Karls V. Dem Chor der Kirche östlich gegenüber liegt das Alte Rathaus (um 1540),

Sehenswertes in Arnhem (Fortsetzung)

nach den drei Teufeln am Eingangstor auch Duivelshuis genannt.
Südlich gegenüber der 1958–63 errichtete Justizpalast sowie das Rijksarchief Gelderland von 1880. – An der Südseite des Platzes das stattliche Huis der Provincie (1954; Sitz der Provinzialregierung), mit schönem Hof. Westlich daneben erhebt sich die Sabelspoort (14. Jh.; Marktfront von 1642), der einzige Überrest der Stadtmauer.
Südöstlich vom Markt die im Zweiten Weltkrieg viel umkämpfte Rheinbrücke; auf der Stadtseite ein Denkmal für die britischen Luftlandetruppen. – Östlich vom Rathaus die St. Walburgisbasiliek (kath.), die älteste Kirche der Stadt (1422 geweiht; schöne Kanzel) und nördlich das Stadttheater. – Am Velperplein das Konzerthaus Musis Sacrum, mit Ausstellungssälen.
Westlich vom Hauptbahnhof liegt am Utrechtseweg (Nr. 87) in den Anlagen des Reebergs (hübscher Blick über die Rheinlandschaft) das Städtische Museum (Gemeentemuseum; Gemälde, Kunstgewerbe, u.a. chinesisches und Delfter Porzellan, Gläsersammlung). – Nördlich vom Bahnhof erstreckt sich der städtische Waldpark Sonsbeek (500 ha) mit dem Belvedere, das einen weiten Blick über die Betuwe bietet und dem Besucherzentrum ‚De Watermolen' (u.a. Wassermühle; Kräutergarten; Ausstellungen); im Zypendaalseweg 44 Schloß Zypendaal (Landhaus von 1762).

Umgebung von Arnhem
* Niederländisches Freilichtmuseum

Nördlich vor der Stadt (4 km) liegt in schöner Waldlandschaft das 33 ha große Niederländische Freilichtmuseum (Nederlands Openluchtmuseum, NOM), das 1912 zur Veranschaulichung des Volkslebens und der Volkskunst der Niederlande gegründet wurde und einen einzigartigen Überblick über die niederländische Bauernbaukunst und das bäuerliche Kunsthandwerk gibt (Rundgang etwa 2 St.; Rest., Gasth.). – Etwa 500 m westlich vom Freilichtmuseum liegen Burger's Zoo (Tierpark, viele Vögel, großartige Felsenfreianlagen; auch Safaripark) und Burger's Bush (Tropenwald). – Im Vorort Bronbeek, zwischen Arnheim und Velp, am Velperweg Nr. 147, befindet sich das Museum Bronbeek (Mus. der ehem. Niederländisch-Indischen Armee, KNIL; Indisch Legermuseum). – Nördlich von Arnheim liegt der Naturpark De Hoge Veluwe (u.a. Wald u. Heide); darin das zu Otterlo gehörende Reichsmuseum Kröger-Müller (1988: 50 Jahre; u.a. Kunst ab 1950) mit 20 ha großem Skulpturenpark.

Burger's Zoo
Burger's Bush

Museum Bronbeek

Naturpark De Hoge Veluwe
* Reichsmuseum Kröger-Müller

Bacharach

D

Staat: Bundesrepublik Deutschland
Bundesland: Rheinland-Pfalz
Höhe: 80 m ü.d.M.
Einwohnerzahl: 2800

Anlegestelle der KD-Tagesausflugsschiffe: Rheinanlagen

Köln-Düsseldorfer (KD)

Ortsbild

* Stadtmauer

Bacharach ist ein malerisches Städtchen und ein altbekannter Stapelplatz der Rheingauweine (Wein- und Sektkellereien). Es besitzt noch seine alte turmreiche Ringmauer (14.–16. Jh.; entlang der Rheinfront begehbar), die besterhaltene Stadtbefestigung am Mittelrhein, und wird überragt von der Ruine der Burg Stahleck (s. S. 116).
Am Marktplatz stehen noch einige Fachwerkhäuser des 14.–19. Jahrhunderts und die spätromanische evangelische Peters-

Sehenswertes in Bacharach (Fortsetzung)

kirche (13. Jh.), mit schönem Innenraum. Innerhalb des ehemaligen Zollhofes, dessen Umfassungsmauern noch erhalten sind, steht die katholische Pfarrkirche St. Nikolaus (17. Jh.) des einstigen Kapuzinerklosters; im Ortsteil Steeg die gotische St.-Anna-Kirche (14. Jh.; evang.).

Burg Stahleck

Wernerkapelle

Am Fußweg zur Burg Stahleck (Jugendburg) die aus rotem Sandstein bestehende Ruine der seit Beginn des 18. Jh.s verfallenen gotischen Wernerkapelle (13.–15. Jh.).

Hochwildschutzpark Hunsrück

Bei Rheinböllen (rd. 14 km südwestl.) liegt der Hochwildschutzpark Hunsrück.

Bad Breisig

D

Staat: Bundesrepublik Deutschland
Bundesland: Rheinland-Pfalz
Höhe: 61 m ü.d.M.
Einwohnerzahl: 7000

Köln-Düsseldorfer (KD)

Anlegestelle der KD-Tagesausflugsschiffe am Rheinufer

Allgemeines

Bad Breisig ist ein beliebtes Thermalheilbad mit drei kohlensäurereichen erdig-alkalisch-muriatischen Thermalquellen (26 bis 34 °C), die gegen Rheuma, Herz-, Nieren- und Stoffwechselerkrankungen Anwendung finden.

Sehenswertes

Im Kurpark beim Kurhaus das Badehaus des Ludgerussprudels. Badehaus und Thermal-Hallenschwimmbad des Geiersprudels. Thermal-Freischwimmbad des Mariensprudels (28 °C). Mineralfreibad der Gertrudisquelle (15 °C). – Römerthermen.
Im Ortsteil Oberbreisig die katholische Pfarrkirche St. Viktor (13. Jh.; Fresken); in Niederbreisig die katholische Pfarrkirche St. Maria Himmelfahrt (von 1718) sowie schöne Wohnhäuser des 17. und 18. Jh.s. – Nahebei Burg Rheineck (1832; Rest.).

Bad Godesberg (Bonn)

D

Staat: Bundesrepublik Deutschland
Bundesland: Nordrhein-Westfalen
Höhe: 60 m ü.d.M.
Einwohnerzahl: s. Bonn

Köln-Düsseldorfer (KD)

Anlegestelle der KD-Tagesausflugsschiffe am Von-Sandt-Ufer (Bastei)

Allgemeines und Sehenswertes

Bad Godesberg, ein hübsch am linken Ufer des Rheins gegenüber dem Siebengebirge (s. S. 127) gelegenes Mineralbad, wurde gegen Ende des 13. Jh.s vom letzten Kurfürsten von Köln gegründet und entwickelte sich nach dem Zweiten Weltkrieg zum beliebten Dienst- und Wohnsitz von Bonner Behörden, Beamten und Diplomaten; seit 1969 ist es mit der Bundeshauptstadt →Bonn vereinigt.
Südwestlich vom Bahnhof erstreckt sich das Kurviertel mit dem Stadtpark (Stadthalle, Trinkpavillon mit der natriumhydrogencarbonathaltigen Neuen Kurfürstenquelle; Tennis; Ausstellungen im ‚Haus an der Redoute') und dem Redoutenpark; an seinem Westrand der Draitschbrunnen, ein Stahlsäuerling für

Sehenswertes in Bad Godesberg (Fortsetzung)

Trink- und Badekuren. An der zwischen den Parkanlagen verlaufenden Kurfürstenstraße das 1790–92 erbaute klassizistische Kurhaus Redoute (u. a. Staatsempfänge) und das Kurfürstenbad (von 1964) sowie das 1986 neu eröffnete Bonner Schauspielhaus, die Kammerspiele Bad Godesberg (487 Pl.). – Über der Altstadt thront auf einem Basaltkegel die Godesburg (122 m ü.d.M.), an der Stelle eines vorrömischen Opferplatzes 1210 gegründet, 1583 zerstört und 1961 als Hotel wiederaufgebaut; vom Bergfried prächtige Rundsicht. Am (nördl.) Abhang des Burghügels die barocke Michaelskapelle (1697–99) mit romanischem Chorabschluß. Am Rhein das Von-Sandt-Ufer, mit Aussicht auf das Siebengebirge.

* Godesburg

Bad Honnef

D

Staat: Bundesrepublik Deutschland
Bundesland: Nordrhein-Westfalen
Höhe: 78 m ü.d.M.
Einwohnerzahl: 22000

Köln-Düsseldorfer (KD)

Anlegestelle der KD-Tagesausflugsschiffe am Rheinufer

Ortsbild

Bad Honnef, ein freundlicher Kurort am Fuße des Siebengebirges (s. S. 127), wird wegen seiner ‚Drachenquelle', eines radioaktiven alkalischen Säuerlings, zu Bade- und Trinkkuren bei Erkrankungen des Verdauungsapparates sowie bei Herz- und Kreislaufstörungen besucht. Dank der windgeschützten Lage entwickelt sich hier die Pflanzenwelt 8–14 Tage früher als im übrigen mittleren Rheintal.
Auf dem Markt die katholische Pfarrkirche St. Johann Baptist, eine spätgotische Hallenkirche mit romanischem Westturm; im linken Nebenchor ein Sakramentshäuschen von 1500. Neben der Kirche das alte Küsterhaus. Ferner mehrere schöne Fachwerkhäuser auch in den umliegenden Ortsteilen.
Etwa 7 km nordöstlich, auf dem Löwenberg (455 m ü.d.M.; Aussicht), noch Reste der Löwenburg (12./13. Jh.).

Adenauer-Haus in Rhöndorf

Rhöndorf s. Seite 127

Bad Hönningen

D

Staat: Bundesrepublik Deutschland
Bundesland: Rheinland-Pfalz
Höhe: 65 m ü.d.M.
Einwohnerzahl: 5500

Köln-Düsseldorfer (KD)

Anlegestelle der KD-Tagesausflugsschiffe am Rheinufer

Allgemeines und Sehenswertes

Bad Hönningen, das ‚Tor zum Naturpark Rhein-Westerwald', ist ein kleiner Thermalbadeort mit mehreren alkalisch-muriatischen Thermalquellen (bis 34 °C), die gegen Rheuma, Herz- und Gefäßerkrankungen sowie zur Kohlensäuregewinnung gebraucht werden.
Beim Bahnhof das Kurmittelhaus (Sprudelbad) sowie am Rhein in schöner Aussichtslage das Thermal-Freischwimmbad (24–28 °C) und das Thermal-Hallenbad (31 °C).

Umgebung von Bad Hönningen
Schloß Arenfels

Westlich von Bad Hönningen führt ein Spazierweg (Aussicht) zum Schloß Arenfels (18. Jh.; Schloßpark; Abb. s. S. 114), an der Stelle einer älteren Burg des 13. Jahrhunderts. Sehenswert ferner mehrere Klosterhöfe des 18. Jahrhunderts.

Basel CH

Staat: Schweiz
Kanton: Basel-Stadt
Höhe: 273 m ü.d.M.
Einwohnerzahl: 180000

Köln-Düsseldorfer (KD)

Anlegestelle und Agentur der KD (German Rhine Line):
Elsässer Rheinweg, beim St.-Johanns-Tor
Ausgangs- bzw. Endpunkt der großen Rheinreisen mit den Kabinenschiffen der KD

Allgemeines

Dreiländereck bei Basel

Basel liegt im Dreiländereck, unweit der deutschen und der französischen Grenze. Als Basel-Stadt bildet sie seit 1833 einen selbständigen Halbkanton. Das Stadtgebiet erstreckt sich zu beiden Seiten des Rheins, der sich zwischen Schweizer Jura und Schwarzwald in scharfem Knie nach Norden zur Oberrheinebene hin wendet. Gross-Basel, Zentrum Basels als Handels- und Kulturstadt (über 2 Dtzd. Museen), liegt auf dem höheren linken, Klein-Basel, Sitz der meisten Industriefirmen, auf dem flachen rechten Flußufer.
Die Grenzlage an einem wichtigen Flußübergang machte Basel schon früh zu einem bedeutenden Handelsplatz. Dem regen Warenumschlag dient neben den drei Bahnhöfen der 3 km nördlich auf dem rechten Flußufer in Kleinhüningen gelegene Rheinhafen. 9,5 km nordwestlich der Stadt liegt schon auf elsässischem Gebiet bei Blotzheim der EuroAirport (internat. Flughafen; 1989: 40. Jahrestag bzw. neues Fingerdock) Basel-Mulhouse. Die Basler Industrie umfaßt neben chemisch-pharmazeutischen Fabriken, Maschinenbau und Elektrotechnik auch Textil- und Nahrungsmittelindustrie. Groß ist die Zahl der Banken (u.a. Bank für Internat. Zahlungsausgleich; BIZ).

Geschichte

In der zweiten Hälfte des 1. Jh.s v. Chr. bestand auf dem heutigen Münsterhügel ein keltisches Oppidum, von dem in der Rittergasse ein Wall aufgefunden wurde. Durch die Nachbarschaft zu der 44 v. Chr. gegründeten Römerstadt Augusta Raurica entwickelte sich 15 v. Chr. auf dem Münsterhügel eine römische Militärstation. Sie wird erstmals 374 n. Chr. unter dem Namen Basilia (Königsburg) sowie bald auch als Bischofssitz erwähnt, gehörte im 10. Jh. zu Burgund und kam 1025 an das Deutsche Reich. Langjährige Kämpfe mit dem Hause Habsburg endeten 1501 mit dem Beitritt zur Eidgenossenschaft. Im Jahre 1529 trat die Stadt der Reformation bei. Die 1460 vom Papst Pius II. gegründete Universität wurde durch Erasmus von Rotterdam (1521) Hauptsitz des Humanismus und war auch später durch hervorragende Gelehrte berühmt: 1527–1528 wohnte in Basel der Arzt Paracelsus, im 17./18. Jh. lehrten hier die Mathematiker Jakob und Johann Bernoulli, 1858–1893 der Kultur- und Kunsthistoriker Jacob Burckhardt, 1869–1879 der Philosoph Friedrich Nietzsche. – Auf dem Gebiet der Kunstgeschichte ist Hans Holbein d.J. (1497–1543) zu nennen, der zwischen 1515 und 1538 viele Jahre in Basel lebte, ferner der 1827

Rathaus

Spalentor

hier geborene Maler Arnold Böcklin († 1901 in Fiesole), dessen Ruhm von Basel ausging.

Sehenswertes (Blaue Rundgangtafeln zu den Sehenswürdigkeiten)

Gross-Basel, am linken Rheinufer, zeigt in seinem Kern noch Züge einer alten deutschen Reichsstadt, ist jedoch von modernen Bauten durchsetzt und von lebhaftem Geschäftsverkehr erfüllt. – Den Marktplatz beherrscht das buntbemalte, in burgundischer Spätgotik erbaute Rathaus (1504–1521) mit seinen Arkaden; der Anbau links und der hohe Turm rechts sind Anfügungen des 19. Jahrhunderts. Die Wandmalereien in dem hübschen Hof stammen teilweise von Hans Bock (1608–1611; erneuert). Das Standbild (von 1580) auf der Freitreppe zeigt den sagenhaften Stadtgründer Munatius Plancus.

Südöstlich vom Markt erhebt sich über dem Rhein der lange Münsterhügel mit zahlreichen schönen Patrizierhäusern des 18. Jh.s. Eine noch großartig geschlossene Platzanlage des 18. Jh.s ist der weite Münsterplatz, an dessen Stelle sich einst das römische Lager befand.

*Münster

Das Münster nimmt den höchsten Punkt ein und beherrscht mit seinem Mauerwerk aus rotem Vogesensandstein, seinem bunten Dach und seinem schlanken Turmpaar die Stadt. In seinen ältesten Teilen stammt es aus dem 9.–13. Jh.; nach einem Erdbeben im Jahre 1356 wurde der Bau gotisch erneuert und war bis zur Reformation bischöfliche Domkirche. Während des Bildersturms von 1529 wurden der Hochaltar und ein großer Teil der Ausstattung zertrümmert. Der in den Sakristeigewölben verborgene, berühmte Münsterschatz blieb verschont, wurde aber bei der Kantonsteilung 1833 verkauft und befindet sich

Münster
(Fortsetzung)

heute teils im Historischen Museum zu Basel, teils wurde er in verschiedene große Museen in aller Welt zerstreut. – Die Westfassade mit den beiden Türmen gehört bis auf das Untergeschoß des nördlichen Georgsturmes, das bis zum Ende des 11. Jh.s zurückreicht, ganz der gotischen Bauperiode an. – Das Hauptportal (um 1300) umgibt reichlicher Reliefschmuck. – Die Galluspforte am nördlichen Querhaus stammt aus dem 12. Jh.; ihre zahlreichen romanischen Figuren atmen noch archaische Strenge. Es ist eines der ältesten Figurenportale im deutschsprachigen Raum. – Der fünfschiffige Innenraum ist 65 m lang und 32,5 m breit. Den erhöhten Chor umzieht ein Umgang, darunter die Krypta. Schöne Säulenkapitelle im Langhaus und Chorumgang. Im nördlichen Seitenschiff neben zahlreichen Grabmalen die Grabtafel des 1536 in Basel gestorbenen Humanisten Erasmus von Rotterdam. – Die Krypta besitzt schöne romanische Pfeilerfriese und Deckenfresken. Unter der Vierung befinden sich ein Lapidarium und die jüngst freigelegten Mauern einer Vorgängerkirche aus dem frühen 9. Jh. – Von ganz besonderem Reiz ist der auf romanischen Grundmauern im 15. Jh. erbaute doppelte Kreuzgang. – Hinter dem Münster die Pfalz, eine 20 m über dem Rhein gelegene Terrasse mit schöner Aussicht auf den Strom und den Schwarzwald. – Nordwestlich vom Münster das Natur- und Völkerkundemuseum. – Am Westende des Münsterhügels steht auf brunnengeschmücktem Platz die Martinskirche (1398 geweiht), die älteste Pfarrkirche der Stadt. Südöstlich vom Münster, am St.-Alban-Graben, befindet sich die Öffentliche Kunstsammlung Basel (Kunstmuseum), mit der bedeutendsten Gemäldesammlung der Schweiz, sowohl für alte Meister wie auch für moderne Kunst, und einem Kupferstichkabinett. – Schräg gegenüber (St.-Alban-Graben Nr. 5) das Antikenmuseum und die Sammlung Ludwig, mit Werken griechischer Kunst von 2500 bis 100 v. Chr. und italischer Kunst von 1000 v. Chr. bis 300 n. Chr. – An dem verkehrsreichen Barfüsserplatz in der ehemaligen Barfüsserkirche (14. Jh.) das Historische Museum, mit einer bedeutenden kultur- und kunstgeschichtlichen Sammlung. Südlich das Stadttheater mit Jean-Tinguely-Brunnen (1977; 1989 Verleihung des Ehrendoktortitels der Royal Academy of Arts an den Künstler).

**Öffentliche
Kunstsammlung

* Historisches Museum

Westlich vom Marktplatz gelangt man über Treppen in die Spalenvorstadt. Ihr Zentrum bildet der baumbestandene Petersplatz. An seiner Ostseite die St. Peterskirche (1989 Wandbild „Die Verkündigung“ v. 1400 entdeckt), die zur Zeit des Basler Konzils (1431–87) neu erbaut wurde; unweit westlich der Botanische Garten (1589 gegr.; über 10000 Pflanzenarten, Tropenhaus u. a.) der Universität Basel. – An der Südseite des Petersplatzes die Universität (1938–46) und weiter westlich das Spalentor (von 1370), das Ende der Altstadt.

* Spalentor
* Zoo (‚Zolli‘)

Südwestlich der Altstadt, im Birsigtal, der Zoologische Garten, dessen Zuchterfolge weltberühmt sind; östlich, in St.-Alban-Vorstadt, u. a. das Museum für Gegenwartskunst.

Am rechten Rheinufer, in Klein-Basel, bietet eine baumbestandene Promenade prächtige Ausblicke auf die Altstadt. Eine Hauptverkehrsader dieses Stadtgebietes ist der Riehenring, an dem sich die Gebäude der Schweizer Mustermesse und des Europäischen Welthandels- und Kongreßzentrums (EWTCC) hinziehen.

Rheinbrücken

Gross-Basel und Klein-Basel sind durch sechs Rheinbrücken verbunden. Von der Mittleren Rheinbrücke (1905), an deren Stelle 1225 die erste Basler Brücke geschlagen worden war, schöner Blick auf das Münster. Stromaufwärts die schräg an-

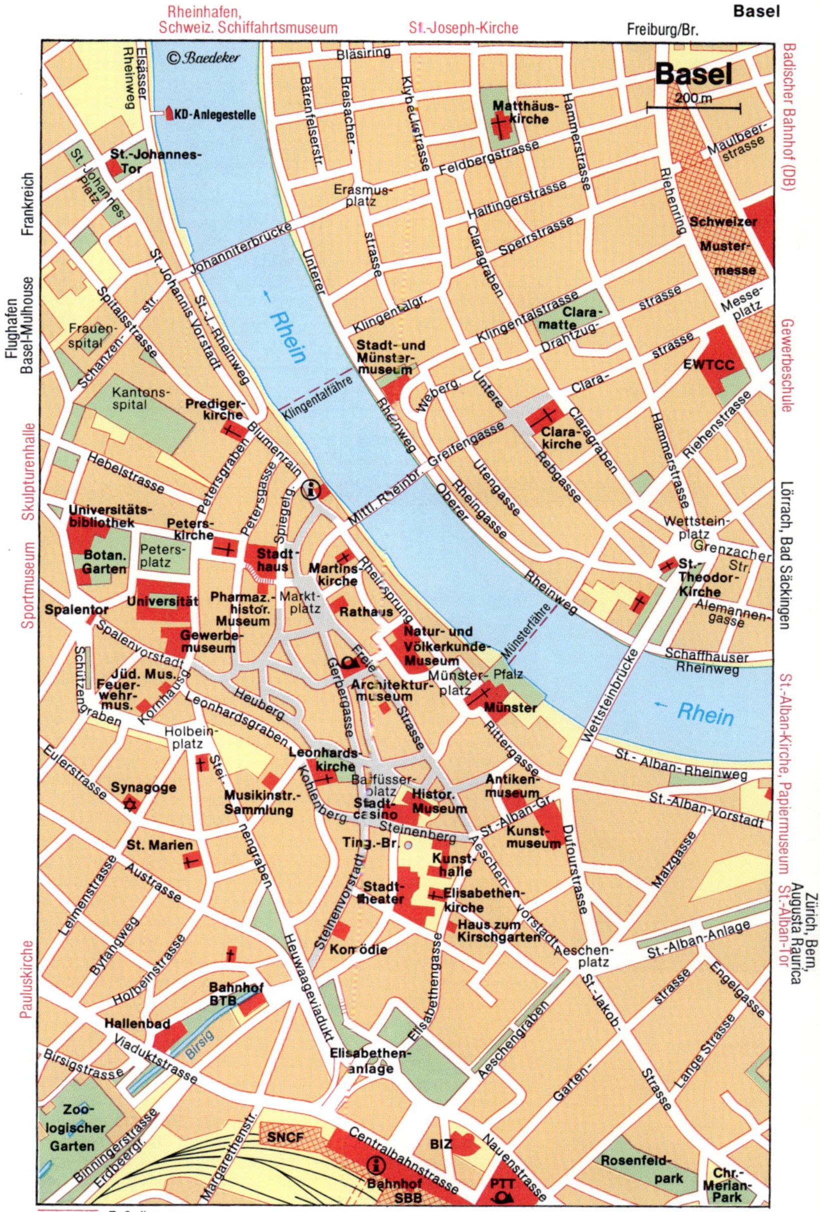

Fußgängerzone

Sehenswertes in Basel (Fortsetzung)

steigende Wettsteinbrücke (von 1879; 1937 verbreitert), die dem Durchgangsverkehr dienende Schwarzwaldbrücke (von 1973) und die Eisenbahnbrücke, ferner das Stauwehr des Kraftwerks Birsfelden. Stromabwärts die ursprünglich 1882 erbaute, 1966 erneuerte Johanniterbrücke sowie die 1934 erbaute Dreirosenbrücke. Dem Personenverkehr dienen ferner drei motorlose, von der Strömung angetriebene Fähren.

Umgebung von Basel
*Augusta Raurica

Sehr lohnend ist ein Ausflug zu den römischen Ausgrabungsstätten von Augst (12 km östlich; →Der Rhein von den Quellen bis Basel) sowie für Interessierte nach Dornach (10 km südöstlich), mit dem 1925–1928 errichteten Goetheanum, einem eigenartigen mächtigen Betonbau für die von Rudolf Steiner (1861–1925) gegründete ‚Freie Hochschule für Geisteswissenschaft' (Anthroposophische Gesellschaft); Faust-Festspiele.

Bingen am Rhein

D

Staat: Bundesrepublik Deutschland
Bundesland: Rheinland-Pfalz
Höhe: 80 m ü.d.M.
Einwohnerzahl: 24000

Köln-Düsseldorfer (KD)

Anlegestelle der KD-Tagesausflugsschiffe an den Rheinanlagen

Allgemeines

Bingen ist eine alte Stadt in prächtiger Lage an der Nahe-Mündung oberhalb vom Binger Loch (s. S. 113), wo der Rhein das Rheinische Schiefergebirge durchbricht. Die schwierige, von Stromschnellen und Untiefen durchsetzte Durchfahrt machte Bingen schon früh zu einer wichtigen Station für die Rheinschiffahrt. Die Römer legten hier bei einer älteren Siedlung ein Kastell ‚Bingium' (s. Burg Klopp, unten) an und schlugen eine Brücke über die Nahe. 983 kam Bingen in den Besitz des Erzstifts Mainz, das die Stadt mit Mauern umgeben und durch eine Burg sichern ließ. Zahlreiche Brände und kriegerische Zerstörungen, zuletzt im Zweiten Weltkrieg, haben nur wenige historische Gebäude verschont. – Auf dem linken Nahe-Ufer (im heutigen Stadtteil Bingerbrück) hatte die hl. Hildegard von Bingen (1098–1179) das Benediktinerinnenkloster Rupertsberg gegründet, welches nach Zerstörung im 17. Jh. in der Mitte des 19. Jh.s der Eisenbahn weichen mußte; sein Aussehen ist als Hintergrunddarstellung der ‚Verkündigung' auf dem Isenheimer Altar (→Colmar) überliefert. Heute bedeutender Weinbau und -handel (Weinbrennerei, Sektkellerei; Besichtigung, Weinproben; Natur- und Weinlehrpfad). – Autofähre und Personenfähre nach →Rüdesheim.

Blick auf Bingen

Sehenswertes

In der Altstadt steht unweit oberhalb der Nahe die spätgotische Basilika St. Martin (kath.; s. Abb.) aus dem 15./16. Jh., die eine karolingische und eine romanische Krypta besitzt. – Die Stadt wird beherrscht von der inmitten schöner Steingärten, an der Stelle des römischen Kastells gelegenen Burg Klopp (128 m ü.d.M.), die ursprünglich im 13. Jh. angelegt und 1711 von den Franzosen gesprengt wurde. Die heutigen Baulichkeiten stammen im wesentlichen vom Ende des 19. Jh.s; im Bergfried das sehenswerte Heimatmuseum. Von der etwas tiefer gelegenen Terrasse bietet sich ein umfassender Blick über den Strom hin-

*Burg Klopp

weg zum Rheingau, mit Rüdesheim, dem Niederwald, der auf halber Höhe gelegenen Ruine Ehrenfels und dem Binger Loch mit dem Mäuseturm (s. S. 112). – 2500 ha großer Stadtwald (markierte Wanderwege).

Bingen, Burg Klopp (Fortsetzung)

Eine Eisenbahnbrücke, eine Straßenbrücke sowie die auf römischen Fundamenten stehende frühromanische Drususbrücke (mit Brückenkapelle) führen hinüber zum linken Naheufer nach dem Ortsteil Bingerbrück.

Umgebung von Bingen

Über der Stadt erhebt sich der Höhenpark Rochusberg, mit der weithin sichtbaren 1666 anläßlich einer Pest gestifteten und 1889–94 neu aufgeführten Rochuskapelle (189 m); in einer Seitenkapelle ein von Goethe gestiftetes, ihn selbst als hl. Rochus darstellendes Bild.

Bonn

D

Staat: Bundesrepublik Deutschland
Bundesland: Nordrhein-Westfalen
Höhe: 64 m ü.d.M.
Einwohnerzahl: 291 000

Köln-Düsseldorfer (KD)

Anlegestellen der KD-Tagesausflugsschiffe am Brassertufer und beim Bundeshaus

Allgemeines

Bonn, die Hauptstadt der Bundesrepublik Deutschland, liegt an beiden Ufern des Rheins, der hier nach seinem Durchbruch durch das Rheinische Schiefergebirge die Kölner Tiefland-

Rheinufer der Bundeshauptstadt Bonn

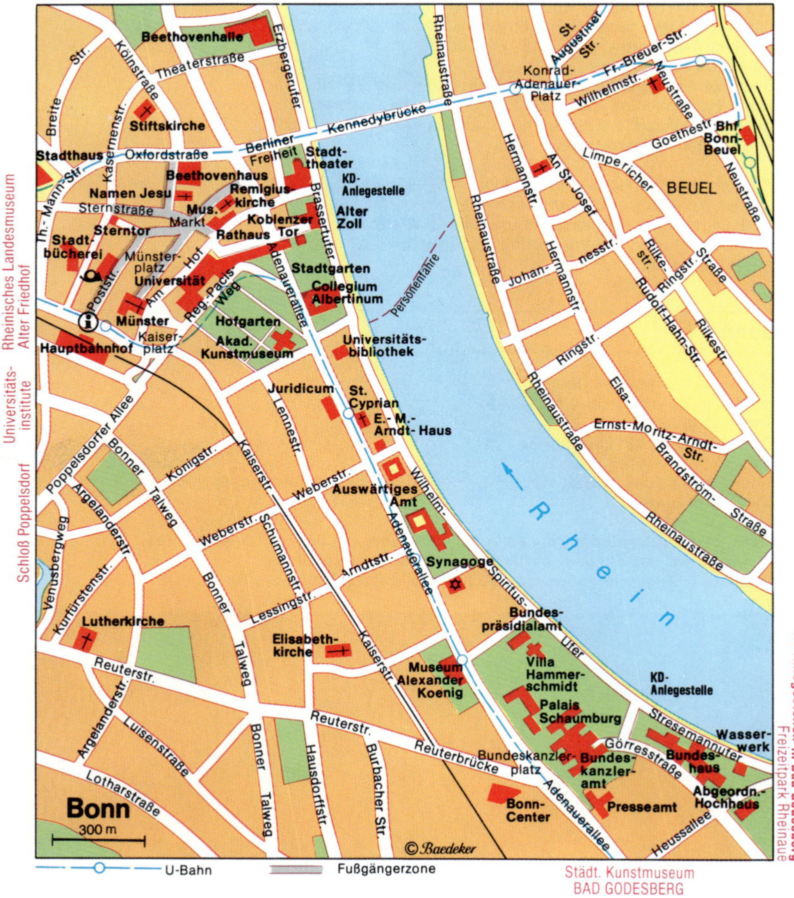

Allgemeines (Fortsetzung)

bucht erreicht. Die kulturelle Ausstrahlung der altbekannten Universität, das politische Fluidum des sich um die Adenauer-Allee gruppierenden Regierungsviertels, reges Geschäftsleben und das reizvolle Landschaftsbild – besonders am Rheinufer mit Blick auf das nahe Siebengebirge (s. S. 127) – geben Bonn sein besonderes Gepräge. Seit der Eingemeindung von Bad Godesberg zählt die Stadt auch ein renommiertes Heilbad in ihren Grenzen. – In Bonn wurde der Komponist Ludwig van Beethoven (1770–1827) geboren. 1989: XXXIII. Internationales Beethovenfest.

Geschichte

Bonn war als ‚Castra Bonnensia' eines der ersten Römerkastelle am Rhein; 1238–1794 Residenz der Erzbischöfe von Köln. 1989: 40 Jahre Bundeshauptstadt und 2000jähriges Bestehen der Stadt.

Mittelpunkt der Altstadt ist der Marktplatz mit dem Rathaus (von 1737/38). In der Rathausgasse Nr. 7 das Städtische Kunstmuseum (deutsche Malerei und Plastik des 20. Jh.). Unweit nördlich die Remigiuskirche (13./14. Jh.). In der Bonngasse Nr. 20 das Beethovenhaus (Museum), das Geburtshaus des Komponisten; der Erweiterungsbau (1989 eingeweiht) des Kölner Architekten Thomas van den Valentyn nimmt den Kammermusiksaal (200 Pl.) und das Beethoven-Archiv auf. – Südwestlich vom Markt, am Münsterplatz, das Münster St. Martin (ehem. Stiftskirche St. Cassius und Florentinus), eine der schönsten romanischen Kirchen am Rhein (11.–13. Jh.; Ostkrypta des 11. Jh.). Südlich anschließend ein zweigeschossiger Kreuzgang (12. Jh.). – Am Anfang der Adenauer-Allee das Koblenzer Tor durch den Ostflügel der weitläufigen Gebäudegruppe der Universität, die 1697–1725 von Enrico Zuccali und Robert de Cotte als kurfürstliches Schloß errichtet wurde; dahinter der Hofgarten. Weiterhin an der Adenauer-Allee die Villa Hammerschmidt (Amtssitz des Bundespräsidenten), das Palais Schaumburg sowie das Bundeskanzleramt (von 1975–77; 95 m lange Front); ferner das Zoologische Museum Alexander König. Am Bundeskanzlerplatz das Bonn-Center. Östlich, an der Görresstraße, das Bundeshaus (Neubau nach Plänen des Stuttgarter Architektenteams Prof. Behnisch und Partner i.V.) und das Abgeordneten-Hochhaus ‚Langer Eugen'. Dahinter der Freizeitpark Rheinaue. – Östlich vom Koblenzer Tor am Rhein der Stadtgarten und der Alte Zoll, eine ehemalige Bastei mit altberühmter Aussicht auf Rhein und Siebengebirge. Nördlich vom Alten Zoll, vor der Rheinbrücke, das Theater der Stadt Bonn (von 1963–65); unterhalb der Rheinbrücke, am linken Rheinufer, die Beethovenhalle (von 1957–59, nach Brand 1983 ren.; 3½ m große Beethovenbüste im Park). – Im Südwesten der Stadt steht am Ende der Poppelsdorfer Allee das Poppelsdorfer Schloß (1715–30); im Schloßpark der Botanische Garten. Südwestlich davon der Kreuzberg (125 m ü.d.M.) mit einem Franziskanerkloster und einer weithin sichtbaren Barockkirche (1627–37; die östlich angebaute ‚heilige Stiege' von Balthasar Neumann, 1746–51). – Westlich vom Bahnhof das Rheinische Landesmuseum. – Rheinhöhenweg.

Bonn-Beuel (s. S. 129), Bonner Schauspielhaus in Bonn 2 →Bad Godesberg (s. S. 146/7)

Sehenswertes in Bonn

* Beethovenhaus
Kammermusiksaal
* Münster

Regierungsviertel
Zwischen Bundeskanzleramt und Wurzerstr. (Bad Godesberg): Museumsmeile Bonn, Friedr.-Ebert-Allee: Kunst- und Ausstellungshalle der Bundesrepublik Deutschland mit Skulpturengarten; ferner Städt. Museum u.a.

Poppelsdorfer Schloß

* Rheinisches Landesmuseum

Boppard

D

Staat: Bundesrepublik Deutschland
Bundesland: Rheinland-Pfalz
Höhe: 70 m ü.d.M.
Einwohnerzahl: 16500

Köln-Düsseldorfer (KD)

Anlegestelle und Agentur der KD an der Rheinallee (Rheinufer)

Allgemeines

Boppard ist ein an der für ihre Weinlagen berühmten größten Rheinschleife, dem ‚Bopparder Hamm', gelegenes ehemaliges Reichsstädtchen (urspr. keltische Siedlung, die von den Römern zum Kastell ‚Bodobriga' ausgebaut wurde). Boppard zeigt besonders von der Rheinseite ein malerisches Stadtbild; es wird im Durchgangsverkehr wie auch als Kneipp-Heilbad gern besucht. – Ausgangspunkt der Hunsrückbahn nach Buchholz.

Sehenswertes in Boppard

Beachtliche Reste des Römerkastells (4. Jh. n. Chr.) sind am ‚Burggraben' und in der Karmeliterstraße (Nr. 7 und 11, im Hof) erhalten. Von der mittelalterlichen Stadtmauer sind ebenfalls noch größere Teile mit Türmen und Toren vorhanden. Am Markt steht die zweitürmige Basilika St. Severus (12./13. Jh.); im Innern romanische Wandmalereien. An der Karmeliterstraße liegt die turmlose gotische Karmeliterkirche (14. Jh.), mit Chorgestühl und Grabmälern aus dem 16. Jahrhundert. – Am Rhein, im Turm der ehem. kurtrierischen Burg (1327 und 1499), das Museum der Stadt (u. a. Möbel von Michael Thonet, der 1796 in Boppard geb. wurde). Südlich über der Stadt die Klostergebäude (1738) des 1123 als Benediktinerinnenstift Marienberg gegründeten Ursulinenklosters (Internatsschule).

Umgebung von Boppard

Von Mühltal Sessellift zum Gedeonseck und zum Aussichtspunkt Vierseenblick (303 m ü. d. M.; *Blick ü. d. Rheinschleife).

Braubach

D

Staat: Bundesrepublik Deutschland
Bundesland: Rheinland-Pfalz
Höhe: 78 m ü.d.M.
Einwohnerzahl: 4000

Köln-Düsseldorfer (KD)

Anlegestelle und Agentur der KD am Rheinufer

Allgemeines und Sehenswertes

Braubach, bereits 691/92 genannt, liegt am Fuße der Marksburg (s. S. 121). – Höchst eindrucksvoll ist das sommerliche Lichterfest „Der Rhein in Flammen" (August) zwischen Braubach und Koblenz. – Am oberen Ende des Ortes sind Teile des 1568–1571 erbauten Schlosses Philippsburg (Weinkeller) erhalten. Die Friedhofskapelle St. Martin (um 1000) besitzt noch ihr romanisches Schiff. Der Turm der ehemaligen Pfarrkirche St. Barbara (13. Jh.) war einst Teil der Stadtbefestigung. In Braubach finden sich schöne alte Fachwerkhäuser; Tennisplätze und eine Reitanlage.

Umgebung von Braubach

Zum Ausflugslokal Forstmühle, vorbei an der Blei- und Silberhütte, die auf vorrömischen Bergbau zurückgeht (drei weithin sichtbare Schornsteine), fährt der ‚Marksburg-Express' (Auskft.: Fa. Schneider, Tel. 02627/508); Fußweg ½ Std.

Breisach am Rhein

D

Staat: Bundesrepublik Deutschland
Bundesland: Baden-Württemberg
Höhe: 191–225 m ü.d.M.
Einwohnerzahl: 10000

Köln-Düsseldorfer (KD)

Anlegestelle der KD: Rheinuferstraße

Allgemeines

Breisach, ein altes, nach schweren Kriegszerstörungen wiederhergestelltes Städtchen mit Europas größter Kellerei (Lagerkapazität: über 160 Mio. Liter Wein), liegt malerisch auf einem 35 m hohen, steil aus dem Rheintal aufragenden Basaltfelsen, der noch in historischer Zeit links des Rheins lag. Zahlreiche Funde bezeugen, daß der Ort schon zur Bronzezeit besiedelt war. Die Römer legten auf dem ‚Mons Brisiacus' ein Kastell an, von dem nur geringe Reste gefunden wurden. Im Mittelalter

Breisach: Stephansmünster über dem Rheinufer

galt Breisach als wichtigste deutsche Festung. Seit 1331 österreichisch, wurde die Stadt zum Zankapfel zwischen Österreich und Frankreich. 1742 ließ Maria Theresia die durch Überflutung schwer beschädigten Festungsanlagen schleifen. Erhalten sind noch mehrere Tore, darunter das Rheintor (1670 von Vauban) mit Prunkfassade. – Europabrunnen. – Das auf dem Münsterberg gelegene Stephansmünster birgt u. a. einen gewaltigen aus Lindenholz geschnitzten Hochaltar des nicht näher bekannten Meisters H. L. von 1526 und an der Westwand das Fresko „Jüngstes Gericht" von dem 1491 in Breisach gestorbenen Maler Martin Schongauer. Auf dem Münsterberg ferner der historische Radbrunnen-Turm. – In der Münsterbergstraße (Nr. 21) das Breisgau-Museum für Ur- und Frühgeschichte. – Dem Münsterberg südlich vorgelagert ist der Eckartsberg, ebenfalls eine Basaltkuppe. – Im Sommer Freilichtspiele.

* Münster St. Stephan

Auf Schloß Rimsingen (1773; nach Plänen v. F. A. Bagnato), im Ortsteil Oberrimsingen, eine Kunstgalerie.

Umgebung von Breisach a.Rh.

Breisgau

D

Staat: Bundesrepublik Deutschland
Bundesland: Baden-Württemberg
Hauptort: Freiburg im Breisgau

Landschaft und Geschichte

Der Breisgau ist die alte Landschaft im südlichen Teil der Oberrheinebene rechts des Stromes. Im Norden stößt er an die Ortenau, im Westen und Süden wird er vom Rhein, im Osten vom Schwarzwald begrenzt. Das Gebiet ist seit dem 8. Jh. als Grafschaft des karolingischen Reiches belegt, doch dürfte

Breisgau (Fortsetzung)

es schon lange vorher ein eigenständiger Gaubezirk gewesen sein. Seit dem 11. Jh. wurde es von den Zähringern verwaltet, gelangte Ende des 14. Jh.s an Österreich, 1801 vorübergehend an das Herzogtum Modena, 1805 an Baden und Württemberg; 1810 an Baden; seit 1951/52 bei Baden-Württemberg. Bedeutendes deutsches Weinanbaugebiet (→Wein).

Colmar

F

Staat: Frankreich
Région: Alsace (Elsaß)
Département: Haut-Rhin
Höhe: 190 m ü.d.M.
Einwohnerzahl: 68000

Allgemeines

Colmar, die Hauptstadt des Département Haut-Rhin (Oberelsaß) und nächst Straßburg und Mülhausen die drittgrößte Stadt im Elsaß, liegt klimatisch besonders begünstigt unweit vom rebenreichen Fuß der südlichen Vogesen, an der Elsässischen Weinstraße (Weinmesse; Informationszentrum Elsässischer Wein Nähe Ausstellungsgelände). Mit ihren malerischen Bürgerhäusern aus dem 16. und 17. Jh. und ihrem Reichtum an berühmten Kunstwerken ist die Stadt außerordentlich besuchenswert.

Geschichte

Die um den 823 erstmals erwähnten Königshof ‚Columbarium' (Taubenhaus) entstandene Stadt wurde schon 1220 mit Mauern umgeben und von Kaiser Friedrich II. zur freien Reichsstadt erhoben, die bald der bedeutendste Handelsplatz im Oberelsaß war; Kunst und Wissenschaft blühten. Im Jahre 1354 trat Colmar dem Bund der zehn elsässischen Reichsstädte bei. An der Reformation nahm es lebhaften Anteil. Im Dreißigjährigen Krieg wurde die Stadt von den Schweden, 1673 von den Franzosen besetzt und teilte fortan die Geschicke der Region. – Colmar ist Geburtsort des Malers und Kupferstechers Martin Schongauer (um 1445 bis 1491) sowie Wirkungsstätte des Malers Mathias Grünewald (eigentl. Mathis Gothardt Nithardt aus Würzburg, um 1470/83 bis 1528), des letzten und größten Meisters der Spätgotik.

Krautenau-Viertel

* Unterlinden-Museum

** Isenheimer Altar

Wichtigste Sehenswürdigkeit Colmars ist zweifellos das im ehemaligen Dominikanerinnenkloster Unterlinden mit seiner frühgotischen Kirche eingerichtete berühmte Unterlinden-Museum. In der Kapelle bedeutende altdeutsche Gemälde mit Passionsbildern u.a. von Martin Schongauer sowie als Hauptwerk der Isenheimer Altar von Mathias Grünewald, eines der größten und erschütterndsten Werke der deutschen Malerei (um 1515). Im ersten Obergeschoß eine reichhaltige historisch-volkskundliche Sammlung. – In der Mitte der Altstadt steht das ursprünglich gotische St. Martinsmünster (Cathédrale St-Martin; im 18. Jh. umgestaltet), mit edlem hochgotischem Chor (1350–66). – Im Chor der frühgotischen Dominikanerkirche (Eglise des Dominicains; 13. Jh.) die berühmte Madonna im Rosenhag, das früheste Gemälde von Martin Schongauer (1473). Nahebei das Geburtshaus des Colmarer Bildhauers F. A. Bartholdi (1834–1904; Bartholdi-Mus. u. Mus. d. Geschichte Colmars), dem Erschaffer der Freiheitsstatue v. New York und des Löwen von Belfort; besondere Erwähnung verdienen ferner das Gerberviertel (Quartier des Tanneurs), ‚Klein-Venedig' (Petite-Venise), das Pfisterhaus (Maison Pfister; von 1537; Holz-

* Madonna im Rosenhag

* Pfisterhaus

galerie) und das Kopfhaus (Maison des Têtes; von 1609; jetzt altberühmtes Weinrestaurant).

Sehenswertes in Colmar (Fortsetzung)

Dordrecht

NL

Staat: Niederlande
Provinz: Zuid-Holland
Höhe: 3 m u.d.M. bis 5 m ü.d.M.
Einwohnerzahl: 108000

Allgemeines

Die zwischen der hier für große Seeschiffe zugänglichen Oude Maas, der Merwede und den beiden Maasarmen Noord und Dordtse Kil malerisch gelegene alte Stadt Dordrecht, mit Reedereien, Schiffswerften, Maschinenfabriken sowie chemischer Industrie, ist ein bedeutendes Wassersportzentrum. Einst war der Ort auf Grund der günstigen Verkehrslage die reichste Handels- und Hafenstadt der Niederlande, wurde jedoch im 18. Jahrhundert von Antwerpen und Rotterdam überflügelt. Heute ist Dordrecht sowohl Binnenhafen als auch Seehafen; der Warenumschlag, v.a. von Transitgütern, beträgt etwa 2,3 Mio. t im Jahr.

Geschichte

Die Genter Chronik berichtet, daß Dordrecht bereits 937 von den Normannen zerstört worden ist. Erstmals urkundlich erwähnt wurde es jedoch erst um 1138. Als der Ort 1220 Stadtrechte erhielt, war er bereits ein wichtiges Handelszentrum und besaß durch seinen Hafen Verbindungen nach England, den Rheinlanden und Flandern. Die ,Elisabethflut' setzte jedoch 1421 das Gebiet südlich der Stadt unter Wasser, wovon noch heute das Wasserlabyrinth ,Brabantse Biesbosch' zeugt (Rundfahrten).

*Grote Kerk

Den hübschen Hauptkanal der Stadt bildet der Voorstraats Haven. – Die reformierte Grote Kerk (auch Liebfrauenkerk) wurde Ende des 14. Jh.s begonnen und im 15./16. Jh. erneuert. Sie besitzt einen mächtigen, 70 m hohen Turm (Glockenspiel). Im Inneren ein prächtiges Chorgitter (von 1744) sowie ein großartiges Chorgestühl (von 1538–41), das bedeutendste dieser Art in den Niederlanden. – Orgelkonzerte im Sommer.
Am Nieuwe Haven 29 das Museum Mr. Simon van Gijn (u.a. Altertümer; Trachten; Schiffsmodelle), im Obergeschoß ein Spielzeugmuseum. – An der Museumsstraat das Dordrechts Museum (Gemälde 17.–20. Jh.). Von der Nordseite der Groothoofdspoort, eines 1618 umgebauten gotischen Stadttores (schönes Relief und Kuppelturm), reizvoller Blick über die Oude Maas, Noord und Merwede.

Duisburg

D

Staat: Bundesrepublik Deutschland
Bundesland: Nordrhein-Westfalen
Höhe: 15–33 m ü.d.M.
Einwohnerzahl: 553000

Allgemeines

Die Industrie- und Handelsstadt Duisburg am Westrand des Ruhrgebietes liegt an der Mündung der Ruhr in den Niederrhein. Duisburg steht an erster Stelle bei der deutschen Stahl-

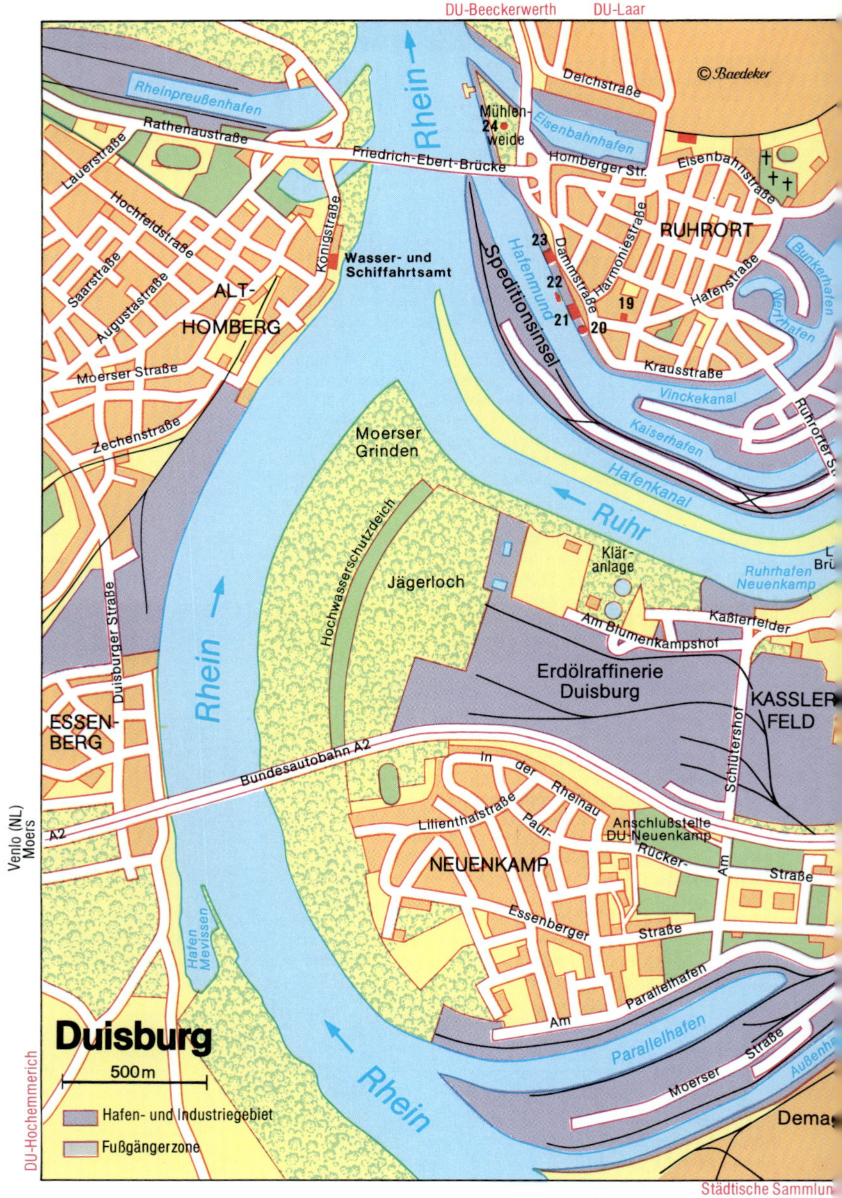

1 Wilhelm-Lehmbruck-Museum
2 Niederrheinisches Museum
3 Stadtbibliothek
4 Mercatorhalle
5 Gericht
6 Averdunk-Einkaufs- und Hotelzentrum
7 Haus Königsberg
8 Stadttheater
9 Stadthaus
10 Alte Stadtmauer
11 Burgplatz
12 Rathaus
13 Salvatorkirche
14 Karmeliterkirche
15 Dreigiebelhaus

16 Schwanentor (Hafenrundfahrten)
17 Marienkirche (ev.)
18 Zollamt
19 Haniel-Museum
20 Dampfkran
21 Ehem. Schifferbörse
22 Radschleppdampfer "Oscar Huber" und Dampfbagger "Minden"
23 Museum der Deutschen Binnenschiffahrt
24 Schiffermast (Hafenrundfahrten)

Freigabe Reg.-Präs. Münster Nr. 14846/87

Duisburg-Ruhrort: der größte Binnenhafen Europas

Allgemeines (Fortsetzung)

erzeugung und besitzt mit seinen Häfen (20 Hafenbecken; jährlich rund 52,5 Mio. t Gesamtgüterumschlag) den größten Binnenhafen Europas. Am Nordhafen (Ortsteil Ruhrort) entsteht ein Freihafen. Schon im Mittelalter Universitätsstadt, ist Duisburg heute Sitz einer Gesamthochschule. Internationale Geltung haben die Aufführungen der ‚Deutschen Oper am Rhein', einer Theatergemeinschaft mit Düsseldorf; kommunales Filmkunsttheater am Dellplatz. Die vorbildliche Regattastrecke im Sportpark Wedau macht die Stadt zum Austragungsort internationaler Kanu- und Ruderregatten. – In Duisburg lebte und lehrte Gerhard Mercator (1512–1594; Kartograph).

Geschichte

In fränkischer Zeit entstand am Anfang des Hellwegs (Verbindung zwischen Rhein und Weser) ein Handels- und Stapelplatz für die Rheinschiffahrt. Zu seinem Schutz wurde im 8. Jh. der karolingische Königshof Thusburg errichtet. Der um die Burg entstandene Wohnbezirk wurde um 1100 durch eine Mauer (im Verlauf der heutigen Wallstraßen) befestigt. In der Stauferzeit wurde Duisburg Reichsstadt und Mitglied der Hanse. Die Verlagerung des Rheins im 13. Jh. beendete eine Zeit hoher wirtschaftlicher Blüte. Erst 1831 erhielt Duisburg durch den Bau des Außenhafens wieder Anschluß an den Rhein. Ende des 19. Jh.s hielten Bergbau und Eisenhütten ihren Einzug in der Stadt, die sich durch den Zusammenschluß mit Ruhrort und Meiderich (1905) sowie mit Hamborn (1929) stark vergrößerte.

Sehenswertes

Am Burgplatz steht das Rathaus (1897–1902; Mercatorzimmer). In der nördlich davon gelegenen Salvatorkirche (urspr. spätgotisch) das Epitaph des großen Kartographen Gerhard Mercator (gest. 1594). – Hauptstraße der Stadt ist die Königstraße; an ihr liegt der König-Heinrich-Platz mit dem Stadttheater und der Mercatorhalle (1962; Vielzweckhalle). – An der von der Königstraße südlich abzweigenden Düsseldorfer Straße das Wilhelm-Lehmbruck-Museum (1964; Europ. Zentrum moderner Skulptur), u.a. mit Werken des in Duisburg-Meiderich geborenen Bildhauers Wilhelm Lehmbruck (1881–1919) und des 20. Jahrhunderts. Östlich davon das Niederrheinische Museum (stadtgeschichtl. und kartograph. Sammlung, ab 1990 in einem Anbau des Stadtarchivs am Innenhafen). – Am bewaldeten Kaiserberg der Zoo (Aquarium; Delphinarium, Äquatorium mit Menschenaffen und Walarium, weißer Wal).

Sehenswertes in Duisburg (Fortsetzung)

*Wilhelm-Lehmbruck-Museum (Europäisches Zentrum moderner Skulptur)

*Zoo

Die Schwanentorbrücke (Hebebrücke) verbindet die Innenstadt mit dem durch Eisenindustrie und Ruhrkohleverschiffung groß gewordenen nördlichen Stadtteil Ruhrort. Am ‚Hafenmund', im ehem. Ruhrorter Rathaus, das Museum der Deutschen Binnenschiffahrt, mit dem Radschleppdampfer „Oscar Huber", dem Eimerkettenbagger „Minden" und einem alten Dampfkran.

Museum der Deutschen Binnenschiffahrt

Die 1824 m lange Berliner Brücke verbindet über Ruhr und Rhein-Herne-Kanal hinweg die Innenstadt mit dem Stadtteil Meiderich. – Der weiter nördlich gelegene Stadtteil Hamborn ist Hauptsitz der großen Stahlwerke (Thyssen-Hütte u.a.); ferner ‚Niederrhein-Therme' und Revierpark Mattlerbusch.

Im Süden der Stadt liegt der Wedau-Sportpark. Ein beliebtes Freizeitgebiet ist die Sechs-Seen-Platte mit Möglichkeiten zum Segeln, Schwimmen und Wandern.

Sportpark Wedau
Sechs-Seen-Platte

Düsseldorf

D

Staat: Bundesrepublik Deutschland
Bundesland: Nordrhein-Westfalen
Höhe: 38 m ü.d.M.
Einwohnerzahl: 580 000

Köln-Düsseldorfer (KD)

Anlegestellen der KD-Schiffe an der Theodor-Heuss-Brücke, an den Rheinterrassen und am Rathausufer (Tagesausflugsschiffe); Agentur der KD am Burgplatz (Rathausufer).

Allgemeines

Düsseldorf, die Hauptstadt des Bundeslandes Nordrhein-Westfalen, am hier 310 m breiten Niederrhein, ist der ‚Schreibtisch des Ruhrgebietes', das Verwaltungszentrum der nordrhein-westfälischen Schwerindustrie. Es ist Sitz einer Universität, ferner Kunst- (‚KunstAchse': 800 m zwischen Grabbeplatz und Ehrenhof) und Mode-, Kongreß- und Messestadt. Breite verkehrsdurchflutete Straßen mit eleganten Geschäften, ausgedehnte Park- und Gartenanlagen (1987 Bundesgartenschau) geben der alten Kurfürstenresidenz ihr Gepräge. – Die Altstadt mit ihren gemütlichen und originellen Lokalen, ihren Obergärigen-Bierstuben ist die ‚längste Theke Europas'. Die Deutsche Oper am Rhein und das Schauspielhaus sind führende deutsche Bühnen. Ausstellungen und Künstlerfeste der Kunstakademie sowie Modeschauen gehören ebenso zum Bild der Stadt wie das brillante literarische und politische Kabarett „Kom(m)ödchen", der Düsseldorfer Karneval und die Düsseldorfer Radschläger (Denkmal). – Im Jahre 1992 wird in Düsseldorf Europas erster Buddha-Tempel eingeweiht, 1993 ein Filmmuseum eröffnet.

Geschichte

Düsseldorf war um die Mitte des 12. Jh.s noch ein kleines Fischerdorf. 1288 wurde es von Graf Adolf von Berg mit Stadt-

KD-Anlegestelle
"Th.-Heuss-Brücke"
Flughafen, Rheinstadion
Messegelände, D-Kaiserwerth
Löbbeckemuseum
Aquazoo
Düsseldorf
Rhein
Rheinpark
Bez. Reg.
Gericht
Klever Str.
Cecilienallee
St. Adolfus
Kaiserswerther Straße
Synagoge
Gneisenaustraße
Hl. Geist
Parkstraße
PEMPELFORT
Sittarder Str.
Fischerstraße
Venloer Str.
Nordstraße
Marschallstraße
Reformationskirche
Stockkampstraße
Duisburger Straße
Franklinstraße
Marien-hospital
Stadthalle
Rheinterrasse
KD
Robert-Schumann-Saal
Scheibenstraße
Kapellstraße
Georg-Straße
Rochusstraße
St. Rochus
Landesmuseum Volk und Wirtschaft
Inselstraße
Tonhallenufer
Hofgartenufer
Hofgarten
Kaiserstraße
Sternstraße
Klarissenkloster
Rosenstraße
Duisburger Str.
Vagedesstraße
Prinz-Georg-Straße
Tonhalle
Gartenstraße
Schloß Jägerhof
Goethe-Museum
Pempelforter Str.
Oberkasseler Brücke
Hofgartenrampe
D-Oberkassel
Kunstakademie
Finanzmin.
Jägerhofstraße
Ratinger Tor
Maxim.-Weyhe-Allee
Dumont-Lindemann-Archiv, Theatermuseum
Malkasten
Stadtwald, Grafenberg, Grafische Sammlung
Kreuzherrenkirche
Ratinger Straße
Düssel
Justizgebäude
Kunstsammlung NRW
Landskrone
Goltsteinstr.
L.-Dumont-Str.
Jakobistraße
Schauspielhaus
Am Wehrhahn
St. Lambertus
ALTSTADT
Grabbeplatz
Deutsche Oper am Rhein
Thyssen-Hochhaus
Schadowstraße
Tonhallenstr.
St. Andreas
Stadths.
Kunsthalle
Kurze Straße
Schloßufer
Schloßturm (Schiffahrtsmuseum)
Burgpl.
Heinrich-Heine-Allee
Corneliuspl.
Jan-Wellem-Pl.
Rathaus
Neanderkirche
Schadowpl.
St. Marien
Marktplatz
Rathausufer
Klosterstraße
Stadtverw.
Flingerstraße
W.-Marx-Haus
Johanneskirche
Börse
Oststraße
Alte Berger Kirche
Wallstr.
Grabenstr.
Königsallee
Königstr.
Immermannstraße
Franziskanerkloster
Marienstraße
Martin-Luther-Pl.
Hetjensmuseum
Karlpl.
Justizmin.
OST
Japan-Center
Benrather Straße
Steinstraße
Kreuzstr.
St. Maximilian
Komödie
Haus des Dt. Ostens
Kulturzentrum
Berliner Allee
Bilker Straße
Kasernenstraße
Breite Straße
Bismarckstr.
Fr.-Ebert-Straße
Mannesmannufer
Stadtbücherei
Stadtmuseum
Bastionstraße
Grünstraße
STADTMITTE
Mannesmannhaus
Berger Allee
Spee'scher Graben
KARLSTADT
Wellenbad
Stresemannstraße
Charlottenstr.
Hauptbahnhof
Mannesmannufer
WEST
Karlstraße
Wirtschaftsmin.
Schwanenmarkt
Bahnstraße
Ost-straße
Staatskanzlei
Heine-Denkm.
Botan. Garten
Stresemann-pl.
Mönchengladbach
Rheinturm, Landtag
Rheinkniebrücke
Horionpl.
Haroldstraße
Graf-Adolf-Platz
Graf-Adolf-Straße
Mintropstraße
Innenmin.
Kavalleriestr.
Schwanenspiegel
LVA
Hubertusstraße
Kaiserteich
Kammerspiele
Adersstraße
Ernst-Reuter-Pl.
Luisenstraße
Polizeipräsidium
Jürgensplatz
Reichsstraße
Ständehaus
Elisabethstraße
Friedrichstraße
Corneliusstr.
Hüttenstraße
250 m
Herzogstraße
© Baedeker
Fußgängerzone
Universität, Benrath, Südpark

Rheinfront in Düsseldorf

Geschichte (Fortsetzung)

rechten beliehen und 1386 von Herzog Wilhelm II. zu seiner Hauptstadt erhoben. Nach dem Aussterben der Herzöge von Berg (1609) kam das Bergische Land an Pfalz-Neuburg, und Düsseldorf wurde Residenz des prachtliebenden Kurfürsten Johann Wilhelm (genannt Jan Wellem, 1679–1716), der die Neustadt anlegte, Künstler an den Hof zog und die Gemäldegalerie gründete. Sein Bruder und Nachfolger Karl Philipp verlegte seine Residenz 1716 nach Heidelberg und 1720 nach Mannheim. Die 1777 gegründete Kunstakademie machte Düsseldorf dann zu einem Mittelpunkt des Kunstlebens. In neuerer Zeit nahm die Stadt auch einen bedeutenden wirtschaftlichen Aufschwung (u. a. Japan-Center). Ein weiterer Höhepunkt nach der Bundesgartenschau (1987) und dem 700jährigen Stadtjubiläum (1988) wird – durch Tieferlegung der Rheinufer-Straße – die unbeschwerte Begehung des Rheinufers (1990).

Düsseldorfs elegante Einkaufs- und Flanierstraße ist die Königsallee (‚Kö'), mit exklusiven Geschäften, Galerien (Kö-Galerie; Kö-Karree), Gaststätten und Straßencafés. Sie führt beiderseits des alten Stadtgrabens vom Graf-Adolf-Platz nordwärts zum Hofgarten. – Westlich parallel zur Königsallee laufen die Breite Straße mit Banken und Verwaltungsgebäuden großer Industrieverbände und die Heinrich-Heine-Allee mit dem 1924–26 von W. Kreis erbauten Wilhelm-Marx-Haus, dem ersten deutschen Hochhaus. Weiterhin rechts das Opernhaus, links die Kunsthalle; dahinter die barocke Andreaskirche. Nördlich gegenüber der Kunsthalle, am Grabbeplatz, die Kunstsammlung Nordrhein-Westfalen. – Östlich der Königsallee die breite Berliner Allee mit der Industrie- und Handelskammer und der Rheinisch-Westfälischen Börse. Am Jan-Wellem-Platz das Thyssen-Hochhaus; daneben das Schauspielhaus (von 1970).

*Königsallee

Sehenswertes in Düsseldorf
*Jagdschloß Jägerhof

Im Hofgarten (von 1767) das ehemalige Jagdschloß Jägerhof (1752–63) mit der Stiftung E. Schneider (u.a. Meißner Porzellan), dem Goethe-Museum u.a.; südlich gegenüber der Künstlerverein Malkasten. – Westlich in der Altstadt der Markt mit dem Rathaus (1567–73) und einem Reiterstandbild des Kurfürsten Johann Wilhelm II. (von de Grupello, 1711). – Südlich vom Markt im Palais Nesselrode das Hetjens-Museum (Keramik) und im Speeschen Palais das Stadtmuseum; östlich der Bilker Straße das Kultur- und Bildungszentrum (Kammermusiksaal, Marionetten-Theater u.a.), an dieser Straße ferner das Heinrich-Heine-Institut. – Noch weiter südlich, am Rhein, das Mannesmann-Hochhaus und südlich der Rheinkniebrücke der 234 m hohe Rheinturm (Weltzeituhr; Drehrestaurant; Aussicht); an seinem Fuß der ‚Landtag am Rhein'. – Nördlich vom Markt, am Rhein, der alte Schloßturm (13. Jh.) mit dem städtischen Schiffahrt-Museum (Übersicht über 2000 Jahre Rheinschiffahrt) und die Lambertuskirche (13.–14. Jh.). – Noch weiter nördlich, im und beim Hofgarten, die Kunstakademie, die Tonhalle, das Landesmuseum Volk und Wirtschaft und das Kunstmuseum. – 2,5 km nordwestlich das Messegelände mit dem Kongreßzentrum und das Rheinstadion (68000 Plätze). – Im Nordpark ein Japanischer Garten.

*Rheinturm und Landtag

Umgebung von Düsseldorf

Etwa 10 km östlich von Düsseldorf liegt das Neandertal mit vorgeschichtlichem Museum und Wildgehege. – Der Freizeitpark ‚Minidomm' (16 km nordöstl.) zeigt Modelle historischer und moderner Bauwerke Deutschlands.

Schloß Benrath s. Seite 129

Elsaß (Alsace) F

Staat: Frankreich
Région: Alsace
Départements: Haut-Rhin und Bas-Rhin
Hauptort: Strasbourg

Allgemeines

Das Elsaß (französ. Alsace), eine alte Landschaft im Südwesten der Oberrheinischen Tiefebene, erstreckt sich links des Rheins bis zu den Höhen der Vogesen. Im Norden reicht es zum Pfälzer Wald, im Süden über den Sundgau hinaus zum Jura. Dank dem durch den Schutz des Gebirges milden Klima erfreut sich dieser Landstrich großer Fruchtbarkeit. Insbesondere gedeihen hier die Weinreben, die einem Teil der Landschaft das Gesicht geben.

Geschichte

Das Elsaß ist wie die ganze Oberrheinebene uraltes Kulturland. Um 1000 v.Chr. setzte sich keltischer Einfluß durch. In römischer Zeit erfuhr die Region durch 500 Jahre Frieden eine ruhige Entwicklung. Um 300 n.Chr. brachten die Römer den Weinstock hierher. – Im Jahre 443 entstand der Name Elsaß aus ‚Elisaza', was ‚die drüben über dem Rhein wohnen' bedeutet. Damit wurden die hierher vorgedrungenen Alemannen bezeichnet, die 496 von den Franken unterworfen wurden, bis nach dem Tode Karls d. Gr. das Frankenreich zerfiel. Im Vertrag von Verdun (843) ging das Elsaß an das Mittelreich unter Kaiser Lothar und wurde 923 Teil des Herzogtums Schwaben.

Elsaß, Geschichte (Fortsetzung)

Ab 1520 wurde das Elsaß von der Reformation erfaßt, bald darauf kam es zu Bauernkriegen und ab 1568 zur katholischen Gegenreformation. Mit dem Ende des Dreißigjährigen Krieges fiel nach und nach das ganze Gebiet an Frankreich, mit Ausnahme von Straßburg, das erst 1681 durch Ludwig XIV. annektiert wurde, und Mülhausen, das bis 1798 bei der Schweizerischen Eidgenossenschaft verblieb.

Die Französische Revolution band das Elsaß mit der Schaffung der Départements Haut-Rhin und Bas-Rhin noch fester an Frankreich. Der Krieg von 1870/71 führte zum Anschluß des Elsaß an Preußen und damit an das Deutsche Reich, wobei preußische Art die Elsässer nicht innerlich gewinnen konnte, so daß nach dem Ersten Weltkrieg das Elsaß erneut französisch wurde, was es mit Ausnahme der Kriegsjahre von 1940 bis 1944 blieb.

Mit Straßburg als Sitz des Europarates und anderer europäischer Einrichtungen ist das Elsaß in den Mittelpunkt der Bestrebungen um ein vereintes Europa getreten.
Parallel zur französischen Amtssprache dient als Umgangssprache für einen Teil der Bevölkerung das dem Badischen nahestehende Elsässer Deutsch. 1976 erhielt das Elsaß als erste ‚Région' Frankreichs eine gewisse Kulturautonomie.

* Elsässische Weinstraße

Eine ideale Möglichkeit, das Elsaß mit seinen malerischen Dörfern und Städten kennenzulernen, bietet die Elsässische Weinstraße (Route du vin). Sie durchzieht das rund 12000 Hektar weite, von Weinstöcken bedeckte Weinbaugebiet auf annähernd 120 km Länge von Thann (auf der Höhe von Mülhausen) über →Colmar in Richtung →Straßburg.

Eltville am Rhein

D

Staat: Bundesrepublik Deutschland
Bundesland: Hessen
Höhe: 100 m ü.d.M.
Einwohnerzahl: 16000

Köln-Düsseldorfer (KD)

Anlegestelle der KD-Tagesausflugsschiffe am Rheinufer

Allgemeines

Eltville (von lat. ‚Alta Villa' = hoher Ort; im Volksmund ‚Elfeld'), einstiger Hauptort des Rheingaues, liegt malerisch inmitten von Weinbergen und besitzt Wein- und Sektkellereien.

Sehenswertes

Von der ehemaligen erzbischöflichen Burg ist nur der mächtige Bergfried von 1487 erhalten; er beherbergt heute sowohl eine Gedenkstätte für Gutenberg, als auch die historische Sammlung „Alta Villa". In der gotischen Pfarrkirche St. Peter und Paul (14. Jh.) ein Wandtabernakel (Ende 14. Jh.), ein Taufstein von 1517 und Renaissance-Grabmäler. – Sehenswert ist ferner der große Gebäudekomplex Hof Langwerth von Simmern (heute Weingut), dessen einzelne Bauglieder aus der späten Gotik und der Renaissance stammen. Später, im Barock, entstand der Eltzsche Hof, heute gleichfalls Weingut. – Theatertage und Sommerkonzerte (auch im Kloster Eberbach, s. S. 111) sowie Veranstaltungen in der Rheingauhalle. – Direkt bei Eltville liegt im Rhein die rund 2 km lange Insel Eltviller Aue.

Theatertage
Sommerkonzerte

Eltviller Aue

Umgebung von Eltville
Kiedrich

Etwa 3,5 km nordwestlich der weinberühmte Ort Kiedrich, mit spätgotischer Pfarrkirche St. Valentin (15. Jh.; Orgel um 1500).

Emmerich D

Staat: Bundesrepublik Deutschland
Bundesland: Nordrhein-Westfalen
Höhe: 19 m ü.d.M.
Einwohnerzahl: 30000

Allgemeines und Sehenswertes

Rheinufer

Emmerich, alte Reichs- und Hansestadt (Stadtrecht seit 1233), ist als letzte deutsche Stadt am Rhein Hauptzollstelle für die Rheinschiffahrt. Die Rheinbrücke (längste deutsche Hängebrücke) bei Rhein-km 853,23 verbindet Emmerich mit Kleve. – In der im Zweiten Weltkrieg ganz zerstörten, inzwischen nach der ursprünglichen Topographie wiederaufgebauten Altstadt erhebt sich nahe dem Rhein die gotische Aldegundiskirche (15. Jh.) mit bemerkenswerter Ausstattung. Stromabwärts die Münsterkirche St. Martini (11.–15. und 17. Jh.), die den Schrein des hl. Willibrord (10. Jh.), die früheste Goldschmiedearbeit am Niederrhein, birgt; unter dem Chor die Krypta (11. Jh.). Im Rathaus (von 1939) eine Christophorusplastik aus dem 15. Jahrhundert. – Beachtung verdient das Rheinmuseum (Martinikirchgang 2) mit Modellen alter Rheinschiffe, Land- und historischen Rheinkarten u.a. – Schöne Rheinterrasse. – Sportzentrum.

Frankenthal (Pfalz) D

Staat: Bundesrepublik Deutschland
Bundesland: Rheinland-Pfalz
Höhe: 89 m ü.d.M.
Einwohnerzahl: 47000

Ortsbild

Frankenthal, eine industriereiche, im Zweiten Weltkrieg stark zerstörte Stadt, war 1755–1800 Sitz einer Porzellanmanufaktur (Sammlung u.a. im Rathaus). An die blühende Vergangenheit (Details im Erkenbert-Museum) erinnern noch die beachtliche Ruine des spätromanischen Chorherrenstiftes (12./13. Jh.) sowie das Speyrer Tor und das Wormser Tor (beide 18. Jh.).

Freiburg im Breisgau D

Staat: Bundesrepublik Deutschland
Bundesland: Baden-Württemberg
Höhe: 278 m ü.d.M.
Einwohnerzahl: 176000

Allgemeines

Freiburg im Breisgau, Handels-, Verwaltungs- und Universitätsstadt sowie Sitz eines Erzbischofs, liegt zwischen Kaiserstuhl und Schwarzwald am Ausgang des Dreisamtales in die Oberrheinebene und gilt als Tor zum südlichen Schwarzwald. Der 1284 m hohe Schauinsland, Freiburgs Hausberg, gehört noch zum Stadtgebiet, und gleich vor den Toren der Stadt öffnet sich das wildromantische Höllental. Freiburg präsentiert sich als

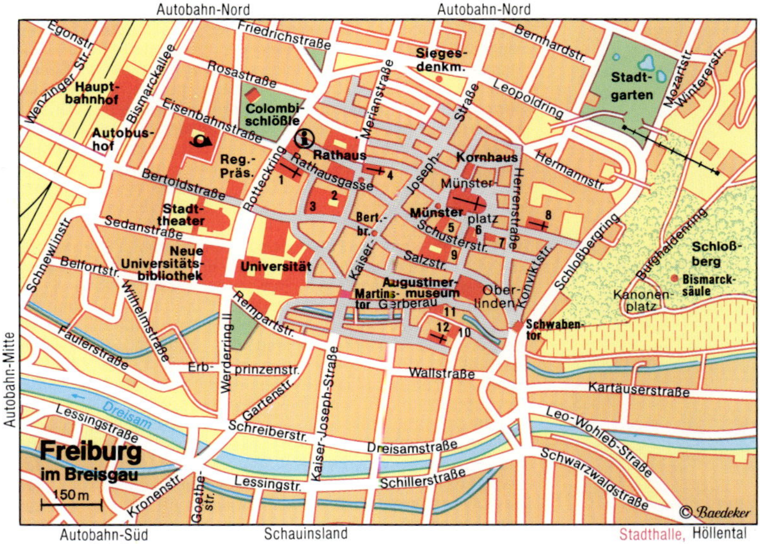

Fußgängerzone

1 Ehem. Ursulinenkirche
2 Alte Universität
3 Universitätskirche
4 St.-Martin-Kirche
5 Erzbischöfl. Palais
6 Kaufhaus
7 Ehem. Wenzingerhaus
8 Konviktkirche
9 Palais Sickingen
10 Museum f. Neue Kunst
11 Naturkundemuseum, Völkerkundemuseum
12 Adelhauser Kirche

eine ‚Stadt des Waldes, der Gotik und des Weines'. Oberlinden 12, Deutschlands vermutlich ältester Gasthof ‚Zum Roten Bären' (seit 1311 in der Reihe seiner Wirte bezeugt). Sehr typisch sind die reizvollen ‚Bächle' entlang der Straßen, die das vom Schwarzwald reichlich herabfließende Wasser aufnehmen.

Geschichte

Ende des 11. Jh.s gründeten die Herzöge von Zähringen am Fuße ihrer Burg auf dem Schloßberg einen Markt- und Handelsplatz am alten Schwarzwald-Handelsweg von Schwaben nach dem Elsaß. Die verkehrsgünstige Lage, die Marktrechte und die reichen Silbervorkommen im Schwarzwald sicherten Freiburg bald eine beherrschende Stellung im Breisgau. 1368 kaufte sich die Stadt von den Grafen von Freiburg los und unterstellte sich dem Hause Habsburg. 1457 gründete Erzherzog Albrecht die Universität. Später gewann die Stadt als Festung Bedeutung. Auf Geheiß Napoleons wurden Freiburg und der Breisgau 1805 von Österreich an das neugeschaffene Großherzogtum Baden abgetreten. 1821 wurde die Stadt Sitz eines Erzbischofs. 1947–52 war Freiburg Sitz der Landesregierung von Südbaden. Dann wurde es dem neugeschaffenen Bundesland Baden-Württemberg eingegliedert.

Sehenswertes

Hauptachse der Stadt ist die Kaiser-Joseph-Straße, welche die Altstadt (Fußgängerzone) in eine östliche Hälfte mit dem Münster und in eine westliche mit dem Rathaus und der Universität teilt; im Süden das alte Martinstor (13. Jh.; 1905 stark erhöht).

**Münster

Das Münster (13.–16. Jh.) ist eines der größten Meisterwerke gotischer Baukunst in Deutschland. Im Chor das Hochaltarbild

Freiburg, Münster (Fortsetzung)

(1512–16) von Hans Baldung Grien, das bedeutendste Werk des Meisters. In der Universitätskapelle ein Altarbild (um 1521) von Hans Holbein d. J.; Glasgemälde aus dem 14. Jh. in den Seitenschiffen. Von der Plattform des 116 m hohen feingliedrigen Turmes (um 1270 begonnen) großartige Aussicht. – Münsterkonzerte (Oratorien, Messen; Orgelkonzerte). – Am Münsterplatz stehen noch einige schöne alte Gebäude: an der Südseite (Nr. 10) das 1532 vollendete rote Kaufhaus mit Laubengang und Staffelgiebeln, und (Nr. 30) das 1761 erbaute Wenzingerhaus; an der Nordseite des Platzes das Kornhaus (15. Jh.).

*Augustinermuseum

An der Salzstraße befindet sich in einem ehemaligen Kloster der Augustiner-Eremiten das Augustinermuseum mit kunst- und kulturgeschichtlichen Sammlungen der Stadt und des Oberrheingebietes sowie eine Abt. Glaskunst; nahebei das Museum für Neue Kunst. Am Ende der Salzstraße das Schwabentor (13. Jh.; Zinnfigurenklause). – Im westlichen Teil der Altstadt der Rathausplatz mit dem Rathaus (12 Uhr Glockenspiel), dessen nördlicher Teil aus dem 16. Jh. stammt; an der Nordostseite die gotische St.-Martins-Kirche. – An der Bertholdstraße die Alte Universität (17./18. Jh.) und die katholische Universitätskirche (1683–1701). Westlich, am Ring, das Stadttheater und die Neue Universitätsbibliothek (1973–78). Östlich des Rings die neuen Gebäude der Universität. – Im Colombipark das Colombischlößle mit einem Museum für Ur- und Frühgeschichte; westl. der Bahnhofsbereich (Neugestaltung ab 1990; u. a. Kultur- u. Tagungsstätte KTS; Hotels u. a.). – Seepark (seit Landesgartenschau 1986) weiter westlich.
Auf dem Schloßberg (460 m; Sesselbahn und Aufzug; Schloßbergfest im Aug.), der einst die alte Burg der Zähringer Herzöge trug, spärliche Reste von drei Schlössern; vom Kanonenplatz (ehem. Bastion) schöner Blick auf Stadt und Münster.

Münsterblick vom *Schloßberg

Ausflüge von Freiburg

Lohnend sind Ausflüge auf den Schauinsland (21 km südlich; 1284 m ü. d. M.; Seilbahn), ins Höllental (20–25 km südöstlich) mit Hirschsprungfelsen und Ravennaschlucht sowie zum Titisee (31 km südöstlich).

Geisenheim **D**

Staat: Bundesrepublik Deutschland
Bundesland: Hessen
Höhe: 96 m ü.d.M.
Einwohnerzahl: 12400

Ortsbild

Geisenheim, einst Zollstation (Pfefferzoll) für die Umgehung der Stromschnellen bei Bingen, besitzt heute eine Forschungsanstalt für Weinbau, Gartenbau, Getränketechnologie und Landespflege (Schloß Monrepos) sowie Wein- und Sektkellereien. Beachtenswert die wegen ihrer Ausmaße als ‚Rheingauer Dom' bezeichnete katholische Pfarrkirche (wohl 8. Jh. gegr.; 1518 vollendet) zur Kreuzauffindung, mit zwei Türmen von 1838. Vor dem Rathaus die 1585 erstmals erwähnte Gerichtslinde (Lindenfest). Geisenheim besitzt mehrere schöne Adelshöfe (16.–18. Jh.); ferner den Longfellow-Brunnen, in Erinnerung an den US-amerikanischen Dichter (1807–82), der während seines Europaaufenthaltes 1835/36 auch in Geisenheim weilte und seine Eindrücke in einem Buch („Outre-Mer") fest-

Geisenheim (Fortsetzung)

gehalten hat. – Über dem Ort der Rothenberg, eine berühmte Weinlage.

* Schloß Johannisberg

Oberhalb von Geisenheim auf einer rebenbestandenen Anhöhe das Schloß Johannisberg (185 m), das an der Stelle eines 1090 gegründeten Klosters 1718 von J. K. Herwarthel (Pläne u.a. von J. Dientzenhofer) erbaut wurde und seit 1821 im Besitz der Familie Metternich steht, die hier ein berühmtes Weingut (Probierstube; Aussicht) unterhält. Die anstoßende ehemalige Klosterkirche wurde 1942 bei einem Luftangriff zerstört und seitdem erneuert.

Schwarzenstein

1 km nördlich die Ruine Schwarzenstein (schöner Ausblick).

Marienthal

Nahebei Marienthal mit Wallfahrtskloster.

Germersheim D

Staat: Bundesrepublik Deutschland
Bundesland: Rheinland-Pfalz
Höhe: 105 m ü.d.M.
Einwohnerzahl: 15000

Ortsbild

Das an der Einmündung der Queich in den Rhein gelegene Städtchen Germersheim ist Sitz des Fachbereiches für Angewandte Sprachwissenschaften (FAS; Dolmetscherinstitut) der Universität Mainz.
Der Ort ist schon in römischer Zeit als ‚Vicus Iulii' belegt. 1276 wurde Germersheim durch Rudolf I. von Habsburg als Stadt neu gegründet; er starb hier am 15. Juli 1291 auf seiner jetzt nicht mehr vorhandenen Burg. Die mehrfach zerstörten, zuletzt 1834 von Bayern wiederaufgebauten Festungsanlagen wurden 1922/23 weitgehend geschleift; erhalten u.a. das Ludwigstor (darin Heimatmuseum), das Weißenburger Tor und ‚Fronte Beckers'. – Heute zählt Germersheim zu den wichtigsten Werftplätzen am Rhein.
Die spätgotische ehemalige Serviten-Klosterkirche, jetzt katholische Pfarrkirche, stammt ursprünglich aus dem 14. Jh. und wurde nach einem Brand 1674 wiederaufgebaut.
In der Theobaldstraße die Stadthalle für Veranstaltungen aller Art. – Schönes Naherholungsgebiet mit Baggerseen.

Gernsheim D

Staat: Bundesrepublik Deutschland
Bundesland: Hessen
Höhe: 90 m ü.d.M.
Einwohnerzahl: 8000

Ortsbild

Gernsheim, auf den Resten eines römischen Lagers ruhendes altes Schiffer- und Fischerstädtchen, inmitten eines weiten Spargelanbaugebietes gelegen, ist Geburtsort von Peter Schöffer, dem Weggefährten Gutenbergs und Miterfinder der gegossenen Drucklettern. Auf dem Markt eine Gedenksäule (von 1836). In der Alten Schöfferschule ein Heimatmuseum. – In der Nähe von Gernsheim die Wallfahrtskapelle Maria Einsiedeln (15. Jh.).

Heidelberg

D

Staat: Bundesrepublik Deutschland
Bundesland: Baden-Württemberg
Höhe: 110 m ü.d.M.
Einwohnerzahl: 135000

Köln-Düsseldorfer (KD)

Ausflüge nach Heidelberg von der KD-Anlegestelle für Kabinenschiffe in →Speyer

Allgemeines

Heidelberg, die vielbesungene Universitäts- und alte Hauptstadt der Kurpfalz, liegt am Austritt des Neckars aus dem Odenwald in die Rheinebene. Die Altstadt, zwischen Fluß und Berg eingezwängt, wird von der berühmten Schloßruine beherrscht. Das prächtige Gesamtbild überblickt man am besten von der Theodor-Heuss-Brücke und vom Philosophenweg. – Heidelberg ist u.a. Sitz der Max-Planck-Institute für Kernphysik, Medizinische Forschung, Astronomie und Ausländisch-öffentliches Recht. Druckmaschinen, Landmaschinen, Kleb- und Dichtstoffe und chemisch-physikalische Apparate sind Erzeugnisse der heimischen Industrie. Die Stadt beherbergt auch mehrere Buchverlage. Eine der wichtigsten Verkehrsverbindungen zwischen Innenstadt und Industriegebieten im Westen bildet die umgebaute, 1988 freigegebene Czernybrücke.

Geschichte

1196 wurde der sich am Fuß einer Burg entwickelnde Ort erstmals urkundlich erwähnt. Die Pfalzgrafen machten ihn zu ihrer Residenz. 1386 gründete Pfalzgraf Ruprecht I. die Universität. Mit ihm begann auch die eigentliche Baugeschichte des Schlosses. Im Pfälzischen Erbfolgekrieg wurden 1689 und 1693 Schloß und Stadt zerstört. 1720 verlegte Kurfürst Carl Philipp seine Residenz nach Mannheim. 1802 kam die rechtsrheinische Pfalz an die Markgrafschaft, das spätere Großherzogtum Baden. Im II. Weltkrieg blieb Heidelberg von Bomben verschont.

Sehenswertes

*Kurpfälzisches Museum

*Universitätsbibliothek

Vom Bismarckplatz, südlich der aussichtsreichen Theodor-Heuss-Brücke, zieht die über 2 km lange Hauptstraße (Fußgängerzone) ostwärts zum Karlstor (von 1775). An ihr liegt das Kurpfälzische Museum (im barocken Palais Morass) mit kunst- und kulturgeschichtlichen Sammlungen (u.a. Windsheimer Zwölfbotenaltar, von Tilman Riemenschneider, und Abguß eines Unterkiefers des sog. ‚Homo heidelbergensis', ca. 500000 Jahre alt). Weiter östlich die Heiliggeistkirche (1400–1441, evang.; einst Begräbnisstätte der pfälzischen Kurfürsten), das Rathaus (1701–03) und das Haus zum Ritter, ein prachtvoller Renaissancebau von 1592 (Hotel), ferner das Völkerkundemuseum (im Palais Weimar; derzeit geschl.). – Südlich der Hauptstraße der Universitätsplatz mit der Alten Universität (1711; im östlich angebauten Pedellenhaus an der Augustinergasse noch der 1778–1914 benutzte Studentenkarzer) und die Neue Universität (1928–31 mit amerikanischer Hilfe erbaut); dahinter der Hexenturm, ehemals Teil der Befestigung. Gegenüber an der Grabengasse die reichhaltige Universitätsbibliothek (u.a. Manesse-Codex, eine Liederhandschrift aus dem 14. Jh.). Die kleine Peterskirche (15. Jh.) dient heute vor allem als Universitätskirche. – Weiter östlich am Karlsplatz die Akademie der Wissenschaften im barocken Großherzoglichen Palais. In der nahen Pfaffen-

Heidelberg: vielbesungene Stadt am Neckar ▶

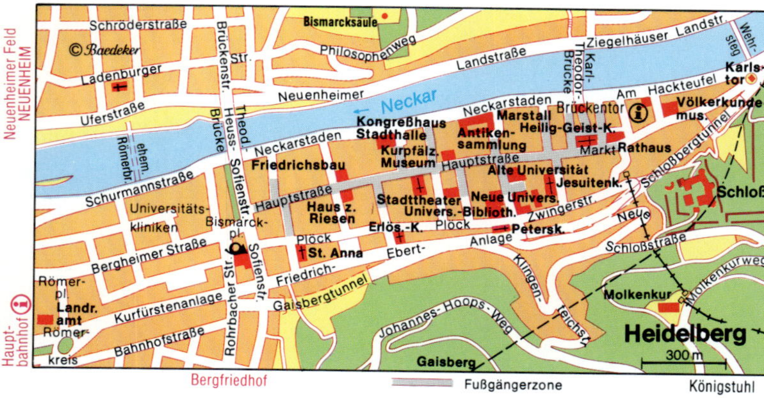

Sehenswertes (Fortsetzung)

gasse das Geburtshaus des ersten deutschen Reichspräsidenten Friedrich Ebert (1871–1925). Zwischen Hauptstraße und Neckar erstrecken sich die engen Altstadtgassen. An den Nekkarstaden (linkes Flußufer) die ehemalige Heuscheuer (Hörsäle) und der sog. Marstall (heute Mensa). Flußabwärts das Kongreßzentrum (ehem. Stadthalle), flußaufwärts die Karl-Theodor-Brücke von 1786–88, auch als ‚Alte Brücke' bekannt, mit schöner Aussicht. Vom Kornmarkt (prächtiger Blick zum Schloß) entweder mit der Standseilbahn (Schloß – Molkenkur – Königstuhl) oder über den Burgweg bzw. über die kurvige Neue Schloßstraße zum terrassenartig gelegenen, aus rotem Neckarsandstein erbauten Schloß (195 m), einem der edelsten Beispiele deutscher Renaissance-Architektur. Die einst glanzvolle kurfürstliche Residenz wurde hauptsächlich unter den Kurfürsten Otto Heinrich (1556–59), Friedrich IV. (1583–1610) und Friedrich V. (1610–20) aufgeführt; seit der Zerstörung durch die Franzosen (1689 und 1693) ist es Ruine geblieben, nach Umfang, Lage und malerischer Schönheit die großartigste in Deutschland. An der Ostseite des Schloßhofs (im Sommer Festspiele) der Ottheinrichsbau, die bedeutendste Leistung der deutschen Frührenaissance (1557–66), in dessen Untergeschoß sich das Deutsche Apothekenmuseum befindet; an der Nordseite des Hofes Gläserner Saalbau (1544–49) und Friedrichsbau, eines der hervorragendsten Baudenkmäler der reifen deutschen Renaissance (1601–07; von Joh. Schoch), mit Standbildern pfälzischer Fürsten (Originale im Innern); an der Westseite der Frauenzimmerbau (um 1540) mit dem Königssaal (Konzerte), etwas zurückliegend der Bibliotheksbau (um 1520), anschließend der gotische Ruprechtsbau (um 1400). Ein Gang führt unter dem Friedrichsbau hindurch auf den Altan mit prächtiger Aussicht. Links vom Friedrichsbau abwärts der Keller mit dem bekannten Großen Faß von 1751 (2200 hl); gegenüber ein Holzbild des Hofnarren Perkeo (um 1728). – Von der Großen Terrasse lohnender Blick. Mehrmals im Jahr Schloßbeleuchtung mit Feuerwerk.

*Alte Brücke

**Schloß (Eintrittsgebühr!)

*Philosophenweg

Von der Theodor-Heuss-Brücke zieht sich am Heiligenberg der Philosophenweg hin, mit berühmter Aussicht auf Stadt und Schloß. Nördlich des Neckars liegen Tiergarten und Botanischer Garten, ferner im Neuenheimer Feld das Museum des Zoologischen Instituts und das Museum Geologie/Paläontologie

(Original-Unterkiefer des homo erectus heidelbergensis). Lohnend sind von Heidelberg Ausflüge zum Heiligenberg (443 m; 5,5 km nördl.) mit Ruine der Michaelsbasilika (11. Jh.), zum Königstuhl (568 m; 7 km östl., Bergbahn) mit 82 m hohem Fernsehturm (weite Aussicht), Märchenparadies und Sternwarte, zum Schloß Schwetzingen (12 km westlich), im 18. Jh. Sommerresidenz der pfälzischen Kurfürsten, mit berühmtem Schloßgarten und Rokokotheater (1746–52 von Pigage; Festspiele) sowie nach Weinheim (17 km nördl.) mit Schloßpark, Exotenwald, Burgruine Windeck und Wachenburg. – Helikopterausflüge nach Rothenburg ob der Tauber und retour.

Heidelberg (Fortsetzung)
Ausflüge von Heidelberg

*Königstuhl

*Schloß Schwetzingen

Ingelheim am Rhein

D

Staat: Bundesrepublik Deutschland
Bundesland: Rheinland-Pfalz
Höhe: 120 m ü.d.M.
Einwohnerzahl: 22000

Allgemeines und Sehenswertes

Ingelheim am Rhein, die seit 1939 durch Zusammenschluß der drei Gemeinden Ober-Ingelheim (Ingelheim-Süd), Nieder-Ingelheim (Ingelheim-Mitte) und Frei-Weinheim (Ingelheim-Nord) entstandene industriereiche Stadt (Chemie, Pharmazeutika u.a.), liegt inmitten eines für seinen Spätburgunder Rotwein berühmten Wein- sowie Spargel- und Obstanbaugebietes. Prominentester Sohn der Stadt ist der Theologe, Mathematiker und Kosmograph Sebastian Münster (1488–1552), dessen Bildnis derzeit noch den 100-DM-Schein schmückt.
In Ingelheim-Mitte das Historische Museum (im Alten Rathaus). Im Stadtteil Nieder-Ingelheim sind an und bei der evangelischen Saalkirche (10./12. Jh.) die Reste der von Karl d. Gr. erbauten und von Ludwig dem Frommen vollendeten Kaiserpfalz (Villa Regia) sichtbar. Die bereits 742 erwähnte katholische Pfarrkirche St. Remigius gehörte wohl zu einem fränkischen Königshof. Die frühmittelalterlichen Baulichkeiten wurden 1689 von den Franzosen zerstört. – Unterhalb der Pfalz wurde ein merowingischer Hof nachgewiesen. – Nordöstlich vom Bahnhof das Sport- und Erholungszentrum „Im Blumengarten" (u.a. Frei- und Hallenschwimmbad). – Sternwarte zwischen Nieder- und Ober-Ingelheim.
Im Stadtteil Ober-Ingelheim ist die tor- und turmreiche Ortsbefestigung (u.a. Zwinger; Freilichtbühne) sowie die romanisch-gotische Burgkirche in einem befestigten Friedhof erhalten.
Im Ortsteil Frei-Weinheim der Industriehafen und die Autofähre nach Mittelheim; *Blick auf den Rheingau.

Modell der Kaiserpfalz

Karlsruhe

D

Staat: Bundesrepublik Deutschland
Bundesland: Baden-Württemberg
Höhe: 116 m ü.d.M.
Einwohnerzahl: 270000

Allgemeines

Karlsruhe, die ehemalige großherzoglich badische Residenz, liegt nahe am Rhein an den nordwestlichen Ausläufern des Schwarzwaldes. Typisch ist die auf das Schloß ausgerichtete

Allgemeines (Fortsetzung)

fächerförmige Stadtanlage. Karlsruhe ist der Sitz des Bundesgerichtshofes und des Bundesverfassungsgerichtes, der Universität Fridericiana (Technische Hochschule), des Zentrums für Kunst- und Medientechnologie (ZKM), der Hochschule für Musik sowie des Deutschen Kernforschungszentrums und eines Forschungszentrums für Informatik. Der 7 km entfernte Rheinhafen begünstigte die Ansiedlung vielfältiger Industrien.

Geschichte

Karlsruhe verdankt seine Entstehung dem Markgrafen Karl Wilhelm von Baden-Durlach, der hier 1715 seine neue Residenz

Karlsruhe, Geschichte (Fortsetzung)

gründete. Ihr klassizistisches Gepräge erhielt die Stadt Anfang des 19. Jh.s durch schlicht-vornehme Staats- und Privatbauten des in Rom geschulten Baumeisters Friedrich Weinbrenner. Im Zweiten Weltkrieg erlitt Karlsruhe durch wiederholte Luftangriffe starke Zerstörungen, die jedoch in einem großzügigen Wiederaufbau beseitigt wurden. – In Karlsruhe wurde 1785 Karl von Drais geboren, der Erfinder des Laufrades, und 1844 Carl Benz, der Konstrukteur des Benzinmotors. Er baute 1885 seinen ersten Benzinmotorwagen.

*Schloß in Karlsruhe

Herzstück der Stadt ist der Schloßplatz mit dem 1752–85 von Friedrich von Keßlau z.T. nach Plänen von Balthasar Neumann erbauten Schloß; im Innern das reichhaltige Badische Landesmuseum. Hinter dem Schloß der ausgedehnte Schloßgarten. – An der Südwestseite des Schloßplatzes liegt die Staatliche Kunsthalle, mit bedeutender Gemäldesammlung (auch Hans-Thoma-Museum); weiter südwestl. das Prinz-Max-Palais (u.a. Bau- u. Theatergeschichte). Nördlich der Kunsthalle das Bundesverfassungsgericht (von 1968). – 1 km nordöstlich vom Schloß das Wildparkstadion. – Südlich vom Schloßplatz der Marktplatz (seit 1981 Fußgängerzone) mit der 6,50 m hohen Pyramide aus rotem Sandstein, dem Wahrzeichen der Stadt. Sie birgt die Gruft des Stadtgründers. Zu beiden Seiten des Platzes, der die lange Kaiserstraße in zwei Hälften teilt, die Evangelische Stadtkirche und das Rathaus (beide von Weinbrenner; Glockenspiele v. Rathaus). Im östlichen Teil der Kaiserstraße die schon 1825 gegründete Technische Universität, an der Heinrich Hertz 1885–1889 die elektromagnetischen Wellen entdeckte, sowie das Pfinzgaumuseum Durlach (u.a. Fayencen). – Südwestlich vom Marktplatz, am Friedrichsplatz, die Stephanskirche (1814; von Weinbrenner). An der Südseite des Platzes das Naturkundemuseum (Vivarium); dahinter im Nymphengarten die Badische Landesbibliothek (von 1964). Südwestlich das ehemalige Erbgroßherzogliche Palais (1893–97), das den Bundesgerichtshof beherbergt.

*Kunsthalle

Pyramide

Südöstlich vom Markt, nicht weit von der Straßenkreuzung am Ettlinger Tor, das Badische Staatstheater (1970–75; Oper und Schauspiel). Weitbekannt wurden die Händel-Festspiele (Sitz der Händel-Akademie); ferner Europäische Kulturtage. Die Ettlinger Straße führt südlich zum Festplatz, dem Mittelpunkt des Kongreß- und Ausstellungszentrums (KKA) mit Stadthalle, Schwarzwaldhalle (1953/54), einem ovalen Glasbau mit geschwungenem Dach, sowie der Nancy-Halle (1966). – Weiter südlich erstreckt sich der Stadtgarten mit dem Zoo. – Westlich vom Bahnhof die Europahalle (Großsporthalle).

Festplatz
KKA

Kaub

D

Staat: Bundesrepublik Deutschland
Bundesland: Rheinland-Pfalz
Höhe: 79 m ü.d.M.
Einwohnerzahl: 1350

Köln-Düsseldorfer (KD)

Anlegestelle der KD-Tagesausflugsschiffe am Rheinufer

Allgemeines

Der alte Ort Kaub, ehemalige Zollstätte und traditioneller Wohnsitz für Schiffslotsen, ist noch heute einer der bedeutendsten Weinbauorte am Mittelrhein und Zentrum der rheinischen Dachschiefergewinnung (‚Leien‘).

Sehenswertes in Kaub

Der Ort besitzt eine gut erhaltene mittelalterliche Stadtmauer (lohnender Hochweg auf dem Wehrgang) und wird überragt von der Burg Gutenfels (s. S. 117). Ein Standbild des Feldmarschalls Blücher erinnert an den Rheinübergang der Schlesischen Armee in der Neujahrsnacht 1813/14. Die damals geschlagene Schiffsbrücke hatte ihren Stützpunkt an der Pfalz im Rhein. Kleines Blücher-Museum (Metzgergasse Nr. 6).
In unmittelbarer Nähe ein Waldlehrpfad.

Blücher-Denkmal

Pfalzgrafenstein im Rhein s. Seite 117

Kleve

D

Staat: Bundesrepublik Deutschland
Bundesland: Nordrhein-Westfalen
Höhe: 17 m ü.d.M.
Einwohnerzahl: 46000

Allgemeines

Der Luftkurort Kleve, einst Hauptstadt des gleichnam. Herzogtums, liegt reizvoll an einem früher das linke Rheinufer bildenden Bergrücken (u.a. Schuh- und Margarinefabriken; metallverarbeitende Industrie). Mit dem jetzt 6 km nördl. vorbeifließenden Strom ist die Stadt durch den im 11. Jh. angelegten, 9 km langen Spoykanal verbunden, der die Fortsetzung des alten Rheinarmes Kermisdahl ist. Im Zweiten Weltkrieg erlitt Kleve schwere Zerstörungen (Soldatenfriedhöfe). – Jachthafen am Altrhein.

Sehenswertes

Im Zentrum der Stadt (Anhöhe) das ehem. Schloß der Herzöge von Kleve, die ‚Schwanenburg' (15.–17. Jh.); im Schwanenturm Geolog. Mus.). An der Kavariner Straße die ehemalige Minoritenkirche (kath., 15. Jh.; schön geschnitztes Chorgestühl von 1474), ferner das Städt. Museum Haus Koekkoek (Kunstsammlg.). Am kleinen Markt die ehem. Stiftskirche (1341–1426; Grabmäler der Herzöge von Kleve); ferner ein Kriegerdenkmal des rhein. Bildhauers Ewald Mataré (1887–1965; 1992 Mus. im Kurhaus). Im Nordwesten der Stadt der Tiergarten, südl. der Klever Berg (106 m ü.d.M.; Aussichtsturm, Robinsonspielplatz). – Moritzpark, Forstgarten (Amphitheater) und Reichswald sind beliebte Freizeitareale. – 8 km südöstl. von Kleve Burgruine Schloß Moyland (Restaurierung im Gange; für 1993 Beuys-Museum mit Werken a.d. Sammlg. van der Gruiten gepl.).

Koblenz

D

Staat: Bundesrepublik Deutschland
Bundesland: Rheinland-Pfalz
Höhe: 60 m ü.d.M.
Einwohnerzahl: 110000

Köln-Düsseldorfer (KD)

Anlegestellen der KD-Schiffe an den Rheinanlagen und am Konrad-Adenauer-Ufer
Agentur der KD am Konrad-Adenauer-Ufer

Allgemeines

Koblenz, reizvoll an der Mündung der Mosel in den Rhein gelegen, ist ehemalige Residenzstadt der Trierer Kurfürsten. Koblenz ist ein wichtiger Verkehrsknotenpunkt, Sitz zahlreicher Behörden sowie einer der bedeutendsten Weinhandelsplätze

Deutsches Eck in Koblenz (jetzt wieder mit Kaiser-Wilhelm-Denkmal)

am Rhein und die größte Garnisonsstadt der Bundesrepublik Deutschland (Bundesamt für Wehrtechnik und Beschaffung). Das Stadtbild wird von der auf dem rechten Rheinufer thronenden Feste Ehrenbreitstein (s. S. 123) beherrscht.
Höchst eindrucksvoll ist das sommerliche Lichterfest „Der Rhein in Flammen" (mit Feuerwerk; 2. Wochenende im August) zwischen Koblenz und Braubach. – Museum Ludwig (1992).

Geschichte

Im Jahre 9 v. Chr. gründeten die Römer zur Sicherung des Moselüberganges die Befestigung ‚Castrum apud confluentes'. 1018 kam Koblenz unter die Herrschaft der Erzbischöfe (später Kurfürsten) von Trier, die hier vom 13. Jh. bis zum Anfang des 19. Jh.s häufig residierten. Dann wurde die Stadt Festung und Hauptstadt der preußischen Rheinprovinz. Im Zweiten Weltkrieg erlitt sie erhebliche Zerstörungen. – Von 1827 bis 1872 war Koblenz Sitz der Verlagsbuchhandlung von Karl Baedeker (1801–1859).

Sehenswertes

Kurfürstliches Schloß

Unweit vom Rheinufer liegt nördlich der Pfaffendorfer Brücke das klassizistische Schloß, 1777–86 von dem letzten Trierer Kurfürsten Clemens Wenceslaus erbaut (jetzt Sitz von Behörden; Kunstausstellungen); südlich das Rhein-Mosel-Congress-Centrum mit Rhein-Mosel-Halle.

Rhein-Mosel-Congress-Centrum

*St. Kastor

Rheinabwärts steht die Kirche St. Kastor, 836 außerhalb der damaligen Stadt gegründet, in ihrer jetzigen Gestalt größtenteils aus dem 12. Jh. (Westtürme u. Inneres rest.; u. a. Gruften von Kuno v. Falkenstein und des Kurfürsten J. VI. v. d. Leyen). – Weiterhin das Deutsche Eck, die nach dem ehemaligen Deutschherrenhaus (sommerliche Serenadenabende im ‚Blumenhof') benannte Landspitze zwischen Rhein und Mosel, mit der Nach-

Koblenz

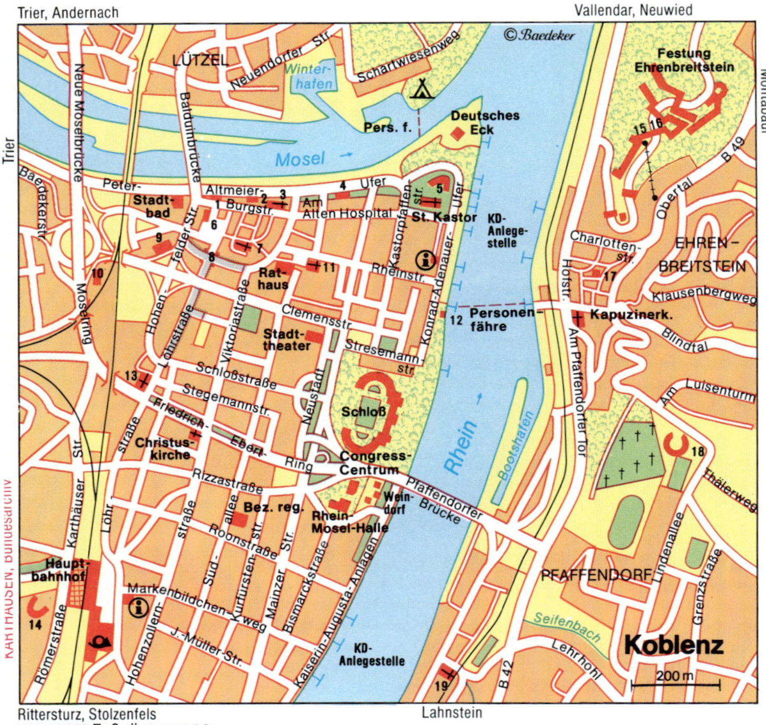

Fußgängerzone

1 Alte Burg (Stadtarchiv, Stadtbibliothek)
2 Mittelrhein-Museum (Altes Kaufhaus, Schöffenhaus)
3 Florinskirche
4 Deutscher Kaiser
5 Deutschherrenhaus mit „Blumenhof“
6 Alte Münze
7 Liebfrauenkirche
8 Vier Türme (Erker)
9 Bundesarchiv
10 Polizeipräsidium
11 Jesuitenkirche
12 Kranturm
13 Herz-Jesu-Kirche
14 Fort Constantin
15 Rheinmuseum
16 Landesmuseum
17 Beethoven-Gedenkstätte
18 Festung Asterstein
19 Kirche St. Peter und Paul

Sehenswertes (Fortsetzung)

bildung des alten Reiterstandbilds Kaiser Wilhelm I. Auf dem höchsten Punkt der Altstadt die kath. Liebfrauenkirche (12.–15. Jh.). Östlich davon das Rathaus (1695–1700) mit dem Schängelbrunnen. Unweit nördlich der Florinsmarkt mit evangelischer Florinskirche (12.–14. Jh.) und dem Mittelrhein-Museum (im Alten Kaufhaus). – An der Mosel die ehemalige kurtrierische Burg (1276–80; jetzt Stadtarchiv und Stadtbibliothek). Nahebei führt die 1343–1420 erbaute Balduinbrücke zu der am linken Moselufer gelegenen Vorstadt Lützel. Etwas flußaufwärts die Neue Moselbrücke (von 1954). – Die Rheinanlagen ziehen sich vom Schloß etwa 4 km rheinaufwärts bis zur Rheininsel Oberwerth (Strandbad und Stadion). Oberhalb der Pfaffendorfer Brücke das 1925 errichtete und 1951 neu aufgebaute Weindorf (Apr.–Okt. Unterhaltung; auch Weinproben).

Umgebung

Auf einem steil über dem Rhein aufragenden Ausläufer des Hunsrücks, etwa 4,5 km südlich von Koblenz, der Aussichtspunkt Rittersturz (166 m ü.d.M.).

*Rittersturz

Schloß Stolzenfels s. Seite 122; Ehrenbreitstein s. S. 123

Köln

D

Staat: Bundesrepublik Deutschland
Bundesland: Nordrhein-Westfalen
Höhe: 36 m ü.d.M.
Einwohnerzahl: 1 Mio.

Köln-Düsseldorfer (KD)

Köln ist Sitz und Winterhafen der Köln-Düsseldorfer Deutsche Rheinschiffahrt AG. – Anlegestellen der KD-Schiffe in Köln an der Frankenwerft (Rheingarten; Nähe Deutzer Brücke) sowie in Köln-Porz am Rheinufer.
Verwaltung, Information und Buchungen:
Frankenwerft 15, D-50667 Köln; Telefon: (0221) 20 88-0 (Zentrale), 20 88-318 u. 319 (Information), 20 88-288 (Buchung)

Allgemeines

Köln, die alte Domstadt am Rhein, ist einer der wichtigsten Verkehrsknotenpunkte und Handelsplätze der Bundesrepublik Deutschland mit weltbekannten Messen und regem Rhein-See-Verkehr. Köln ist Sitz eines Erzbischofs, einer Universität und einer Sporthochschule, des Imhoff-Stollwerck-Schokoladenmuseums (im Rheinauhafen), von Rundfunk- und Fernsehanstalten (WDR, Deutsche Welle, Deutschlandfunk, RTL plus), eine Hochburg des Sports und des rheinischen Karnevals. Mit seinen alten Kirchen und Römerstätten ist es einer der Brennpunkte abendländischer Kultur. – Einkaufszentrum entlang der Hohe Straße.

Eine typische Kölner Einrichtung ist die ‚Kölsche Bierkneipe', in der das einheimische obergärige ‚Kölsch', ein leichtes Bier, ausgeschenkt wird.

Köln zeigt seine schönste Seite vom Rhein her

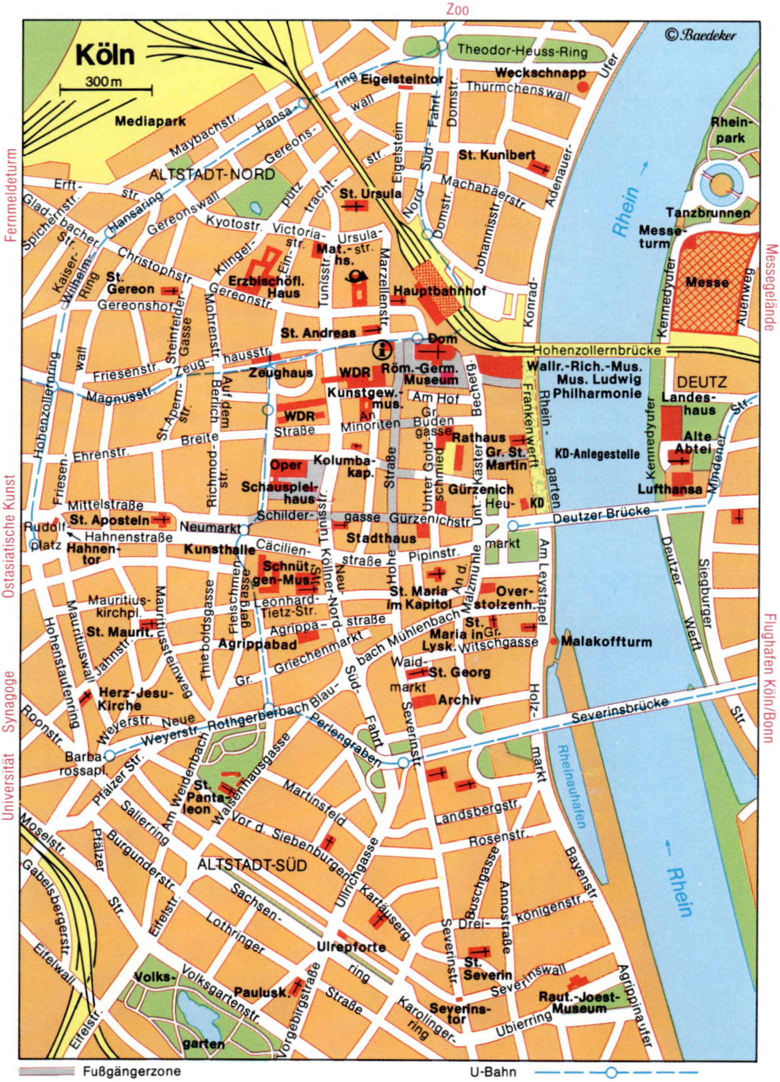

Geschichte

Köln entstand aus der römischen Kolonie ‚Colonia Claudia Ara Agrippinensium', gehörte seit dem Ende des 5. Jahrhunderts zum Reich der Franken, wurde von Karl d. Gr. zum Erzbistum erhoben und war schon im Mittelalter eine der führenden

Hinter Groß St. Martin ragen die Domtürme auf ▶

Geschichte (Fortsetzung)

Städte Deutschlands sowie zeitweilig neben Lübeck das wichtigste Mitglied der Hanse. Mit der Rheinprovinz wurde die Stadt preußisch. Der Zweite Weltkrieg zerstörte den größten Teil der Innenstadt, die sich heute mit dem Geschäftsviertel um die Hohe Straße in modernem Gewand zeigt.

Sehenswertes
**Dom

Wahrzeichen der Stadt ist der mächtige Dom, ein Meisterwerk der Hochgotik und eine der größten Kathedralen Europas. Er wurde 1248 als großartigstes und umfangreichstes Bauprojekt des Mittelalters begonnen, blieb aber seit dem Anfang des 16. Jahrhunderts stehen und wurde erst 1842–80 vollendet. Im Inneren (6166 m^2 mit 56 Pfeilern) über dem Hochaltar der Dreikönigenschrein (Goldschmiedearbeit des 12./13. Jh.s nach Entwürfen von Nikolaus von Verdun; im Chorumgang das berühmte Bild von Stephan Lochner „Anbetung der Könige" (um 1440; fälschlich ‚Dombild'), an den Chorpfeilern edle frühgotische Standbilder (14. Jh.); in der Kreuzkapelle das Gerokreuz; sehenswerte Schatzkammer. Vom Südturm (mehr als 500 Stufen) weite Rundsicht.

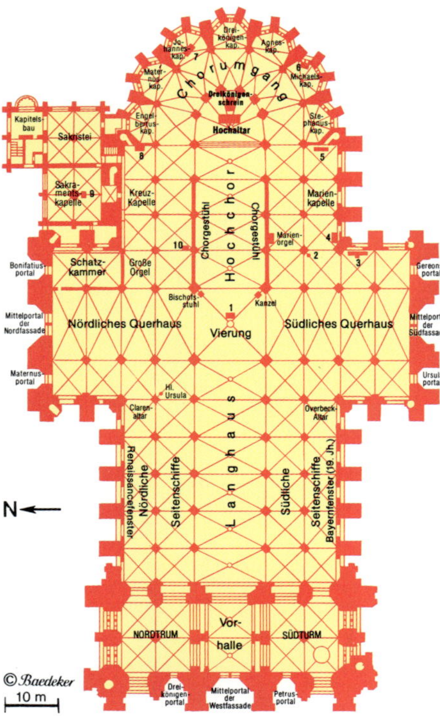

Kölner Dom
St. Peter und Marien
Kathedrale des Erzbistums Köln

1 Bronzealtar
2 St. Christophorus
3 Agilolphusaltar
4 Hochgrab des Erzbischofs Reinald von Dassel
5 'Dombild' von Stephan Lochner
6 Kreuzigungsaltar von B. Bruyn d.Ä.
7 Hochgrab des Erzbischofs Konrad von Hochstaden
8 Gerokreuz
9 Mailänder Madonna
10 Zugang zur Krypta

Große Glocken:
Petersglocke (c°, 24 t; von 1923)
Pretiosa (g°, 11,2 t; von 1448)
Speciosa (a°, 6 t; von 1449)
Dreikönigenglocke (h°, 3,8 t; von 1880)
Ursulaglocke (c', 2,5 t; von 1862)

Maße:
Außenlänge: 144,58 m
Innenlänge des Mittelschiffes: 119 m
Äußere Querhausbreite: 86,25 m
Innere Langhausbreite: 45,19 m
Höhe des Nordturmes: 157,38 m
Höhe des Südturmes: 157,31 m
Höhe des Dachreiters: 109 m
Höhe des Dachfirstes: 61,10 m
Höhe des Mittelschiffes: 43,35 m
Höhe der Seitenschiffe: 19,80 m
Überbaute Fläche: 7 914 qm
Fensterflächen: ca. 10 000 qm
Dachflächen: ca. 12 500 qm
Umbauter Raum: ca. 407 000 cbm

**Römisch-Germanisches Museum

Südlich vom Dom das Römisch-Germanische Museum mit dem Dionysos-Mosaik (2. Jh. n. Chr.), dem 15 m hohen Grabmal des Poblicius (1. Jh. n. Chr.) sowie einer reichen Sammlung an römischen Gläsern und Geräten. Nahebei das Diözesanmuseum.

Am Wallrafplatz das Funkhaus des WDR. – Weiter südlich die Kolumba-Kapelle (1949–52). – Östlich, zwischen Dom und Rhein, liegt das große Kulturzentrum (1981–1986) mit Wallraf-Richartz-Museum und Museum Ludwig sowie Agfa-Foto-Historama; zwischen dem Wallraf-Richartz-Museum und dem Werkstättentrakt erstreckt sich der Heinrich-Böll-Platz, unter dem sich die Philharmonie (2000 Pl.) befindet.

WDR-Funkhaus

** Wallraf-Richartz-Museum und Museum Ludwig

Philharmonie

Westlich vom Dom die Kirche St. Andreas (15. Jh.; in der Grabkapelle in einem römischen Sarkophag die Gebeine des hl. Albertus Magnus); nahebei das Mus. f. Ostasiatische Kunst und, Burgmauer 68, das Besteckmuseum Bodo Gaub. Weiter westlich das Zeughaus mit dem Kölnischen Stadtmuseum. Am Ende der Zeughausstraße links der Römerturm (1. Jh. n. Chr.), ein Rest der römischen Stadtmauer. – Unweit nördlich liegt die romanische Kirche St. Gereon mit langgestrecktem Chor (11. Jh.) und zehneckigem Kuppelbau, der in römischer Zeit errichtet und 1227 erweitert wurde.

* St. Gereon

Südlich vom Dom steht in der Straße Am Hof der Heinzelmännchenbrunnen von 1899, der an die kleinen hilfsbereiten Männlein aus Köln erinnert. Noch weiter südlich das Alte Rathaus (15./16. Jh.; Hansasaal); gegenüber das auf Resten des römischen Praetoriums (Museum) 1954–57 erbaute Neue Rathaus. Südwestlich der Gürzenich, 1437–44 als Kauf- und Festhaus errichtet. Weiter südlich die Kirche St. Maria im Kapitol (11.–13. Jh.), im Innern schöne geschnitzte Türflügel aus dem frühen Mittelalter (1050–65); unter dem Chor eine gewaltige Krypta.

* Praetorium

Am Neumarkt die Kirche St. Aposteln (11.–13. Jh.), ferner das Käthe-Kollwitz-Museum i. d. Kreissparkasse. Unweit nördlich die städtischen Theater (Opernhaus von 1954–56; Schauspielhaus von 1959–62). In der Glockengasse das 4711-Haus (Hausnummer aus der Zeit der französischen Besatzung um 1800) der bekannten Kölnisch-Wasser-Firma; schöne vorgeblendete ‚neugotische' Fassade mit einem Glockenspiel.
Südöstlich vom Neumarkt, in der St.-Cäcilien-Basilika, das Schnütgen-Museum (Sammlungen kirchlicher Kunst). Einen knappen Kilometer weiter südlich die Kirche St. Pantaleon (10.–17. Jh.) mit dem Grab der Kaiserin Theophano (gest. 991), der Gemahlin Ottos II.

Severinstor

Zwischen der Hohenzollernbrücke und der Deutzer Brücke erstreckt sich am linken Rheinufer der neu angelegte Rheingarten (Frankenwerft; unterirdische Verkehrsführung der vielbefahrenen Rheinuferstraße).

Um die Altstadt ziehen sich die vor der ehemaligen Stadtmauer angelegten Ringstraßen. Von den alten Torburgen sind erhalten: im Norden die Eigelsteintorburg, im Westen die Hahnentorburg und im Süden die Severinstorburg. Unweit nördlich vom Severinstor die gut wiederhergestellte Kirche St. Severin (11.–15. Jh.) mit sehenswertem römisch-fränkischen Gräberfeld. Am nahen Ubierring das Rautenstrauch-Joest-Museum (Völkerkunde; Verlegung der Sammlg. in ei. zu erstellenden Neubau südl. d. Deutzer Brücke, am Heumarkt, in Planung) – In der südlichen Vorstadt Marienburg wurden 1983 am Bayenthalgürtel (Nr. 9) die Reste des Römerkastells Alteburg, des einstigen Hauptquartiers der römischen Rheinflotte, freigelegt. – Auf dem rechten Rheinufer, zu dem die Severinsbrücke (1959; Straßenbrükke, 691 m lang), die Deutzer Brücke (1948; Straßenbrücke), die Hohenzollernbrücke (Dombrücke; Eisenbahn und Fußgänger)

Sehenswertes in Köln (Fortsetzung)
Deutz

und die Zoobrücke (1966; Straßenbrücke; schräg darüber die Rheinseilbahn) hinüberführen, liegt der Stadtteil Deutz, das ‚Castellum Divitia' (von 310) der Römer, mit Messe- und Ausstellungshallen, dem Kongreßzentrum Ost und dem schönen Rheinpark (‚Tanzbrunnen'; Mineral-Thermalbad; Sessellift). – Zum nördlichen Stadtteil Mülheim führt die 1949–51 neu erbaute Mülheimer Hängebrücke (315 m Spannweite). – In Köln-Bocklemünd ist auf dem Produktionsgelände „WDR-Publik" ein Blick hinter die Fernsehkulissen mögl. (‚WDR-Hollymund-Express').

Umgebung von Köln
* Altenberger Dom
* Schloß Augustusburg

Etwa 30 km nordöstlich der Altenberger Dom (‚Bergischer Dom'), eines der glänzendsten Beispiele rheinischer Frühgotik (1259–1379). – Schloß Augustusburg in Brühl (12 km südl.), die im 18. Jh. erbaute ehem. erzbischöfliche Residenz mit ihrer prunkvollen Innenausstattung, gehört zu den reizvollsten Schlössern des Übergangsstils vom Spätbarock zum Rokoko (Treppenhaus von Balthasar Neumann; großer Park; Empfang hoher polit. Gäste). – Bei Brühl der Freizeitpark ‚Phantasialand'. – Fähre Brühl – Kollerinsel (396 ha; 20 Einw.) – Otterstadt.

* Phantasialand

Königswinter

D

Staat: Bundesrepublik Deutschland
Bundesland: Nordrhein-Westfalen
Höhe: 60 m ü.d.M.
Einwohnerzahl: 37 000

Köln-Düsseldorfer (KD)

Anlegestellen und Agentur der KD an der Rheinallee (Rheinufer)

Ortsbild

Königswinter ist ein vielbesuchter Luftkur- und Ausflugsort in überaus reizvoller Lage zu Füßen des Siebengebirges (s. S. 127), in das von hier die meisten Zugangswege führen. Von der Rheinuferpromenade schöner Blick auf Mehlem und den Rodderberg. – Siebengebirgsmuseum. – Nibelungenhalle, mit Drachenhöhle und Reptilienzoo.

Eine Zahnradbahn (auch Fußweg, Kutsch- und Planwagenfahrten, Eselsritte) führt zum Drachenfels hinauf, der Königswinter südöstlich überragt. Diese am weitesten zum Rhein vorgeschobene Erhebung der sieben Berge des Siebengebirges ist eng mit der Siegfriedsage verbunden. Hier soll in einer Höhle der Drache gehaust haben, den Siegfried bezwang. Am Abhang des Drachenfels wurde der Trachyt für den Bau des Kölner Doms gebrochen. – Die 1520 m lange, 1883 als erste ihrer Art in Deutschland erbaute Zahnradbahn führt mit Zwischenstationen bei dem prunkhaften Schloß Drachenburg (19. Jh., Besichtigung; Wildpark) und dem in einer Talmulde unterhalb des Gipfels gelegenen Hotel-Restaurant Burghof hinauf zur Drachenfelsterrasse. Von hier gelangt man in wenigen Minuten zur Ruine der Burg Drachenfels (321 m ü.d.M.), die 1147 erbaut und 1634 geschleift wurde. Die Aussicht von oben ist großartig und reicht bis Köln. Am Südwesthang des Berges die Rotweinlage ‚Drachenblut'. – Nordöstlich vom Drachenfels die Wolkenburg (324 m ü.d.M.), deren einst von einer Feste gekrönter Gipfel durch Steinbrüche weitgehend abgetragen ist.

* Burgruine Drachenfels

Petersberg

Nordöstlich erhebt sich über Königswinter der bewaldete Petersberg. Das hochgelegene einstige Petersberg-Hotel war nach dem Zweiten Weltkrieg Sitz der Hohen Kommissare der

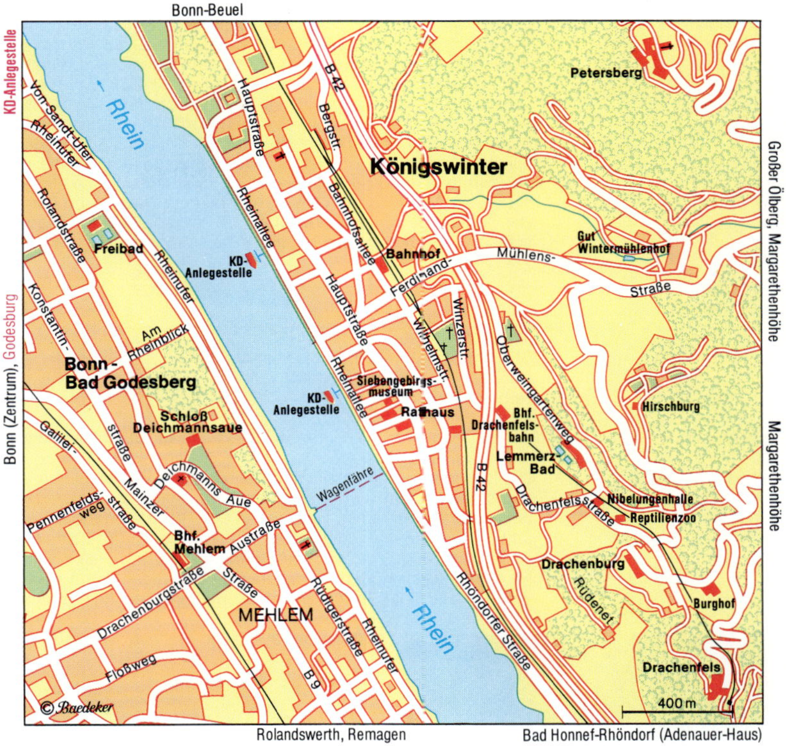

westlichen Alliierten, danach Nobelherberge für Staatsoberhäupter. Nach Um- bzw. Neubau wird es 1990 u a. als Gästehaus der Bundesregierung genutzt (auch Rest.). – Weinwanderweg in Oberdollendorf.

Petersberg (Fortsetzung)

Krefeld

D

Staat: Bundesrepublik Deutschland
Bundesland: Nordrhein-Westfalen
Höhe: 40 m ü.d.M.
Einwohnerzahl: 230000

Allgemeines und Sehenswertes

Krefeld ist Hauptsitz der deutschen Samt- und Seidenindustrie (seit 18. Jh.). Daneben ist die Plüsch-, Stahl- und Metallwarenfabrikation bedeutend; außerdem Sitz der Fachhochschule Niederrhein für Design und Maschinenbau. Bekannt sind ferner der Krefelder Zoo (rd. 1500 Tiere), der Botanische Garten (45000 m^2) sowie die Krefelder Puppentheater-Tage.

Die Altstadt bildet mit den regelmäßigen Stadterweiterungen des 18. Jh.s ein großes Rechteck, das von den vier breiten Strassenzügen des Ost-, Süd-, West- und Nordwalles umzogen wird.

Sehenswertes in Krefeld (Fortsetzung)

Unweit des Ostwalles (westl. d. Hauptbahnh.) das Hansazentrum (1985; Hotel im Hansa-Haus, Boutiquen u.a.), am Westwall (Karlsplatz 35) das Kaiser-Wilhelm-Museum (Kunst v.d. Gotik b.z. 20. Jh.). Nördlich die Dionysiuskirche (1754–68; kath.) sowie noch weiter nördlich das Rathaus (ehem. Schloß von 1795). Am Theaterplatz Seidenweberhaus (1975; Verkehrsverein, Stadthalle u.a.) und Stadttheater (1963). – In der Wilhelmshofallee die Museen Haus Esters u. Haus Lange (moderne Kunst).

Linn

Im Stadtteil Linn, Andreasmarkt Nr. 8, das Deutsche Textilmuseum (Textilien aus aller Welt); ferner hier die Wasserburg Linn (14. Jh.) mit Herrenhaus (18. Jh.); dabei ein Museum (Stadtgeschichte, Volkskunde des Niederrheins, Vorgeschichte u.a.).

Lahnstein

D

Staat: Bundesrepublik Deutschland
Bundesland: Rheinland-Pfalz
Höhe: 71 m ü.d.M.
Einwohnerzahl: 19000

Köln-Düsseldorfer (KD)

Anlegestellen der KD-Tagesausflugsschiffe in Niederlahnstein und Oberlahnstein

Allgemeines

Die Doppelstadt Lahnstein, 1969 durch die Zusammenlegung von Oberlahnstein und Niederlahnstein entstanden, liegt zu beiden Seiten der Lahn, wo diese in den Rhein mündet.

Oberlahnstein

Links der Lahn-Mündung, überragt von der Burg Lahneck (s. S. 121), liegt der Stadtteil Oberlahnstein, mit Hafen und Maschinenfabriken. Von der alten Stadtbefestigung sind noch größere Teile, auch Tore und Türme, erhalten. Das Alte Rathaus

Lahnstein: Martinsschloß ...

... und Burg Lahneck

Oberlahnstein (Fortsetzung)

(15. Jh.) ist ein reichgeschmückter spätgotischer Fachwerkbau. Die katholische Martinskirche (von 1775) besitzt einen Chor aus dem 14. Jh. und zwei spätromanische Türme. Am Salhofplatz die Stadthalle und der Hexenturm (Museum der Stadt). – Unweit südlich des Oberlahnsteiner Bahnhofes, am Rhein, das Martinsschloß, eine ehemals kurmainzische Zollburg (14.–18. Jh). – Im Osten der Aussichtsturm Sechsseenblick. Südlich außerhalb der Stadt die Liebfrauenkapelle (oder ‚Wenzelskapelle'; 1905 hierher versetzt), in der am 20. August 1400 König Wenzel von den Kurfürsten entthront wurde. – Über den Rheinhöhenweg gelangt man östlich zum Kurzenturm mit den Kurthermen Dorimare (31 bzw. 36 °C; ‚Bad auf der Höhe'), ferner Hotel, Tenniscenter und Ferienpark; nahebei der Naturpark Nassau.

*Kurthermen Dorimare

Niederlahnstein

Rechts der Lahn-Mündung erstreckt sich der schon in römischer Zeit belegte Stadtteil Niederlahnstein, an einem wichtigen Straßen- und Eisenbahnknotenpunkt. Unmittelbar bei der Flußmündung erhebt sich die Johanniskirche, ursprünglich im 12. Jh. über einer älteren Kirche des 9. Jh.s errichtet, 1794 niedergebrannt und seit 1856 wiederhergestellt; in der Nähe Mauerreste eines röm. Stromsicherungswerkes (‚burgus') aus dem 4. Jahrhundert. Nahe den Rheinanlagen ein Freizeitgelände mit Hallenbad, Minigolf und Tennisplätzen. – Von den einst reichen Adelshöfen sind noch das Heimbachhaus (12. Jh.), der Arnsteiner Hof (15. Jh.; jetzt Forstamt) und der Nassauer Hof (16. Jh.) erhalten. Das vielbesungene Wirtshaus an der Lahn (Lahnstraße Nr. 8), ein Fachwerkbau von 1697, steht über einem älteren Bau des 14. Jahrhunderts. – Östlich von Niederlahnstein, über dem rechten Lahnufer, der weithin sichtbare Allerheiligenberg (157 m ü.d.M.; Stationenweg) mit Allerheiligenkapelle, weiterhin das Naturschutzgebiet Ruppertsklamm (Schutzhütte). – Aussichtsturm Lichterkopf nördlich.

Lahr (Schwarzwald) D

Staat: Bundesrepublik Deutschland
Bundesland: Baden-Württemberg
Höhe: 172 m ü.d.M.
Einwohnerzahl: 36000

Allgemeines und Sehenswertes

Lahr (urspr. röm. Siedlung und Töpferei; Funde im Museum für Ur- und Frühgeschichte s.u.) liegt am Westrand des mittleren Schwarzwaldes, inmitten eines weiten Wein- und Tabakanbaugebietes (auch div. Industriebetriebe; Tabakfabrik). Weithin bekannt wurde Lahr durch den Almanach „Lahrer Hinkender Bote" (seit 1801) und den Lahrer Dichterkreis um Friedrich Geßler (1844–1891; Gedenktafel Bürklinstr. 3; Grab a.d. Alten Friedhof). – Kanadische Streitkräfte. – Der Ort entfaltete sich seit der Mitte des 13. Jh.s im Norden einer 1677 niedergebrannten Tiefburg der Herren von Geroldseck, von der als letzter Rest nur der Storchenturm (13. Jh.; Geroldsecker Museum) in der Fußgängerzone an der Marktstraße erhalten ist. Unweit östlich davon die frühgotische Stiftskirche (13. Jh.; im 19. Jh. wiederhergestellt). Das ursprünglich aus dem Jahre 1608 stammende Alte Rathaus wurde 1855 im Geschmack der Zeit umgestaltet. In der Altstadt finden sich noch mehrere ansehnliche Wohnhäuser des 17. bis frühen 19. Jahrhunderts. Besuchenswert ist der Stadtpark (u.a. Tiergehege), mit einem Museum zur Stadt- und Regionalgeschichte; Gemälde und Möbel) und dem hierher

Sehenswertes in Lahr (Fortsetzung)

verlegten Museum für Ur- und Frühgeschichte. Die evangelische Kirche (1035 und 12.–15. Jh.) im nordöstlichen Vorort Burgheim besitzt spätgotische Wandmalereien. – Im Stadtteil Reichenbach (5 km südöstl.) eine Hammerschmiede.

Umgebung von Lahr

Nordwestlich über Lahr, auf dem Schutterlindenberg (296 m ü. d. M.; Aussicht), die sogenannte Verfassungssäule von 1843; ferner das Terrassenbad (beh. Freibad).

Lampertheim

D

Staat: Bundesrepublik Deutschland
Bundesland: Hessen
Höhe: 94 m ü.d.M.
Einwohnerzahl: 30600

Ortsbild

Lampertheim, ein erstmals 832 als ‚Langobardenheim' erwähntes Städtchen, besitzt die katholische Pfarrkirche St. Andreas (von 1770/71), ein Rathaus von 1738/39 und mehrere Fachwerkhäuser aus dem 18. Jh., in einem Bauerngehöft, Römerstraße Nr. 21, ein Heimatmuseum. – Spargelanbau.
4 km östlich, im Ortsteil Neuschloß, das ehemalige Jagdschloß Friedrichs I. von der Pfalz (urspr. von 1463), das nach Zerstörung im 17. Jh. wiederaufgebaut und im 18. Jh. größtenteils abgerissen wurde (erh. nur das Wirtschaftsgebäude; bewohnt, nur von außen zu besichtigen).

Umgebung von Lampertheim

Westlich von Lampertheim, in einer ehemaligen Rheinschleife, das Naturschutz- und Erholungsgebiet Biedensand (Altrhein und Insel).

Linz am Rhein

D

Staat: Bundesrepublik Deutschland
Bundesland: Rheinland-Pfalz
Höhe: 60 m ü.d.M.
Einwohnerzahl: 6200

Köln-Düsseldorfer (KD)

Anlegestelle der KD-Tagesausflugsschiffe am Rheinufer

Burgplatz

Linz, die ‚Bunte Stadt am Rhein', ein gegenüber der Ahr-Mündung am Rand des Westerwaldes gelegenes, ehemals kurkölnisches malerisches Städtchen, ist Hauptverladeplatz für den in der Umgebung gebrochenen Basalt.
In der Unterstadt hübsche bunte Fachwerkhäuser (15.–19. Jh.), vor allem am Marktplatz mit dem spätgotischen Rathaus (von 1392; Glockenspiel) und am Burgplatz mit der Burg Feith (14. Jh.; u. a. Museum für mechan. Musikinstrumente; Folterkeller; gepflegte Diskothek), dem ehemaligen Sommersitz der Kölner Erzbischöfe.
Von der alten Stadtbefestigung sind nur geringe Mauerreste und zwei Tortürme (14./15. Jh.) erhalten. Über der Stadt erhebt sich die spätromanische katholische Pfarrkirche St. Martin, die Wandmalereien (13. Jh.) und ein altkölnisches Flügelbild (von 1463) birgt. Oberhalb der Kirche der Aufgang zum Donatus- oder Kaiserberg (178 m ü. d. M.; Aussicht).

Etwa 2 km östlich von Linz liegt Gut Frühscheid (Hotel).

Lorch am Rhein — D

Staat: Bundesrepublik Deutschland
Bundesland: Hessen
Höhe: 88 m ü.d.M.
Einwohnerzahl: 5000

Köln-Düsseldorfer (KD)

Anlegestelle der KD-Tagesausflugsschiffe am Rheinufer

Allgemeines

Das alte Winzerstädtchen Lorch (Weinmarkt 1274 belegt) liegt an der Einmündung des burgenreichen Wispertales in das Rheintal. Gegründet wurde es an der Stelle eines fränkisch-karolingischen Königshofes, von dem im Innenhof des Hauses Markt Nr. 1 noch Reste erhalten sind. Lorch war bis ins späte Mittelalter Endpunkt des die Stromschnellen des Binger Loches umgehenden ‚Kaufmannsweges' nach Rüdesheim bzw. Geisenheim. – Autofähre nach Niederheimbach.

Sehenswertes

Die katholische Pfarrkirche St. Martin (13.–15. Jh.), ursprünglich eine spätromanische Basilika, besitzt einen feinen holzgeschnitzten Hochaltar (von 1483). Von den alten Adelshöfen verdient besonders das Hilchenhaus (16. Jh.) Erwähnung. Zu beiden Seiten der Wisperbrücke (von 1556) stehen Rundtürme, deren südlicher, der sogenannte ‚Strunk', 1567 als Gefängnis errichtet wurde. Im Rathaus (19. Jh.) ein kleines Heimatmuseum.

Burg Nollig

Über dem Ort steht inmitten von Weinbergen die um 1300 entstandene Burg Nollig (Nollich, 252 m ü.d.M.; Privatbesitz), ein Rest der alten Stadtbefestigung, von der auch an anderer Stelle noch Teile erkennbar sind. Von der Burg schöner Blick, besonders auf das Lorcher Werth, eine langgezogene Rheininsel.

Wispertal

Lohnend ist die Fahrt durch das waldreiche Wispertal: Heiligkreuzkapelle (2 km nördlich), weiterhin die Burgruinen Rheinberg, Kammerburg und Geroldstein, nach Bad Schwalbach.

Ludwigshafen am Rhein — D

Staat: Bundesrepublik Deutschland
Bundesland: Rheinland-Pfalz
Höhe: 94 m ü.d.M.
Einwohnerzahl: 161800

Allgemeines und Sehenswertes

Die moderne pfälzische Industrie- und Einkaufsstadt Ludwigshafen (überdachte Passagen, Fußgängerzonen; Hochstraßensystem) wurde 1843 von König Ludwig I. an der Stelle der ehemaligen ‚Rheinschanze' (von 1606) gegründet. Sie ist weltberühmt als Sitz der Badischen Anilin- und Soda-Fabrik (BASF). Anfang 1984 wurde in Ludwigshafen das erste Pilotprojekt für privates Kabelfernsehen in der Bundesrepublik Deutschland gestartet. – Im Rathaus-Center das 1984 hier wiedereröffnete Stadtmuseum; in der Berliner Straße Nr. 23 das Wilhelm-Hack-Museum (55 × 10 m große Fassade von J. Miró, Städt. Kunstsammlung). Veranstaltungen u.a. im Kultur- und Kongreßzentrum Pfalzbau (Theaterplatz) und in der Friedrich-Ebert-Halle; Komödien o.a. in der „Hemshof-Schachtel". – Polizeimuseum im Ludwigshafener Polizeipräsidium. – Im Vorort Oggersheim die Wallfahrtskirche Mariä Himmelfahrt (ehem. Schloßkirche), 1774–77 erbaut, sowie eine Gedenkstätte für Friedrich Schiller (Schillerstraße Nr. 6), der hier vorübergehend lebte.

Rheinpanorama der Domstadt Mainz

Mainz

D

Staat: Bundesrepublik Deutschland
Bundesland: Rheinland-Pfalz
Höhe: 88 m ü.d.M.
Einwohnerzahl: 190000

Köln-Düsseldorfer (KD)

Anlegestellen der KD-Tagesausflugsschiffe am Adenauerufer (Rathaus)

Allgemeines

Die rheinland-pfälzische Landeshauptstadt und Universitätsstadt Mainz liegt auf dem linken Rheinufer gegenüber der Main-Mündung; sie hat als alter Kurfürsten- und Erzbischofssitz eine große geschichtliche Vergangenheit. Die Stadt bettet sich in das fruchtbare Mainzer Becken, den nördlichen Teil der Oberrheinischen Tiefebene, und bildet den westlichen Schwerpunkt des Rhein-Main-Wirtschaftsraumes. Die Gutenbergstadt ist Zentrum des rheinischen Weinhandels (Sektmuseum), Handels-, Verkehrs- und Industrieplatz, Sitz von Rundfunk- und Fernsehanstalten (SWF-Landesstudio Rhld.-Pfalz, SAT 1, ZDF mit 3SAT) und Verlagen sowie eine der Hochburgen des Karnevals (‚Määnzer Fassenacht‘).
Mainz ist der südliche Endpunkt des ‚romantischen Rheins‘; auf diesem Flußabschnitt finden die Tagesausflüge mit der Ausflugsflotte der KD statt. Am 1. Mai 1827 startete von hier zum ersten Male ein Ausflugsschiff der heutigen Köln-Düsseldorfer (KD), der noch ganz aus Holz gebaute Dampfer „Concordia“. Dieser Termin ist gleichzeitig der Beginn der traditionsreichen Passagierschiffahrt auf dem Mittelrhein.

Rheinbrücke Mainz-Kastel auf einem bei Lyon in der Saône gefundenen Bleimedaillon (4. Jh. n. Chr.; Bibl. Nat., Paris)

Im Jahre 38 v. Chr. legten die Römer bei einer Keltensiedlung ihr Feldlager ‚Moguntiacum‘ an, seit etwa 10 n. Chr. Hauptwaffenplatz und Sitz des militärischen Oberbefehlshabers für Obergermanien (Germania superior). Bereits seit dem ausgehenden 1. Jh. n. Chr. führte eine feste Rheinbrücke zum rechten Ufer, wo das ‚Castellum Mattiacorum‘ (Kastel) den Brückenkopf deckte. 742 gründete Bonifatius das Erzbistum Mainz, wodurch die Stadt zur Metropole des Christentums in Deutschland wurde. 975 begann unter Erzbischof Willigis der Bau des Domes. 1184 feierte Kaiser Barbarossa auf der Maaraue ein glanzvolles Reichsfest. Im 13. Jh. erlebte das ‚Goldene Mainz‘ (Aurea Moguntia) als Hauptort des 1245 gegründeten Rheinischen Städtebundes seine höchste Blüte. Um 1450 richtete

Johannes Gutenberg, der Erfinder des Buchdruckes mit beweglichen Lettern, in Mainz seine Druckerei ein (Büchermarkt alljährl. z. Johannisfest). In der Mainzer Stiftsfehde von 1462 verlor die Stadt alle ihre Freiheiten. 1476/77 gründete Erzbischof Diether von Isenburg die Universität. Im Dreißigjährigen Krieg eroberten die Schweden die Stadt. Im 17. und 18. Jh., zur Blütezeit des kurfürstlichen Mainz, erhielt die Stadt ein barockes Gepräge. 1792 war Mainz Republik. Goethes Augenzeugenbericht schildert die verheerende Beschießung der Stadt im gleichen Jahr. 1801 war Mainz Hauptstadt des französischen Départements Donnersberg, 1816 der Provinz Rheinhessen. Im Zweiten Weltkrieg wurde die Altstadt zu 80 Prozent vernichtet. Seit 1950 ist Mainz Hauptstadt des Bundeslandes Rheinland-Pfalz. 1962: 2000-Jahr-Feier. Seit 1987 Sitz einer Spielbank (neben Hilton-Hotel).

Mainz, Geschichte (Fortsetzung)

Orientierungshilfe: Straßen mit blauem Straßenschild laufen parallel dem Rhein, jene mit rotem direkt auf den Rhein zu.

Orientierungshilfe in Mainz

Sehenswertes

** Dom

Im Zentrum der Stadt erhebt sich der sechstürmige Dom St. Martin und St. Stephan, der mit den Domen in Speyer und Worms den Höhepunkt der romanischen sakralen Baukunst am Oberrhein bildet (975 begonnen; zumeist 11.–13. Jh.); im Inneren bedeutende Bischofsgräber. Im Kreuzgang das Bischöfliche Dom- und Diözesanmuseum. Vor der Nordseite die 1975 neugestalteten Domplätze, mit Heunensäule und Marktbrunnen von 1526. An ihrer Nordostecke das Gutenberg-Museum, das Weltmuseum der Druckkunst (u. a. 42zeilige Gutenberg-Bibel von 1452–55 und Nachbildung der Gutenberg-Werkstatt). Dahinter das Einkaufszentrum am Brand (1974) sowie am Rheinufer das Rathaus (1970–73) und die Rheingoldhalle (1968); nahebei wurden bei Bauarbeiten in den Jahren 1981/82 die Reste von 12½ römischen Schiffen freigelegt und geborgen; ihrer Restaurierung kann in den Alten Markthallen (nahe Südbahnhof) beigewohnt werden (Zuschauerbühnen). An der Rheinstraße ferner der ‚Eisenturm' (um 1240; Künstlerzentrum, Galerie) und der ‚Holzturm' (14. Jh.; 1802/03 Gefängnis des Schinderhannes vor seiner Hinrichtung), beides Reste der mittelalterlichen Stadtmauer; am Stresemannufer div. Plastiken.

** Gutenberg-Museum

In der verwinkelten Altstadt (Fachwerk) südlich vom Dom die Augustinerkirche und St. Ignaz, zwei schöne Barockkirchen. – Am Gutenbergplatz (50. Grad nördlicher Breite im Pflaster) gegenüber dem Theater ein Standbild des Mainzers Johannes Gutenberg (1398–1468), der um 1440 den Letterndruck erfand. Westlich am Schillerplatz schöne ehemalige Adelspalais und der Fastnachtsbrunnen (von 1966). – Südlich oberhalb die gotische Kirche St. Stephan (14. Jh.), mit Fenstern von Marc Chagall.

* St. Stephan

Sehenswertes (Fortsetzung)

* Römisch-Germanisches Zentralmuseum

Unweit unterhalb der Rheinbrücke steht das ehemalige kurfürstliche Schloß (17. und 18. Jh.), mit Festsälen und dem Römisch-Germanischen Zentralmuseum; südöstlich gegenüber der Landtag (ehem. Deutschordenshaus) und die Staatskanzlei. Nördlich vom Schloß die Stadtbibliothek (und -archiv), nordwestlich die große Christuskirche (1903; ev.). – An der Großen Bleiche die doppeltürmige Peterskirche (urspr. 1752–56). Im

* Mittelrheinisches Landesmuseum

ehemaligen Marstall (1765–71) das Mittelrheinische Landesmuseum (Altertümer, Gemälde). Unweit östlich das Naturhistorische Museum.

Die 1950 neu über den Rhein geschlagene Theodor-Heuss-Brücke führt zu der ehemaligen Mainzer Vorstadt Kastel. – Auf der Hochfläche im Westen der Stadt der Campus der Johannes-

* Römersteine

Gutenberg-Universität; südöstlich die Römersteine (Aquäduktreste; 1. Jh. n. Chr.).

* Mainzer Sand

Zwischen den westlichen Vororten Mombach und Gonsenheim das Naturschutzgebiet Mainzer Sand mit interessanter Steppenflora.

Zweites Deutsches Fernsehen

Etwa 7 km südwestlich vom Stadtzentrum liegt auf dem Lerchenberg (205 m ü. d. M.) das Sendezentrum (1984) des Zweiten Deutschen Fernsehens (ZDF und 3SAT). – Rheinhöhenweg.

Rheinhöhenweg

Mannheim

D

Staat: Bundesrepublik Deutschland
Bundesland: Baden-Württemberg
Höhe: 97 m ü.d.M.
Einwohnerzahl: 300000

Köln-Düsseldorfer (KD)

Anlegestelle der KD-Schiffe: Stephanieufer, Rheinpromenade
Agentur der KD → Speyer

Allgemeines

Die ehemalige pfälzische Residenzstadt Mannheim ist dank ihrer günstigen Lage am rechten Ufer des Rheins bei der Einmündung des kanalisierten Neckars eine bedeutende Handels- und Industriestadt Südwestdeutschlands. Hier haben 1817 Drais sein erstes Laufrad und 1885 Benz seinen ersten Kraftwagen vorgeführt. Die Hafenanlagen gehören zu den größten des europäischen Binnenlandes (am Bonadishafen die größte Ölmühle der Welt).
Auffallend sind die Schachbrettstruktur der Innenstadt und die Bezeichnung der einzelnen Wohnblocks mit Buchstaben und Zahlen. Mannheim ist Sitz zahlreicher Bildungsanstalten wie Universität, Staatliche Hochschule für Musik und Theater, ferner von mehreren Fachhochschulen.

Geschichte

Der Stadtname geht auf ein Schiffer- und Fischerdorf ‚Mannenheim' (= Heim des Manno) zurück, das auf dem Rheinhochufer an der Stelle des heutigen Schlosses lag und bereits 766 urkundlich erwähnt wurde. Am Platz dieses Dorfes legte Kurfürst Friedrich IV. 1606 eine nach holländischem Muster erbaute Festung an und ergänzte sie durch eine Handelssiedlung, die 1607 Stadtrechte erhielt. Während des Pfälzischen Erbfolgekrieges verwüstete der französische General Mélac die Pfalz und zerstörte auch Mannheim. Kurfürst Johann Wilhelm ließ die Stadt in 136 Rechtecken neu erbauen. Stadt und Festung wurden nun vereint und von einem gemeinsamen Festungsring umgeben. 1720 verlegte Kurfürst Karl Philipp seine Residenz von Heidelberg nach Mannheim. An der Stelle der Zitadelle entstand das weitläufige Schloß. Karl Philipp und sein Nachfolger, Karl Theodor, zogen bedeutende französische und italienische Künstler und Architekten an ihren Hof. 1763 wurde eine ‚Kurpfälzische Akademie der Wissenschaften' gegründet. Diese kulturelle Blüte fand ein Ende, als Karl Theodor (seit 1778 auch Kurfürst von Bayern) seine Residenz nach München verlegte. Im Frieden von Lunéville (1801) gingen die rechtsrheinischen Gebiete der Kurpfalz an Baden, die linksrheinischen an Frankreich über. Mannheim wurde Grenzstadt. Im Wiener Kongreß 1815 erhielt Bayern die linksrheinische Pfalz von Frankreich zurück. König Ludwig I. gründete dort 1843 Ludwigshafen. Die Erschließung des Rheins für die Schiffahrt machte Mannheim zum Endpunkt der Oberrheinschiffahrt und leitete seinen Aufstieg zum Wirtschaftszentrum ein. 1843–76 erfolgte der Ausbau der Häfen. Im Zweiten Weltkrieg wurden die Stadt und der Hafen stark zerstört. Der Wiederaufbau ließ beide in moderner Form neu entstehen. – In der Nähe des Rheinufers liegt das 1720–60 im Barockstil erbaute ehemalige kurfürstliche Schloß, eines der größten in Deutschland, in dem jetzt die Universität und das Amtsgericht untergebracht sind. – Nordwestlich vom Schloß die Jesuitenkirche (von 1760); nördlich die Theatersammlung und das Zeughaus (von 1777/78; Stadtgeschichte, Naturkundl. Sammlg.) sowie gegenüber (D5) das Reiß-Museum

*Schloß

1 Untere Pfarrkirche **KD-Anlegestelle** 2 Altes Rathaus 3 Jüdisches Zentrum

Sehenswertes (Fortsetzung)

*Wasserturm

(Archäologie, Völkerkunde, Stadtgeschichte). Unweit (N 1) das Ende 1991 fertiggestellte Stadthaus (Mehrzweckbau; ⓘ). Auf dem großzügig angelegten Friedrichsplatz (Wasserkünste) der 1886–1889 erbaute Wasserturm, das Wahrzeichen der Stadt; nördlich das ‚Rosengarten' genannte große Kongreß- und Veranstaltungszentrum, südlich die Kunsthalle, mit vorzüglicher Gemäldesammlung und Plastiken (19. und 20. Jh.). – Nördlich vom Friedrichsplatz, am Friedrichsring, das 1955–57 hier neu erbaute Nationaltheater (Großes und Kleines Haus), urspr. 1779 nördlich vom Schloß errichtet und dort zerstört (berühmt durch die Uraufführungen von Schillers „Räuber", „Fiesco" sowie „Kabale und Liebe", 1782 bzw. 1784). – Östlich davon der Luisenpark, mit Seebühne, Tiergehegen und Pflanzenschauhaus sowie 205 m hohem Fernmeldeturm (1975; Drehrest., im Winter geschl.; in etwa 125 m Höhe); Gondoletta a.d. See. Am Ostende der Augustaanlage das neue Planetarium, unweit südöstlich, am Friedensplatz, das Landesmuseum für Arbeit und Technik (1990; 200 Jahre techn. und soziale Entwicklung im süddtsch. Raum; u.a. 19 m lange Langsiebpapiermaschine von 1872); nahebei das im Bau befindliche Verwaltungsgebäude der Mannheimer Lebensversicherung (Archi-

Sehenswertes in Mannheim (Fortsetzung)

Mannheimer Häfen

tekt: Helmut Jahn, Chicago). – Jenseits des Neckars liegt der Herzogenriedpark mit Mehrzweckhalle, Freibad und Radrennbahn. – Der Mannheimer Hafen besteht aus dem Handelshafen (auf der 3 km langen Landspitze zwischen Rhein und Neckar), dem Industriehafen (nördl. v. Neckar), dem Rheinauhafen (11 km stromaufwärts in Rheinau) sowie dem Altrheinhafen mit dem Ölhafen (auf der Friesenheimer Insel). Hafenrundfahrten ab Kurpfalzbrücke (linkes Neckarufer); nahebei das Museumsschiff (Raddampfer „Mainz"; KD-Spende).

Maria Laach D

Staat: Bundesrepublik Deutschland
Bundesland: Rheinland-Pfalz
Höhe: 250 m ü.d.M.

*Abtei Maria Laach

Die nordwestlich von Koblenz in der Vorderen Eifel am Laacher See gelegene, zu Glees gehörende Abtei Maria Laach (‚Sancta Maria ad lacum') gehört landschaftlich und kunstgeschichtlich zu den Glanzpunkten im Gebiet des Mittelrheins. Das Kloster wurde 1093 gestiftet und wird seit 1892 von Beuroner Benediktinern (Benediktiner-Akademie) bewohnt. Die 1156 geweihte romanische Basilika, mit sechs Türmen, ist einer der hervorragendsten rheinischen Kirchenbauten des Mittelalters (Bauzeit 1093–1250; 1956 renoviert); im Westchor das frühgotische Grabmal des Stifters, Pfalzgraf Heinrich II. (um 1280).

Laacher See

Der reizvolle, waldumgebene Laacher See (276 m ü. d. M.; Naturschutzgebiet) ist ein vulkanischer Explosionstrichter und mit 331 ha (2,4 km lang, 1,8 km breit; bis 53 m tief) das größte der Eifelmaare. Rings um den See über 40 Lavadurchbruchsstellen mit vier alten Vulkanen: im Norden der Veitskopf (427 m ü. d. M.), westl. der Laacher Kopf (445 m ü. d. M.), südl. der Thelenberg (440 m ü. d. M.) und östl. der Krufter Ofen (463 m ü. d. M.).

Middelburg NL

Staat: Niederlande
Provinz: Zeeland
Höhe: Meereshöhe
Einwohnerzahl: 39000

Allgemeines

Middelburg, die in der Mitte der ehemaligen Insel Walcheren am Kanal Veere–Vlissingen gelegene, sternförmig von Kanälen und Grachten umzogene Hauptstadt der niederländischen Provinz Zeeland, ist ein wichtiger Marktort und Zentrum einer weiten ländlichen Umgebung. Ebenso wichtig für das Wirtschaftsleben der Stadt sind der Fremdenverkehr und die Industrie (Elektrotechnik, Chemie, Metallverarbeitung).

Geschichte

Middelburg erhielt 1217 Stadtrechte und entwickelte sich im Mittelalter zu einem bedeutenden Handelszentrum. Berühmt wurde die Stadt durch ihre Tuchindustrie und als Stapelplatz für französische Ware. Die Versandung der Arne machte im ausgehenden 16. Jh. die Benutzung des Hafens immer schwieriger und führte damit zum Niedergang der Wirtschaft. Im Zweiten Weltkrieg wurde die Altstadt schwer beschädigt. Die

Middelburg, Geschichte (Fortsetzung)

einmaligen Baudenkmäler wurden jedoch fast alle im ursprünglichen Stil wiederaufgebaut. – Orgelkonzerte.

Sehenswertes

Am Markt steht das Stadthuis (Rathaus; 15.–18. Jh.), einst einer der schönsten gotischen Profanbauten des Landes (Fassade mit Figuren von 25 Grafen und Gräfinnen von Zeeland und Holland). Westlich vom Rathaus das Schuttershoftheater). Weiter südwestlich der Kloveniersdoelen (Schützenhof; 1607–11; Sitz d. Stiftg. ‚Nieuwe Muziek'). Holographiemuseum, Gortstr. 36.

Nordöstlich vom Markt erstreckt sich der kreisrunde älteste Teil der Stadt. Am Groenmarkt die Nieuwe Kerk (ehem. Abteikirche; ref.), mit 91 m hohem Turm (‚de lange Jan'; Glockenspiel; *Aussicht). An die Kirche schließt nördlich die Abtei (1120 gegr.; heute Provinzialverwaltung) an, deren Gebäude den Abdijplein umschließen. Im Nordwesttrakt das Zeeuws Museum (Seeländisches Museum); unweit das Roosevelt Studium Zentrum. Am Dam, nahe Kuiperspoort, malerische Fachwerkhäuser. Frans-Rijckhals-Museum, Dam 71.

*Abtei

Im Norden der Stadt, am Molenwater, die Anlage Miniatuur Walcheren (Modell der ehem. Insel). – Nahebei das Kuhtor (Koepoort), der einzige Überrest der acht ehemaligen Stadttore (1735 erneuert). – Unweit südöstlich die barocke achteckige Ostkirche (Oostkerk, 1647–67; reform.). – Künstlermarkt a.d. Fischmarkt.

Umgebung von Middelburg
*Veere

Etwa 7 km nördlich von Middelburg liegt das von Künstlern viel besuchte malerische Städtchen Veere, das aus seiner Blütezeit (um 1500) noch schöne Bürgerhäuser besitzt.

Mulhouse (Mülhausen) — F

Staat: Frankreich
Région: Alsace (Elsaß)
Département: Haut-Rhin
Höhe: 240 m ü.d.M.
Einwohnerzahl: 125000 (mit Vororten: 250000)

Allgemeines

Mulhouse, deutsch Mülhausen, an der Ill und dem Canal du Rhône au Rhin (Rhein-Rhône-Kanal) gelegen, ist nach Straßburg die größte Stadt des Elsaß, mit Hafen, Industriegebiet und Universität. Mulhouse kam nach bewegter Geschichte erst 1798 zu Frankreich.

Sehenswertes

Mittelpunkt der Altstadt ist der Marktplatz (Place de la Réunion) mit Stephanskirche (Glasfenster) und Rathaus (Hôtel de Ville; von 1552), einem schönen Renaissancebau mit Historischem Museum und einem an die Beziehungen zur Schweiz erinnernden Saal (im Ratssaal Glasmalereien des 16. und 17. Jh.s). Die Stadt besitzt etliche Museen und einen zoologisch-botanischen Garten. Besonders interessant ist das 2 km vom Zentrum an der Avenue de Colmar gelegene Musée National de l'Automobile, hervorgegangen aus der Privatsammlung der Schweizer Brüder Schlumpf. Es enthält über 100 Bugatti-Wagen, insgesamt annähernd 600 Oldtimer aus allen Ländern. Ferner das kaum weniger reizvolle Französische Eisenbahnmuseum (Musée Français du Chemin de Fer) im Vorort Dornach mit Waggons und Loks von 1844 bis heute (daneben Feuerwehrmuseum). Weitere Museen für Stoffdruck, Kunst, Keramik. Am Europaplatz (Marmorpflaster; Wappen europ. Großstädte) steht der 31stöckige Europaturm (oben Drehrestaurant). – Bauernhausmuseum in Ungersheim.

*Automobilmuseum

*Eisenbahnmuseum

Neuss D

Staat: Bundesrepublik Deutschland
Bundesland: Nordrhein-Westfalen
Höhe: 40 m ü.d.M.
Einwohnerzahl: 144500

* Quirinusmünster

Die an der Mündung der Erft in den Rhein gelegene Industrie- und Hafenstadt Neuss, durch mehrere Brücken mit Düsseldorf verbunden, gehörte einst dem Städtebund der Hanse an. Der Name geht auf das zu Zeiten des Kaisers Augustus bei Grimlinghausen (heute Ortst. Gnadental; Kybele-Kultstätte) errichtete römische Legionslager ‚Novaedium' zurück (erste Erwähnung 16 v. Chr.); am Rhein erhebt sich ein originalgetreu wiederaufgebauter Limes-Wachtturm.

In der Altstadt, nördlich des Marktes, das Münster St. Quirinus, der bedeutendste spätromanische Kirchenbau am Niederrhein (1209 begonnen), mit Vierungsturm und vier neuen Osttürmen; unter dem Inneren (größtenteils modern) die Krypta (12. Jh.). – Nordwestlich die Fußgängerzone ‚Galerie'. Unweit südlich der Markt; an seiner Ostseite das ehem. Zeughaus, 1639 als Klosterkirche erbaut, 1928 zum Konzertsaal umgestaltet. – Pferderennbahn südlich des Hafens. – Im Südteil der Stadt das 2türmige Obertor (13. Jh.); angebaut das Clemens-Sels-Museum (1975; röm. Altertümer, Stadtgeschichte, Kunst und -gewerbe); dahinter Rosengarten und Stadthalle. Im Südwesten die Freizeitanlage Südpark (Eissporthalle; Bäder). – Rheinpark Plaza Congress Centrum (Rheinallee 1).

Neuwied D

Staat: Bundesrepublik Deutschland
Bundesland: Rheinland-Pfalz
Höhe: 62 m ü.d.M.
Einwohnerzahl: 60000

Köln-Düsseldorfer (KD)

Anlegestelle der KD-Tagesausflugsschiffe am Rheinufer

Allgemeines

Neuwied im fruchtbaren Neuwieder Becken ist eine schon in römischer Zeit als Kastell bezeugte Stadt, die durch Deichanlagen (Pegelturm) vor Überflutungen gesichert ist. – Die nach 1662 regelmäßig angelegte und in ihrem urspr. Charakter gut erhaltene Stadt verdankt ihre Gründung dem Grafen Friedrich von Wied-Neuwied, der 1653 an die Stelle des im 30jährigen Krieg zerstörten Ortes Langendorf neue Ansiedler (u.a. Reformierte und Herrnhuter) heranzog.

Sehenswertes

Sehenswert u.a. das im * Park gelegene, nach Versailler Vorbild erbaute Schloß (urspr. 17. Jh.; 1706–56 neu erbaut) des Fürsten zu Wied, der Gemeindesaal der Herrnhuter Brüdergemeine (1783–1785), die Mennonitenkirche (1768), das Kreismuseum am Raiffeisenplatz (Raiffeisendenkmal) und das Borgward-Museum. – In Altwied die Burgruine Altwied (12. Jh.). – Zoo in Heimbach-Weis. – Naherholungsgebiet (Stausee; Reithalle) in Oberbieber. – Schloß (heute Klinik) in Engers.
In Niederbieber-Segendorf Schloß Monrepos (Museum; u.a. Funde aus dem Neuwieder Becken →Geschichte).

Nierstein D

Staat: Bundesrepublik Deutschland
Bundesland: Rheinland-Pfalz
Höhe: 92 m ü.d.M.
Einwohnerzahl: 6200

Allgemeines

Das weinberühmte Dorf Nierstein (Rheinhessen) ist an einer seit der Jungsteinzeit ununterbrochen besiedelten Talsenke am Rhein gelegen. – Autofähre nach Kornsand.

Sehenswertes

Die evangelische Pfarrkirche St. Martin stammt ursprünglich aus dem 12. Jh. und wurde nach wiederholten Zerstörungen im 16.–18. Jh. mehrfach erneuert. Die katholische Pfarrkirche St. Kilian geht auf die Karolinger zurück, wurde jedoch im 18. Jh. neu errichtet. – In der Kapelle des ehemaligen Dalberg-Herdingschen Schlosses (jetzt Malzfabrik) Wand- und Deckengemälde von Jakob Götzenberger (1839–42) im sogenannten Nazarener-Stil. Am Markt der schöne barocke Haxthäuser Hof und das Alte Rathaus mit dem Paläontologischen Heimatmuseum. – Römisches Sironabad. – Nördlich über Nierstein ein alter Wachtturm.
Etwa 3 km südwestlich von Nierstein erhebt sich inmitten von Weinbergen der Bergfried der 1799 bis auf die Grundmauern abgetragenen Schwabsburg.

Weinort Nierstein

Nijmegen (Nimwegen) NL

Staat: Niederlande
Provinz: Gelderland
Höhe: 10–25 m ü.d.M.
Einwohnerzahl: 146650

Köln-Düsseldorfer (KD)

Anlegestelle der KD-Kabinenschiffe an der Waalkade

Allgemeines

Nijmegen, deutsch Nimwegen, am linken Ufer der Waal, des südlichen Mündungsarmes des Rheins, gelegen, ist wie das nahe →Arnhem (Arnheim) eines der beiden Eingangstore der Niederlande. Die Stadt wird von sieben Hügeln beherrscht, deren treppenförmig bebaute Hänge von weitem wie die Ränge eines riesigen Amphitheaters aussehen. Nimwegen ist Sitz einer katholischen Universität. Die bedeutende Industrie umfaßt Metallverarbeitung, Elektrotechnik sowie Textil-, Nahrungs- und Genußmittel- und chemische Fabriken. Mit seinem Hafen ist Nimwegen eine der wichtigsten Zwischenstationen zwischen dem Ruhrgebiet und Rotterdam.

Geschichte

Nijmegen war das ‚Batavodurum' und ‚Ulpia Noviomagus' der Römer. Zur Zeit der Karolinger war es kaiserliche Residenz und später Reichs- und Hansestadt. 1579 schloß es sich der Utrechter Union an. 1585 ergab sich die Stadt den Spaniern, wurde aber bereits 1591 durch Moritz von Nassau zurückerobert. 1678 wurde hier der Friedensvertrag zwischen Frankreich und den Niederlanden unterzeichnet. Die wirtschaftliche Blütezeit Nimwegens begann erst im Zeitalter der Industrialisierung, nachdem die Befestigungsanlagen 1877–84 niedergerissen worden waren. Im Zweiten Weltkrieg wurde besonders das Stadtzen-

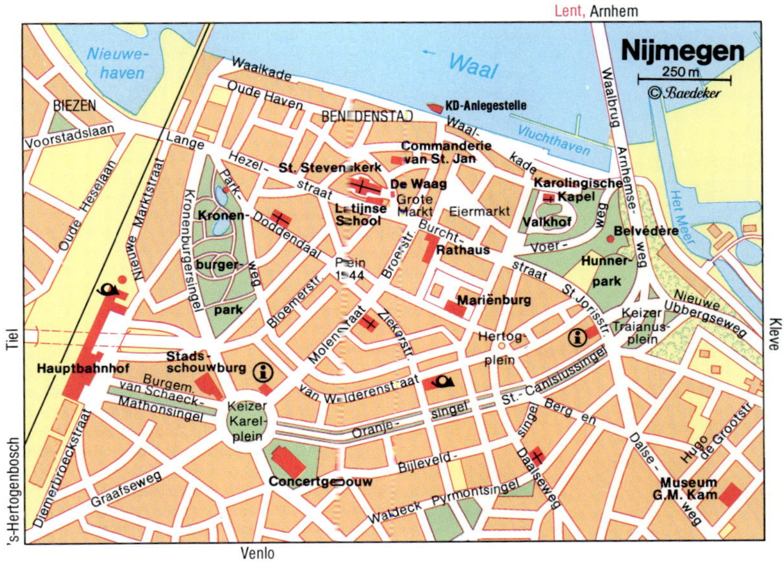

trum stark getroffen. Der Wiederaufbau ist aber schon seit langem beendet.

Sehenswertes

In der Mitte der Altstadt der Grote Markt mit der Waag (1612). Von hier gelangt man westlich durch den Kerkboog (16./17. Jh.) zur Grote oder St. Stevenskerk (13.–15. Jh.; reform.); im Chor das Grabmal der Katharine von Bourbon (gest. 1469), der Gemahlin des Herzogs Adolf von Geldern. – Am Kirchhof steht die alte Lateinschule (von 1544). – Unweit nördlich vom Grote Markt liegt die Commanderie van St. Jan (urspr. 1196; Stadtmuseum); an der Waalkade die Stiftung Waalkade (u.a. histor. Fahrräder und Automobile). – Östlich vom Grote Markt, in der belebten Burchtstraat, das Rathaus (1554; mehrfach umgestaltet). Die Burchtstraat führt weiter ostwärts zum Valkhof, einem hübschen Park auf einer Anhöhe über der Waal; hier befand sich die deutsche Kaiserpfalz, die 768 von Karl. d. Gr. gegründet worden war und auch unter den sächsischen, fränkischen und staufischen Kaisern oft Sitz eines Hoflagers war. Hier starb im Jahre 991 die Kaiserin Theophano, die Gemahlin Ottos II., und hier wurde 1165 Heinrich VI., der Sohn Friedrich Barbarossas und der Beatrix von Burgund, geboren. Von der Pfalz sind nur die karolingische Schloßkapelle (799 von Papst Leo III. geweiht) und südöstlich davon die Ruine einer vermutlich aus der Zeit Barbarossas (1155) stammenden romanischen Chorapsis erhalten. Bei der Kapelle hat man einen hübschen Blick über die Waalniederung. – Unweit östlich vom Valkhof erhebt sich am Nordende des Hunnerparks das Belvédère, ein ehemaliger Wartturm (16. Jh.). Am Hunnerpark beginnt auch die mächtige, 700 m lange Waalbrücke, die zur Vorstadt Lent (Blick auf Nimwegen) hinüberführt. – Etwa 750 m südöstlich vom Hunnerpark liegt an der Museum Kaamstraat (Nr. 45) das Provinciaal Museum M.G. Kam (Ausgrabungen).

Grote Markt

Umgebung von Nijmegen

4 km südöstlich das Biblische Freilichtmuseum ‚Heilig Land Stichting'; 4 km weiter Berg en Dal (Afrikamuseum; Golf, Tennis). – Jagdschloß ‚De Mookerheide' (6 km südl.; Rest). – Brauereimuseum in Heumen.

Oberwesel

D

Staat: Bundesrepublik Deutschland
Bundesland: Rheinland-Pfalz
Höhe: 70 m ü.d.M.
Einwohnerzahl: 5000

Köln-Düsseldorfer (KD)

Anlegestelle der KD-Tagesausflugsschiffe am Rheinufer

Allgemeines

Oberwesel, in römischer Zeit ‚Vosavia' und bis ins 17. Jh. hinein nur Wesel genannt, ist ein altes, von der Ruine Schönburg (s. S. 116) beherrschtes Winzerstädtchen, das sich in weitem Bogen an den linken Uferhängen des Rheins hinzieht. Mit seinen malerischen Bauten (Wohnhäuser des 16.–18. Jh.) und seiner schönen Umgebung besitzt es ein besonders reizvolles Stadt- und Landschaftsbild.

Sehenswertes
*Ringmauer

*Liebfrauenkirche

Um den Ort herum führt noch eine mit 16 Türmen (von urspr. 21) bewehrte Ringmauer (13./14. Jh.). An der Nordostecke erhebt sich der mächtige runde Ochsenturm (um 1400). Am oberen Eingang der Stadt steht die 1308–31 errichtete katholische Pfarrkirche Unserer Lieben Frau (ehem. ‚Stiftskirche' oder ‚Rote Kirche'), ein äußerlich schlichter Bau mit kostbarer Ausstattung (Lettner von 1350, Hochaltar von 1331, vorzügliche

Oberwesel

Sehenswertes in Oberwesel (Fortsetzung)

Barockorgel und andere Kunstwerke). – Am unteren Stadtrand steht auf der Stadtmauer die schmucke gotische Wernerkapelle (oder Hospitalkapelle; um 1300). Auf der Höhe die katholische Pfarrkirche St. Martin (14. Jh.) mit festungsartigem Turm. In der Stadtmitte liegt die Ruine des ehemaligen Minoritenklosters (im 13. Jh. gegr.). Knapp 2 km südlich die Schönburg (12.–14. Jh.; u.a. kl. Hotel u. Jugendgästehaus). – Aussicht von Maria Ruh.

Oppenheim

D

Staat: Bundesrepublik Deutschland
Bundesland: Rheinland-Pfalz
Höhe: 90 m ü.d.M.
Einwohnerzahl: 5000

Allgemeines

Oppenheim liegt malerisch über dem linken Ufer des Rheins am Abhang eines Ausläufers des Alzeyer Hügellandes. Die alte ehemalige Reichsstadt, in römischer Zeit ‚Bauconica', ist Zentrum des rheinhessischen Weinbaus (u.a. Weinkostproben im histor. Rathauskeller) und -handels, mit staatlicher Lehr- und Versuchsanstalt für Wein- und Obstbau.

Sehenswertes
* Katharinenkirche

Oberhalb des Marktes die hochgelegene Katharinenkirche (evang.), deren um 1330–40 erbautes Langhaus eine der schönsten Leistungen der Hochgotik am Oberrhein ist. Die Westtürme und die östliche Choranlage stammen aus dem 13. Jh., der Westchor aus dem 15. Jahrhundert. Im Inneren schöne Glasmalereien (14. Jh.) sowie vorzügliche Grabsteine (15., 16. Jh.). Nördlich daneben die Michaelskapelle (Beinhaus). – An der Wormser Straße das besuchenswerte Deutsche Weinbaumuseum. – Oberhalb der Katharinenkirche die Ruine der ehemaligen Reichsfeste Landskrone (167 m ü.d.M.), von der sich ein weiter Blick bis hinüber zu den Bergen des Odenwaldes bietet.

Rastatt

D

Staat: Bundesrepublik Deutschland
Bundesland: Baden-Württemberg
Höhe: 122 m ü.d.M.
Einwohnerzahl: 40000

Allgemeines

Rastatt, südwestlich von Karlsruhe, ist eine bedeutende Industriestadt (Möbel- und Werkzeugfabriken, Feinmechanik, Elektrotechnik, Textilien u. a.) sowie Straßen- und Eisenbahnknotenpunkt an der Einmündung des Murgtals in die Oberrheinische Tiefebene. Rastatt wurde nach Zerstörung durch die Franzosen im Jahre 1689 auf symmetrischem Grundriß neu angelegt und war von 1705 bis 1751 Residenz der Markgrafen von Baden-Baden. – Schiffslände am Rhein seit 1985.

Sehenswertes
* Schloß

Das 1697 von D. E. Rossi begonnene Schloß, in dem 1714 der den Spanischen Erbfolgekrieg beendende Friedensvertrag geschlossen wurde, ist ein stattlicher Barockbau mit 230 m langer Gartenfront und liegt inmitten des zeitgenössisch angelegten Barockparkes. Im Inneren Deckengemälde und Stuckarbeiten italienischer Meister. Das Schloß beherbergt in seinem rechten

Sehenswertes in Rastatt (Fortsetzung)

Flügel das Wehrgeschichtliche Museum und im linken Mittelteil das 1974 als Erinnerungsstätte für die Freiheitsbewegungen in der deutschen Geschichte eingerichtete ‚Freiheitsmuseum'. In der 1719–23 von M. L. Rohrer erbauten, reich ausgestatteten Schloßkirche das Grab der Markgräfin Sibylla Augusta, der Witwe Ludwig Wilhelms von Baden, die 19 Jahre lang die Vormundschaft über ihre Söhne führte. Gegenüber dem Schloß (Herrenstr. 11) das Heimatmuseum (u.a. Sammlung zur Revolution von 1848). – Städtische Galerie in der ehem. Fruchthalle (1854) seit 1993.
Hauptachse der Altstadt ist die breite Kaiserstraße. In ihrer Mitte die kath. Stadtkirche St. Alexander (1756–64; von J. P. Rohrer) und das Rathaus (von 1750); zwischen beiden (Fußgängerzone) der Alexius-Brunnen und der Johannes-Nepomuk-Brunnen.

Umgebung von Rastatt
*Lustschloß Favorite

Rund 5 km südöstlich von Rastatt liegt bei Kuppenheim das barocke Lustschloß Favorite, 1710–12 von M. L. Rohrer für die Markgräfin Sibylla Augusta erbaut. Das Innere gibt ein gutes Bild der Wohnkultur jener Zeit. Im Park die Magdalenenkapelle (Einsiedelnkapelle; von 1717) und das Schloßcafé.

In dem Ort Ötigheim, 6 km nördlich von Rastatt, eine Naturbühne (4000 Pl.; überdacht) für Volksschauspiele (Juni–Aug.).

Remagen

D

Staat: Bundesrepublik Deutschland
Bundesland: Rheinland-Pfalz
Höhe: 65 m ü.d.M.
Einwohnerzahl: 15000

Köln-Düsseldorfer (KD)

Anlegestelle der KD-Tagesausflugsschiffe an der Rheinpromenade

Allgemeines

Die unweit unterhalb der Ahr-Mündung reizvoll gelegene alte Stadt Remagen ist keltischen Ursprungs und war später römisches Kastell ‚Rigomagus'.

Sehenswertes

Am unteren Ende des Ortes steht die neuromanische katholische Pfarrkirche St. Peter und Paul, der als Vorhalle das Langschiff der alten romanischen Kirche (11. Jh.) dient. Der Chor stammt aus dem 13. Jh., der Westturm von 1674. Unterhalb der Kirchenterrasse sowie hinter dem Rathaus Reste des römischen Kastells. – Östlich vom Chor der Kirche der Pfarrhof, mit romanischem Portal (12. Jh.; eigentümliche Reliefs); rechts daneben der Durchgang zu dem stimmungsvollen Platz ‚Am Hof' und zu einer gotischen Kapelle; in der Kirchstraße das Heimatmuseum. In der Goethestraße die Rheinhalle (1500 Pl.); daneben die Kapelle „Schwarze Madonna" (1987) zur Erinnerung an ein ehem. Gefangenenlager; unweit das Allwetterbad mit Riesenrutschbahn (87 m).

Apollinariskirche

Von der Rheinuferstraße schöner Blick auf die Erpeler Ley; ferner lohnender Ausblick vom Viktoriaberg (137 m; 2 km südwestl.). Reitsportanlage auf der Gemarkung ‚Kirres'.
‚Brücke von Remagen' (unter Denkmalschutz), Apollinariskirche und Rolandseck mit Rolandsbogen →Sehenswürdigkeiten entlang dem Rhein zwischen Basel und Rotterdam.

Rhens D

Staat: Bundesrepublik Deutschland
Bundesland: Rheinland-Pfalz
Höhe: 80 m ü.d.M.
Einwohnerzahl: 3000

Köln-Düsseldorfer (KD)

Anlegestelle der KD-Tagesausflugsschiffe am Rheinufer

Allgemeines

Rhens ist ein altertümliches, schon im 9. Jh. erwähntes Weinbaustädtchen mit teilweise erhaltenen Mauern und Türmen.

Sehenswertes

In der Ortsmitte das Rathaus (16./17. Jh.) und einige hübsche Fachwerkhäuser des 16.–18. Jahrhunderts.

Königsstuhl

Nördlich oberhalb des Ortes, auf einem Hügel, der Königsstuhl, ein kanzelartiger 6 m hoher Steinbau (Abb. s. S. 120) mit schöner Aussicht. Der 1308 erstmals genannte, 1803 von den Franzosen niedergerissene und 1840–42 unter Benutzung einiger Trümmer neu aufgeführte Bau stand bis 1921 nahe dem Rheinufer an der alten Versammlungsstätte der rheinischen Kurfürsten, wo die Vorbereitungen zur Kaiserwahl stattfanden. 1338 wurde hier unter Festlegung der Unabhängigkeit der Kaiserwahl von päpstlicher Bestätigung der ‚Kurverein von Rhense' gegründet.

Rotterdam NL

Staat: Niederlande
Provinz: Zuid-Holland
Höhe: Meereshöhe
Einwohnerzahl: 575000 (Agglomeration 1000000)

Köln-Düsseldorfer (KD)

Anlegestelle der KD-Schiffe am Maasboulevard
Ausgangs- bzw. Endpunkt der großen Rheinreisen mit den Kabinenschiffen der KD
Agentur der KD (German Rhine Line):
Groenendaal 49a, NL-3011 SN Rotterdam

Allgemeines

Die Hafenstadt Rotterdam ist die zweitgrößte Stadt der Niederlande. Sie liegt auf beiden Seiten des Nieuwe Maas genannten südlichen Rheinarms, der hier die kleine Rotte aufnimmt und noch weit flußaufwärts von den Gezeiten der Nordsee beeinflußt wird. Die Wasserstandsschwankungen zwischen Ebbe und Flut betragen 1,20 m bis 2,50 m.

Euromast

Rotterdam ist seit Inbetriebnahme der ‚Europoort'-Anlagen im Jahre 1966 der größte Hafen der Welt, gemessen am Güterumschlag. Im Gefolge seiner Hafenfunktion entwickelte sich Rotterdam auch zu einem gigantischen Transithandels- und Industriezentrum, dessen Wachstumsgrenze noch lange nicht erreicht zu sein scheint. Die Einfuhr umfaßt v.a. Erdöl, Erze, Getreide, Holz und Fettrohstoffe, die Ausfuhr Kohle und Lebensmittel. Außerdem ist Rotterdam ein wichtiger Umschlagplatz für Rohtabak. Hauptindustriezweige sind Schiffbau (größte Schiffswerft Europas), Maschinen-, Waggon-, Auto-, Fahrrad- und elektrotechnische Fabriken, Petrochemie, Genußmittel-, Bekleidungs- und Papierherstellung. Rotterdam verdankt die

Allgemeines (Fortsetzung)

rasche Entwicklung seiner außerordentlich günstigen Lage an einem Schiffahrtsweg zur Nordsee, der ganzjährig und schleusenfrei befahrbar ist. Schiffe bis zu 90000 t und 12 m Tiefgang können den Seehafen der Stadt anlaufen. Daneben ist Rotterdam gleichzeitig einer der größten Binnenhäfen Europas.

Geschichte

Rotterdam entwickelte sich aus einer frühmittelalterlichen Siedlung. Durch die im 14. Jh. geschaffene Schiffsverbindung zum Schie war Rotterdam mit dem damals bedeutenden Handelszentrum Delft verbunden, von dessen Wohlstand die Stadt profitierte. In jener ersten Blütezeit wurde der bekannteste Bürger der Stadt, der berühmte Humanist Erasmus von Rotterdam (geb. um 1467; gest. 1536), geboren. 1563 brannte Rotterdam zum größten Teil nieder. Im 17. Jh. führten insbesondere die Tuchmacherei und Teppichherstellung zu einem neuerlichen Aufschwung; der Hafen war damals weniger wichtig und stand hinter dem von Amsterdam weit zurück. Die enorme Wachstumsphase setzte erst mit der Abtrennung Belgiens ein, als die Niederlande die Schelde sperrten (1830–39). Das Hindernis, das die versandende Maasmündung für große Seeschiffe darstellte, wurde wenig später (1872) durch den Bau und die ständige Vertiefung des Nieuwe Waterweg beseitigt. An seiner Mündung in die Nordsee entstand der neue Vorort Hoek van Holland. – Rotterdam wurde 1940 durch deutsche Luftangriffe fast völlig zerstört und ist heute modern wiederaufgebaut. 1990 feiert die Stadt ihr 650jähriges Bestehen.

Sehenswertes

Hauptstraße ist der breite Coolsingel; hier steht das Rathaus (1914–20) mit stattlichem Turm (Glockenspiel). – Jenseits der Meent die Börse (Beurs – World Trade Center; auch Kongreßstätte im 23. Stock). Westlich gegenüber das Kaufhaus De Bijenkorf (1958; von Marcel Breuer). Davor die 26 m hohe Plastik „Konstruktion" (1957; von Naum Gabo). – Weiter südlich, am Ende des Coolsingels, das Schielandhuis (17. Jh.; Historisches Museum). – Östlich vom Coolsingel erstreckt sich einer der ältesten, jedoch 1940 am stärksten beschädigten Stadtteile. Hier erhebt sich am Grote Kerkplein die Grote Kerk oder St. Laurentiuskirche (15. Jh.), mit 64 m hohem Turm (Glockenspiel) und 23 m hoher Orgel (von 1973). – Am Nieuwe Markt (ehem. Erasmusbibl.) das Museum „De Ontdekhoek" (wiss./techn. Entdecker-Ecke f. Kinder); daneben das Nationale Schulmuseum. – Weiter südlich an der breiten Blaak, nahe dem Leuvehafen, die Monumentalplastik „Zerstörte Stadt" (1953; von Ossip Zadkine). Nahebei das Witte Huis, ein 46 m hohes, zehnstöckiges Kontorhaus, das 1900 erbaute erste Hochhaus Europas. – Südöstlich von hier der 3 km lange Maasboulevard; Nr. 100 das Badeparadies „Tropicana"; vom Ostende Blick auf Rotterdam. Die beiden großen Maasbrücken führen zu den Hafenanlagen im südlichen Stadtteil.

Rathaus

Südlich vom Hauptbahnhof erstreckt sich der ausgedehnte Stationsplein. An der Westseite des Platzes das mächtige Groothandelsgebouw (1952/53); südlich gegenüber das Bouwcentrum, eine internationale Auskunfts- und Beratungsstelle für das Bauwesen. – Südlich vom Stationsplein erstreckt sich die teilweise überdachte Ladenstraße der Lijnbaan (u.a. Diamanten; Fußgängerzone). – Westlich, am Schouwburgplein, das Konzert- und Kongreßgebäude De Doelen.

**Museum Boymans-Van Beuningen

Etwa 1 km südlich davon das weltberühmte Museum Boymans-Van Beuningen (Gemälde, Plastik, Kunstgewerbe), das aus ei-

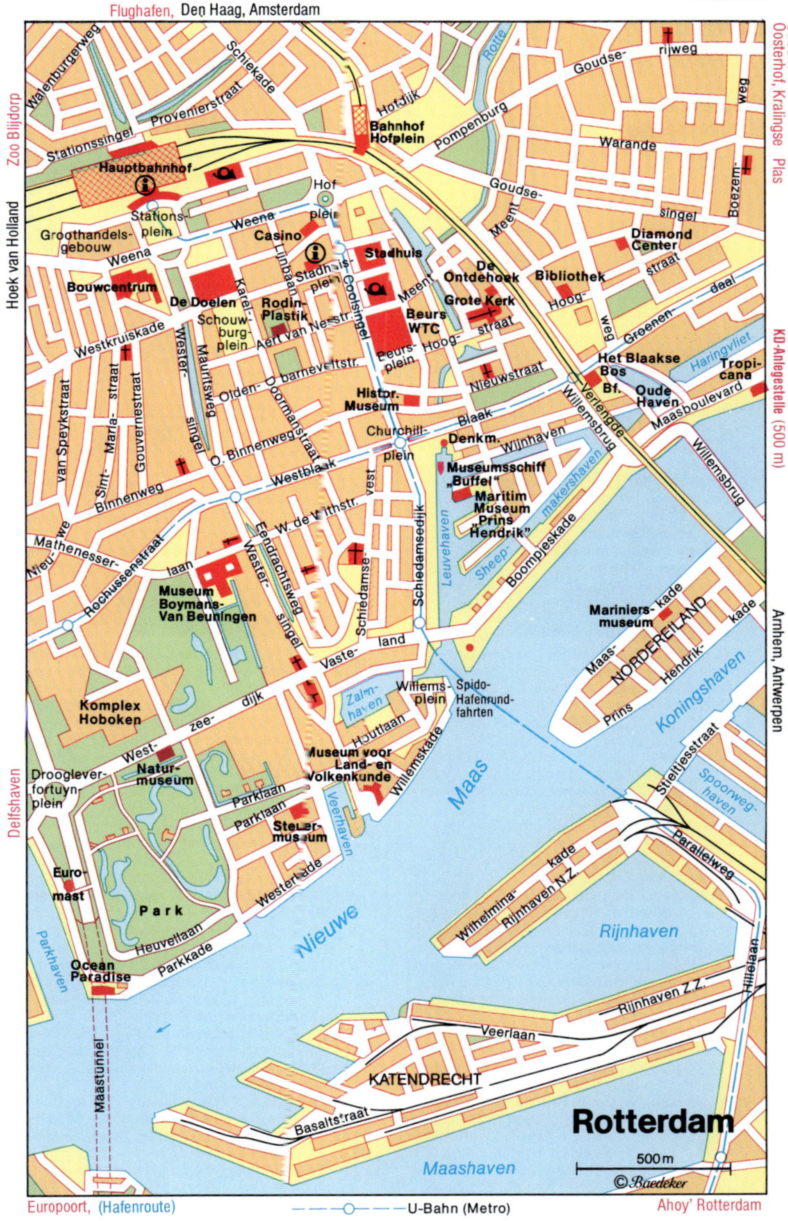
Flughafen, Den Haag, Amsterdam
Utrecht
Oosterhof, Kralingse Plas
Zoo Blijdorp
Hoek van Holland
KD-Anlegestelle (500 m)
Arnhem, Antwerpen
Delfshaven
Europoort, (Hafenroute)
U-Bahn (Metro)
Ahoy' Rotterdam
Hauptbahnhof
Bahnhof Hofplein
Stationsplein
Groothandelsgebouw
Casino
Stadhuis
Bouwcentrum
De Doelen
Rodin-Plastik
Beurs WTC
Grote Kerk
De Ontdehoek
Bibliothek
Diamond Center
Het Blaakse Bos
Bf.
Oude Haven
Tropicana
Histor. Museum
Denkm.
Museumsschiff „Buffel"
Maritim Museum „Prins Hendrik"
Mariniersmuseum
NOORDEREILAND
Museum Boymans-Van Beuningen
Komplex Hoboken
Naturmuseum
Museum voor Land- en Volkenkunde
Steuermuseum
Spido-Hafenrundfahrten
Euromast
Park
Ocean Paradise
Maastunnel
Maas
Nieuwe
Rijnhaven
Maashaven
KATENDRECHT
Koningshaven
Spoorweghaven
Leuvehaven
Zalmhaven
Veerhaven
Parkhaven
Haringvliet
Rotterdam
500 m
© Baedeker

Rotterdamer Hafenroute

Rotterdamse Havenroute

Hafenroute mit interessanten Punkten — Hafen- und Industriegebiet

- 0 **Merwehaven** (1930 als Stückguthafen in Betrieb genommen, heute Umschlagplatz für Obst, Holz, Rohre und Zement)
- 1 **Europoint-Complex** (Hafenverwaltung und Hafenkoordinationszentrum)
- 2 **Lekhaven** (1910 als Stückguthafen in Betrieb genommen; z. Zt. Umstrukturierung, neues Terminal für Orangensaftkonzentrat am Ijsselhaven)
- 3 **Nieuw Delfshaven** (für die Wohnbebauung aufgeschütteter alter Hafen und ehemaliger Standort der Großwerft Wilton-Fyenoord; Hafen- und Transportschule 'Jan Backx')
- 4 **Oud Delfshaven** (im 14. Jh. als Hefen für Delft angelegt; seit 1886 Stadtteil von Rotterdam, heute unter Denkmalschutz)
- 5 **Parkhaven** (zwischen 1890 und 1909 angelegt; Verbindung zwischen Fluß, Coolhaven und Binnenwasserstraßen; Standort der Zollverwaltung)
- 6 **Maastunnel** (1937 – 1942 erbaut)
- 7 **Dockhaven** (ehemaliger Liegeplatz von Schwimm- und Reparaturdocks; seit 1983 zugeschüttet); Wohnquartier
- 8 **Waalhaven** / Ostseite (1907 – 1930 angelegt, zunächst Schüttguthafen, heute v.a. Umschlag von Holz und Holzprodukten, Schwergütern und Containern, Waren für die internationalen Terminmärkte; Liegeplätze für LASH-Schiffe; 60-t-Riesenkran; 1888 erstes Öltanklager der 'Koninklijke Shell' am Sluisjesdijk)
- 9 **Waalhaven** / Südseite (ehem. Flugplatz-Areal, neuerdings Container-Landterminal, Liegeplätze für die Binnenschiffahrt; Hafen- und Transportschule 'Prof. Rutten')
- 10 **Waalhaven** Westseite, **Prins Johan Frisohaven** (Container-Abfertigung mit Overflow-Terminal, Ro / Ro-Terminal, Automobile; Zwischenlager für Röhren, Stammholz, Zellstoff und Papier); Großkraftwerk
- 11 **Heijplaat** (Gartenstadt für Werftangehörige; Anlagenbau)
- 12 **Heysehaven** (ehem. Quarantänestation; heute Versorgungshafen für Off-shore-Unternehmen, Werkhafen des städtischen Bauamtes, Dritte-Welt-Importe)
- 13 **Prinses Beatrixhaven** (1965 als Stückguthafen eingerichtet, Container-Verladebrücke, Ro/Ro-Rampe, Schwergutkräne)
- 14 **Prinses Margriethaven** (seit 1967 Europe Container Terminus; Terminal für Leichterträgerschiffe)
- 15 **Prins Willem Alexanderhaven** (Container-Terminal; Umschlag von Holzprodukten aus Nordeuropa)
- 16 **Pernis** / Pernesse (im 14. Jh. eingepoldertes Fischerdorf; Reparaturwerft)
- 17 **Rheinkilometer 1008** (1008 Flußkilometer von der Konstanzer Rheinbrücke entfernt; Radarstation; gegenüber die Werftanlagen von Wilton-Fyenoord)
- 18 **Beneluxtunnel** (1967 eröffnet)
- 19 **2e Petroleumhaven** (Petrochemiewerke)
- 20 **Rotterdamse Ster** ('Rotterdamer Stern', Verkehrsknoten der Stadtumgehungsautobahn 'Raute von Rotterdam')
- 21 **Shell Nederland / Texaco** (Petrochemiekomplex; Beginn einer Pipeline für Erdölprodukte in die Bundesrepublik Deutschland; Meldezentrale der Umweltschutzbehörde für das Rheinmündungsgebiet)
- 22 **Botlekbrug** (Hubbrücke mit 45 m Durchfahrtshöhe, 1950 in Betrieb genommen) **Botlektunnel** (1980 eröffnet)
- 23 **3e Petroleumhaven** (u.a. Esso-Raffinerie, Anlagen der Aluminiumindustrie, Tanklager)
- 24 **Oude Maasweg** (Container-Service, Tanklager,Tankreinigung)
- 25 **Geulhaven** (Hafenschlepper, Spezialboote der Feuerwehr und der Abfallbeseitigung)
- 26 **Botlek** Petrochemiehafen; Crack-Anlagen, Destillationskolonnen)
- 27 **Welplaatweg** (Anlagen zur Herstellung von Natronlauge, Chlor und Wasserstoff, Handel mit Chemieprodukten, Rußfabrik)

Rotterdamse Haven
route
ANWB

Die so ausgeschilderte **Rotterdamer Hafenroute** *(Rotterdamse Havenroute)* ist eine empfohlene Besichtigungsfahrt (90–150 km) im eigenen Fahrzeug durch das ausgedehnte Hafenareal von Rotterdam.

- 28 **Welplaathaven** (Off-shore-Einheiten, Tanklager, Waschmittel-Grundstoffen)
- 29 **Chemiehaven** (Lagerung von Grundstoffen für die chemische Industrie, die Waschmittelindustrie und die Lebensmittelindustrie, Rohöl-Zwischenlager; Getreideumschlag)
- 30 **Chemieweg** (Blick auf die Lösch- und Verladeeinrichtungen in den einzelnen Becken des Botlek und des St. Laurenshaven)
- 31 **Agribulk** (Elevatoren und Getreidelager auf dem 1952 fertiggestellten Abschlußdamm der ehem. Brielse Maas, jetzt Brielse Meer)
- 32 **St.Laurenshaven** (mineral. Rohstoffe)
- 33 **Chemiefabriken** Tanklager für flüssige Chemikalien, Phenolherstellung, Umschlag von Flüssigschwefel, Produktion von Schwefelsäure, Stickstoff und Titandioxid)
- 34 **Verolme Botlek** (Prins Willem Alexander-dock, Schiffsreparatur)
  AVR Chemie (Abfallbeseitigung)
  Torontohaven Erzumschlag, Tankreinigung)
- 35 **Rozenburg** ('grünes Herz des Europoort' genanntes Dorf, umgeben von aufgespültem Hafenindustriegelände und Deichen)
- 36 **Fähre Rozenburg – Maassluis**
- 37 **Calandkanaal** (Seeschiffahrtskanal zwischen den Europoort-Häfen und der Nordsee)
- 38 **Trenndamm** zwischen Calandkanaal und Nieuwe Waterweg; Liegeplätze von Offshore-Bauplattformen; Kunstdünger- und Säurefabriken)
- 39 **Hafenmündung** (Liegeplätze der Europoort-Schlepper im Scheurhaven; Ro/Ro-Fährhafen Hoek van Holland auf der Nordseite des Nieuwe Waterweg)
- 40 **Calandbrug** (Hubbrücke mit 50 m Durchfahrtshöhe); Brittanniëhaven (Allround-Terminal, Auto-Terminal)
- 41 **Europoort Oost** / Merseyweg (Kunststoff-Produktionsbetriebe)
- 42 **Europoort Oost** / Theemsweg (Chemiefabriken, Zementwerk, Container-Terminal)
- 43 **Rozenburgsesluis** (Rozenburg-Schleuse zwischen Hartelkanaal und Calandkanaal; Kammermaße 299 m x 23 m)
- 44 **7e Petroleumhaven** (Tanklager für Rohöl und Ölprodukte)
- 45 **'De Beer'** (internat. Seemannszentrum)
- 46 **5e Petroleumhaven** (Anlagen der Kuwait Petroleum Corporation)
- 47 **4e Petroleumhaven** (Rohöl-Anlieferung)
- 48 **Beneluxhaven** Ro/Ro-Terminal (Anlagen der Fährgesellschaften North Sea Ferries und Townsend Thoresen; Eurozentrum)
- 49 **Beneluxhaven** Agribulk (Getreideheber, Silos, Soja-Verarbeitungsbetrieb)
- 50 **Hartelkanaal** (Rhein-Binnenschiffahrtsweg zwischen Maasebene bzw. Europoort-Hafenindustriegebieten und dem Hinterland)
- 51 **6e Petroleumhaven** (BP-Raffinerie)
- 52 **Brielse Meer** (ehem. Brielse Maas, 1950 im Rahmen des Deltaplans von der Nordsee abgeschlossen, heute Naherholungsraum)
- 53 **Oostvoornse Meer** (ehem. Flußmündung Brielse Gat, 1966 von der Nordsee abgeschlossen, heute See für Windsurfer)
- 54 **Mississippihaven** (Kohlehafen, Erdgas-Verflüssigungsanlage, Erzumschlag)
- 55 **Westplaat** (Westrand der Maasebene; Sanddeponie)
- 56 **Baggerschlamm-Deponie**
- 57 **Europahaven** (seit 1984 Delta Terminal; Europe Container Terminus mit modernsten Verladeeinrichtungen)
- 58 **Maasvlakte** (Maasebene; Kohle-Großkraftwerk)
- 59 **Wellenbrecher-Damm**
- 60 **Maasvlakte** (Bauerwartungsland, neuer Leuchtturm)
- 61 **Dünenkette** an der Rheinmündung (Maasmond)
- 62 **8e Petroleumhaven** / Maasvlakte Olie Terminal (Öltank-Reihen)
  "Papageienschnabel" Deponie für hochgradig verseuchten Baggerschlick)

Sehenswertes (Fortsetzung)

*Maastunnel

*Euromast & Space Tower (Abb. S. 205)

*Delfshaven

ner Sammlung von F. J. O. Boymans (gest. 1847) hervorging. – Südwestlich am Burgmeester 's Jacobsplein das Seefahrtsmuseum (Seefahrt des 17. Jh.; z. Z. geschl.). Unweit südlich befindet sich die Zufahrt zum Maastunnel, einem 1942 eröffneten Autotunnel von über 1,5 km Länge, der unter der fast 800 m breiten Maas hindurchführt und das Zentrum der Stadt mit den südlichen Vorstädten verbindet. Bei der nördlichen Einfahrt der Euromast & Space Tower (Rest. in 100 m Höhe; rotierende ‚Space Cabin' bis 185 m). Östlich vom Euromast erstreckt sich der Park, mit schönen Baumgruppen und Teichen. Weiter östlich, Willemskade 25, das Völkerkundemuseum. – Westlich vom Park liegen verschiedene kleinere Häfen, an die der alte Stadtteil Delfshaven, Geburtsort des Seehelden Piet Hein, angrenzt. In der Oude Kerk, am Voorhaven, erinnern ein Gedenkstein und eine Bronzetafel an den letzten Gottesdienst der aus York vertriebenen englischen Puritaner, die sich 1620 in Delfshaven nach Nordamerika einschifften (‚Pilgrim Fathers'); ferner die historischen Museen „De Dubbelde Palmboom" (u.a. archäol. Funde) und das „Zakkendragershuisje" (Zinngießerei). – Die am linken Ufer der Maas gelegenen südlichen Stadtteile erreicht man entweder über die verkehrsreiche Willemsbrug (Eisenbahnbrücke parallel) oder durch den Maastunnel. Die Willemsbrug führt hinüber auf das Noordereiland; dahinter der Koningshaven, der älteste Hafen am linken Maasufer (1873). An ihn schließt sich das Hafengebiet von Feijenoord (Binnenhaven und Spoorweghaven) an. Weiter südwestlich der Rijnhaven und der Maashaven, dann die kleinen Häfen von Charlois. – Westlich von hier dehnt sich der 310 ha große Waalhaven aus, eines der größten künstlichen Hafenbecken der Welt. Jenseits des westlich vom Waalhaven gelegenen Vororts Pernis, beim Zu-

Rotterdam: Hafenpartie

Rotterdam (Fortsetzung)

sammenfluß von Oude Maas und Nieuwe Maas, wo der Nieuwe Waterweg (‚Het Scheur') beginnt, erstrecken sich zwischen letzterem und der Brielse Maas bis hin zur Nordsee die großzügigen Hafenanlagen ‚Europoort'. – Im nordwestlichen Vorort Blijdorp der Tierpark (Freigehege). – Im Nordosten von Rotterdam der ausgedehnte Kralingse Plas (Kralinger See; Wassersport); an seinem Ostufer die restaurierte ehemalige Schnupftabak- und Gewürzmühle ‚De Ster'. – Zwei weitere Windmühlen (‚Prinsenmolen' von 1648; ‚De vier Winden' von 1776) befinden sich weiter nördlich am Bergse Voorplas bzw. am Ufer der Rotte. – Offshore-Museum auf der ehem. Bohrinsel „Zapata Nordic" in der Maas.

* Europoort
* Zoo

Rüdesheim am Rhein

D

Staat: Bundesrepublik Deutschland
Bundesland: Hessen
Höhe: 85 m ü.d.M.
Einwohnerzahl: 10400

Köln-Düsseldorfer (KD)

Anlegestelle der KD-Kabinenschiffe an den Rheinanlagen
Anlegestelle der KD-Tagesausflugsschiffe und KD-Agentur an der Rheinpromenade

Allgemeines

Rüdesheim, ein altes Rheingaustädtchen, zieht sich entlang dem rechten Ufer des Rheins unterhalb des Niederwaldes hin. Die besten Weinlagen am Rüdesheimer Berg, im Westen der Stadt, sollen nach der Überlieferung erstmals von Karl d. Gr. mit Traminer Reben bepflanzt worden sein. Nicht zuletzt waren es die vorzüglichen Weine (Weinlehrpfad) und die überaus reizvolle, abwechslungsreiche Landschaft, die Rüdesheim seit dem ausgehenden 19. Jh. zu einem der lebhaftesten Fremdenverkehrszentren am Mittelrhein machten. Zahllose Stimmungslokale säumen insbesondere die berühmte Drosselgasse; einzelne Brocken des blankgetretenen Basaltpflasters (inzw. z.T. durch neues ersetzt) wurden zwischen 1984 und 1986 u.a. mit Echtheitsurkunde als Souvenir verkauft.

Drosselgasse

Sehenswertes

Rüdesheim war der Endpunkt des von Lorch ausgehenden, die Stromschnellen umgehenden ‚Kaufmannsweges'. Wegen dieser verkehrsbedingten Bedeutung war der Ort durch vier Burgen gesichert. Nahe dem Bahnhof steht die Brömserburg (oder Niederburg), ursprünglich eine Burg der Mainzer Erzbischöfe aus dem 10. Jh., die heute das Rheingau- und Weinmuseum (Trinkgefäßesammlung u.a.) beherbergt. Dahinter die Boosenburg (oder Mittelburg; 1868 umgebaut), von welcher der Bergfried (10. Jh.) erhalten ist. In der Ortsmitte steht noch der Turmrest der alten Vorderburg. Auf der Lach ein Erholungspark. (Freibad, Minigolf u.a.).

Am Markt erhebt sich die spätgotische Pfarrkirche St. Jacobus (1390–1400) und am oberen Ende der Rheinstraße der Adlerturm, der zur alten Stadtbefestigung gehörte. – Von den zahlreichen Bürger- und Adelshöfen verdienen besondere Erwähnung der Hof der Ritter zu Grünstein (18. Jh.), der Bassenheimer Hof (16. Jh.; im 19. Jh. erweitert), der Klunkhardshof (16. Jh.) und der Brömserhof (16./17. Jh.) mit sehenswerter Sammlung mechanischer Musikinstrumente (Siegfrieds Mechanisches Musikkabinett); davor Abfahrtsstelle des Minizuges ‚Winzerexpress' (30 Min. Fahrt durch die Weinberge). Im Ortsteil Eibingen befindet sich das ehemalige Benediktinerinnenkloster

‚Winzerexpress'

Drosselgasse

Niederwalddenkmal

Sehenswertes (Fortsetzung)

(1148 als Augustiner-Doppelkloster gegründet) der hl. Hildegard von Bingen, mit Klosterkirche im Beuroner Stil (17. Jh.; im 20. Jh. stark verändert). – In prächtiger Lage über Eibingen das 1904 gestiftete Benediktinerinnenkloster St. Hildegardis. – Etwa 3,5 km nördlich von Eibingen liegt die Wallfahrtskirche (14. Jh.) des ehemaligen Kapuzinerklosters Nothgottes.

* Niederwalddenkmal

Rüdesheim liegt zu Füßen des Niederwaldes, eines bis 344 m hohen Ausläufers des Rheingaugebirges, der mit den gegenüberliegenden Höhen bei Bingen den Beginn des Rheindurchbruches durch das Rheinische Schiefergebirge bezeichnet. Auf einer vorgeschobenen Kante des Bergrückens steht 225 m über dem Rhein das weithin sichtbare Niederwalddenkmal (308 m; Fußweg, Seilbahn), eine auf 25 m hohem Unterbau stehende, 10,5 m hohe Germania, zur Erinnerung an die Erneuerung des Reiches im Jahre 1871. Sie wurde nach Johann Schillings Entwurf 1877–83 errichtet. Während der Einweihungsfeierlichkeiten fand ein Attentatsversuch auf den deutschen Kaiser Wilhelm I. und die geladenen Mitglieder der Regierung statt, der jedoch an der feucht gewordenen Lunte scheiterte. Vom Fuß der Statue prächtiger Ausblick auf den Strom und den Rheingau (Naturpark ‚Rheingau-Taunus'); nahebei eine Adlerwarte mit heimischen Greifvögeln.

Ruine Rossel
Jagdschloß Niederwald

Vom Niederwalddenkmal führt ein sehr lohnender Fußweg über die 265 m hoch über dem Rhein auf einem Felsen thronende künstliche Burgruine Rossel (großartiger Ausblick) zum Hotel Jagdschloß Niederwald (urspr. 18. Jh.; u.a. Tagungshotel mit Hb., Sauna, Solarium und Allwetter-Tennisplätzen; schönes Intérieur), das 1927–29 nach einem Brand wiederaufgebaut und erweitert wurde. Von hier Fußweg oder Doppelsessellift nach Assmannshausen (s. S. 113).

Sankt Goar

D

Staat: Bundesrepublik Deutschland
Bundesland: Rheinland-Pfalz
Höhe: 71 m ü.d.M.
Einwohnerzahl: 3400

Köln-Düsseldorfer (KD)

Anlegestelle der KD-Tagesausflugsschiffe am Rheinufer

Allgemeines

Sankt Goar ist ein am Fuße der mächtigen Burgruine Rheinfels (s. S. 118) reizvoll gelegenes altes Städtchen, das seine Entstehung auf den im 6. Jh. hier wirkenden hl. Goar zurückführt und im Mittelalter Hauptort der Grafschaft Katzenelnbogen sowie der wehrhafteste Platz am Mittelrhein war. St. Goar war und ist noch Stützpunkt des Lotsen- und Wahrschauerdienstes (Signalposten an Land), der die einst schwierige, heute durch Verbreiterung der Fahrrinne wesentlich vereinfachte Schiffahrt durch die Stromenge um den Loreleyfelsen unterstützt.

Sehenswertes

In der ehem. Stiftskirche (evang.; 15. Jh.) eine romanische Krypta (1137), in der einst die Gebeine des hl. Goar ruhten, ferner Fresken (spätes 15. Jh.), eine Steinkanzel (um 1400) und, in einer Seitenkapelle, marmorne Grabmäler (16./17. Jh.) des Landgrafen Philipp II. von Hessen (gest. 1583) und seiner Gemahlin. – Von der Stadtbefestigung, die sich zur Burg Rheinfels hinaufzog, sind noch Teile, darunter der Hexenturm und der Kanzleiturm, erhalten. – Im ehem. Hauptmannshaus (1750; Sonnengasse 8) das Puppen-, Bären- und Spielzeugmuseum „Loreley" (auch Puppenklinik u. -seminare).

Der Rhein bei St. Goar (rechts) und St. Goarshausen (links)

Umgebung von St. Goar

Auf dem Weg zur Burg Rheinfels gelangt man am Friedhof vorbei, vor dessen Mauer die ‚Flammensäule' (oder Pfalzfelder Säule) steht, ein 1½ m hoher keltischer Opferstein (Nachbildung; Original im Landesmuseum in →Bonn).

Sankt Goarshausen

D

Staat: Bundesrepublik Deutschland
Bundesland: Rheinland-Pfalz
Höhe: 77 m ü.d.M.
Einwohnerzahl: 2000

Köln-Düsseldorfer (KD)

Anlegestelle der KD-Tagesausflugsschiffe am Rheinufer

Allgemeines

Die ‚Loreleystadt' St. Goarshausen ist ein kleines altes Städtchen zu Füßen der Burg Katz (s. S. 119). – Wellmich s. S. 119.

Sehenswertes

Am oberen Ende des langgestreckten, in seinem mittelalterlichen Kern wohlerhaltenen Ortes zwei Wachttürme (14. Jh.) der ehemaligen Stadtbefestigung. Im Stadtturm v. 1324 (einst u.a. Verlies) ein Weinbaumuseum (auch Weinstube). – Weinlehrpfad. – In der katholischen Pfarrkirche St. Johannes (von 1925) befindet sich ein Altarbild, das vielleicht aus der Schule von Lucas Cranach d.Ä. stammt.

** Loreley

St. Goarshausen ist Ausgangspunkt für die Ersteigung des Loreleyfelsens (s. S. 117). Auf der Mole des Winterhafens ein Bronzesitzbild der sagenumwobenen „Loreley" (von Natascha Alexandrovna Prinzessin Jusopov, 1983; Abb. s. S. 114).

Speyer

D

Staat: Bundesrepublik Deutschland
Bundesland: Rheinland-Pfalz
Höhe: 104 m ü.d.M.
Einwohnerzahl: 43000

Köln-Düsseldorfer (KD)

Anlegestellen der KD-Schiffe beim Stadtbad am Rheinufer (Ausgangs- bzw. Endpunkt der Ausflüge nach →Heidelberg)
Agentur der KD: Albert-Schweitzer-Str. 2, D-6720 Speyer

Allgemeines

Die alte Kaiserstadt Speyer wird von ihrem romanischen Dom beherrscht. Sie war schon früh Bischofssitz und Stätte vieler Reichstage. Speyer ist ein wichtiges Weinhandelszentrum.

Geschichte

Ursprung war 10 v.Chr. die ‚Civitas Nemetum' der Römer (1990: 2000 Jahre). Im 7. Jh. tauchte der Name ‚Spira' auf; im gleichen Jahrhundert wurde Speyer Bischofssitz. Von 1294 bis 1797 war es Freie Reichsstadt, in der zahlreiche Reichstage stattfanden. 1689 erlitt die Stadt im Pfälzer Erbfolgekrieg schwere Zerstörungen.

Sehenswertes
** Dom

Der sechstürmige Dom, die eindrucksvollste und umfangreichste hochromanische Kathedrale Deutschlands, wurde um 1030 von dem Salierkaiser Konrad II. begonnen und 1061 geweiht; 1082–1125 erfolgte unter den Kaisern Heinrich IV. und Heinrich V. ein umfassender Umbau. In der Westvorhalle befinden sich die Standbilder der acht im Dom beigesetzten Kaiser. Im

Der romanische Dom beherrscht Speyer

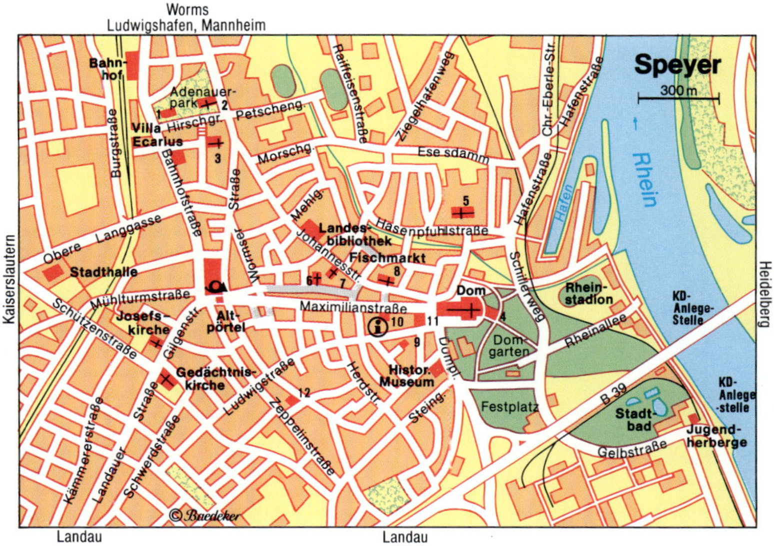

Fußgängerzone

1 Gotische Marienkapelle
2 Bernharduskirche
3 St.-Guido-Stift
4 Heidentürmchen
5 Klosterkirche St. Magdalena
6 Seminarkirche St. Ludwig
7 Heiliggeistkirche
8 Dreifaltigkeitskirche
9 Judenbad
10 Rathaus
11 Bischöfl. Palais
12 Feuerbachhaus

Sehenswertes in Speyer (Fortsetzung)

Inneren der erhöhte ‚Königschor' sowie der Zugang zu der schon 1039 geweihten Krypta und zur Kaisergruft mit den Überresten aus den 1689 von den Franzosen teilweise geplünderten Kaisergräbern (u.a. Konrad II., gest. 1039; Heinrich III., gest. 1056; Heinrich IV., gest. 1106; Heinrich V., gest. 1125; Rudolf von Habsburg, gest. 1291). Insbesondere im Rahmen der Internationalen Musiktage ‚Dom zu Speyer' (August/Sept.) werden u.a. Orgelkonzerte veranstaltet sowie Werke für Chor und Orchester aufgeführt. – Vor dem Dom der Domnapf, eine Steinschüssel von 1490, die bei der Einführung eines neuen Bischofs für das Volk mit Wein gefüllt wurde. – Unweit südlich vom Dom das Historische Museum der Pfalz mit dem Diözesanmuseum und einem interessanten Weinmuseum (mit dem ältesten Wein der Welt: über 1600 Jahre alt). – Am Ende der nahen Judengasse liegt in einem Gärtchen, fast 10 m unter der Erde, das um 1100 angelegte Judenbad, der Rest einer Synagoge.
Vom Dom führt die breite Maximilianstraße westlich zum Altpörtel, einem 55 m hohen, schönen Torturm aus dem 13. und 16. Jahrhundert. – Weitbekannt ist das am zweiten Juliwochenende stattfindende Speyrer Brezelfest. – Etwa 14 km nordwestlich von Speyer liegt bei Haßloch der ‚Holiday-Park', ein 400000 m^2 großer Freizeitpark mit Märchenpark, Liliputanerstadt, Delphinarium, Vogelpark, Circus-Varieté und anderen Attraktionen.

Speyrer Dom

Staufen im Breisgau

D

Staat: Bundesrepublik Deutschland
Bundesland: Baden-Württemberg
Höhe: 280–720 m ü.d.M.
Einwohnerzahl: 7500

Allgemeines

Das hübsche altertümliche Städtchen Staufen liegt am Westrand des Münstertales, bzw. an dessen Einmündung in die Oberrheinebene. Der im Durchgangsverkehr zum Belchengebiet und als Sommerfrische besuchte Ort besitzt mittlere Industrie- und Gewerbebetriebe (Schnapsbrennerei; Besichtigung nach Voranmeldung) und ist Sitz eines Goethe-Instituts; daneben Auerbachs Kellertheater.

Ortsbild

Das 770 erstmals erwähnte Städtchen erstreckt sich südlich des kegelförmigen, von Reben bedeckten Staufen (‚Schloßberg-Wein') mit den Resten der Burg der Herren von Staufen (vor 12. Jh.; 1633 zerstört). Diese war einst Sitz der Herrschaft Staufen, zu der auch die Silberminen im Münstertal (alter Stollen in Untermünstertal zugänglich; Asthma-Therapie-Station in einem Seitenstollen) gehörten. Sehr malerisch ist der Marktplatz mit Rathaus und Marktbrunnen (16. Jh.) sowie der Marienbrunnen mit dem Staufer und dem österr. Wappen; im Gasthaus zum Löwen soll der Schwarzkünstler Dr. Faustus zwischen 1536 und 1539 gestorben sein. In der spätgotischen Martinskirche (15. Jh.) ein Kruzifix des Sixt von Staufen. In der Hauptstraße das ‚Stubenhaus' (Faust- u. Keramik-Mus.; Veranstaltg.). Im Unteren Schloß (16. und 18. Jh.) jetzt das Forstamt.

Ausflug

Etwa 8 km östlich liegt im idyllischen Oberen Münstertal das ehemalige Benediktinerkloster St. Trudpert (urspr. 10. Jh.; Kirche 18. Jh.). Der 1806 profanierte Gebäudekomplex ist seit 1920 Mutterhaus der aus dem Elsaß gekommenen St.-Josephs-Schwestern.

Strasbourg (Straßburg) F

Staat: Frankreich
Région: Alsace (Elsaß)
Département: Bas-Rhin
Höhe: 136 m ü.d.M.
Einwohnerzahl: 252000 (Großraum: 408000)

Köln-Düsseldorfer (KD)

Anlegestelle der KD-Kabinenschiffe am Quai des Belges (Gare Fluviale)
Agentur der KD (German Rhine Line):
31, rue Molière, F-67550 Vendenheim

Allgemeines

Straßburg, die Hauptstadt des Elsaß, Universitätsstadt und Bistum sowie als Sitz des Europarates, der Europäischen Menschenrechtskommission, der Europäischen Wissenschaftsstiftung und als Tagungsort des Europa-Parlamentes Keimzelle eines künftigen Vereinten Europa, liegt im Schnittpunkt wichtiger Verkehrslinien am linken Ufer des Rheins, in den hier die Ill sowie der Rhein-Marne-Kanal und der Rhein-Rhône-Kanal münden. In Straßburg hat die Zentralkommission für die Rheinschiffahrt ihren Sitz.

Mit seinem hochragenden Münster und den zahlreichen Bürgerhäusern aus dem 16. und 17. Jh. bewahrt Straßburg noch den Charakter der alten Reichsstadt, zeigt aber mit seinen im 18. Jh. zur Zeit der französischen Kardinalbischöfe im Stil Ludwigs XV. entstandenen Bauten und den vielen Mansardenhäusern auch französische Einflüsse.

Straßburg: Blick über ‚La Petite France' zum Münster

Allgemeines (Fortsetzung)

Metallverarbeitung, Baustoffindustrie sowie die Herstellung und Verarbeitung von Nahrungs- und Genußmitteln (Brauereien; Straßburger Gänseleberpastete) sind die wichtigsten Wirtschaftszweige der Stadt, gefolgt von Papier- und Textilindustrie sowie Gerberei. Der Hafen von Straßburg ist der größte am Oberrhein und insbesondere für den Export von außerordentlicher Bedeutung. – Ferner ist für Straßburg, das als Zentrum des elsässischen Fremdenverkehrs wie auch als rege Kongreßstadt eine immer größere Zahl von Gästen anzieht, der Tourismus zu einem bedeutsamen Wirtschaftsfaktor geworden.

Geschichte

Bei der verkehrswichtigen alten Keltensiedlung legten die Römer um 16 n. Chr. das Kastell ‚Argentoratum' an. Über seinen Trümmern entstand im 4. Jh. eine neue Siedlung der Alemannen, die im 6. Jh. unter dem Namen ‚Strataburgum' (‚Burg an den Straßen') erscheint. 842 bestätigten hier Ludwig der Deutsche und Karl der Kahle mit den Straßburger Eiden ihr Bündnis gegen Lothar I. Die in Althochdeutsch und Altfranzösisch überlieferten Eidesformeln gelten als bedeutendes sprachwissenschaftliches Zeugnis. – Als bischöfliche Stadt (seit 1003) gelangte Straßburg besonders durch Schiffahrt und Handel zu hohem Wohlstand. Im Jahre 1262 errang es nach Kämpfen mit Bischof und Adel die Unabhängigkeit als Freie Reichsstadt, die zeitweise die reichste und glänzendste des Deutschen Reiches war. Kunst und Wissenschaft blühten. Im 14. Jh. wirkten hier u.a. die Dominikanerprediger und Mystiker Meister Eckhart und Johannes Tauler; 1434–44 entwickelte Johannes Gutenberg hier die Buchdruckerkunst. Nach der seit 1520 eingeführten Reformation wirkten in Straßburg der protestantische Dichter und Satiriker Johannes Fischart (1546–90) und der Pädagoge Johannes Sturm (1507–89), Rektor des protestantischen Gymnasiums und Gründer einer theologischen Akademie, der Vorläuferin der Universität.

Am 30. September 1681 wurde Straßburg infolge der Ohnmacht des Reiches mitten im Frieden von Ludwig XIV. besetzt und alsbald durch Vauban neu befestigt; doch behielt die Stadt bis 1793 eine gewisse Autonomie, und erst seit Napoleon machte sich französischer Kultureinfluß geltend.

Nach dem Deutsch-Französischen Krieg von 1870/71 kam Straßburg bzw. das Elsaß (ohne Belfort) und ein Teil Lothringens wieder zum Deutschen Reich, bei dem es bis zum Ende des Ersten Weltkrieges verblieb. Der 1949 in Straßburg gegründete Europarat prädestiniert die Stadt zusammen mit anderen hier ansässigen Organisationen, aber auch wegen ihrer Geschichte und der zentralen Lage zur ‚Hauptstadt Europas'. – 1988 beging die Stadt Straßburg ihre 2000-Jahr-Feier.

Sehenswertes

Verkehrsmittelpunkt der Stadt ist die Place Kléber, benannt nach dem 1753 in Straßburg geborenen französischen General J. B. Kléber. Auf dem Platz sein Denkmal, darunter sein Grab. An der Nordseite des Platzes die 1765–72 von Blondel errichtete Aubette (‚Parolestube'), bis 1918 Konservatorium und Hauptwache.
Von der Südostecke des Kléber-Platzes führt die belebte Rue des Grandes Arcades (An den Gewerbslauben) südwärts zur Place Gutenberg. In der Mitte des Platzes ein Gutenberg-Denkmal (1840). An der Südwestseite des Platzes der sogenannte Neue Bau (heute Hôtel du Commerce; Verkehrsamt), 1582–85

als Rathaus errichtet, das bedeutendste Renaissancegebäude im Unterelsaß. – Von der Südostecke des Gutenbergplatzes gelangt man durch die Rue Mercière (Krämergasse), mit prächtigem Blick auf die Westfassade des Münsters, zur Place de la Cathédrale (Münsterplatz).

**Münster

Das auf den Grundmauern einer 1015 begonnenen frühromanischen Kirche errichtete Münster (Kathedrale Unserer Lieben Frau bzw. Cathédrale Notre-Dame) spiegelt in organischem Übergang die ganze Stilentwicklung von der romanischen bis zur spätgotischen Zeit (12.–15. Jh.) wider. Die Westfassade (1277–1318) ist das Werk Meister Erwins (‚von Steinbach') und seiner Nachfolger, das fein gegliederte Achteck des Nordturmes wurde 1399–1419 von Ulrich von Ensingen aus Ulm geschaffen, der durchbrochene Helm des 142 m hohen Turmes 1420–39 durch den Kölner Meister Johannes Hültz aufgesetzt. 1793 fielen dem Fanatismus der Französischen Revolution 235 Statuen und unzählige Ornamente zum Opfer. Sogar der Turm sollte abgetragen werden, da er die anderen Gebäude überrage und so die Gleichheit verletze. Doch setzte man nur eine blecherne Jakobinerhaube auf die Turmspitze. Das Innere des Münsters verwandelte man in einen ‚Tempel der Vernunft'. 1878/79 wurde über der Vierung ein Kuppelbau in romanischem Stil errichtet. – An der aus rotem Vogesensandstein erbauten prachtvollen Westfassade ein großes Rosenfenster (13,50 m Durchmesser) sowie reicher, im 19. Jh. großenteils erneuerter Skulpturenschmuck. – Am Portal des südlichen Querschiffes in den Bogenfeldreliefs die Krönung und der Tod

Fensterrose

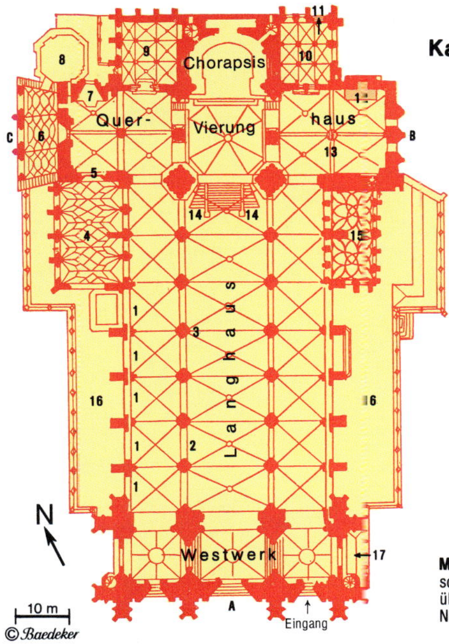

Straßburger Münster
Kathedrale Unserer Lieben Frau

A Hauptportal an der Westfront (1270–1330); oben Rosenfenster (13,5 m Ø)
B Uhrportal (Südportal; um 1230)
C Laurentiusportal (1495-1505)

1 Kaiserfenster (12.–14. Jh.)
2 Orgel (urspr. von A. Silbermann, 1714–1716; Gehäuse von 1489)
3 Kanzel (von J. Hammer, 1486)
4 Martinskapelle (1515–1520)
5 Ölberg (15. Jh.)
6 Lorenzkapelle (1495–1505)
7 Taufstein (von J. Dotzinger, 1453)
8 Sakristei
9 Johanneskapelle (um 1240; unter dem Kapitelsaal)
10 Andreaskapelle (12. Jh.)
11 zur Ausstellung
12 Astronomische Uhr (urspr. 1570–1574)
13 Engelspfeiler (1230–1240)
14 Treppen zur Krypta
15 Katharinenkapelle (1331; Gewölbe 1563)
16 Münsterschranken
17 Aufgang zur Turmplattform

Maße. - Gesamtlänge: 118 m; Breite des Querschiffes: 58 m; Höhe des Mittelschiffes: 31,5 m; überbaute Fläche: 4087 qm; Gesamthöhe des Nordturms: 142 m; Turmplattformhöhe: 66 m.

Strasbourg

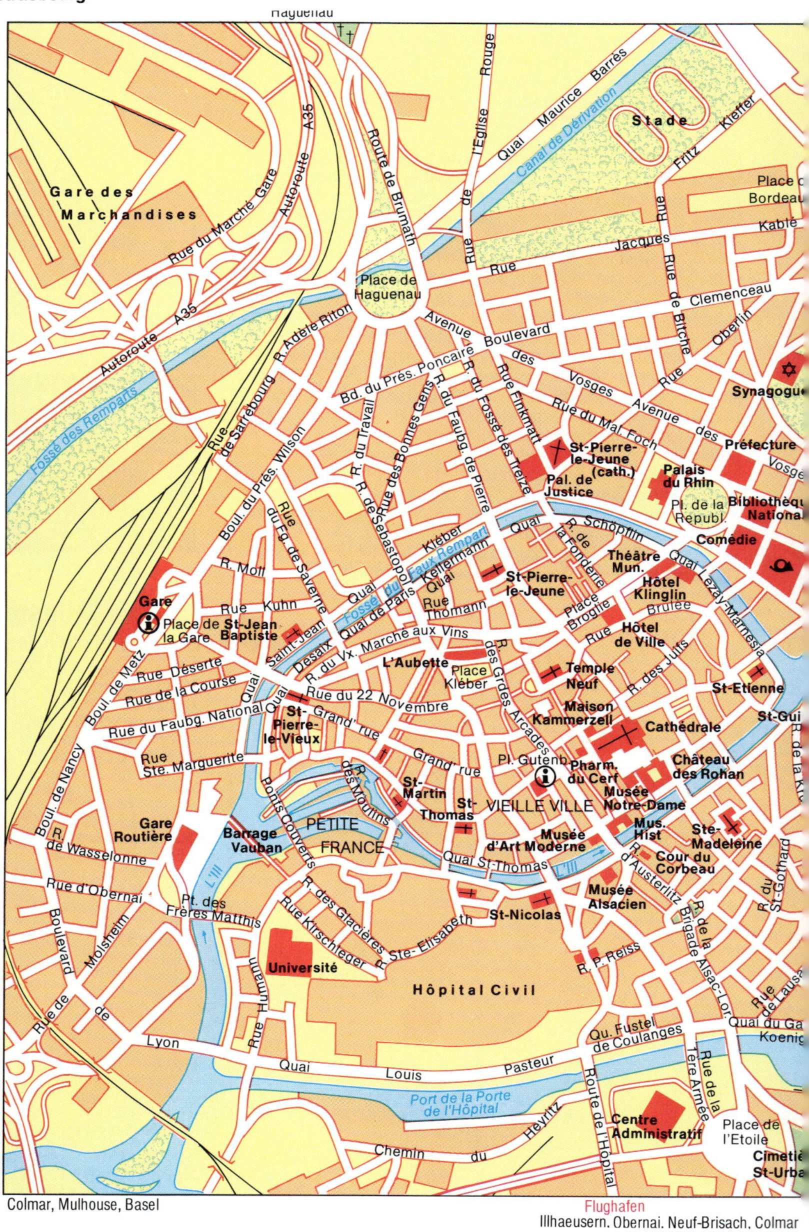

Haguenau
Gare des Marchandises
Rue du Marché Gare
Autoroute A35
Route de Brumath
Rue de l'Eglise
Rouge
Quai Maurice Barrès
Canal de Dérivation
Stade
Rue Fritz Kieffer
Place de Bordeau
Rue Jacques Kablé
Place de Haguenau
Rue de Bitche
Boulevard Clemenceau
Rue Oberlin
Avenue des Vosges
Synagogue
R. Adèle Riton
Bd. du Prés. Poincaré
R. des Bonnes Gens
R. du Faubg. de Pierre
R. du Fossé des Treize
Rue Finkmatt
Rue du Mal. Foch
Avenue des Vosges
Préfecture
Fossé des Remparts
Rue de Sarrebourg
Boul. du Prés. Wilson
R. du Travail
R. de Sébastopol
St-Pierre-le-Jeune (cath.)
Pal. de Justice
Palais du Rhin
Pl. de la Républ.
Bibliothèque Nationale
Quai Schoepflin
R. de la Fonderie
Comédie
Théâtre Mun.
Quai Lezay-Marnésia
Hôtel Klinglin
Brûlée
Rue du Fg. de Saverne
R. Moll
Gare
Rue Kuhn
Place de la Gare
St-Jean Baptiste
Quai Saint-Jean
Fossé du Faux Rempart
Quai de Paris
Quai Kléber
Quai Kellermann
Rue Thomann
St-Pierre-le-Jeune
Place Broglie
Hôtel de Ville
Quai Desaix
R. du Vx. Marché aux Vins
L'Aubette
Place Kléber
R. des Grdes Arcades
Temple Neuf
R. des Juifs
St-Etienne
Rue Déserte
Rue de la Course
Boul. de Metz
Rue du 22 Novembre
Rue du Faubg. National
Quai
St-Pierre-le-Vieux
Grand' rue
Maison Kammerzell
Cathédrale
St-Gui
Boul. de Nancy
Rue Ste. Marguerite
R. des Moulins
Pl. Gutenb.
Pharm. du Cerf
Château des Rohan
St-Martin
St-Thomas
VIEILLE VILLE
Musée Notre-Dame
Gare Routière
Barrage Vauban
Ponts Couverts
PETITE FRANCE
Mus. Hist
Ste-Madeleine
R. de Wasselonne
Musée d'Art Moderne
Quai St-Thomas
R. d'Austerlitz
Cour du Corbeau
Rue d'Obernai
L'Ill
Pt. des Frères Matthis
R. des Glacières
Musée Alsacien
St-Nicolas
R. de la Brigade Alsac-Lor.
R. du St-Gothard
Boulevard de Lyon
Rue Molsheim
Rue Kirschleger
R. Ste-Elisabeth
Université
R. P. Reiss
Hôpital Civil
Rue de Lausanne
Rue de
Rue Humann
Qu. Fustel de Coulanges
Quai du Ga Koenig
Quai Louis Pasteur
Rue de la Tère Armée
Port de la Porte de l'Hôpital
Route de l'Hôpital
Centre Administratif
Place de l'Etoile
Chemin du Heyritz
Cimetière St-Urbain
Colmar, Mulhouse, Basel
Flughafen
Illhaeusern, Obernai, Neuf-Brisach, Colmar

Eisstadion, Ausstellungsgelände

Port

Pont de l'Europe
Kehl

Pont Vauban

Port Autonome

Straßburger Münster (Fortsetzung)

Mariä (letzteres Original), zu beiden Seiten die berühmten, formvollendeten allegorischen Gestalten der Kirche und der Synagoge (um 1230). – Dem Querschiff nördlich vorgebaut die Lorenzkapelle (Chapelle St-Laurent; 1495–1505) mit prächtiger spätgotischer Fassade. Im Inneren (Ton- u. Lichtschauspiel i. Sommerhalbjahr) des Münsters (103 m lang, bis 58 m breit, 31,5 m hoch) schöne Glasmalereien (12.–15. Jh.), eine spätgotische Kanzel (1486), eine Orgel (1714–16) von Andreas Silbermann (gest. 1734 in Straßburg). Im südlichen Querschiff der sogenannte Engelspfeiler (1230–40); dahinter die altberühmte Astronomische Uhr von Tobias Stimmer (*1539 in Schaffhausen; † 1584 in Strasbourg), das 18 m hohe Gehäuse zwischen 1570 und 1574 gefertigt, das Werk 1838–42 eingefügt. Ferner beachtenswert im südlichen Seitenschiff die Katharinenkapelle (Chapelle Ste-Catherine; 1331 und 1563) sowie im nördlichen Querschiff der Taufstein (1453) und der Ölberg (15. Jh.); von hier hat man mitunter Zugang zur Johanneskapelle (Chapelle St-Jean-Baptiste; um 1240), mit dem Grabdenkmal des Bischofs Konrad von Lichtenberg (gest. 1299); dreischiffige Krypta. – Sehr lohnend ist die Besteigung des Münsterturmes, von dem sich ein prächtiger * Blick auf Stadt, Rheinebene, Schwarzwald und Vogesen bietet. Nördlich gegenüber dem Münsterturm steht am Münsterplatz das Kammerzellsche Haus (Maison Kammerzell; Restaurant), mit steinernem Erdgeschoß von 1467 und Fachwerkoberbau von 1589, das schönste alte Bürgerhaus der Stadt. An der Ecke Münsterplatz und Krämergasse der Fachwerkbau der Hirschapotheke (Pharmacie du Cerf) von 1567, die seit 1268 ununterbrochen besteht.

*Haus Kammerzell

An der Südseite des Münsters die Place du Château (Schloßplatz; Abfahrtsstelle Mini-Bahn f. Besichtigungen) mit dem Rohan-Schloß (Château des Rohan; 1728–42), bis zur Französischen Revolution Residenz der Kardinalbischöfe aus dem Hause Rohan. Im Inneren die im Rokokostil ausgestatteten bischöflichen Räume, mit Bibliothek, Kupferstichkabinett und Kapelle, sowie das Archäologische Museum (Musée Archéologique) und die Städtische Gemäldegalerie. Im rechten Flügel des Schlosses das Kunstgewerbemuseum (Musée des Arts décoratifs; bes. Keramik und Porzellan); nahebei Abfahrtsstelle für Bootsfahrten (auch nachts) auf der Ill. – Südwestlich gegenüber dem Rohan-Schloß das Frauenhaus (14.–16. Jh.), seit 1349 Sitz der Münsterbauhütte. Im Inneren das Frauenhaus-Museum (Musée de l'Œuvre Notre-Dame), mit den Originalen von Münsterplastiken sowie Gemälden besonders oberrheinischer Meister.

*Frauenhaus-Museum

Südwestlich hinter dem Frauenhaus erstreckt sich die malerische Place du Marché-aux-Cochons-de-Lait (Ferkelmarkt). Weiter südwestlich die 1586–88 für den Fleischverkauf erbaute Große Metzig (La Grande Boucherie), heute mit den Stadtgeschichtlichen Sammlungen. Westlich gegenüber das Alte Zollhaus (ältester Teil von 1358), das heute das Museum Moderner Kunst (Musée d'Art moderne; 19. und 20. Jh.) beherbergt. – Südlich vom Alten Zollhaus, jenseits der Ill, in einem Patrizierhaus von 1622 das Elsässische Museum (Musée Alsacien; Volkskunst; ‚Göttelbriefe').

Vom Gutenbergplatz führt die Rue des Serruriers (Schlossergasse) südwestwärts zur Thomaskirche (Eglise St-Thomas), der einzigen Hallenkirche im Elsaß, mit romanischem Westbau

(1230–50), gotischem Langhaus (um 1330) und achteckigem Vierungsturm (1348), dessen Uhr seit über 400 Jahren 4 Minuten zu früh schlägt, um sich gegenüber der Münsteruhr Gehör zu verschaffen. Im Inneren an Stelle des Hochaltars das Grabmal des französischen Marschalls Moritz von Sachsen (gest. 1750), eine allegorische Marmorgruppe von J. B. Pigalle (1777); ferner eine Silbermann-Orgel (1737–40), auf der Albert Schweitzer viel gespielt hat.

* Gerberviertel

Unweit nordwestlich der Thomaskirche erstreckt sich das alte Gerberviertel (Quartier des Tanneurs) mit seinen malerischen, von Fachwerkhäusern gebildeten Gassen (‚Klein-Frankreich' bzw. ‚La Petite France'). In der Rue du Bain-aux-Plantes (Pflanzenbachgasse) die alte Gerberstube (‚Gerwerstub' bzw. ‚Maison des Tanneurs'; Restaurant). Weiter südwestlich die Gedeckten Brücken (Ponts Couverts), vier ehemals gedeckte Brücken über die hier in vier Arme geteilte Ill; hier sind auch noch vier Türme der mittelalterlichen Befestigung erhalten. Der beste Überblick und Stadtblick bietet sich vom Vauban-Wehr (Grande Ecluse). – Nördlich der Gedeckten Brücken, am Westrand der Altstadt, die Alt-St.-Peterskirche (St-Pierre-le-Vieux; 14./15. Jh.).

Östlich vom Kléber-Platz liegt an der langgestreckten Place Broglie das Alte Rathaus, 1730–36 als ‚Hanauer Hof' des Landgrafen von Hessen erbaut, 1805–1976 Sitz der Stadtverwaltung; östlich anschließend im Garten das Hôtel du Gouvernement Militaire, um 1760 als ‚Zweibrücker Hof' entstanden. An der Ostseite der Place Broglie die Opéra du Rhin (Stadttheater; 1804–22), an der Nordseite die Banque de France; am 26. April 1792 sang an gleicher Stelle Rouget de Lisle erstmals die „Marseillaise". – Nordöstlich hinter dem Theater erstreckt sich jenseits des Stadtgrabenkanals die von öffentlichen Gebäuden umgebene Place de la République, mit einem Denkmal für die Gefallenen des Ersten Weltkrieges.

Universität

Östlich der Altstadt liegt jenseits der Ill die Universität (Université; 1879–85), mit später angefügten Instituten, Sternwarte und Botanischem Garten, sowie weiter südlich das Universitätsviertel, mit der Ecole Nationale Supérieure des Ingénieurs (Technische Hochschule), dem Institut de Chimie und der Faculté des Lettres (Geisteswissenschaften). – Weiterhin östlich, gegen die Hafenbecken zu, die einstige Citadelle, 1682–84 als Kernstück des Vaubanschen Befestigungsgürtels angeschüttet und 1967 in einen reizvollen Park verwandelt. – Etwa 1 km westlich der Universität das sehr ausgedehnte Hôpital Civil (Krankenhaus); ½ km südöstlich davon das 1976 vollendete Verwaltungszentrum für den Großraum Straßburg (Centre Administratif).

Rund 1 km nördlich vom Republikplatz erhebt sich der 110 m hohe Gittersendemast der Maison de la Radio (französischer Rundfunk und Fernsehen). Weiterhin ½ km nördlich das internationale Kongreßzentrum (Palais de la Musique et des Congrès), ein sechseckiger Mehrzweckbau; nordöstlich davon das Ausstellungsgelände mit Messe- und Eissporthalle sowie Sportgelände. – Etwa ½ km südöstlich liegt jenseits der Ill das 1972–77 neben dem alten ‚Europahaus' neu errichtete Palais de l'Europe (auch Besichtig.) ein neunstöckiger festungsartiger Bau (105 m Kantenlänge, 30 m hoch), mit einem im Innenhof gelegenen, wie ein Zelt spitz aufragenden Plenarsaal für die

* Palais de l'Europe

Sehenswertes in Straßburg (Fortsetzung)

parlamentarische Versammlung des Europarates und die 410 Abgeordneten des Europäischen Parlaments. Nordöstlich gegenüber das Haus der Menschenrechtskommission (Palais des Droits de l'Homme). – Dem Palais de l'Europe südöstlich gegenüber der Anfang des 19. Jh.s angelegte prächtige Orangeriegarten, mit der für die Kaiserin Joséphine errichteten Orangerie für Ausstellungen und Empfänge.

Straßburger Rheinhäfen

Östlich und südlich der Stadt erstreckt sich der Hafen (Port; Rundfahrten), mit 14 Hafenbecken und 1180 ha Fläche nach Duisburg der zweitgrößte Rheinhafen und nächst Paris der größte Stromhafen Frankreichs. 90% des Warenumschlages entfallen auf den Export (hauptsächlich Erze, Baustoffe, Erdölprodukte und Getreide). Der alte Stadthafen wurde nach 1882 stark erweitert; einschließlich aller Nebenanlagen erstrecken sich die Einrichtungen des ‚Port Autonome de Strasbourg' heute auf mehr als 100 km der linksrheinischen Uferstrecke von Marckolsheim bis Lauterbourg.

Unkel **D**

Staat: Bundesrepublik Deutschland
Bundesland: Rheinland-Pfalz
Höhe: 58 m ü.d.M.
Einwohnerzahl: 4300

Köln-Düsseldorfer (KD)

Anlegestelle der KD-Tagesausflugsschiffe am Rheinufer

Rheinfront

Unkel ist ein reizvoll am Fuße des Leidenberges, im Naturpark Rhein-Westerwald gelegener altertümlicher Luftkur- und Winzerort („Unkeler Funkeler") mit schönen Fachwerkhäusern, Resten der Stadtmauer und frühgotischer Pfarrkirche am Pantaleonsberg. Im Haus Freiligrath (von 1760) lebte der Dichter Ferdinand Freiligrath (1810–1876) vorübergehend; von 1950 bis 1961 wohnte der Dichter Stefan Andres (1906–1970) in Unkel (Gedenktafel nahe dem Haus am Rheinbüchel 36). – Im Ortsteil Heister die Burg Vilszelt, eine ehemalige Wasserburg (urspr. 11. Jh.; im 18. Jh. erneuert).

Utrecht **NL**

Staat: Niederlande
Provinz: Utrecht
Höhe: 5 m ü.d.M.
Einwohnerzahl: 230900

Allgemeines

Utrecht, die Hauptstadt der gleichnamigen Provinz und viertgrößte Stadt der Niederlande, liegt am Krummen Rhein, der sich hier in den Alten Rhein und in die Vecht teilt, und am Amsterdam-Rhein-Kanal, genau auf der Landschaftsgrenze zwischen der Marsch und den Sandgebieten der Geest. Diese natürliche Leitlinie hat sich im Lauf der Jahrtausende sehr vorteilhaft auf die Entwicklung der Stadt ausgewirkt, denn die Oberfläche der etwas höher gelegenen Geest kann von den Sturmfluten der Nordsee nicht erreicht werden und bot sich vor der Erfindung des Deichbaus als Siedlungsort geradezu an.

Utrecht war schon seit jeher eines der wichtigsten politischen, kulturellen und wirtschaftlichen Zentren des Landes. Utrecht ist Sitz einer 1636 gegründeten Universität, Sitz eines katholischen und eines altkatholischen Erzbischofs sowie des Ökumenischen Rats der Niederlande. Darüber hinaus besitzt Utrecht wichtige Dienstleistungs-, Handels- und Verkehrsfunktionen sowie bedeutende Industrien (Stahl- und Walzwerke, Maschinen- und Waggonbau, Elektro-, Nahrungs- und Genußmittelindustrie, Petrochemie, Textilien, Möbel u.a.). Nicht zuletzt ist auch der Fremdenverkehr wirtschaftlich recht bedeutend, denn die malerische, von Wassergräben umgebene und von Grachten durchschnittene Altstadt mit ihren sehenswerten Baudenkmälern ist ebenso attraktiv wie die reizvolle Umgebung.

Geschichte

Utrecht, das ‚Traiectum ad Rhenum' der Römer (48 n.Chr.), später von den Friesen und Franken ‚Wiltaburg' genannt, ist eine der ältesten Städte der Niederlande. Der Frankenkönig Dagobert I. (628–638) stiftete hier die erste Kirche im Gebiet der Friesen, deren erster Bischof 696 der hl. Willibrod wurde. Die Bischöfe (seit 1559 Erzbischöfe) waren im Mittelalter mächtige Prälaten von großem Einfluß, und die Stadt war früh wegen ihrer prachtvollen Kirchen berühmt. Sie gehörte erst zu Lothringen, dann zum Deutschen Reich und war oft Kaisersitz. 1528 trat der Bischof Heinrich von Bayern die weltliche Herrschaft an Karl V. ab, der sich in Utrecht das Kastell Vredenburg erbauen ließ. 1579 wurde hier die Utrechter Union geschlossen, der Sonderbund der sieben protestantischen nördlichen Provinzen, der die Trennung von den südlichen Niederlanden vorbereitete. 1672 suchte Ludwig XIV. die Stadt mit schwerer Brandschatzung heim. Der Utrechter Friede beendete 1713 den Spanischen Erbfolgekrieg.

Sehenswertes

*Dom

Die Altstadt wird von dem Singel genannten alten Wallgraben umgeben, an dem hübsche Promenadenwege entlangführen. Etwa im Mittelpunkt der Altstadt liegt der Dom St. Michael (reform.), der, anstelle einer romanischen Kirche des 10. Jahrhunderts seit 1254 errichtet, 1517 beendet wurde. Das ursprünglich fünfschiffige Langhaus wurde 1674 durch einen Sturm zerstört. Der seit 1674 freistehende, 112 m hohe Domturm (14. Jh.; Glokkenspiel) ist der höchste der Niederlande; auf der Spitze St. Martin, der Schutzheilige der Stadt. An den Domchor südlich anschließend der malerische Kreuzgang (14./15. Jh.), der hinüberführt zu der 1636 gegründeten Universität. Beim Chor des Domes das Orgelmuseum; daneben das Museum Heutige Kunst (Kunst seit 1965). Unweit südöstlich, im sogenannten Papsthaus (von 1517), die Provinzialverwaltung. Nördlich, am Pieterskerkhof, die St. Pieterskerk (1054 geweiht), mit romanischer Säulenkrypta, gotischem Querschiff und Chor.
An der Nieuwegracht das ehemalige Haus des Deutschen Ordens, dann etwas abseits die katholische Katharinenkirche (1524–1537; erzbisch. Kathedrale) und südlich anstoßend das Nationalmuseum ‚Het Catharijneconvent'.

*Centraal Museum

In der Agnietenstraat Nr. 1 liegt das in der Kapelle (1512–16) und dem Refektorium des ehemaligen Agnietenklosters sowie einem anstoßenden Gebäude eingerichtete Centraal Museum (v.a. sakrale Kunst und Altertümer); ferner ein Museum für Archäologie. – Im südlichen Teil der Oudegracht findet man einen friesischen Opferstein (‚de gesloten steen'), an den sich eine alte Teufelssage knüpft.

Utrecht

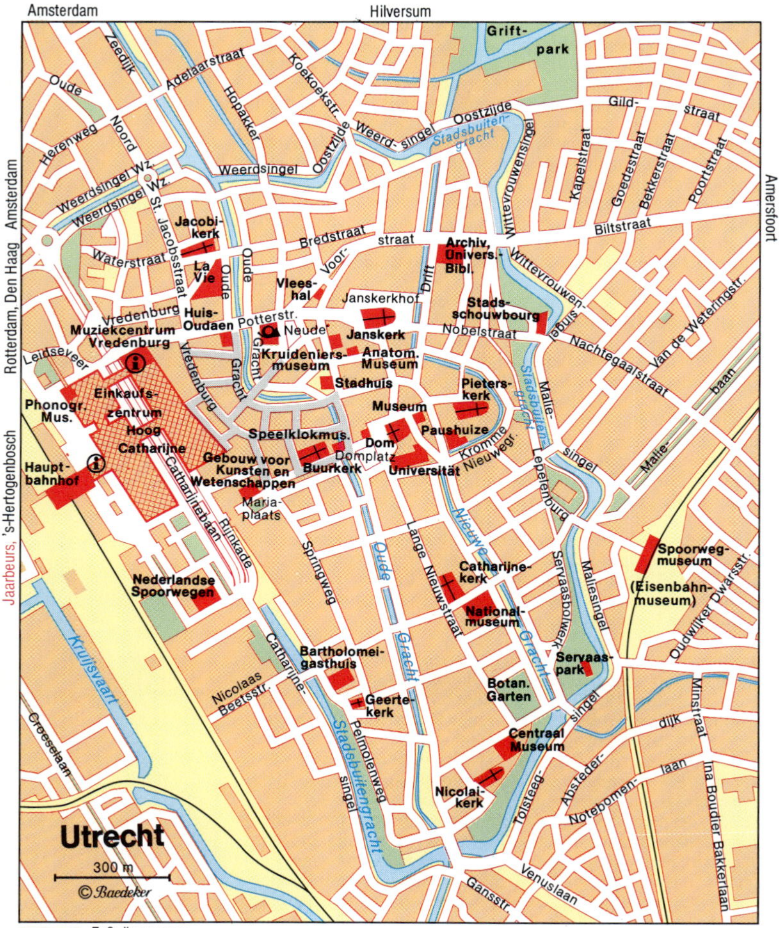

Sehenswertes (Fortsetzung)

Westlich vom Dom erhebt sich jenseits der Maartensbrug die altertümliche Buurkerk (13.–15. Jh.). – Nordwestlich erstreckt sich das Einkaufszentrum Hoog Catharijne, das Verbindung mit dem Hauptbahnhof hat; ferner das Phonographische Museum (u. a. Grammophon- und Horchhörnersammlung). Südwestlich vom Bahnhof das Messegelände. – Nördlich vom Dom liegt inmitten des Janskerkhof die St. Janskerk (reform.), ein romanischer Bau (um 1050) mit Chor von 1539 und Fassade von 1682. Unweit nordöstlich die Universitätsbibliothek (‚Utrechter Psalter‘, 11. Jh.).
Westlich des ‚Neude‘ genannten Platzes erstreckt sich die malerische Oudegracht mit dem Huys Oudaen, einem burgartigen Patrizierhaus (14. Jh.), in dem der Friede von Utrecht ge-

schlossen wurde. Nahe dem Nordende der Oudegracht erhebt sich die 1173 gegründete St. Jacobikerk (reform.), die im 14./15. Jh. als gotische Hallenkirche erneuert wurde. – Die unweit westlich von der Neude an der Stelle der 1577 zerstörten Zwingburg sich ausbreitende Vredenburg (Vreeburg) ist einer der belebtesten Plätze der Stadt. – In der Vredenburgpassage 77 das Muziekcentrum Vredenburg (insg. 2000 Plätze; interess. Architektur). – In der Neustadt die altberühmte Máliebaan, eine 700 m lange Lindenallee, die 1672/73 auf Befehl Ludwigs XIV. von den französischen Heeren verschont blieb; in der ehemaligen Máliebaan-Station ein Eisenbahnmuseum. – Die anmutige Umgebung der Stadt ist eine fruchtbare, von den Armen des Rheins und von Kanälen durchzogene, fast überall gartenähnlich angebaute Landschaft mit zahlreichen Landsitzen und hübschen Parks. Im Universitätszentrum ‚De Uithof' befindet sich ein 7 ha großer Gewächshauskomplex mit tropischen Pflanzen; in Doorn, unweit südöstlich von Utrecht, das Gimborn Arboretum (27 ha) mit Bäumen aus aller Welt.

Grachtenhäuser in Utrecht

Rund 25 km südwestlich von Utrecht, in Schoonhoven, befindet sich das Niederländische Gold-, Silber- und Uhrenmuseum.

Vallendar

D

Staat: Bundesrepublik Deutschland
Bundesland: Rheinland-Pfalz
Höhe: 69 m ü.d.M.
Einwohnerzahl: 10800

Allgemeines und Sehenswertes

Vallendar ist ein als Kneipp- und Luftkurort besuchtes Städtchen an einem schmalen Rheinarm gegenüber den vorgelagerten Inseln Niederwerth (bewohnt; Brücke) und Graswerth.
Die katholische Pfarrkirche St. Petrus und Marcellinus wurde 1837–41 von Lassaulx an der Stelle einer spätromanischen Kirche erbaut. Vallendar besitzt schöne Adelshöfe, besonders den Wiltberger Hof (um 1700) und das Haus d'Ester (oder Marienburg; von 1773) sowie zahlreiche hübsche Fachwerkhäuser des 17. Jahrhunderts. – Im Ortsteil Schönstatt (Wallfahrtsort) die Anbetungskirche Berg Schönstatt; ferner der Turm einer früheren romanischen Klosterkirche des ehemaligen Augustinerinnenklosters (von 1143; im Dreißigjährigen Krieg zerstört). Heute gehört das Kloster den Pallotinern (neue Kirche, 1965–68).

Wesel

D

Staat: Bundesrepublik Deutschland
Bundesland: Nordrhein-Westfalen
Höhe: 27 m ü.d.M.
Einwohnerzahl: 60000

Allgemeines

Die am Ende des Zweiten Weltkrieges fast vollständig zerstörte, jedoch wiederaufgebaute industriereiche Stadt Wesel, an der Einmündung der Lippe in den Rhein, ist Heimat zahlreicher bedeutender Persönlichkeiten (vorm. u.a. Konrad Duden und Peter Minuit, der Gründer New Yorks, dessen Denkmal in der Moltkestraße steht).

Wesel, Allgemeines (Fortsetzung)

Der im 8. Jh. erstmals erwähnte Ort erhielt 1241 Stadtrechte und wurde 1407 Mitglied der Hanse; 1680 begann man Festungsanlagen zu errichten.
Der Hafen von Wesel ist einer der ältesten am Rhein; die Straßenbrücke über den Rhein zwischen Wesel und Büderich hat eine Gesamtlänge von 508 m.

Sehenswertes in Wesel

Am Großen Markt steht der spätgotische evangelische Willibrordi-Dom (1501–40; Turm von 1477/78). Das barocke Berliner Tor (1718–22) in der Stadtmitte ist ein Rest der alten Stadtbefestigung. Im Kulturzentrum (‚Centrum') der Stadt, am Kornmarkt, das Städtische Museum (Kunst des 15.–20. Jh.s). Die ehemalige Zitadelle im Süden der Stadt beherbergt heute u.a. ein Schillmuseum. In der katholischen Martinikirche (1949) ein schöner Schnitzaltar von 1510. Auf dem ehemaligen Fürstenberger Fort die Friedenskirche zu den hl. Engeln (1956–58). – In der Kurt-Krächer-Straße die Niederrheinhalle (4000 P.).
Am südöstlichen Stadtrand die Schillwiese, mit einem von Schinkel entworfenen Denkmal (1835) für die hier 1809 erschossenen elf Schillschen Offiziere.

Wiesbaden

D

Staat: Bundesrepublik Deutschland
Bundesland: Hessen
Höhe: 83–608 m ü.d.M.
Einwohnerzahl: 268000

Köln-Düsseldorfer (KD)

Anlegestelle der KD-Tagesausflugsschiffe an der Rheingaustraße in Wiesbaden-Biebrich

Allgemeines

Wiesbaden liegt am Fuße bewaldeter Taunushöhen und erstreckt sich mit seinen Vororten bis zum Rhein. Die 26 Thermalquellen (46–66 °C), das milde Klima und die reizvolle Umgebung machen die Stadt zu einem beliebten Kurort. Bedeutung hat Wiesbaden u.a. auch als Theater- bzw. Festspielstadt, Einkaufsstadt (u.a. Taunusstraße: „Antiquitätenmeile"), als Sitz der Deutschen Klinik für Diagnostik, des Bundeskriminalamtes, der Spitzenorganisation der deutschen Filmwirtschaft und bekannter Verlage; ferner mehrere große Sektkellereien.

Geschichte

Wiesbadens Heilquellen waren schon den Römern bekannt, die den Ort ‚Aquae Mattiacorum' nannten, nach den hier beheimateten Mattiakern, einem Stamm der germanischen Chatten. Die römischen Bäder befanden sich etwa an der Stelle des heutigen Kochbrunnens. Der Name ‚Wisibada', Bad in den Wiesen, wurde erstmals 829 durch Einhard, den Biographen Karls d. Gr., überliefert. 1184 feierte Friedrich I. Barbarossa, das Pfingstfest in Wiesbaden. 1242 wurde die kaiserliche Stadt vom Mainzer Erzbischof erobert und zerstört. Um 1270 fiel sie an die Grafen von Nassau, die sie zur Nebenresidenz machten. 1744 verlegte Fürst Karl von Nassau-Usingen seine Residenz in das neuerbaute Schloß in Biebrich. 1806 wurde Wiesbaden Regierungssitz des neuerrichteten Herzogtums Nassau und erlebte seine erste Blütezeit als biedermeierlich-schlichte Residenz- und Badestadt, in der die europäischen Fürstlichkeiten und

◄ *Wesel aus der Vogelschau*

Geschichte (Fortsetzung)

auch Goethe (1814/15) zur Kur weilten. Bis zum Ersten Weltkrieg erlebte die Kurstadt eine Glanzzeit als sommerlicher Treffpunkt des Kaisers und des Hofes. Seit 1945 ist Wiesbaden Landeshauptstadt von Hessen.

Sehenswertes

Panoramablick

Hauptverkehrsader ist die breite Wilhelmstraße. An ihrem Nordende rechts der Kurbezirk, der südlich von der Theater-Kolonnade mit dem 1892–94 erbauten Hessischen Staatstheater, nördlich von der Brunnen-Kolonnade begrenzt wird. Östlich im Hintergrund erhebt sich das Kurhaus, ein 1904–07 von Friedrich von Thiersch errichteter stattlicher Festbau mit mächtiger ionischer Säulenvorhalle; im linken Flügel die Spielbank. Hinter dem Kurhaus erstreckt sich der gepflegte Kurpark. – Östlich an der Aukamm-Allee das Thermal-Hallenbad. – Nordwestlich der Kochbrunnen (15 Quellen; 66 °C); unweit südwestlich das Kaiser-Friedrich-Bad (1910–13), mit der Rheuma-Kurklinik.
Am Schloßplatz liegt das 1837–41 erbaute Schloß (Landtag; Ministerien). Zwischen Schloßplatz und Marktplatz das neue

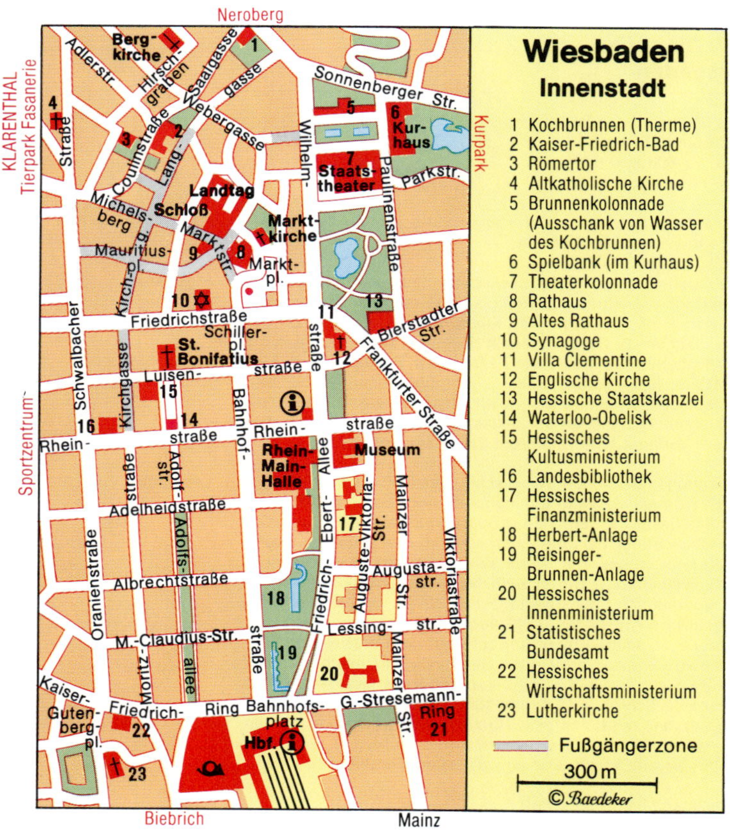

Rathaus (1884–88) und die evangelische Marktkirche (1852–62). – Am Nordende der Friedrich-Ebert-Allee das Museum Wiesbaden; gegenüber die Rhein-Main-Hallen. – In der Nerostraße 16 ein Frauenmuseum.

Sehenswertes in Wiesbaden (Fortsetzung)

*Neroberg

Nördlich über der Stadt steigt der bewaldete (Waldlehrpfad) Neroberg (245 m; Drahtseilbahn mit Wasserballast) an, mit der weithin sichtbaren Griechischen Kapelle (russ.-orth.) und dem schön gelegenen Opel-Bad (Freischwimmbad; Rest.). – Im Nordwesten der Stadt am Schützenhausweg der Tier- und Pflanzenpark ‚Fasanerie' (Rest.) – Rheinhöhenweg.

Schloß Biebrich s. Seite 109

Worms

D

Staat: Bundesrepublik Deutschland
Bundesland: Rheinland-Pfalz
Höhe: 100 m ü.d.M.
Einwohnerzahl: 73500

Allgemeines

Die am linken Rheinufer gelegene Domstadt Worms zählt zu den ältesten Städten Deutschlands. Worms ist ein bekanntes Weinhandelszentrum und besitzt bedeutende Industrie (Maschinenbau, Chemie, Metall). In den Weingärten um die gotische Liebfrauenkirche reift die berühmte ‚Liebfrauenmilch'.

Geschichte

Worms ist die alte Keltensiedlung ‚Borbetomagus'. Später errichteten die Römer hier ihr Kastell ‚Civitas Vangionum'. Im 4. Jh. wurde Worms Bischofssitz; zur Zeit der Völkerwanderung war es Hauptstadt des Burgunderreiches, das 436 von den Hunnen vernichtet wurde. Diese Kämpfe bilden die geschichtliche Grundlage des Nibelungenliedes. Im Mittelalter war Worms Schauplatz von über hundert Reichstagen, am berühmtesten der von 1521, auf dem Luther seine Thesen verteidigte. – Seit 1987 Partnerstadt von Tiberias (Israel).

Sehenswertes
**Dom

In der Mitte der Altstadt erhebt sich der sechstürmige Dom St. Peter und Paul, neben den größeren Domen von Speyer und Mainz eines der besten Zeugnisse des hochromanischen Baustils (11. und 12. Jh.). Das Innere ist 110 m lang, 21 m breit, im Mittelschiff 27 m und in den Kuppeln 40 m hoch. Im nördlichen Seitenschiff fünf spätgotische Sandsteinreliefs aus dem früheren Kreuzgang. Im Chorraum schönes Chorgestühl und ein barocker Hochaltar nach Plänen von Balthasar Neumann.

Wormser Dom

Östlich vom Dom, am Marktplatz, die nach schwerer Kriegszerstörung 1954–59 wiederaufgebaute Dreifaltigkeitskirche (urspr. von 1709–25). Unweit nordöstlich die romanische Pauluskirche, deren zwei Rundtürme von eigenartigen, auf orientalische Vorbilder zurückgehenden Kuppeln gekrönt sind.
Südwestlich vom Dom die spätromanische Magnuskirche (10.–14. Jh.; evang.), die erste Kirche der Stadt, und die ehemalige Andreaskirche (12./13. Jh.; 1927–29 erneuert), die heute mit den angrenzenden Stiftsgebäuden das Museum der Stadt Worms (u.a. röm. Gläsersammlung; Lutherstube) enthält.
Unweit nordwestlich der beiden Kirchen, am Andreasring, der älteste Judenfriedhof Europas (Grabsteine 11./12. Jh.).

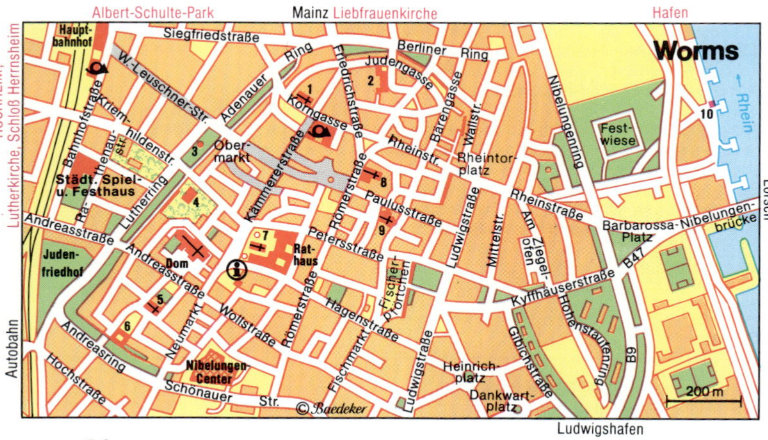

Fußgängerzone
Reste der Stadtmauer

1 Stiftskirche St. Martin
2 Synagoge, Judenpforte, Raschi-Haus
3 Lutherdenkmal
4 Kunsthaus Heylshof
5 Magnuskirche
6 Museum der Stadt Worms (Andreasstift)
7 Dreifaltigkeitskriche
8 Friedhofskirche und Rotes Haus
9 Stiftskirche St. Paul
10 Hagendenkmal

Lutherdenkmal

Nördlich vom Dom das Kunsthaus Heylshof, ein 1884 an der Stelle des ehemaligen Bischofshofes erbautes Palais (Malerei des 16.–19. Jh.s, Plastiken, Porzellan-Kabinett u.a.). Noch weiter nördlich am Lutherplatz das 1868 nach Ernst Rietschels Entwurf errichtete Lutherdenkmal, zur Erinnerung an Luthers Erscheinen auf dem Reichstag 1521. Nordöstlich die ehem. Stiftskirche St. Martin (13. Jh.). – An der unter Denkmalschutz stehenden Judengasse die nach Zerstörung durch die Nationalsozialisten (1938) im Jahre 1961 wiederaufgebaute Synagoge (urspr. 11. Jh.; Ritualbad von 1186).

Ehem. Judenviertel

Seit 1970 wird das frühere Judenviertel in Worms umfassend erneuert; rund 70% sind fertiggestellt, darunter das ehemalige jüdische Gemeindehaus und das Raschi-Lehrhaus (u.a. Judaica-Museum), benannt nach einem der berühmtesten jüdischen Gelehrten des Mittelalters, ferner der Synagogenbezirk und verschiedene Wohnhäuser. –

Hagendenkmal

Am Rhein steht, unmittelbar an der Schiffsanlegestelle, das 1906 errichtete Standbilddes den Nibelungenschatz in den Rhein versenkenden Hagen (Abb. s. S. 60).

Xanten **D**

Staat: Bundesrepublik Deutschland
Bundesland: Nordrhein-Westfalen
Höhe: 24 m ü.d.M.
Einwohnerzahl: 16400

Allgemeines

Die alte Domstadt ist heute eine hübsche Kleinstadt sowie ein Kultur- und Freizeitzentrum (u.a. ‚Nibelungenbad') am Niederrhein. Siegfried, der Held des Nibelungenliedes, soll hier geboren sein. Vieles erinnert noch heute an die Zeit der Römer; der

Xanten (Fortsetzung)

Name Xanten leitet sich vom lateinischen ‚ad sanctos' (= ‚bei den Heiligen') ab.

Geschichte

Im Jahre 1991 wird bei Xanten ein fast 2000 Jahre altes Römerschiff entdeckt.

Um 15 v. Chr. gründeten die Römer auf dem Fürstenberg südwestlich vom heutigen Xanten ihr ‚Castra Vetera' (Birten). Von dort brach Varus mit seinen Legionen auf, die dann im Teutoburger Wald vernichtet wurden. Anfang des 2. Jh.s gründete Kaiser Ulpius Traianus weiter nordwestlich die ‚Colonia Ulpia Traiana' (neueste Funde einer städt. Vorgängersiedlung aus der Epoche Caligulas). Im 8. Jh. bestand bereits ein Stift, um das sich bald eine mittelalterliche Kaufmannssiedlung entwickelte. Im Jahre 1228 erhielt Xanten Stadtrechte; 1263 erfolgte die Grundsteinlegung für den Dom. Im 16. Jh. verarmte die Stadt durch die Verlagerung des Rheins um etwa zwei Kilometer. – Im Zweiten Weltkrieg wurde die Stadt weitgehend zerstört; 1975, im Europäischen Denkmalschutzjahr, wird Xanten wegen des gelungenen Wiederaufbaus zur ‚Beispielstadt' erwählt.

Sehenswertes

* Dom

** Archäologischer Park

Der Dom St. Viktor (ehem. Stiftskirche) ist nächst dem Kölner Dom der bedeutendste gotische Kirchenbau am Niederrhein (1263–1516); im Inneren ein großer Marienaltar von H. Douvermann (1525). – Nördlich vom Dom ehemalige Stiftsgebäude; im Kapitelsaal das sehenswerte Dommuseum. Südlich vom Dom, in der Kurfürstenstraße, das Regionalmuseum. – Im Nordwestteil der Stadt das Klever Tor (1393; drei Ferienappartements). Nordöstlich der Stadt der in weiterem Ausbau befindliche Archäologische Park, mit Rekonstruktionen römischer Bauwerke (u.a. Stadtmauer, Amphitheater, Hafentempel), der später die gesamte Fläche der Colonia Ulpia Traiana einnehmen soll; Informationszentrum; modernes Hotel im römischen Stil. Im Amphitheater finden alljährl. Sommerfestspiele statt.

Umgebung von Xanten

Kalkar

Etwa 15 km nordwestlich von Xanten in Kalkar die katholische Pfarrkirche St. Nikolai (1409–1455; bedeutende Schnitzwerke der Kalkarer Schule).

Zierikzee

NL

Staat: Niederlande
Provinz: Zeeland
Höhe: unter dem Meeresspiegel
Einwohnerzahl: 10000

Allgemeines und Sehenswertes

Zierikzee ist der Hauptort der aus sechs Gemeinden bestehenden, im Rhein-Maas-Delta gelegenen Insel Schouwen-Duiveland. Haupterwerbszweige sind der Fremdenverkehr und die Landwirtschaft (fruchtbare Marschböden). Sehenswert die drei Stadttore (14.–16. Jh.) der ehem. Stadtbefestigung, das Rathaus (von 1554; Museum) und der St.-Lievens-Münsterturm (1454; unvollendet). Ein Schiffahrtsmuseum befindet sich an der Mol 25.
Unweit südwestlich von Zierikzee überspannt die gut 5 km lange Zeelandbrug mit 48 Bögen die Oosterschelde.

* Zeelandbrug

Die Autoschnellstraße über das Sturmflutwehr in der Oosterschelde führt zum Informationszentrum ‚Delta Expo' (Wasserbaukunde u.a. im Ingenieur J. W. Topshuis; ferner Gebäude mit 2 Filmsälen; Freilichtausstellung; Rest.).

Zürich

CH

Staat: Schweiz
Kanton: Zürich
Höhe: 410 m ü.d.M.
Einwohnerzahl: 353000

Köln-Düsseldorfer (KD)

Autobus-Transfer zwischen Zürich und der Anlegestelle der KD-Kabinenschiffe in →Basel

Allgemeines

Zürich, die größte Stadt der Schweiz und Hauptstadt des Kantons Zürich, ist zugleich das bedeutendste Wirtschafts- und Kulturzentrum des Landes, bei aller Geschäftigkeit aber dennoch eine höchst reizvolle Stadt mit gepflegter Tradition und zahlreichen Sehenswürdigkeiten. Die Stadt liegt am nordwestlichen Ende des Zürichsees zu beiden Seiten der aus ihm ausströmenden Limmat, eingebettet zwischen dem Uetliberg im Westen und dem Zürichberg im Osten. Sie besitzt eine Universität und die Eidgenössische Technische Hochschule (ETH). Drei von fünf Schweizer Großbanken haben ihren Hauptsitz an der berühmten Bahnhofstrasse, einer der vornehmsten Einkaufsstraßen Europas. Textil-, Maschinen- und Elektroindustrie bilden die Hauptpfeiler des Industriezentrums Zürich, das auch im Börsen- und Versicherungswesen tonangebend ist. Mit rund einer Million Gäste im Jahr ist Zürich ferner das wichtigste Fremdenverkehrszentrum der Schweiz. Ein Fünftel des Schweizer Volkseinkommens wird in Zürich erwirtschaftet. Die Stadt ist der wichtigste Verkehrsknotenpunkt des Landes, mit dem größten Flughafen.

Geschichte

‚Turicum' war ein römisches Kastell auf dem Lindenhof. Die Werke von Hartmann von Aue und der in Zürich entstandene Manesse-Codex (heute in →Heidelberg) erinnern an die Ritterzeit. Die Entwicklung zum Stadtstaat trug den Zünften 1336 nach einem Sturm auf das Rathaus die Gleichberechtigung mit dem Adel ein. 1351 trat Zürich der Eidgenossenschaft bei. 1523 vollzog Ulrich Zwingli (1484–1531) die Reformation schweizerischer Prägung und erhob Zürich neben Wittenberg und Genf zu einem Zentrum des neuen Glaubens. Vom Züricher Geistesleben des 18. Jh.s gingen bedeutende Impulse aus, besonders durch das Wirken des Theologen J. K. Lavater, des Pädagogen J. H. Pestalozzi, des Gelehrten J. J. Bodmer und des Dichters S. Gessner. Im 19. und 20. Jh. blieb die Stadt ein Hort liberaler Gesinnung. Bedeutende Persönlichkeiten waren G. Keller, C. F. Meyer, G. Büchner, A. Bebel, W. I. Lenin, J. Joyce, C. G. Jung, L. Klages und T. Mann. Im Jahre 1916 nahm in Zürich der Dadaismus seinen Anfang; 1990 wird die „Züri-Linie 1990" (S-Bahn) eingeweiht.

Sehenswertes
*Bahnhofstrasse

Mittelpunkt des pulsierenden Lebens ist an Werktagen die von vornehmen Geschäften, Warenhäusern und Bankgebäuden flankierte Bahnhofstrasse, die vom Bahnhof zum See führt; große Pavillon-Skulptur aus Granitquadern (von Max Bill). In ihrer unteren Hälfte liegt der Paradeplatz, mit dem palastartigen Hauptsitz der Schweizerischen Kreditanstalt (1876), dem Hotel Savoy Baur en Ville (von 1838) und dem bekannten Café Sprüngli. Im 18. Jh. war hier der Viehmarkt und später ein Exerzierplatz. – Westlich der Bahnhofstraße, in der ehem. Reithalle, das ‚Theaterhaus Gessnerallee' (1989); zur Sihlporte hin er-

Zürich: Stadtkern zu beiden Seiten der Limmat

streckt sich ein Viertel mit Bürohäusern und der Börse, östlich zur Limmat hin erstreckt sich die ‚Kleine Stadt', die Westhälfte der Altstadt.

Hauptbahnhof
Im Zuge des Umbaus wurde die 330 m² große Glaswand der Bahnhofshalle für die 700-Jahr-Feier der Eidgenossenschaft (1991) zu einem Kunstwerk ausgestaltet.

An der Südseite des Hauptbahnhofs (von 1871) liegt der dem Fahrzeugverkehr vorbehaltene Bahnhofplatz mit einem Denkmal für den Schweizer Staatsmann Alfred Escher (gest. 1882); die unterirdische Fußgängerebene ist als modernes Einkaufszentrum (‚Shopville') ausgestaltet. – An der Nordseite des Hauptbahnhofs der Air-Terminal.

** Schweizerisches Landesmuseum

Gleich nördlich gegenüber dem Hauptbahnhof befindet sich das Schweizerische Landesmuseum, das 1893–98 als schloßähnliche Gesamtanlage erbaut worden ist und die bedeutendste Sammlung zur Schweizer Kultur und Geschichte besitzt. Besonders hervorzuheben sind die sakralen Kunstwerke, die einzigartige Sammlung alter Glasgemälde, die Waffenhalle mit den berühmten Wandbildern Ferdinand Hodlers, die vielen Originalzimmer von der Gotik bis zum Barock, die frühgeschichtliche Sammlung sowie der Himmelsglobus von Jost Bürgi (1552–1632).

Nordwestlich vom Hauptbahnhof steht am linken Ufer der Sihl das Kunstgewerbemuseum (Ausstellungsstr. Nr. 60), mit wechselnden Ausstellungen zu den Themen Graphik, Design, Architektur und angewandte Kunst.

Zwischen Bahnhofstrasse und linkem Limmatufer erstreckt sich die westliche Altstadt. Hier erhebt sich der baumbestandene stille Lindenhof, einst Standort eines römischen Kastells. Südlich die Kirche St. Peter, mit spätromanischem Turmchor (frühes

Sehenswertes (Fortsetzung)

13. Jh.) und barockem Langhaus (1705). 1538 erhielt die Kirche die größten Zifferblätter Europas (8,7 m Durchmesser).

Münsterhof

Fraumünsterkirche

Südlich gelangt man zum Münsterhof, einem reizvollen Platz der Altstadt mit großer Vergangenheit. An seiner Südseite erhebt sich die Fraumünsterkirche, eine dreischiffige Pfeilerbasilika mit gotischem Langhaus (13.–15. Jh.) und frühgotischem Querhaus. Im spätromanischen Chor fünf farbige Glasfenster von Marc Chagall (1970). Im Untergeschoß sind noch Teile der Krypta der 853 von Kaiser Ludwig dem Deutschen gestifteten Abteikirche erhalten. Die Abtei selbst mußte 1898 dem Stadthaus weichen, doch steht noch der romanisch-gotische Kreuzgang. – An der Nordseite des Münsterhofes das prächtige Zunfthaus zur Meisen (1752–57) mit der Keramiksammlung des Schweizerischen Landesmuseums. Westlich gegenüber das Zunfthaus zur Waag (von 1636; Rest.).

*Zunfthaus zur Meisen

Entlang dem rechten Limmatufer zieht sich der Limmatquai, eine beliebte Einkaufsstraße. Etwa in seiner Mitte das über dem Wasser erbaute Rathaus, ein wuchtiger Spätrenaissancebau (1694–98) mit reichem plastischem Schmuck. Im südlichen Teil des Limmatquai erinnern mehrere vornehme Zunfthäuser an den Reichtum der Zünfte, die bis 1789 das Stadtregiment innehatten: Nr. 54 das Haus zur Saffran (1719–23), Nr. 42 das Haus zum Rüden (1660) und Nr. 40 das Haus zur Zimmerleuten (1709). – An der Südseite der Münsterbrücke die gotische, einst ganz von der Limmat umflossene Wasserkirche (1479–84). Nördlich anstoßend das Helmhaus (1794), mit offener Brunnenhalle (Wechselausstellungen des Stadtpräsidiums).
Auf einer freien Terrasse über dem Fluß erhebt sich das Großmünster (11.–13. Jh.), das mit seinen 1782 aufgesetzten Turmhauben das Stadtbild beherrscht. Am Südturm oben nach der Limmat zu ein Sitzbild Kaiser Karls d. Gr. (Nachbildung; Original in der Krypta), der das Chorherrenstift gegründet haben soll. Bemerkenswert die romanische Kapitellplastik, Reste gotischer Wandmalerei sowie der spätromanische Kreuzgang.

*Altstadt

Äußerst reizvoll ist ein Gang durch die Gassen der östlichen Altstadt, denen zahlreiche gediegene Antiquitätenläden das Gepräge geben. In der Napfgasse der Brunnenturm, im 14./15. Jahrhundert Sitz der lombardischen Geldwechsler. In der Spiegelgasse (Nr. 17) wohnte 1917 Lenin; an ihr stand auch das Cabaret Voltaire, in dem Hans Arp und Tristan Tzara 1916 die literarische Kunstform des Dadaismus begründet hatten. Am Neumarkt (Nr. 27) das Geburtshaus von Gottfried Keller (1819–90), der 1861–76 erster Stadtschreiber des Kantons Zürich war. Sein Sterbehaus steht am Zeltweg (Nr. 27).

*Kunsthaus

Schauspielhaus

Östlich vom Großmünster liegt am Heimplatz das Kunsthaus Zürich, mit einer bedeutenden Gemälde- und Plastiksammlung von der Antike bis zur Gegenwart. – Gegenüber dem Kunsthaus das Haus zum Pfauen (von 1888/89), mit dem Schauspielhaus, einem der renommiertesten Theater deutscher Sprache.

Vom Schauspielhaus gelangt man nördlich aufwärts zur 1833 gegründeten und 1911–14 neu erbauten Universität, größte der Schweizer Hochschulen. – Nördlich anschließend die 1855 gegründete Eidgenössische Technische Hochschule (ETH), 1860–64 von Gottfried Semper erbaut und 1915–25 erweitert; die Eidgenössische Sternwarte ist ebenfalls ein Werk Sempers.

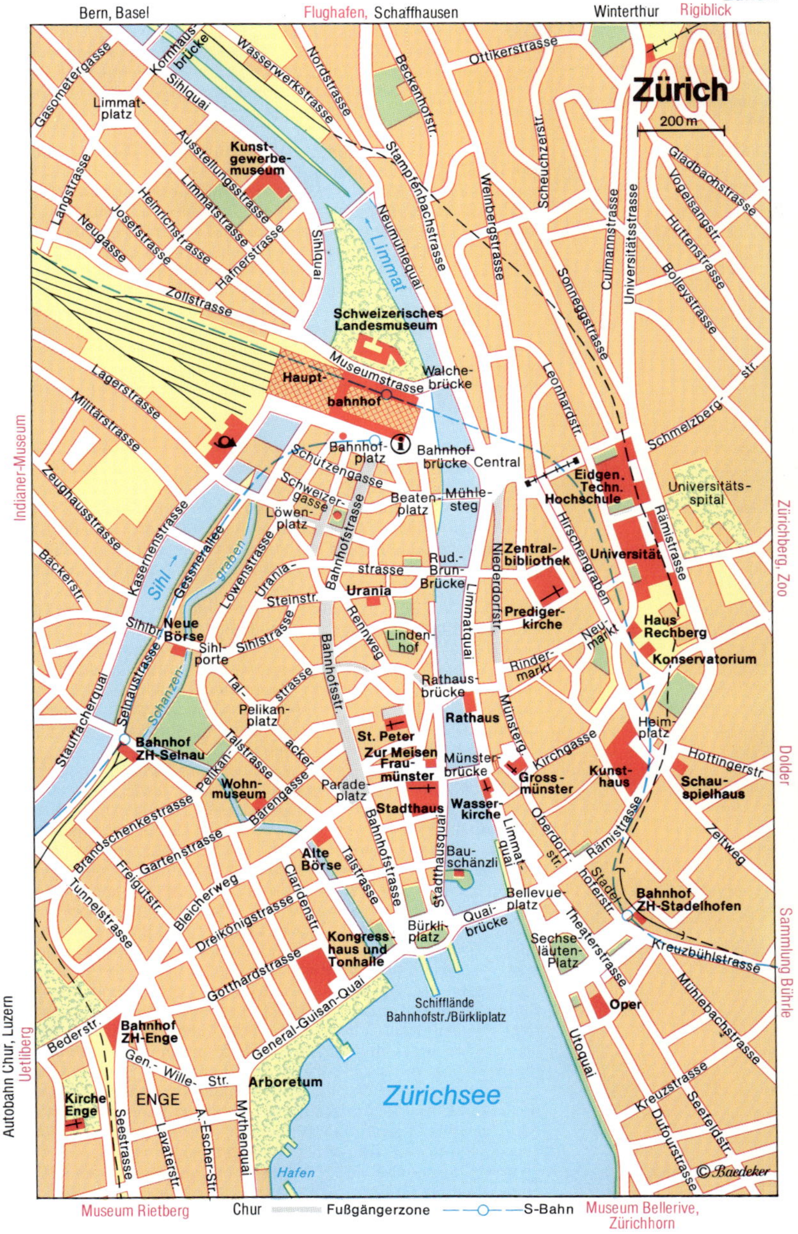
Bern, Basel
Flughafen, Schaffhausen
Winterthur
Rigiblick
Zürich
200 m
Indianer-Museum
Zürichberg, Zoo
Dolder
Sammlung Bührle
Autobahn Chur, Luzern
Uetliberg
Museum Rietberg
Chur
Fußgängerzone
S-Bahn
Museum Bellerive, Zürichhorn
Limmatplatz
Kornhausbrücke
Gasometergasse
Sihlquai
Wasserwerkstrasse
Nordstrasse
Beckenhofstr.
Ottikerstrasse
Stampfenbachstrasse
Scheuchzerstr.
Weinbergstrasse
Kunstgewerbemuseum
Ausstellungsstrasse
Limmatstrasse
Heinrichstrasse
Josefstrasse
Langstrasse
Neugasse
Hafnerstrasse
Zollstrasse
Neumühlequai
Limmat
Culmannstrasse
Universitätsstrasse
Gladbachstrasse
Vogelsangstr.
Huttenstrasse
Bolleystrasse
Sonneggstrasse
Schweizerisches Landesmuseum
Museumstrasse
Walchebrücke
Hauptbahnhof
Lagerstrasse
Militärstrasse
Bahnhofplatz
Bahnhofbrücke
Central
Leonhardstr.
Schmelzbergstr.
Schützengasse
Schweizergasse
Löwenplatz
Beatenplatz
Mühlesteg
Eidgen. Techn. Hochschule
Universitätsspital
Zeughausstrasse
Kasernenstrasse
Gessnerallee
Sihl
Schanzengraben
Löwenstrasse
Bahnhofstrasse
Uraniastrasse
Rud.-Brun-Brücke
Niederdorfstr.
Zentralbibliothek
Hirschengraben
Universität
Rämistrasse
Bäckerstr.
Steinstr.
Urania
Rennweg
Limmatquai
Predigerkirche
Haus Rechberg
Sihlbr.
Neue Börse
Sihlporte
Sihlstrasse
Lindenhof
Neumarkt
Rindermarkt
Konservatorium
Selnaustrasse
Talstrasse
Pelikanplatz
Rathausbrücke
Rathaus
Münsterg.
Heimplatz
Stauffacherquai
Bahnhof ZH-Selnau
St. Peter
Zur Meisen
Fraumünster
Münsterbrücke
Kirchgasse
Grossmünster
Kunsthaus
Hottingerstr.
Schauspielhaus
Pelikanstr.
Wohnmuseum
Bärengasse
Paradeplatz
Stadthaus
Wasserkirche
Oberdorfstr.
Brandschenkestrasse
Gartenstrasse
Alte Börse
Claridenstr.
Stadthausquai
Bauschänzli
Zeltweg
Freigutstr.
Tunnelstrasse
Bleicherweg
Dreikönigstrasse
Bellevueplatz
Stadelhoferstr.
Bahnhof ZH-Stadelhofen
Kongresshaus und Tonhalle
Bürkliplatz
Quaibrücke
Sechseläuten-Platz
Theaterstrasse
Kreuzbühlstrasse
Gotthardstrasse
General-Guisan-Quai
Schifflände Bahnhofstr./Bürkliplatz
Oper
Mühlebachstrasse
Bederstr.
Bahnhof ZH-Enge
Gen.-Wille-Str.
Utoquai
Arboretum
Zürichsee
Kreuzstrasse
Seefeldstr.
Kirche Enge
ENGE
Seestrasse
Lavaterstr.
A.-Escher-Str.
Mythenquai
Dufourstrasse
Hafen
© Baedeker

Sehenswertes (Fortsetzung)

Neue Attraktion seit 1994 in Zürich: China-Garten auf der Blatterwiese im Zürichhorn-Park.

Das Südende des Limmatquai bildet der Bellevueplatz. Die von hier am Ostufer des Zürichsees entlangführende aussichtsreiche Promenade heißt zunächst Utoquai, dann Seefeldquai. Sie führt 1,5 km südwärts zu dem schönen Zürichhorn-Park (Schiffsanlegestelle; Sommerrestaurant).

*Bürkliplatz

Die Bahnhofstraße endet südlich im Bürkliplatz. Von hier zieht der General-Guisan-Quai und später der Mythenquai am westlichen Seeufer entlang. – Nahe der Schiffslände liegt das 1939 eröffnete Kongreßhaus, das an die Tonhalle (von 1895) angebaut ist; der Gebäudekomplex bildet mit seinen Festlichkeiten, Konzerten und Tagungen einen Mittelpunkt des gesellschaftlichen Lebens der Stadt Zürich. – Oberhalb vom Mythenquai liegt der Belvoir-Park, mit alten Bäumen, subtropischen Pflanzen und einem Restaurant. Darüber, jenseits der Seestraße, der Rieter-Park; an seiner Nordseite (Gablerstraße) das Museum Rietberg. Dieses bedeutende Beispiel spätklassizistischer Villenarchitektur wurde 1857 für den deutschen Kaufmann Otto Wesendonck erbaut und gilt als originelle Nachbildung der römischen Villa Albani.

*Zürichberg

*Uetliberg

Im Osten der Stadt erhebt sich der Zürichberg (679 m ü.d.M.), ein bis hoch hinauf besiedelter waldiger Höhenrücken. Hier auch der Zoologische Garten, einer der schönsten Tiergärten Europas. – Im Südwesten der Stadt liegt der Uetliberg (871 m ü.d.M.; elektrische Adhäsionsbahn). Vom Gipfel bei gutem Wetter weite Sicht auf die Berge der Walliser, Berner und Glarner Alpen; im Norden der Schwarzwald, im Osten der Säntis.

*Zürichsee

Sehr lohnend ist eine Fahrt mit dem Motorschiff auf dem Zürichsee (Information: Mythenquai 333).

*Flughafen Zürich-Kloten

Rund 11 km nördlich vom Stadtzentrum (Eisenbahn, auch Ferienbillett, oder Autobus vom Hauptbahnhof) liegt der internationale Flughafen von Zürich (Kloten; 482 m ü.d.M.), der zu den zehn größten Flughäfen Europas zählt. Er ist Heimathafen der Schweizer Fluggesellschaft Swissair.

Das Flughafengelände ist rund 800 ha groß. Der Bau des Flughafens begann 1945; 1948 waren zwei Pisten fertig, 1958, 1971 und 1980 folgten weitere Ausbauetappen. Heute sind drei je 60 m breite Pisten vorhanden, von denen die Blindlandepiste mit 3700 m die längste ist. Es gibt zwei Terminals mit Geschäften, Restaurants und Dienstleistungsbetrieben: Terminal A (dazu Parkhaus A) für Europaflüge und Flüge von Panam/TWA, Terminal B (dazu Parkhaus B) für Interkontinentalflüge und Charterverkehr. Im Geschoß 2 des Parkhauses B befindet sich ein großes Einkaufszentrum mit Bank und Post. Unter der Airport Plaza liegt die Bahnhofshalle und darunter, 18 m unter dem Boden, vier Geleise mit 420 m langen Bahnsteigen. An der Seite vom Parkhaus B liegt die Autobusstation. Auf dem Fingerdeck des Terminals B befindet sich die Aussichtsterrasse; dort ist auch die Ausgangsposition für Rundfahrten und Rundflüge. Im Süden der Anlage liegen die Werfthallen; am Südende der Blindlandepiste der Werkhof. Etwa 16000 Menschen sind hier beschäftigt, zum technischen Betrieb zählen etwa 3500 Personen. An Spitzentagen finden über 500 Starts und Landungen statt (u.a. schweiz. Regionalluftverkehrsges. Crossair).

Zürcher Trammuseum (Zürich-Höngg)

Im ehem. Straßenbahndepot (1898) Wartau in Höngg das 1989 eingeweihte ‚Zürcher Trammuseum‘ (Museumswagen Sa. u. So. zw. Hbf. u. Wartau).

Praktische Informationen von A bis Z

Anreise

Wichtige internationale Flughäfen

Für die Anreise zum Rhein bieten sich im internationalen Luftverkehr die folgenden Großflughäfen besonders an:

Schweiz

Flughafen Zürich (Kloten)
11 km nördlich vom Stadtzentrum

Deutschland

Rhein-Main-Flughafen Frankfurt am Main
12 km südwestlich vom Stadtzentrum
Flughafen Köln-Bonn (Wahn)
17 km südöstlich vom Stadtzentrum Köln
Flughafen Düsseldorf-Lohausen
8 km nördlich vom Stadtzentrum

Niederlande

Flughafen Amsterdam (Schiphol)
9,5 km südwestlich vom Stadtzentrum

Belgien

Flughafen Bruxelles (Brüssel) National
12 km nordöstlich vom Stadtzentrum

Hauptanlegeorte der KD-Schiffe

KD-Agenturen → Köln-Düsseldorfer (KD), Anlegestellen

Basel (CH)

Flughäfen:	EuroAirport Basel-Mulhouse-Freiburg (8 km nordwestlich)
	Zürich (70 km östlich; Autobus-Zubringerdienst)
Bahnhöfe:	Badischer Bahnhof (Deutsche Bahn)
	Bahnhof SBB (Schweizerische Bundesbahn)
Autobahnen:	A 5 (Deutschland)
	N 2 (Schweiz)
	A 35 (Frankreich)

Strasbourg (F)

Flughafen:	Strasbourg-Entzheim (12 km südwestlich)
Bahnhof:	Strasbourg
Autobahnen:	A 5 (Deutschland)
	A 4, A 35 (Frankreich)

Speyer (D)

Flughafen:	Frankfurt am Main (80 km nördlich)
Bahnhof:	Speyer
Autobahn:	A 61

Mannheim (D)

Flughafen:	Frankfurt am Main (60 km nördlich)
Bahnhof:	Mannheim
Autobahnen:	A 5, A 6, A 61, A 65, A 656, A 659

Rüdesheim (D)

Flughafen:	Frankfurt am Main (50 km östlich)
Bahnhof:	Rüdesheim
Autobahnen:	A 60, A 61

Anreise, Hauptanlegeorte der KD-Schiffe (Fortsetzung) Boppard (D)	Flughafen:	Frankfurt am Main (100 km östlich)
	Bahnhof:	Boppard
	Autobahn:	A 61
Braubach (D)	Flughäfen:	Frankfurt am Main (90 km östlich)
		Köln/Bonn (80 km nördlich)
	Bahnhof:	Braubach
	Autobahnen:	A 48, A 61 (bis Koblenz)
Koblenz (D)	Flughäfen:	Frankfurt am Main (100 km östlich)
		Köln/Bonn (70 km nördlich)
	Bahnhof:	Koblenz
	Autobahnen:	A 48, A 61
Köln (D)	Flughafen:	Köln/Bonn (17 km südöstlich)
	Bahnhof:	Köln
	Autobahnen:	A 1, A 3, A 4, A 57, A 59, A 555
Düsseldorf (D)	Flughafen:	Düsseldorf (8 km nördlich)
	Bahnhof:	Düsseldorf
	Autobahnen:	A 3, A 44, A 46, A 52
Nijmegen (NL)	Flughafen:	Amsterdam (100 km nordwestlich; Autobus-Zubringerdienst)
	Bahnhof:	Nijmegen
	Autobahnen:	A 50, A 52
Rotterdam (NL)	Flughäfen:	Sestienhoven (10 km nördlich)
		Amsterdam (60 km nördlich; Autobus-Zubringerdienst)
	Bahnhof:	Rotterdam
	Autobahnen:	A 13, A 15, A 16, A 20, A 29
Amsterdam (NL)	Flughafen:	Amsterdam (9 km südwestlich)
	Bahnhof:	Amsterdam
	Autobahnen:	A 2, A 4, A 6, A 7, A 8, A 9
Antwerpen (B)	Flughafen:	Brüssel (40 km südlich)
	Bahnhof:	Antwerpen
	Autobahnen:	A 1, A 13, A 14

Ausflüge

Im Rahmen der von der KD veranstalteten großen Rheinreisen werden von den jeweiligen Anlegestellen ausgehende Besichtigungsfahrten arrangiert (→Köln-Düsseldorfer). Die hierfür anfallenden Kosten sind im Reisepreis nicht inbegriffen.

Neben den mehrtägigen Kabinenschiffsreisen werden von der Köln-Düsseldorfer Ausflugsfahrten von folgenden Orten aus durchgeführt:

Frankfurt am Main, Mainz, Wiesbaden-Biebrich, Eltville, Rüdesheim, Bingen, Assmannshausen, Niederheimbach, Lorch, Bacharach, Kaub, Oberwesel, St. Goar, St. Goarshausen, Bad Salzig, Kamp-Bornhofen, Boppard, Braubach, Rhens, Oberlahnstein, Niederlahnstein, Koblenz, Engers, Neuwied, Andernach,

Bad Hönningen, Bad Breisig, Linz, Remagen, Unkel, Bad Honnef, Königswinter, Bonn-Bad Godesberg, Bonn, Wesseling, Porz, Köln, Zons und Düsseldorf.

Ausflüge (Fortsetzung)

Auf diesen Ausflugsfahrten werden die größten Fahrgastschiffe auf europäischen Binnengewässern eingesetzt; sie bieten mehr als 1000 Fahrgästen Platz und verfügen über eine leistungsfähige Bordrestauration. Schnellste Schiffe der Flotte sind die Tragflügelboote der „Rheinpfeil" (65 km/h) und der (Katamaran) „Rheinjet" (70 km/h).

Auskunft

KD-Agenturen → Köln-Düsseldorfer (KD), Anlegestellen

Schweiz

Zentralstelle

Schweizerische Verkehrszentrale (SVZ)
Bellariastr. 38
CH-8027 Zürich
Tel. (01) 2 88 11 11

Basel

Offizielles Verkehrsbüro Basel
Schifflände/Blumenrain 2
CH-4001 Basel
Tel. (0 61) 2 61 50 50

Zürich

Verkehrsverein Zürich
Information: Bahnhofplatz 15
CH-8023 Zürich
Tel. (01) 2 11 12 56

Deutschland

Zentralstellen

Deutscher Fremdenverkehrsverband (DFV)
Bertha-von-Suttner-Platz 13
D-53111 Bonn
Tel. (02 28) 98 52 20

Deutsche Zentrale für Tourismus (DZT)
Beethovenstr. 69
D-60325 Frankfurt am Main
Tel. (0 69) 7 57 20

Auskünfte und Buchungen im Ausland

Belgien:
Office Allemand du Tourisme
Duitse Nationale Dienst voor Toerisme
rue A. De Boeckstraat 54–56
B-1040 Bruxelles (Brüssel)
Tel. (02) 2 45 97 00 und 2 45 98 08

Dänemark:
Danmarks Turistråds hovedkontor
Vesterbrogade 6 D
DK-1620 København (Kopenhagen)
Tel. 33 11 14 15

Auskünfte und Buchungen im Ausland (Fortsetzung)

Frankreich:
Office National Allemand
du Tourisme
9, bd. de la Madeleine
F-75001 Paris
Tel. (1) 40 20 01 88

Großbritannien:
German National Tourist Office
Nightingale House / 65 Curzon Street
GB-London W1Y 7 PE
Tel. (0 71) 4 95 39 90 und
Tel. (0 71) 4 95 39 91

Italien:
Ente Nazionale Germanico
per il Turismo
Via Soperga 36
I-20127 Milano MI (Mailand)
Tel. (02) 26 11 17 30

sowie
Centro del Turismo
I-20123 Milano MI (Mailand)
Tel. (02) 87 73 23 und
Tel. (02) 86 13 83

Japan:
German National Tourist Office
Deutsches Kultur-Zentrum (OAG-Haus)
7-5-56 Akasaka, Minato-ku
Tokio 107
Tel. (03) 35 86 03 80

Kanada:
German National Tourist Office
Office National Allemand
du Tourisme
175 Bloor Street East
North Tower, Suite 604
Toronto, Ontario M4W 3R8
Tel. (4 16) 9 68-15 70

Niederlande:
Duits Verkeersburo
Hoogoorddreef 76
NL-1101 BG Amsterdam Z.O.
Tel. (0 20) 6 97 80 66

Österreich:
Deutsche Zentrale für Tourismus e.V. (DZT)
Schubertring 12
A-1010 Wien
Tel. (01) 5 13 27 92

Schweden:
Tyska Turistbyrån
Birger Jarlsgatan 11
S-10392 Stockholm
Tel. (08) 6 79 50 95

Auskünfte und Buchungen im Ausland (Fortsetzung)

Schweiz:
Offizielles Deutsches Verkehrsbüro
Talstr. 62
CH-8001 Zürich
Tel. (01) 2 21 13 87

Slowenien:
Predstavništvo DZT
Slovenska c. 58
SLO-6100 Ljubljana
Tel. (0 61) 3 14-2 42

Spanien:
Oficina Nacional Alemana de Turismo
San Agustín 2, Plaza de las Cortes
E-28014 Madrid
Tel. (01) 4 29 35 51 und 4 29 58 77

Vereinigte Staaten von Amerika (USA):
German National Tourist Office
122 East 42nd St.
52nd floor, Chanin Bldg.
New York, NY 10168-0072
Tel. (2 12) 6 61-72 00 und

11766 Wilshire Blvd., Suite 750
Los Angeles, CA 90025
Tel. (2 13) 5 75-97 99

In anderen Staaten werden Auskünfte erteilt von den Büros der Deutschen Lufthansa AG (Lufthansa German Airlines).

Auskünfte in Deutschland

An den in Deutschland gelegenen Hauptanlegeorten der KD-Kabinenschiffe sind Detailinformationen bei den folgenden Stellen erhältlich:

Speyer

Verkehrsamt
Maximilianstr. 11
D-67346 Speyer
Tel. (0 62 32) 1 43 95

Mannheim

Verkehrsverein
Bahnhofplatz 1
D-68161 Mannheim
Tel. (06 21) 10 10 11

Rüdesheim

Verkehrsamt
Rheinstr. 16
D-65385 Rüdesheim
Tel. (0 67 22) 29 62

Boppard

Tourist Information
Oberstr. 118 (Fußgängerzone)
D-56154 Boppard
Tel. (0 67 42) 38 88

Braubach

Verkehrsamt
Rathausstr. 8
D-56338 Braubach
Tel. (0 26 27) 97 60 00

Deutschland (Fortsetzung)
Koblenz

Verkehrsamt
Pavillon am Hauptbahnhof
D-56068 Koblenz
Tel. (02 61) 3 13 04

Köln

Verkehrsamt der Stadt Köln, am Dom
Unter Fettenhennen 19
D-50667 Köln
Tel. (02 21) 2 21 33 45

Düsseldorf

Verkehrsverein
Konrad-Adenauer-Platz / Immermannhof
D-40210 Düsseldorf
Tel. (02 11) 17 20 20

Frankreich

Zentralstellen

Maison de la France
8, avenue de l'Opéra
F-75001 Paris
Tel. (1) 42 96 10 23

Auskunftsbüro Berlin
Keithstr. 2–4
D-10787 Berlin
Tel. (0 30) 2 18 20 64

Auskünftsbüro Frankfurt/M.
Westendstr. 47
D-60325 Frankfurt/M.
Tel. (0 69) 7 56 08 30

Direktion für die Schweiz
Löwenstr. 59
CH-8023 Zürich
Tel. (01) 2 21 35 78

Strasbourg

Office du Tourisme de Strasbourg et de sa région
10, place Gutenberg
F-67000 Strasbourg
Tel. (88) 52 28 28

Niederlande

Zentralstellen

Nederlands Bureau voor Toerisme (NBT)
Vlietweg 15
NL-2266 KA Leidschendam
Tel. (0 70) 3 70 57 05

Niederländisches Büro für Tourismus (NBT)
Hohenzolllernring 38–40
D-50672 Köln
Tel. (02 21) 25 70-3 83

Niederländisches Büro für Tourismus (NBT)
Talstr. 70
CH-8001 Zürich
Tel. (01) 2 11 94 82

VVV Rijk van Nijmegen
St. Jorisstraat 72
NL-6511 TD Nijmegen
Tel. (0 80) 22 54 40

Auskunft in den Niederlanden (Fortsetzung) Nijmegen

VVV Rotterdam
Coolsingel 67/Hoek
NL-3012 AC Rotterdam
Tel. (0 10) 4 02 32 00

Rotterdam

VVV Amsterdam
Stationsplein 10
NL-1012 AB Amsterdam
Tel. (0 20) 5 51 25 12

Amsterdam

Belgien

Zentralstellen

Vlaams Commissariaat-Generaal voor Toerisme
61, rue du Marché aux Herbes (Grasmarkt)
B-1000 Bruxelles (Brüssel)
Tel. (02) 25 04 03 90

Belgisches Verkehrsamt
Berliner Allee 47
D-40212 Düsseldorf
Tel. (02 11) 32 60 08

Tourismuszentrale
Mariahilfer Str. 121
A-1060 Wien
Eröffnung:
Frühjahr 1994

Antwerpen

Dienst voor Toerisme
Grote Markt 15
B-2000 Antwerpen
Tel. (03) 2 32 01 03

Auskunftsstelle am Hauptbahnhof
Koningin Astridplein
Tel. (03) 2 33 05 70

Camping

Zu beiden Seiten des Rheins gibt es eine große Zahl von Campingplätzen; allerdings herrscht zur Hauptreisezeit ein erheblicher Andrang, so daß sich Voranmeldung empfiehlt.
Freies Campen ist in allen Anrainerstaaten praktisch unmöglich; in jedem Falle benötigt man die Erlaubnis des betreffenden Grundstückseigentümers.

Devisen

→ Geld

Diplomatische und konsularische Vertretungen

Bundesrepublik Deutschland

in der Schweiz

Botschaft:
Willadingweg 83
CH-3006 Bern
Tel. (0 31) 3 59 41 11

Generalkonsulat:
Kirchgasse 48
CH-8001 Zürich
Tel. (01) 2 65 65 65

in Frankreich

Botschaft:
13/15, avenue
Franklin D. Roosevelt
F-75008 Paris
Tel. (1) 42 99 78 00

Generalkonsulat:
Außenstelle des
Generalkonsulats Nancy
15, rue des Francs Bourgeois
F-67081 Strasbourg-Cédex
Tel. (88) 32 61 86

in den Niederlanden

Botschaft:
Groot Hertoginnelaan 18–20
NL-2517 EG Den Haag
Tel. (0 70) 3 42 06 00

Generalkonsulat:
De Lairessestraat 172
NL-1075 HM Amsterdam
Tel. (0 20) 6 73 62 45
Honorarkonsulat: Parklaan 36
NL-3016 BC Rotterdam
Tel. (0 10) 4 36 51 33

in Belgien

Botschaft:
190, avenue de Tervuren
B-1150 Bruxelles (Brüssel)
Tel. (02) 7 74 19 11

Generalkonsulat:
De Keyserlei 5
B-2018 Antwerpen
Tel. (03) 2 34 89 11

Republik Österreich

in der Schweiz

Botschaft:
Kirchenfeldstr. 28
CH-3006 Bern
Tel. (0 31) 3 51 01 11

Vertretungen der Republik Österreich in der Schweiz

Generalkonsulate:
Leimenstr. 1
CH-4002 Basel
Tel. (0 61) 2 61 77 33

Minervastr. 116
CH-8032 Zürich
Tel. (01) 3 83 72 00

in Deutschland

Botschaft:
Johanniterstr. 2
D-53113 Bonn
Tel. (02 28) 5 30 06

Generalkonsulat:
Cecilienallee 43 a
D-40474 Düsseldorf
Tel. (02 11) 43 41 41

Konsulat:
Glockengasse 1
D-50667 Köln
Tel. (02 21) 2 57 88 50

in Frankreich

Botschaft:
6, rue Fabert
F-75007 Paris
Tel. (1) 45 55 95 66

Konsulat:
29, avenue de la Paix
F-67000 Strasbourg
Tel. (88) 35 13 94

in den Niederlanden

Botschaft:
Van Alkemadelaan 342
NL-2597 AS Den Haag
Tel. (0 70) 3 24 54 70

Generalkonsulat:
Weteringschans 106
NL-1017 XS Amsterdam C
Tel. (0 20) 6 26 80 33

in Belgien

Botschaft:
47, rue de l'Abbaye
B-1050 Bruxelles (Brüssel)
Tel. (02) 6 49 38 50

Konsulat:
Mechelsesteenweg 180
B-2018 Antwerpen
Tel. (03) 2 37 39 48

Schweizerische Eidgenossenschaft

in Deutschland

Botschaft:
Gotenstr. 156
D-53175 Bonn
Tel. (02 28) 8 10 08-0

Generalkonsulate:
Cecilienallee 17
D-40474 Düsseldorf
Tel. (02 11) 43 46 01/02

Zürich-Haus am Opernplatz
D-60323 Frankfurt am Main
Tel. (0 69) 72 59 41/42

in Frankreich

Botschaft:
142, rue de Grenelle
F-75007 Paris
Tel. (1) 49 55 67 00

Konsulate:
19 b, rue du Sauvage
F-68100 Mulhouse
Tel. (89) 45 32 12

11, Boulevard du Président
Edwards
F-67083 Strasbourg
Tel. (88) 35 00 70

in den Niederlanden

Botschaft:
Lange Voorhout 42
NL-2514 EE Den Haag
Tel. (0 70) 3 64 28 31/32

Generalkonsulate:
Joh. Vermeerstraat 16
NL-1071 DR Amsterdam
Tel. (0 20) 6 64 42 31

Groothandelsgebouw
Stationsplein 45
NL-3013 AK Rotterdam
Tel. (0 10) 4 13 50 70

in Belgien

Botschaft:
26, rue de la Loi
B-1040 Bruxelles (Brüssel)
Tel. (02) 2 30 61 45

Generalkonsulat:
Schoenmarkt 18
B-2000 Antwerpen
Tel. (03) 2 33 53 42

Einreiseformalitäten

→ Reisedokumente
→ Zollbestimmungen

Eisenbahn

Allgemeines

Auskünfte über Rheinreisen (Fahrpreise, -ermäßigungen, Fahrkarten per Post, Platzreservierung, Gepäckservice, Fahrrad am Bahnhof u.v.a.). beispielsweise mit Intercity- (IC-) oder EuroCity- (EC-) Zügen der Bahn, erteilt u.a. das Personal an den Schaltern der Deutschen Bahn AG sowie in den Reisebüros.

Informationsmaterial

Detaillierte Broschüren über Eintagestouren an den Rhein (Gesellschaftsreisen im Sonderzug; Programm am Zielort), Tagesausflüge mit Sonderrückfahrkarte sowie Ausflugsfahrten mit Bahn und Schiff sind u.a. erhältlich bei der
Deutschen Bahn AG Köln
Touristik + Reisen
Konrad-Adenauer-Ufer 3
D-50668 Köln
Tel. (02 21) 1 41-1 oder 1 41-24 18

Umschreibung bzw. Einwechslung von Karten durch die KD

An jeder KD-Anlegestelle können die meisten Bahnkarten in Schiffsfahrscheine des Normaltarifs umgeschrieben (Gebühr) bzw. auch Schiffstickets in eine Bahnfahrkarte eingewechselt werden.

Elektrizität

Die Netzspannung beträgt überall 220 Volt/50 Hertz. Auch an Bord der KD-Schiffe steht diese Spannung zur Verfügung. Man beachte aber, daß aus Sicherheitsgründen der Gebrauch von Bügeleisen in den Kabinen nicht erlaubt ist.

Entfernungen

Entfernungen zu Wasser auf dem Rhein zwischen ausgewählten Uferorten in km	Basel	Breisach	Strasbourg	Karlsruhe	Mannheim	Mainz	St. Goar	Koblenz	Remagen	Köln	Düsseldorf	Duisburg	Wesel	Emmerich	Dordrecht	Rotterdam
Basel	●	58	127	193	258	323	389	424	466	521	577	613	643	685	809	833
Breisach	58	●	69	135	200	274	331	366	408	463	519	555	589	627	751	775
Strasbourg	127	69	●	66	131	205	262	297	339	394	450	486	520	558	682	706
Karlsruhe	193	135	66	●	65	139	157	231	273	328	384	420	454	492	616	640
Mannheim	258	200	131	65	●	74	131	166	208	263	319	355	389	427	551	575
Mainz	323	274	205	139	74	●	57	92	134	189	245	281	315	353	477	501
St. Goar	389	331	262	157	131	57	●	35	77	132	188	224	258	296	420	444
Koblenz	424	366	297	231	166	92	35	●	42	87	153	189	223	261	385	409
Remagen	466	408	339	273	208	134	77	42	●	55	111	147	181	219	343	367
Köln	521	463	394	328	263	189	132	87	55	●	56	92	126	164	288	312
Düsseldorf	577	519	450	384	319	245	188	153	111	56	●	36	70	108	232	256
Duisburg	613	555	486	420	355	281	224	189	147	92	36	●	34	72	196	220
Wesel	643	589	520	454	389	315	258	223	181	126	70	34	●	38	162	186
Emmerich	685	627	558	492	427	353	296	261	219	164	108	72	38	●	124	148
Dordrecht	809	751	682	616	551	477	420	385	343	288	232	196	162	124	●	24
Rotterdam	833	775	706	640	575	501	444	409	367	312	256	220	186	148	24	●

Essen und Trinken

Schweiz

Die Restaurants der Schweiz führen fast durchweg eine gepflegte Küche, die ebenso vielfältig ist wie die ethnische Zusammensetzung des Landes. Sie lehnt sich an die jeweiligen Nachbarstaaten an, so in den deutschsprachigen Kantonen an die deutsche Kochkunst, in den französisch sprechenden an die ‚cuisine française'. Darüber hinaus hat die Schweizer Gastronomie aber auch spezifisch schweizerische Gerichte entwickelt, die meist einheimische Produkte als Grundlage haben, u.a. Milcherzeugnisse und Fische.

Unter den Fleischspeisen ist besonders die Berner Platte hervorzuheben, eine reichhaltige Schlachtplatte mit Sauerkraut oder Bohnen. Im Mittelland bekommt man außerdem das gleichfalls sehr gehaltvolle Gnagi, schwach gesalzenen Schweinsfuß, der so zart ist, daß er ‚auf der Zunge zergeht'. In Zürich liebt man das Geschnetzelte, ein Kalbsragout mit Sahne. Die Züricher Leberspießli sind den süddeutschen Leberspätzle ähnlich. In den rheinischen Kantonen gibt es sogenannte Mistkratzerli, gebratene junge Hähnchen, die auch Giggeli heißen.
An delikaten Wurstsorten ist die Schweiz besonders reich. In Basel gibt es die sogenannten Klöpfer (saftige Cervelatwürste), in St. Gallen die Schüblige und Bratwürste, in Appenzell Pantli und Knackerli.
An besonderen Beilagen seien Berner Rösti (mit Speckwürfeln angebratene Kartoffelspäne) und überbackene Kartoffeln, Eierfrüchte (Auberginen) und Artischocken sowie die vielfältigen und schmackhaft gewürzten Salate erwähnt. Fischgerichte sind in der Schweiz sehr verbreitet; die zahlreichen Seen liefern schmackhafte Arten.
Aus Teigwaren bereitete Speisen kennt man vor allem in der Nordschweiz, deren Küche die Nähe Deutschlands erkennen läßt. Neben den Spätzli (oder Knöpfli) sei der Zürcher Topf genannt, Makkaroni mit Hackfleisch und Tomatensauce überbacken.
Die Kunst der Zubereitung von Gebäck und Süßspeisen liegt den Schweizern ganz besonders. Köstlich schmecken Basler Leckerli, eine auch in Deutschland bekannte Lebkuchenart, Schaffhauser Zungen, Gottlieber Hüppen, Zuger Kirschtorte, im Berner Oberland sahnegefüllte Meringen (aus Meiringen), im Juragebiet Bagnoletcreme, die mit Himbeeren und Aniskeks gegessen wird. Weltbekannt ist die Schweizer Schokolade.

Die vorzüglichen Molkereiprodukte der Schweiz genießen besonderen Ruhm. Die Speisekarte ist reich an Käsegerichten, die nach Zubereitungsart und Zutaten von Landschaft zu Landschaft variieren. Zur Fondue (von französ. fondre = schmelzen) wird in einem eingriffigen Spezialgeschirr (caquelon) Schweizer Käse mit Weißwein geschmolzen und mit Kirschwasser sowie Gewürz abgeschmeckt. Beim Essen taucht jeder Teilnehmer mittels einer besonderen Gabel Weißbrotbrocken in das auf dem Tisch heißgehaltene gemeinsame Gefäß. Wer seinen Brotwürfel in die geschmolzene Mischung fallen läßt, muß die nächste Flasche Wein stiften.
Zur Raclette (von französ. racler = schaben) wird ein großer halbierter Käse an der Schnittfläche erhitzt und die geschmolzene Oberfläche jeweils abgeschabt; zu jeder Portion ißt man eine Pellkartoffel und pikante Zutaten.

Schweizer Käseplatte

Schweiz (Fortsetzung)

Beliebte Getränke sind Bier (bekannteste Marken: Feldschlösschen und Cardinal) und Wein (→Zahlen und Fakten, Wein). Fruchtsäfte und Mineralwasser sind in großer Auswahl zu bekommen. Von hervorragender Qualität sind die Schweizer Obstwässer: Kirsch (der beste aus Zug), Zwetsch, Enzian (aus der Wurzel des Gelben Enzians), Birne, Grappa und Marc (aus den bei der Weinbereitung ausgepreßten Traubenhülsen), Bätzi (aus Äpfeln) u.a.; Alpenbitter, Kräuterlikör (‚Chrüter').

Deutschland

Die deutsche Küche ist kräftig und abwechslungsreich. Sie kennt eine Vielzahl lokaler Spezialitäten, die vorzugsweise in kleineren Restaurants angeboten werden. Während generell im Norden mehr Gemüse und Kartoffeln gegessen werden, zieht man im Süden Suppen, Teigwaren und Salate vor.

In Westfalen überwiegen die Fleischgerichte; ein Begriff sind die Räucherwaren, vor allem der Westfälische Schinken, zu denen das dunkle, lange gebackene Pumpernickel sehr gut mundet. Puffbohnen mit Speck und Pfefferpotthast sind deftige Gerichte, desgleichen Mettwurst mit Linsen oder Westfälische Reibekuchen (aus geriebenen rohen Kartoffeln und Buchweizenmehl). Süßwasserfische bereichern die Speisekarte.

In Hessen ißt man vor allem gehaltvolle Gerichte aus Schweinefleisch. Berühmtheit haben die Frankfurter Würstchen erlangt. Speckkuchen, Kasseler Rippchen (benannt nach dem Berliner Metzgermeister Kassel) und Bauernfrühstück (bestehend aus Schinken, Kartoffeln und Ei) sowie der Handkäse sind weitere Spezialitäten. Bethmännchen und Frankfurter Brenten sind geschätzte Konditorwaren.

Kaltes Buffet an Bord eines KD-Schiffes

Deutschland (Fortsetzung)

Der Rheinländer schätzt Sauerbraten, ‚Himmel und Erde' (Apfel- und Kartoffelbrei mit Blutwurst), Hämmchen (Eisbein), Hunsrücker Festessen (Sauerkraut und Erbsbrei mit Kartoffeln, Meerrettich und Schinken), Schweinepfeffer sowie die Fische aus den Nebenflüssen des Rheins und aus den Eifelmaaren. In der Saison bieten zahlreiche Restaurants Gerichte aus Miesmuscheln an. Ein ‚Halver Hahn' ist ein Roggenbrötchen mit Holländer Käse, das zum Bier gegessen wird. Vielfältig sind süße Gebäcksorten, wie Spekulatius, Muzenmandeln, Aachener Printen.

Die Küche Südwestdeutschlands bevorzugt Fleisch- und Mehlspeisen. In Schwaben gibt es eine Vielzahl von Suppen, Spätzle werden aus einem gesalzenen Teig bereitet, der in kochendes Wasser geschabt wird. Maultaschen sind dünn ausgerollte Nudelteigstücke, in die eine Fülle aus Hackfleisch, Spinat, Zwiebeln u.a. eingeschlagen wird. Maß ißt sie in der Brühe oder ‚geschmälzt', d.h. mit in Fett gebräunten Zwiebeln übergossen. Sauerkraut wird mit Ripple (Schweinerippchen), Blut- und Leberwurst oder Schweinebauch gereicht. Im Schwarzwald gibt es Forellen und Schwarzwälder Schinken. Äußerst beliebt sind die Schwarzwälder Kirschtorte und zum neuen Wein der Zwiebelkuchen.

In Deutschland wird überwiegend Bier (um Köln und Düsseldorf das obergärige ‚Kölsch' und ‚Altbier') getrunken; am Rhein und seinen Nebenflüssen spielt jedoch der Wein (→ Zahlen und Fakten, Wein) die dominierende Rolle. Im Schwarzwald gibt es ausgezeichnete Obstschnäpse (Kirschwasser, Zwetschgenwasser, Himbeergeist u.a.); weiter nördlich vor allem Korn und Wacholderschnaps.

Frankreich

Die französische Küche ist aufgrund ihrer Qualität als auch wegen ihrer Vielseitigkeit weltberühmt. Da der Franzose besonderen Wert auf eine abwechslungsreiche Speisenfolge legt und sich zur Einnahme der Mahlzeiten 1 bis 2 Stunden Zeit läßt, ist das Essen zu einem wichtigen Bereich des täglichen Lebens und die Pflege der Küche zu einem Bestandteil französischer Kultur geworden.
Für die anspruchsvolle Küche, die ‚haute cuisine', typisch ist die Bevorzugung von frischen Zutaten (keine Konserven!) sowie von Butter und Rahm (crème fraîche). Kräuter und Gewürze werden reichlich und in vielfältiger Zusammenstellung verwendet. Berühmt sind die vorzüglichen Saucen.
Seit einigen Jahren hat die sogenannte ‚nouvelle cuisine' von sich reden gemacht. Sie zeichnet sich durch Einfachheit in der Zubereitung bei gleichzeitiger Verwendung nur feinster Zutaten aus.
Neben der ‚haute cuisine' ist die ‚cuisine régionale' von großer Bedeutung und genießt auch bei anspruchsvollen Feinschmekkern großes Ansehen.

Eine gewisse Sonderrolle spielt die elsässische Küche, die den Geschmack des Oberrheins wohltuend mit der französischen Kochkunst verbindet und so gleichermaßen gepflegt wie originell und vielseitig ist. Sie bietet manche östlich des Rheins unbekannte oder seltene Gerichte, oft unter mundartlichen Bezeichnungen; die Speisekarten sind jedoch durchweg französisch aufgemacht.
Unter den Vorspeisen sind vor allem zu nennen: Pâté de foie gras (Gänseleberpastete), eine weltbekannte Delikatesse, deren Rezept (mit Trüffeln, Kalbfleisch, Madeira und Gewürzen) sich Jean-Pierre Clause, der Koch des Marschalls Contades, um 1780 in Straßburg einfallen ließ; daneben zahlreiche andere Pâtés, Fleisch-, Fisch- und Wildpasteten; Escargots (Weinbergschnecken) mit Kräuterbutter, ferner Zwiebelkuchen, Straßburger Wurstsalat (mit Käse) u.a.
Aus den Bächen und kleinen Flüssen der Vogesen kommen vorzügliche Fische (v.a. Forellen). Als Hauptgerichte geschätzt sind Choucroute garnie (französ. Verballhornung von elsäss. ‚Suerkrut' = Sauerkraut), Schlachtplatte auf mit Weißwein bereitetem Sauerkraut; Coq au Riesling (Teile von Hahn oder Poularde in Weißwein mit Zwiebeln und Champignons gedünstet), Fasan (auf Sauerkraut) und andere Wildgerichte in der Saison, ‚Baeckaoffa' (Schichteintopf mit Schweine-, Hammel- und Rindfleisch, Kartoffeln, Zwiebeln und Wein). Als Nachspeise wird überall der vorzügliche Käse angeboten, unter vielen anderen der Munster, ein aromatischer Weichkäse aus dem Münstertal, und der Géromé, ein mit Anis, Fenchel oder Kümmel gewürzter Rahmkäse. Zum Wein (→Zahlen und Fakten, Wein) ist der Kugelhopf beliebt, ein Napfkuchen aus Hefeteig, meist mit Rosinen und Mandeln; geschätzt wird ferner das in vielen Brauereien erzeugte Elsässer Bier. Die Schnäpse der Gegend (Quetsch, Framboise, Mirabelle u.a.) sind weniger scharf gebrannt als die badischen und daher besonders bukettreich und aromatisch.

Niederlande

Der Niederländer beginnt den Tag mit einem kräftigen Frühstück. Zwischen 9 und 12 Uhr nimmt er noch einmal ein ‚Kopje Koffie' mit Milch und Zucker zu sich. Das Mittagessen besteht aus einer sogenannten ‚Koffietafel' (Kaffeegedeck) das sind in erster Linie belegte Brote, manchmal mit einem kalten oder

Niederlande (Fortsetzung)

warmen Gericht. Zwischen 15 und 17 Uhr trinkt man Tee und ißt dazu Plätzchen. Am Abend, zwischen 18 und 20 Uhr, wird die Hauptmahlzeit eingenommen. Sie besteht meistens aus Fleisch, Gemüse und Kartoffeln, oft werden auch Suppe und eine Nachspeise gereicht.

Für die Ernährung wichtig ist der Fisch. In den ersten Wochen nach der Eröffnung der Fangsaison im Mai wird ‚grüner' oder ‚neuer' Hering verkauft. Reich ist auch das Angebot an Schalentieren und Muscheln (von Mai bis September u.a. Austern und Muscheln aus der Provinz Seeland).
Fleischgerichte gibt es in großer Zahl. Im allgemeinen wird das Fleisch auf beiden Seiten ganz kurz gebraten; wer es lieber gut durchgebraten mag, sollte es ‚doorbakken' verlangen. Unter einem ‚duitse biefstuk' versteht man ein Hackfleischgericht. Spezialitäten sind ‚rolpens' (in Essig eingelegte Preßwurst, die in Scheiben gebraten und mit Apfelmus und Bratkartoffeln gereicht wird) und ‚huzarensla' (ein Salat mit Fleisch). Frisches Gemüse aus Treibhauszuchten ist das ganze Jahr über zu bekommen.

In den Niederlanden trinkt man vorzugsweise Bier und Genever (Wacholderschnaps); von den Likören sind der ‚Advocaat' (Eierlikör) und der aus Pomeranzenschalen hergestellte Curaçao besonders bekannt.

Belgien

Belgien ist schon immer ein Land der Feinschmecker gewesen. Auch heute nehmen die Belgier jedes besondere Vorkommnis zum Anlaß, sich an einen festlich gedeckten Tisch zu setzen. Die Bevölkerung von Flandern mißt dem Essen und Trinken eine besonders große Bedeutung bei.

Belgische Spezialitäten sind die flämischen ‚Karbonaden' (Rindfleischragout) aus gedünstetem Ochsenfleisch, das mit Bier gewürzt wird; ‚Himmel und Erde', ein auch im Norden Deutschlands bekanntes Gericht, bestehend aus Kartoffel- und Apfelbrei mit Blutwurst; ferner Ardenner Räucherschinken und Kalbsnieren nach Lütticher Art. An Wildgerichten ist erwähnenswert der flämische Hasenpfeffer mit Zwiebeln und Pflaumen sowie Kaninchen mit Backpflaumen und Gueuze-Bier. Brüsseler Hähnchen sind besonders zarte Hähnchen, die in der Umgebung der Hauptstadt gezüchtet werden; unter ‚Waterzooi' versteht man Hühnerklein, das in Brühe und mit verschiedenen Gemüsearten serviert wird. Auch die Back- und Konditoreiwaren haben einen guten Ruf.

Bier, das am weitesten verbreitete Getränk Belgiens, wird in vielerlei Arten gebraut; für den Süddeutschen ist der Geschmack vor allem des Kirschenbieres zunächst reichlich ungewohnt.

Weinverkauf

Weine, die an Bord der KD-Schiffe serviert werden, verkauft u.a.:

Weingut
Selbach Erben
Hohenzollernstr. 49–51
D-56068 Koblenz
Tel. (02 61) 30 43-5 02
oder
Tel. (02 61) 30 43-5 22.

Feiertage

Schweiz

1. Januar (Neujahr)
6. Januar (Heilige Drei Könige)
Karfreitag (nicht in allen Kantonen)
Ostermontag
1. Mai (Tag der Arbeit)
Christi Himmelfahrt
Pfingstmontag (nicht in allen Kantonen)
Fronleichnam (in überwiegend katholischen Orten)
1. August (Nationalfeiertag)
15. August (nur im Fürstentum Liechtenstein)
1. November (Allerheiligen)
Buß- und Bettag
25. Dezember (Weihnachten) und 26. Dezember (Stephanstag)

Deutschland

1. Januar (Neujahr)
6. Januar (Hl. Drei Könige; nur in Baden-Württbg. und Bayern)
Karfreitag
Ostermontag
1. Mai (Tag der Arbeit)
Christi Himmelfahrt
Pfingstmontag
Fronleichnam (nur in Baden-Württemberg, Bayern, Hessen, Nordrhein-Westfalen, Rheinland-Pfalz und im Saarland)
Mariä Himmelfahrt (nur in Teilen Bayerns und im Saarland)
3. Oktober (Tag der Deutschen Einheit)
1. November (Allerheiligen; nur in Baden-Württemberg, Bayern, Nordrhein-Westfalen, Rheinland-Pfalz und im Saarland)
Buß- und Bettag
25. und 26. Dezember

Frankreich

1. Januar (Neujahr)
Karfreitag (nur im Elsaß)
Ostermontag
1. Mai (Tag der Arbeit); 8. Mai (Waffenstillstand 1945)
Christi Himmelfahrt
Pfingstmontag
14. Juli (Nationalfeiertag)
15. August (Mariä Himmelfahrt)
1. November (Allerheiligen)
11. November (Waffenstillstand 1918)
25. Dez. (Weihnachten); 26. Dez. (St. Etienne; im Elsaß)

Niederlande

1. Januar (Neujahr)
Karfreitag (Geschäfte geöffnet)
Ostermontag
30. April (Koninginnedag)
Christi Himmelfahrt
Pfingstmontag
25. und 26. Dezember

Belgien

1. Januar (Neujahr)
Ostermontag
1. Mai (Tag der Arbeit)
Christi Himmelfahrt
Pfingstmontag
21. Juli (Nationalfeiertag)
15. August (Mariä Himmelfahrt)

Feiertage in Belgien (Fortsetzung)

1. November (Allerheiligen)
11. November (Waffenstillstand 1918)
25. und 26. Dezember

Flughäfen

→ Anreise

Freizeitparks

Deutschland

Traumland-Park
D-46244 Kirchhellen

Ruhrzoo
D-45889 Gelsenkirchen

Phantasialand
D-50321 Brühl

Taunus-Wunderland
D-65307 Bad Schwalbach

Kurpfalzpark Wachenheim
D-67157 Wachenheim/Weinstraße

Holiday-Park Haßloch
D-67454 Haßloch/Pfalz

Europa-Park
D-77977 Rust/Baden

Niederlande

Madurodam
NL-2584 EE Den Haag-Scheveningen

Geld

Schweiz

Die Währungseinheit in der Schweiz und in Liechtenstein ist der Schweizer Franken (sfr; französ. franc suisse, italien. franco svizzero) zu je 100 Rappen (centimes, centesimi).

Es gibt Banknoten zu 10, 20, 50, 100, 500 und 1000 sfr, Münzen zu 5, 10, 20 und 50 Rappen sowie 1, 2 und 5 sfr.

Die Ein- und Ausfuhr in- und ausländischer Zahlungsmittel unterliegt keinen Beschränkungen.

Deutschland

Die Währungseinheit in Deutschland ist die Deutsche Mark (DM) zu je 100 Pfennigen.

Es gibt Banknoten zu 10, 20, 50, 100, 200, 500, 1000 und 5000 DM, Münzen zu 1, 2, 5, 10 und 50 Pfennigen sowie zu 1, 2 und 5 DM.
Die Ein- und Ausfuhr in- und ausländischer Zahlungsmittel unterliegt keinen Beschränkungen.

Geld und Devisenbestimmungen in Frankreich

Die Währungseinheit in Frankreich ist der französische Franc (F) zu je 100 Centimes.

Es gibt Banknoten zu 20, 50, 100, 200, 500 und 1000 F, Münzen zu 5, 10 und 20 Centimes sowie zu $^1/_2$, 1, 2, 5 und 10 F.

Die Einfuhr von in- und ausländischen Zahlungsmitteln nach Frankreich unterliegt keinen Beschränkungen.

Niederlande

Die Währungseinheit in den Niederlanden ist der holländische Gulden (hfl) zu je 100 Cents.

Es gibt Banknoten zu 10, 25, 50, 100, 250, 500 und 1000 hfl, Münzen zu 5 (stuiver), 10 (dubbeltje) und 25 (kwartje) Cents sowie zu 1, $2^1/_2$ (rijksdaalder) und 5 hfl.

Die Ein- und Ausfuhr in- und ausländischer Zahlungsmittel unterliegt keinen Beschränkungen.

Belgien

Die Währungseinheit in Belgien ist der belgische Franc (bfr) zu je 100 Centimes.

Es gibt Banknoten zu 100, 500, 1000, 5000 und 10 000 bfr, Münzen zu 50 Centimes sowie zu 1, 5, 20 und 50 bfr.

Die Ein- und Ausfuhr in- und ausländischer Zahlungsmittel unterliegt keinen Beschränkungen.

Hinweis

Zahlungsmittel an Bord der KD-Schiffe ist die Deutsche Mark (DM); Eurocheques sind bis 400 DM zugelassen. Die bekanntesten Kreditkarten (Diner's Club, Eurocard, JCB) werden akzeptiert. Es empfiehlt sich, Auslandswährungen vor Reiseantritt an Land umzutauschen. Ausländische Währungen können aber auch in begrenztem Umfang im Zahlmeisterbüro der KD gewechselt werden.

Hotels (Auswahl)

Einige Hotels an den Zielorten der KD-Rheinreisen können direkt über die Reederei gebucht werden. Einzelheiten teilt die →Köln-Düsseldorfer (KD) auf Anfrage mit.

Hinweis

Die nachstehend genannten Hotels an den Hauptanlegeorten der KD-Schiffe stellen nur eine Auswahl dar. In der Schweiz, in Frankreich und den Niederlanden gibt es offizielle Hotelkategorien (in Belgien Einführung im Gange), auf die sich auch die Angaben in diesem Reiseführer beziehen. In Deutschland gibt es keine vergleichbare Klassifizierung, so daß hier die Auswahl und die Reihenfolge der Nennungen nach allgemeinen Kriterien erfolgt ist. – B. = Betten; Z. = Zimmer.

Kategorie offiziell			in diesem Buch
Schweiz	Frankreich	Niederlande	
*****	****L	L	L (Luxus)
****	****	I	A
***	***	II	B
**	**	III	C
*	*	IV	D

Hinweis (Fortsetzung)

Luxushotels sind in diesem Reiseführer grundsätzlich mit einem *Stern gekennzeichnet.

Zürich (CH)

*International, Am Marktplatz, L, 700 B.
*Hilton International, Hohenbühlstr. 10, L, 550 B.
*Zürich, Neumühlequai 42, L, 400 B.
*Atlantis Sheraton, Döltschiweg 234, L, 340 B.
*Dolder Grand Hotel, Kurhausstr. 65, L, 300 B.
*Baur au Lac, Talstr. 1, L, 210 B.
*Savoy Baur en Ville, Am Paradeplatz 12, L, 150 B.
*Atlantis Sheraton Guesthouse, Döltschihalde 49, L, 120 B.
*Eden au Lac, Utoquai 45, L, 75 B.
Nova Park, Badenerstr. 420, A, 800 B.
Mövenpick Hotel Zürich Airport, in CH-8152 Glattbrugg, A, 570 B.
Pullmann Continental, Stampfenbachstr. 60, A, 244 B.
St. Gotthard, Bahnhofstr. 87, A, 200 B.
Glockenhof, Sihlstr. 31, A, 168 B.
Stoller, Badenerstr. 357, A, 113 B.
Schweizerhof, Bahnhofplatz 7, A, 150 B.
Central Plaza, Central 1, A, 136 B.
Glärnischhof, Claridenstr. 30, A, 130 B.
Dolder Waldhaus, Kurhausstr. 20, A, 160 B.
Engematthof, Engimattstr. 14, A, 120 B.
Schifflände, A, Schifflände 18, 40 B.
Welcome-Inn, Holbergstr. 1, B, 196 B.
Florida, Seefeldstr. 63, B, 150 B.
Trümpy, Sihlquai 9, B, 130 B.
Seidenhof, Sihlstr. 9, B, 142 B.
Montana, Konradstr. 39, B, 140 B.
Rigihof, Universitätsstr. 101, B, 110 B.
City, Löwenstr. 34, B, 100 B.
Limmathaus, Limmatstr. 118, B, 110 B.
Limmathof, Limmatquai 142, C, 105 B.

Basel (CH)

*Le Plaza, Riehenring 45, L, 450 B.
*Basel Hilton, Aeschengraben 31, L, 354 B.
*International, Steinentorstr. 25, L, 350 B.
*Drei Könige am Rhein, Blumenrain 8, L, 124 B.
*Euler, Centralbahnplatz 1, L, 100 B.
*Schweizerhof, Centralbahnplatz 1, L, 100 B.
Europe, Clarastr. 43, A, 250 B.
Victoria am Bahnhof, Centralbahnplatz 3–4, A, 170 B.
Basel, Münzgasse 12, A, 108 B.
Admiral, Rosentalstr. 5, B, 200 B.
City-Hotel, Henric-Petri-Str. 12, B, 130 B.
Basilisk, Klingentalstr. 1, B, 100 b.
Alexander, Riehenring 85, B, 95 B.
Rheinfelderhof, Hammerstr. 61, C, 56 B.

Strasbourg/Straßburg (F)

Le Régent Contades, 8, avenue de la Liberté, A, 32 Z.
Le Grand Hôtel, 12, place de la Gare, A, 90 Z.
Hilton International, Avenue Herrenschmitt, A, 246 Z.
Sofitel, Place St-Pierre-le-Jeune 4, B, 180 Z.
Novotel Centre Halles, Quai Kléber, B, 97 Z.
Terminus Gruber, 10, place de la Gare 10, B, 78 Z.
Le France, 20, rue du Jeu-des-Enfants, B, 70 Z.
Holiday Inn, 20, place de Bordeaux, B, 165 Z.
Maison Rouge, 4, rue des Francs-Bourgeois, B, 140 Z.
Monopole Métropole, 16, rue Kuhn, B, 94 Z.

Strasbourg/Straßburg (Fortsetzung)

Motel PLM, Parc du Rhin, B, 93 Z.
Hannong-Le Wyn' Bar, 15, rue du 22 Novembre, B, 70 Z.
Le Pax, 24–26, rue du Faubourg National, C, 110 Z.
Ibis, Rue Sébastopol 1, C, 97 Z.
National, 13, place de la Gare, C, 87 Z.
Paris, 13, rue de la Mésange, C, 80 Z.
La Gare, 15, rue de la Petite-Course, C, 10 Z.
La Couronne, 26, Faubourg de Saverne, D, 39 Z.

Speyer (D)

Goldener Engel, Mühlturmstr. 1, 69 B.
Kurpfalz (garni), Mühlturmstr. 5, 24 B.
Graf's Hotel, Löwengarten, Schwerdstr. 14, 70 B.
Rheinhotel Luxhof, in Hockenheim, 90 B.

Mannheim (D)

*Steigenberger Hotel Mannheimer Hof, Augustaanlage 4, 235 B.
*Maritim Parkhotel, Friedrichsplatz 2, 262 B.
Novotel, Auf dem Friedensplatz 6, 360 B.
Wartburg, F 4, 4–11, 250 B.
Holiday Inn, N 6, 212 B.
Augusta, Augustaanlage 43, 140 B.
Wegener (garni), Tattersallstr. 16, 74 B.
Holländer Hof (garni), U 1, 11–12, 74 B.
Intercity-Hotel, im Hauptbahnhof, 87 B.

Rüdesheim (D)

*Waldhotel Jagdschloß Niederwald, 6,5 km nordwestlich, 76 B.
Parkhotel Deutscher Hof, Rheinstr. 21, 136 B.
Zum Felsenkeller, Oberstr. 41, 120 B.
Central-Hotel, Kirchstr. 6, 100 B.
Rüdesheimer Hof, Geisenheimer Str. 1, 90 B.
Rheinstein, Rheinstr. 20, 80 B.

Im Stadtteil Assmannshausen:
Krone, Rheinuferstr. 10, 134 B.
Nassauer Hof (Minotel), Niederwaldstr. 18, 110 B.
Anker, Rheinuferstr. 5, 72 B.

Boppard (D)

*Klostergut Jakobsberg, 13 km nördlich, 214 B.
Bellevue-Rheinhotel, Rheinallee 41, 200 B.
Rheinlust, Rheinallee 29, 186 B.
Motel am Ebertor, Heerstraße, 120 B.
Baudobriga Weinhaus Ries, Rheinallee 43, 67 B.
Günther (garni), Rheinallee 40, 35 B.

Braubach (D)

Zum weißen Schwanen, Brunnenstr. 4, 25 B.

Koblenz (D)

City-Hotel Metropol, Münzplatz 54, 90 B.
Brenner (garni), Rizzastr. 20, 48 B.
Trierer Hof, Deinhardplatz 1, 57 B.
Diehls Hotel Rheinterrassen, in Ehrenbreitstein, 120 B.
Kleiner Riesen (garni), Rheinanlagen 18, 55 B.
Continental – Pfälzer Hof, Bahnhofsplatz 1, 50 B.
Hamm (garni), St.-Josef-Str. 32, 50 B.

Köln (D)

*Dorint Kongreß-Hotel, Helenenstr. 14, 500 B.
*Ramada Renaissance Hotel, Magnusstr. 20, 296 B.
*Excelsior-Hotel Ernst, Frankgasse 1 (beim Dom), 260 B.
*Pullmann-Hotel Mondial, Bechergasse 10, 350 B.
*Consul, Belfortstr. 9, 235 B.
*Dom-Hotel, Domkloster 2a, 182 B.

Köln
(Fortsetzung)

*Crest Hotel, im Stadtteil Lindenthal, Dürener Str. 287, 200 B.
*Holiday Inn, beim Flughafen Köln/Bonn, Waldstr. 255, 160 B.
*Hotel am Wasserturm, Kaygasse 2, 90 Z.
Haus Lyskirchen, Filzengraben 28, 130 B.
Senats-Hotel, Unter Goldschmied 9, 110 B.
Königshof (garni), Richartzstr. 14, 140 B.
Am Augustinerplatz (garni), Hohe Str. 30, 105 B.
Coellner Hof, Hansaring 100, 100 B.
Savoy (garni), Turiner Str. 9, 112 B.
Ludwig (garni), Brandenburger Str. 24, 100 B.
Kolpinghaus-International, St.-Apern-Str. 32, 85 B.

Düsseldorf
(D)

*Hilton, Georg-Glock-Str. 20, 750 B.
*Breidenbacher Hof, Heinrich-Heine-Allee 36, 230 B.
*Nikko, Immermannstr. 41, 600 B.
*Inter-Continental, Karl-Arnold-Platz 5, 580 B.
*Steigenberger Parkhotel, Corneliusplatz 1, 230 B.
*Ramada Renaissance, in Mörsenbroich, Nördlicher Zubringer 6, 389 B.
*Rheinstern Penta Hotel, in Oberkassel, Emanuel-Leutze-Str. 17, 434 B.
*Ramada, in Oberkassel, Am Seestern 16, 360 B.
Holiday Inn, Graf-Adolf-Platz 10, 275 B.
Savoy, Oststr. 128, 180 B.
Esplanade, Fürstenplatz 17, 110 B.
Uebachs, Leopoldstr. 5, 110 B.
Excelsior (garni), Kapellstr. 1, 100 B.
Börsenhotel (garni), Kreuzstr. 19a, 102 B.
Graf Adolf (garni), Stresemannplatz 1, 130 B.

Nijmegen/Nimwegen
(NL)

*Belvoir, Graadt van Roggenstraat 101, 74 Z.
Altea, Stationsplein 29, 100 Z.
Atlanta, Grote Markt 38, 17 Z.

Rotterdam
(NL)

*Hilton International, Weena 10, L, 248 Z.
*Parkhotel, Westersingel 70, A, 157 Z.
Rotterdam Rijnhotel, Schouwburgplein, A, 100 Z.
Savoy, Hoogstraat 81, B, 94 Z.
Scandia, Willemsplein 1, B, 52 Z.
Van Walsum, Mathenesserlaan 199, B, 26 Z.
Emma (garni), Nieuwe Binnenweg 6, B, 26 Z.
Pax (garni), Schierkade 658, B, 44 Z.
Breitner (garni), Breitnerstraat 23, C, 23 Z.

Amsterdam
(NL)

*Amsterdam Sonesta, Kattengat 1, L, 700 B.
*Amsterdam Marriott, Stadhouderskade 19–21, L, 600 B.
*Amsterdam Crest, De Boelelaan 2, L, 520 B.
*Okura Amsterdam, Ferdinand Bolstraat 333, L, 520 B.
*Pulitzer, Prinsengracht 315–331, L, 460 B.
*Amsterdam Apollo, Apollolaan 2, L, 445 B.
*Amsterdam Hilton, Apollolaan 138, L, 416 B.
*Golden Tulip Barbizon Centre, Stadhouderskade 7, L, 397 B.
*Hilton Intern. Schiphol, Herbergierstr., Schiphol, L, 391 B.
Novotel Amsterdam, Europaboulevard 10, A, 1093 B.
Grand Hotel Krasnapolsky, Dam 9, A, 600 B.
SAS Royal Hotel, Rusland 11–13, A, 500 B.
Gold. Tulip Barbizon Schiph., Kruisw. 495, Hoofdd., A, 358 B.
American, Leidsekade 97, A, 331 B.
Golden Tulip Barbizon Palace, Prins Hendrikkade 59–72, 314 B.
Pullman Hotel Schiphol, Oude Haagseweg 20, A, 311 B.

Hotels in Amsterdam (Fortsetzung)

Pullmann Hotel Capitool, N.Z. Voorburgwal 67, A, 281 B.
Jolly Hotel Carlton, Vijzelstraat 2–18, A, 275 B.
Doelen Crest, Nieuwe Doelenstraat 24, A, 159 B.
Casa 400, James Wattstraat 75, B, 800 B.
Euromotel Utrechtsebrug, Joan Muyskenweg 10, B, 261 B.
AMS Hotel Museum, P.C. Hoofstraat 2, B, 218 B.
Eden, Amstel 144, B, 214 B.
Arthur Frommer, Noorderstraat 46, B, 185 B.
Slotania, Slotermeerlaan 133, B, 175 B.
Cok Tourist Class, Koninginneweg 34–36, B, 158 B.
Estheréa, Singel 303–309, B, 153 B.
AMS Hotel Holland, P.C. Hoofstraat 162, B, 137 B.
AMS Hotel Beethoven, Beethovenstraat 43, B, 110 B.
Nova, N. Z. Voorburgwal 276, B, 134 B.
Acro, Jan Luykenstraat 44, C, 120 B.
Smit, P.C. Hoofstraat 24–26, C, 118 B.
Cynthia, Vondelstraat 44–48, C, 100 B.
Prinsen, Vondelstraat 36–38, C, 90 B.

Antwerpen/Anvers (B)

*Switel, Copernicuslaan 2, 330 Z.
*Crest Hotel, G. Legrellelaan 10, 254 Z.
*Quality Hotel, Lt. Lippenslaan 66, 189 Z.
*Alfa de Keyser, De Keyserlei 66–70, 117 Z.
*Waldorf Hotel, Belgiëlei 36–38, 100 Z.
*Alfa Theater, Aerenbergstraat 30, 85 Z.
*Plaza, Charlottalei 43–49, 80 Z.
*Empire, Appelmannsstraat 31, 70 Z.
*Alfa Congress, Plantin en Moretuslei 136, 66 Z.
Terminus, Franklin Rooseveltplaats 9, 45 Z.
Colombus, Frankrijklei 4, 27 Z.
Euro-Studio's, St-Jacobsmarkt 91–93, 18 Z.

Jugendherbergen

Preisgünstige Unterkunft für junge Leute bieten die Jugendherbergen. Im allgemeinen ist der Aufenthalt in ein und derselben Jugendherberge auf maximal drei Nächte begrenzt (bei freier Kapazität u.U. auch länger). Voranmeldung ist immer ratsam, in der Hauptreisezeit unerläßlich.

Erforderlich ist ein Jugendherbergsausweis des Heimatlandes bzw. eine Internationale Gastkarte.

Jugendherbergen gibt es u.a. in folgenden Orten:

Schweiz

Basel, Schaffhausen, Stein am Rhein, Zürich.

Deutschland

Altenahr, Bacharach, Bad Neuenahr-Ahrweiler, Bingen-Bingerbrück, Bonn, Breisach, Düsseldorf, Duisburg, Heidelberg, Karlsruhe, Kehl, Koblenz, Köln, Mainz, Mannheim, Neuss, Oberwesel, Rüdesheim, Speyer, St. Goar, Wiesbaden, Worms.

Frankreich

Colmar, Mulhouse, Strasbourg.

Niederlande

Amsterdam, Dordrecht, Rotterdam, Utrecht.

Belgien

Antwerpen.

Karten (Rhein-, Land-, Straßen- und Freizeitkarten)

Für ausgedehntere Landausflüge, für Rheintouren mit dem Auto u.a. ist es sinnvoll, detailliertes Kartenmaterial mitzuführen.

Nachstehend eine Auswahl:

1:600 000	Wasserstraßenkarte Rhein (Bodensee-Nordsee)
1:350 000	Michelin-Karte Belgique/België–Luxembourg, Blatt 409
1:250 000	Shell Autokarte Niederlande
1:200 000	Generalkarte Deutschland, Blätter 8, 10, 12, 15, 16, 18, 21, 24, 25
	Generalkarte Schweiz, Blatt 1, 3
	Generalkarte Vogesen/Elsaß
	Michelin-Karte Frankreich, Blatt 66; Dijon–Mulhouse
	Michelin-Karte Frankreich, Blatt 87; Elsaß–Vogesen
1:100 000	Allianz Freizeitkarten, Blätter Rhein/Mosel, Rhein/Neckar, Rhein/Odenwald, Rhein/Ruhr, Köln/Bonn und Umgebung

Kleidung

Im allgemeinen genügt auch an Bord der KD-Schiffe und bei Landgängen bequeme bis saloppe Kleidung. Selbst bei den Abendveranstaltungen ist betont offizielle Garderobe nicht erforderlich.

Köln-Düsseldorfer (KD)

Hauptanschrift

Köln–Düsseldorfer Deutsche Rheinschiffahrt AG
Frankenwerft 15 Postfach 10 21 52
D-50667 Köln D-50461 Köln
Telefon: (02 21) 20 88-0 (Zentrale),
20 88-3 18 und -3 19 (Information), 20 88-2 88 (Buchung)
Telex: 88 81 326, Telefax: (02 21) 20 88-2 31
Telegrammanschrift: Rhineline Köln

Auskunft und Buchungen im Ausland

Die Köln-Düsseldorfer wird in vielen Ländern durch Vertretungen repräsentiert, u.a. in den Vereinigten Staaten von Amerika, in Kanada, Australien, Japan, Mexiko, Brasilien, Großbritannien, Frankreich, der Schweiz und in Österreich. Die Anschriften dieser Repräsentanten sind in den KD-Prospekten zu finden, die bei den Vertretungen der Deutschen Zentrale für Tourismus (→ Auskunft, Deutschland) oder direkt bei der KD erhältlich sind.

Geschichte der KD

Im Jahre 1976 konnte die Köln-Düsseldorfer Deutsche Rheinschiffahrt AG auf ihr hundertfünfzigjähriges Bestehen zurückblicken. Gegründet wurde das Unternehmen 1826 als Preußisch-Rheinische Dampfschiffahrts-Gesellschaft in Köln.

Schon im Jahre 1827 führten die beiden noch vollständig aus Holz gebauten Dampfschiffe „Concordia“ und „Friedrich Wil-

Reproduktion der Titelseite des Fahrplans für die Rhein-Dampfschiffahrt der Kölnischen und Düsseldorfer Gesellschaft – der heutigen ‚KD' – vom 15. Mai 1889

Geschichte der KD (Fortsetzung)

helm" 129 Reisen zwischen Köln und Mainz durch, auf denen nicht nur große Mengen von Gütern, sondern auch 33 352 Passagiere befördert wurden.

Im ersten Drittel des 19. Jahrhunderts entwickelte sich die Dampfschiffahrt auf dem Rhein zunächst im regionalen Rahmen. Anfangs spielte der Gütertransport die Hauptrolle, aber nach der Jahrhundertmitte wurde der Ausflugsverkehr immer populärer, während auf dem Transportsektor die Eisenbahn eine immer stärkere Konkurrenz bildete. Der im Jahre 1853 erfolgte Zusammenschluß der bisher in Wettbewerb stehenden Kölner und Düsseldorfer Schiffahrtsunternehmen zur Betriebsgemeinschaft Rhein-Dampfschiffahrt, Kölnische und Düsseldorfer Gesellschaft, trug dieser Entwicklung Rechnung. Nach

Geschichte der KD (Fortsetzung)

der Erneuerung 1859 sollte der Gemeinschaftsvertrag bis zur vollständigen Vereinigung im Jahre 1967 in Kraft bleiben.

1867 wurden die ersten ausschließlich zur Personenbeförderung vorgesehenen Doppeldeck-Schnelldampfer „Friede" und „Humboldt" in Dienst gestellt.

Mit der Reichsgründung im Jahre 1871 fielen zahlreiche Hemmnisse wie Kleinstaatengrenzen, Zollschranken und unterschiedliche Währungssysteme weg, was nochmals einen großen Aufschwung des Reiseverkehrs brachte. Ab 1885 wurde durchschnittlich jedes Jahr ein neuer Dampfer in Dienst gestellt und dafür ein älteres Schiff ausgemustert.

Einen ersten Höhepunkt erreichte die Gesellschaft bis zum Jahre 1913, in dem man annähernd zwei Millionen Personen beförderte. 1927 wurde dann durch Übernahme der Aktienmehrheit die Nederlandsche Stoomboot Reederij der Betriebsgemeinschaft angegliedert und das erste Fahrgast-Motorschiff eingesetzt.

Im Zweiten Weltkrieg verlor die Gesellschaft beinahe alle Schiffe, aber schon im November 1945 wurde der Betrieb wieder aufgenommen – zunächst für den Transport wichtiger Versorgungsgüter, ab Mai 1946 dann auch für den lokalen Ausflugsverkehr.

Im Jahre 1960 setzte die KD Kabinenschiffe ein, mit denen erstmals Flußkreuzfahrten auf der Strecke Basel–Rotterdam durch-

KD-Großmotorschiff „Loreley" vor der Burg Rheinfels

Geschichte der KD (Fortsetzung)

geführt werden konnten, die sich bald größter Beliebtheit erfreuen sollten. 1982 wurden auf der Mosel zwischen Trier und Koblenz ebenfalls planmäßige Kabinenschiffsreisen aufgenommen.

Im Jahre 1967 entstand durch Fusion der Kölner und der Düsseldorfer Gesellschaft die Köln-Düsseldorfer Deutsche Rheinschiffahrt AG. Heute verfügt die KD über 24 Schiffe, von denen die meisten auf dem Rhein, die übrigen auf den Flüssen Main, Mosel, Elbe und Donau eingesetzt sind. Verkehrsbereit sind acht Kreuzfahrtschiffe, die auf mehrtägigen Reisen unterwegs sind, sowie die MS „France", die für Sonderfahrten auf Rhein und Mosel eingesetzt ist, ferner zwölf Tagesausflugsschiffe; ab Mitte 1994 sind ab Bonn und Düsseldorf zwei KD-Schiffe für Ausflugsfahrten im Einsatz.

Die Schiffe der KD (Flottenliste)

Schiffsname	Länge m	Breite m	PS/kW	Antriebsmaschine	Passagierzahl	Durchschnittsgeschwindigkeit km/h	Baujahr	max. Tiefgang m
Kabinenschiffe								
MS Deutschland	110	11,6	1920/1413	Diesel	184	20,5	1971	1,40
MS Italia	104	11,6	1920/1413	Diesel	184	20,5	1971	1,40
MS Austria	104	11,6	1920/1413	Diesel	184	20,5	1971	1,40
MS Britannia	110	11,6	1920/1413	Diesel	184	20,4	1969	1,40
MS France*	105	11,6	1700/1250	Diesel	200	20,5	1966	1,40
MS Heinrich Heine	106	11,1	2040/1530	Diesel	104	18,0	1991	1,30
MS Clara Schumann	95	11,0	1630/1200	Diesel	124	18,0	1991	0,95
MS Theodor Fontane	95	11,0	1630/1200	Diesel	124	18,0	1991	0,95
MS Europa	89	11,6	1700/1250	Diesel	128	20,6	1960	1,48
* nur Sonderfahrteneinsatz								
Tagesausflugsschiffe								
Großmotorschiffe:								
MS Wappen v. Köln	93	15,8	1400/1030	Diesel	2000	21,2	1967	1,55
MS Loreley	92	15,8	1300/955	Diesel	2000	21,7	1963	1,55
MS Wappen v. Mainz	91	15,8	1400/1030	Diesel	2000	21,7	1961	1,60
MS Berlin	89	15,5	1300/955	Diesel	2000	21,6	1959	1,40
Motorschiffe:								
MS Stolzenfels	77	10,0	900/662	Diesel	1000	21,7	1979	1,40
MS Koblenz	70	11,1	800/589	Diesel	1000	21,0	1940	1,60
MS Rüdesheim	69	8,8	800/588	Diesel	750	21,7	1987	1,25
MS Drachenfels	65	8,6	800/588	Diesel	750	21,7	1985	1,25
MS Jan von Werth	40	7,8	640/468	Diesel	240	21,0	1992	1,60
MS Domplatz	36	6,5	460/338	Diesel	250	21,0	1969	1,70
Schaufelraddampfer:								
D Goethe	83	15,7	700/515	Dampf	1660	22,1	1913	1,50
(derzeit nicht verkehrsbereit)								
Tragflügelboote:								
Rheinpfeil	27	5,0	1100/810	Diesel	64	65,0	1972	1,80
Rheinjet (Katamaran)	18	6,0	ca. 800	Diesel	60	70,0	1994	1,10

Die Flotte der KD-Kabinenschiffe auf dem Rhein

MS DEUTSCHLAND (s.o.)
MS BRITANNIA
Länge: 110 m. Breite: 11,60 m. Höhe über Wasserlinie: 9,30 m. Maximaler Tiefgang: 1,40 m. Motorleistung: 1920 PS/1413 kW. Drei vollklimatisierte Decks, Sonnendeck, überdachtes Freideck, heizbares Außenschwimmbad, Sauna, 184 Betten in 92 Kabinen, alle mit Dusche und Toilette. Restaurant, Bar, Aussichtssalon, Lesezimmer, Veranda, Sauna. Bordshop.

MS EUROPA
Länge: 89 m. Breite: 11,60 m. Höhe über Wasserlinie: 9,30 m. Maximaler Tiefgang: 1,48 m. Motorleistung: 1700 PS/1250 kW. Drei vollklimatisierte Decks, Sonnendeck, überdachtes Freideck, heizbares Außenschwimmbad. 128 Betten in 64 Außenkabinen, überwiegend mit Dusche und Toilette. Restaurant, Bar, Aussichtssalon, Lesezimmer, Veranda, Bordshop.

MS AUSTRIA
MS ITALIA
Länge: 104 m. Breite: 11,60 m. Höhe über Wasserlinie: 9,30 m. Maximaler Tiefgang: 1,40 m. Motorleistung: 1920 PS/1413 kW. Drei vollklimatisierte Decks, Sonnendeck, überdachtes Freideck; Sauna. 184 Betten in 92 Außenkabinen, alle mit Dusche und Toilette. Restaurant, Bar, Aussichtssalon, Lesezimmer, Veranda, Sauna, Solarium. Bordshop.

MS FRANCE
(nur Sonderfahrten)
Länge: 105 m. Breite: 11,60 m. Höhe über Wasserlinie: 9,30 m. Maximaler Tiefgang: 1,40 m. Motorleistung: 1700 PS/1250 kW. Drei vollklimatisierte Decks, Sonnendeck, überdachtes Freideck, heizbares Außenschwimmbad, 200 Betten in 100 Doppelkabinen, alle mit Dusche und Toilette. Restaurant, Bar, Aussichtssalon, Lesezimmer, Veranda. Bordshop.

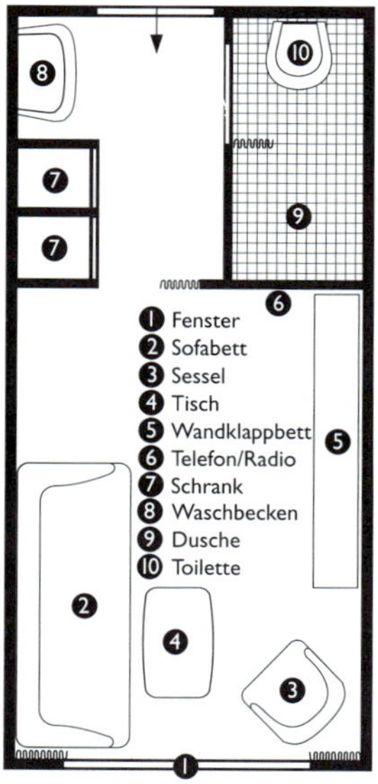

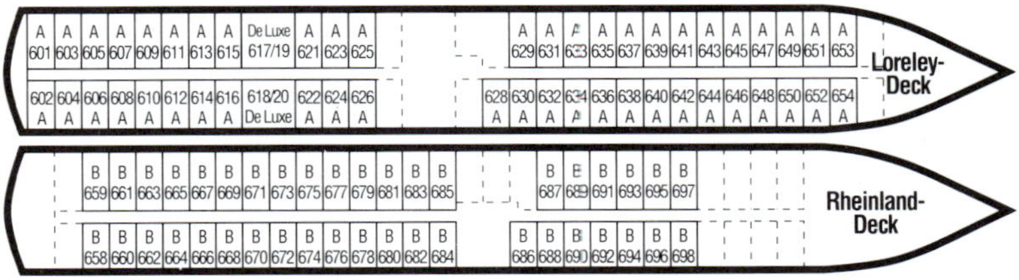

Alle Kabinen liegen außen!

Prominente Gäste an Bord der KD

1845 Queen Victoria reist mit dem Dampfer „König“ nach Schloß Stolzenfels bei Koblenz. In ihrer Begleitung befinden sich ihr Mann Prinz Albert, das belgische Königspaar und König Friedrich Wilhelm IV. von Preußen mit Gemahlin.

1930 Reichspräsident Paul von Hindenburg fährt mit dem Dampfer „Hindenburg“ von Ludwigshafen nach Koblenz.

1953 Bundeskanzler Konrad Adenauer ist anläßlich der Feier zum hundertjährigen Bestehen der KD-Betriebsgemeinschaft auf MS „Köln“ zu Gast.

1956 Der indische Ministerpräsident Pandit J. Nehru fährt auf Einladung von Bundeskanzler Adenauer mit MS „Bonn“.

Anläßlich eines Staatsbesuches fahren König Paul I. von Griechenland und Königin Friederike, begleitet von Bundespräsident Theodor Heuss und Wirtschaftsminister Ludwig Erhard, mit MS „Köln“.

Der österreichische Bundeskanzler Julius Raab ist Gast auf einem KD-Schiff.

1961 Präsident Olympio von Togo fährt mit MS „Berlin“.

Anläßlich eines Treffens der EWG-Ministerpräsidenten fahren Bundeskanzler Adenauer und Staatspräsident Charles de Gaulle mit MS „Deutschland“ (jetzt MS „Drachenfels“).

1964 Anläßlich der Eröffnung der kanalisierten Mosel fahren die Großherzogin Charlotte von Luxemburg, Staatspräsident de Gaulle und Bundespräsident Heinrich Lübke mit MS „Trier“.

1965 Königin Elisabeth II. fährt mit MS „Loreley“ von Koblenz bis Kaub.

1969 Bundespräsident Gustav Heinemann gibt anläßlich seines Besuches in Rheinland-Pfalz einen Empfang auf MS „Loreley“.

1971 Im Rahmen der deutsch-französischen Konsultationsgespräche treffen sich Staatspräsident Georges Pompidou und Bundeskanzler Willy Brandt auf MS „Loreley“.

Kaiser Hirohito von Japan fährt mit MS „Loreley“ von Bingen nach Koblenz.

1972 Die Außenminister aller NATO-Staaten treffen sich auf Einladung von Bundesaußenminister Walter Scheel an Bord von MS „Loreley“.

1974 Bundespräsident Heinemann gibt auf MS „Drachenfels“ seine Abschiedsparty.

1975 US-Präsident Gerald Ford fährt auf Einladung von Bundespräsident Scheel mit MS „Drachenfels“.

1978 Die Gattin des US-Präsidenten, Mrs. Rosalyn Carter, und Frau Loki Schmidt fahren mit MS „Köln“ von Bingen nach Linz.

König Khalid von Saudi-Arabien fährt mit MS „Stolzenfels" von Bingen nach Koblenz. 1980
Im Rahmen des Damenprogramms für die Teilnehmer der NATO-Rat-Sitzung fahren Mrs. Nancy Reagan und Frau Loki Schmidt mit MS „Stolzenfels" von Bingen nach Koblenz. Am gleichen Tag führt das Schiff mit den Präsidenten der NATO-Mitgliedsstaaten eine Abendfahrt ab Bonn durch. 1982
Der japanische Ministerpräsident Nakasone fährt mit MS „Stolzenfels" von Bingen nach Boppard. 1985
Der Generalsekretär des Zentralkomitees der chinesischen KP Hu Jaobang fährt mit MS „Rhein" von St. Goarshausen nach Bingen. 1986
US-Präsident Bush fährt mit MS „Stolzenfels" von Oberwesel nach Koblenz. 1989

Große Rheinreisen der KD

Die Köln-Düsseldorfer bietet mit derzeit sechs komfortablen Kabinenschiffen Reisen zwischen der Schweiz und den Niederlanden. Zielhäfen: Basel, Straßburg (Strasbourg), Frankfurt/M., Köln, Nimwegen (Nijmegen), Rotterdam und Amsterdam. Reisedauer: je nach Strecke zwischen zwei und acht Tagen. Nachts wird nicht gefahren, damit die Passagiere die Landschaft bei Tageslicht genießen können. Die Übernachtungsstationen der KD-Schiffe liegen in den verschiedenen Rheinorten stets so ruhig, daß ein ungestörter Schlaf gewährleistet ist. Bei der Reise stromaufwärts (bergwärts) und stromabwärts (talwärts) wird in unterschiedlichen Städten angelegt. Dadurch ergeben sich vielfältige Ausflugsmöglichkeiten. Landausflüge werden von

KD-Kabinenschiff „Britannia" vor der Burg Ehrenfels

Große Rheinreisen der KD (Fortsetzung)

der KD arrangiert. Stadtrundfahrten gibt es z.B. in Köln und Straßburg. Zusätzlich werden Ausflüge in die nähere Umgebung angeboten, so u.a. Kreuzfahrten für Weinliebhaber und Gourmetreisen nach Heidelberg oder ins Elsaß.
Neben den von April bis Oktober durchgeführten planmäßigen Reisen werden auch Spezialreisen veranstaltet, u.a. Fahrten zum „Rhein in Flammen“, Holland-Flandern-Rundfahrten sowie Weihnachts- und Silvesterreisen.
Buchungen für die ganze Strecke haben begreiflicherweise Vorrang. Wenn es die Situation im Einzelfall zuläßt, werden aber auch Teilstreckenbuchungen sofort bestätigt.
Im Passagepreis sind inbegriffen:
Unterbringung in der gewählten Kabinenkategorie und Beförderung auf der gebuchten Strecke; vorzüglicher Service und erstklassige, abwechslungsreiche Bewirtung.
Im Passagepreis sind nicht inbegriffen:
Kosten für Getränke im Restaurant und an der Bar;
Stadtrundfahrten und Ausflüge (Anmeldung im Bordbüro);
Bedienungsgeld (→ Trinkgeld).

Die schwimmenden KD-Erstklaß-Hotels bieten auch für geschäftliche und private Veranstaltungen einen besonders anspruchsvollen Rahmen. Für einen größeren Teilnehmerkreis können die Schiffe zur exklusiven Benutzung angemietet werden, und hierfür gibt es erhebliche Preisvergünstigungen. Schon ab etwa 100 Teilnehmern lohnt es sich, ein Schiff zu chartern. Der Fahrplan und die Auswahl der Anlegestationen werden nach den Wünschen des Kunden festgelegt. Falls die Teilnehmerzahl für eine Charter nicht ausreicht, können Gruppenermäßigungen bei planmäßigen Fahrten in Anspruch genommen werden; weitere Informationen: Tel. (02 21) 20 88-3 78 + 3 73.
Die KD-Kabinenschiffe verfügen auf vier Decks über gepflegte Gesellschaftsräume, Restaurants, einen rundum verglasten Aussichtssalon, ein großes Sonnendeck und eine Bar. Die meisten Schiffe haben außerdem ein heizbares Schwimmbad.
Die Kabinen liegen alle außen und haben Fenster zur Wasserseite. Sie sind geräumig und haben fast ausnahmslos Dusche, WC, Radio, Telefon und Klimaanlage.
Die Schiffe sind zwischen 88,6 und 110 m lang und 11,6 m breit; das oberste Deck, das Sonnendeck, liegt 9,3 m über der Wasserlinie. Der Antrieb erfolgt durch zwei bis vier Dieselmotoren über zwei Voith-Schneider-Propeller. Navigationshilfen sind: Bugstrahlruder, Radar, Echolot und Funk. Die Geschwindigkeit beträgt stromaufwärts 18 km/h, stromabwärts ca. 24 km/h.

Linienverbindungen der KD

Rheinschiffe

Von Ostern bis Ende Oktober verkehren Ausflugsschiffe der KD täglich zwischen Köln und Koblenz bzw. Koblenz und Mainz (z.T. mit Fortsetzung nach Frankfurt/Main). Anlegestellen befinden sich an allen wichtigen Uferorten (s.S. 271–275).

Gemeinsamer KD/Bahn-Service (Schiff/Eisenbahn)

An jeder KD-Anlegestelle können die meisten Eisenbahnfahrkarten gegen eine Übergangsgebühr in entsprechende Schiffsfahrscheine (oder umgekehrt) umgeschrieben werden. In beiden Fällen ist die Umschreibung nur an KD-Anlegestellen, nicht jedoch bei der Deutschen Bahn AG möglich.

Moselschiffe (Änderungen vorbehalten)

Auf der Mosel verkehren von Mai bis Oktober gleichfalls täglich Ausflugsschiffe der KD (Koblenz–Cochem).

Ausflugsfahrten der KD

Abendfahrten mit Musik und Tanz werden im allgemeinen freitags oder samstags veranstaltet. Ausgangsorte sind Köln, Bonn, Wiesbaden und Mainz. *Abendfahrten*

Reizvolle Eindrücke vermitteln die zu verschiedenen Tageszeiten durchgeführten Rundfahrten in Köln und Düsseldorf, auf denen das Panorama der entsprechenden Stadt vom Strom aus zu bewundern ist. *Panorama-Rundfahrten*

Vielfältig sind die Möglichkeiten, an Fahrten mit Unterhaltungsprogrammen teilzunehmen; dazu zählen u. a. auch die während des Sommers veranstalteten Kinderfeste an Bord. *Schiffstouren mit Bordprogrammen Kinderfeste*

Eine Reihe beliebter Schiffsausflüge gibt es auch zusammen mit Landarrangements. Bei den Zweitagesfahrten ist eine Übernachtung in ausgewählten Hotels mit Frühstück sowie Transfer vom und zum Hotel im Preis eingeschlossen. *Schiffstouren mit Landarrangements*

Die KD offeriert Schiffsfahrkarten zu attraktiven Sonderpreisen. Detaillierte Auskünfte sind erhältlich bei allen Reisebüros, KD-Verkaufsagenturen oder direkt bei der KD in Köln:
Tel. (02 21) 20 88–3 18 u. 3 19 (Information) sowie
Tel. (02 21) 20 88–2 88 (Buchung). *Attraktive Sonderpreise Auskunft*

Anlegestellen der KD im Bereich des Rheinlaufes

STATIONEN	ANLEGESTELLEN	AGENTUREN[1] (S. 275)
Amsterdam	Passagiers Terminal, Oostelijke Handelskade	
Andernach	Rheinufer	
Antwerpen	Plantinkaai	
Assmannshausen	Rheinufer	
Bacharach	Rheinanlagen	
Bad Breisig	Rheinufer	
Bad Godesberg (Bonn)	Von-Sandt-Ufer, Bastei	
Bad Honnef	Rheinufer	
Bad Hönningen	Rheinufer	
Bad Salzig (Boppard)	Rheinufer	
Basel	Elsässer Rheinweg, beim St.-Johanns-Tor	
Biebrich	s. Wiesbaden-Biebrich	
Bingen	Rheinanlagen	

KD-Motorschiff „Stolzenfels" vor St. Goarshausen

STATIONEN	KD-ANLEGESTELLEN	KD-AGENTUREN[1] (S. 275)
Bonn	Brassertufer und beim Bundeshaus	
Boppard	Rheinallee	
Braubach	Rheinufer	
Düsseldorf	Theodor-Heuss-Brücke, Rheinterrassen und Rathausufer	
Eltville	Rheinufer	
Frankfurt am Main	Eiserner Steg	
Höchst (Frankfurt/M.)	Mainufer	
Kamp-Bornhofen	Rheinufer	
Kaub	Rheinufer	
Koblenz	Konrad-Adenauer-Ufer und Rheinanlagen	

KD-Tragflügelboot „Rheinpfeil" in voller Fahrt

STATIONEN	KD-ANLEGESTELLEN	KD-AGENTUREN[1] (S. 275)
Köln	Frankenwerft (Rheingarten)	Frankenwerft 15 D-50667 Köln
Köln-Porz	Rheinufer	s. Köln
Königswinter	Rheinufer	
Lahnstein	Oberlahnstein und Niederlahnstein	
Linz	Rheinufer	
Lorch	Rheinufer	
Mainz	Am Rathaus	
Mannheim	Stephanienufer, Rheinprom.	
Neuwied	Rheinufer	
Niederheimbach	Rheinufer	
Niederlahnstein	s. Lahnstein	
Nijmegen (Nimwegen)	Waalkade	
Oberlahnstein	s. Lahnstein	

KD-Schaufelraddampfer „Goethe“ auf dem Rhein (derzeit nicht verkehrsbereit)

STATIONEN	KD-ANLEGESTELLEN	KD-AGENTUREN[1] (S. 275)
Oberwesel	Rheinufer	
Porz	s. Köln-Porz	s. Köln
Remagen	Rheinpromenade	
Rhens	Rheinufer	
Rotterdam	Maasboulevard	
Rüdesheim	Rheinanlagen und Rheinufer	
Rüsselsheim	Mainufer	
Sankt Goar	Rheinufer	
Sankt Goarshausen	Rheinufer	
Speyer	Rheinufer (Schwimmbad)	
Strasbourg (Straßburg)	Gare Fluviale, Quai des Belges	

STATIONEN	KD-ANLEGESTELLEN	KD-AGENTUREN[1]
Unkel	Rheinufer	
Wesseling	Rheinufer	
Wiesbaden-Biebrich	Rheingaustraße	

[1] An vielen Anlegestellen unterhält die KD Verkaufsagenturen, deren Personal ausführlich berät und Buchungen entgegennimmt.
Ansonsten wende man sich direkt an die Köln-Düsseldorfer Deutsche Rheinschiffahrt AG; Tel. (02 21) 20 88-2 88.

Konsulate

→Diplomatische und konsularische Vertretungen

Leihfahrräder

Besichtigungstouren in die Umgebung der Anlegestellen können bequem auch mit dem Fahrrad unternommen werden. Vielerorts gibt es private Fahrradverleiher; die Eisenbahnen bieten an einer großen Zahl von Bahnhöfen einen ähnlichen Service an. Eine Liste der Bahnhöfe mit Fahrradverleih findet man im jeweils gültigen Eisenbahnkursbuch.

Mietwagen

Zürich (CH)

Avis
Gartenhofstr. 17
Tel. (01) 2 42 20 40
Flughafen Zürich-Kloten
Tel. (01) 8 13 00 84

Reservierung in Deutschland zum Nulltarif: Tel. (01 30) 77 33

europcar
Josefstr. 53
Tel. (01) 2 71 56 56
Thurgauer Str. 100
Tel. (01) 3 02 75 22
Flughafen Zürich-Kloten
Tel. (01) 8 13 20 44

Reservierung in Deutschland zum Nulltarif: Tel. (01 30) 22 11

Hertz
Moorgartenstr. 5
Tel. (01) 2 42 84 84
Flughafen Zürich-Kloten
Tel. (01) 8 14 05 11

Reservierung in Deutschland zum Nulltarif: Tel. (01 30) 21 21

Basel (CH)

Avis
Hilton-Hotel, Äschengraben 31
Tel. (0 61) 2 71 22 62
EuroAirport Basel/Mulhouse
Tel. (0 61) 3 25 28 40

Basel (Fortsetzung)	europcar Peter-Merian-Str. 58 Tel. (0 61) 2 72 85 55 EuroAirport Basel/Mulhouse/Freiburg Tel. (0 61) 3 25 29 03
	Hertz Nauenstr. 33 Tel. (0 61) 2 71 58 22 EuroAirport Basel/Mulhouse/Freiburg Tel. (0 61) 3 25 27 80
Strasbourg/Straßburg (F)	Avis Place de la Gare Tel. (88) 32 30 44 Flughafen Entzheim Tel. (88) 68 82 53
	Hertz 6, bd. de Metz Tel. (88) 32 57 62 Flughafen Entzheim Tel. (88) 68 93 11
Speyer (D)	Avis Wormser Landstr. 22 Tel. (0 62 32) 3 20 68
Mannheim (D)	Avis Augartenstr. 112–114 Tel. (06 21) 44 20 91
	europcar Neckarauer Str. 50–52 Tel. (06 21) 85 20 55
	Hertz Friedrichsring 36 Tel. (06 21) 2 29 97
Koblenz (D)	Avis Andernacher Str. 203 Tel. (02 61) 80 03 66
	europcar Hohenzollernstr. 26 Tel. (02 61) 3 30 10
Köln (D)	Avis Clemensstr. 29 Tel. (02 21) 23 43 33 Flughafen Köln/Bonn Tel. (0 22 03) 40 23 43
	europcar Luxemburger Str. 181 Tel. (02 21) 44 10 47 Neusser Str. 347 Tel. (02 21) 76 70 26 Flughafen Köln/Bonn, Tel. (0 22 03) 5 30 88

Düsseldorf (D)

Avis
Berliner Allee 32
Tel. (02 11) 32 90 50
Flughafen Düsseldorf-Lohausen
Tel. (02 11) 4 21 67 48

europcar
Burgunder Str. 40
Tel. (02 11) 5 04 70 41
Höher Weg 49
Tel. (02 11) 9 84 04 77
Kölner Landstr. 232
Tel. (02 11) 77 10 60
Flughafen Düsseldorf-Lohausen
Tel. (02 11) 4 20 12 66

Hertz
Immermannstr. 65
Tel. (02 11) 35 70 25
Flughafen Düsseldorf-Lohausen
Tel. (02 11) 41 10 83

Rotterdam (NL)

Avis
Kruisplein 21
Tel. (0 10) 4 33 22 33
Flughafen Rotterdam
Tel. (0 10) 4 15 88 24

europcar
Pompenburg 646
Tel. (0 10) 4 11 48 60

Hertz
Schrikade 986
Tel. (0 10) 4 04 60 88
Flughafen Rotterdam
Tel. (0 10) 4 15 82 39

Amsterdam (NL)

Avis
Nassaukade 380
Tel. (0 20) 6 83 60 61
Flughafen Schiphol
Tel. (0 20) 6 04 13 01

europcar
Overtoom 51–53
Tel. (0 20) 6 83 21 23
Flughafen Schiphol
Tel. (0 20) 6 04 15 66

Hertz
Overtoom 333
Tel. (0 20) 6 12 24 41
Flughafen Schiphol
Tel. (0 20) 6 12 24 41

Antwerpen/Anvers (B)

Avis
Plantin en Moretuslei 62
Tel. (03) 2 18 94 96
Flughafen Deurne, Tel. (03) 2 18 94 96

Mietwagen in Antwerpen (Fortsetzung)

europcar
Slachthuislaan 27 B
Tel. (03) 2 36 29 50

Hertz
Mechelsesteenweg 43
Tel. (03) 2 33 29 92

Flughafen Deurne
Tel. (03) 2 30 16 41

Notdienste

Schweiz

An allen schweizerischen Autobahnen befinden sich Notrufsäulen, an den wichtigen Bergstraßen sind Streckentelefone (SOS) aufgestellt.

Polizei	Tel. 117
Feuerwehr	Tel. 118
Sanitäts-Notruf	Tel. 144
Pannenhilfsdienst	Tel. 140

Deutschland

Notrufsäulen, über die man bei Unfällen oder Pannen Hilfe anfordern kann, stehen an allen Autobahnen sowie an verschiedenen Bundesstraßen.

Polizei	Tel. 110
Feuerwehr	Tel. 112

ACE-Notrufzentrale Stuttgart Tel. (07 11) 53 03-1 11
ADAC-Notrufzentrale München Tel. (0 89) 22 22 22

Frankreich

An allen Autobahnen und einigen Nationalstraßen befinden sich Notrufsäulen.

In größeren Städten ist die Police de Secours unter der Rufnummer 17 zu erreichen; auf dem Land ist die Gendarmerie zuständig.

Bei Unfällen ohne Personenschäden genügt es, einen Notar (huissier) zur Schadensfeststellung heranzuziehen.

Niederlande

Entlang der niederländischen Autobahnen gibt es Notrufsäulen.
Nahezu landesweite Notrufnummer:
Tel. 06 11 (Gebühr).

Belgien

An den belgischen Autobahnen befinden sich Notrufsäulen. Mehrere Automobilverbände unterhalten einen Straßenhilfsdienst.

Polizei	Tel. 1 01
Anti-Gift-Zentrum	Tel. (02) 3 45 45 45
Unfallrettung	Tel. 1 00

Hinweis

In Notfällen wird für die Passagiere der KD über Funktelefon schnellstens ärztliche Hilfe angefordert.

Post, Telegraf, Telefon

Postsendungen für Passagiere der KD können an die Adressen der in Betracht kommenden Übernachtungsstationen aufgegeben werden.

Folgende Angaben sind notwendig:
Name des Passagiers
Name des Schiffes
Abfahrtsdatum und Kabinennummer
Anschrift der Übernachtungsstation

Es ist zweckmäßig, dem Zahlmeisterbüro vor Beendigung der Reise anzugeben, wohin später eingehende Post nachgesandt werden soll.

Es ist zweckmäßig, dem Zahlmeisterbüro vor Beendigung der Reise anzugeben, wohin später eingehende Post nachgesandt werden soll.

Dringende Telegramme sollen direkt an die Köln-Düsseldorfer Deutsche Rheinschiffahrt AG (Telegrammanschrift: Rhineline Köln) gerichtet werden, weil die Reederei jederzeit die Möglichkeit hat, ihre Schiffe telefonisch zu verständigen. Selbstverständlich kann jeder Passagier auch telefonisch über das C-Netz der Deutschen Telekom erreicht werden, und zwar auf

MS „Deutschland“	Tel. 01 61/2 20 75 69
MS „Britannia“	Tel. 01 61/2 20 35 77
MS „France“	Tel. 01 61/2 20 37 78
MS „Italia“	Tel. 01 61/2 20 37 40
MS „Austria“	Tel. 01 61/2 20 37 61
MS „Europa“	Tel. 01 61/2 20 75 10

Hinweis

Da die Schiffe der KD jederzeit Telefonverbindung zum Land haben, kann auf diesem Wege bei Notfällen schnellstens ärztliche Hilfe herbeigerufen werden.

Reisedokumente

Für deutsche Staatsbürger sowie Staatsangehörige der Republik Österreich und der Schweizerischen Eidgenossenschaft genügt zur touristischen Einreise in die am Rhein gelegenen Länder ein gültiger Personalausweis.
Wer mit dem Kraftfahrzeug einreist, benötigt den Führerschein und die Kfz-Zulassung des Heimatlandes. Grenzdokumente (Triptik, Carnet de Passages) sind im touristischen Bereich nicht erforderlich. Kraftfahrzeuge müssen das ovale Nationalitätskennzeichen tragen. Empfehlenswert (in Frankreich obligatorisch) ist die Mitnahme der grünen Internationalen Versicherungskarte für den Kraftverkehr; Schweizer Autobahnen und autobahnähnliche Straßen sind gebührenpflichtig (Autobahnvignette) erforderlich).
An Bord der KD-Schiffe werden die Reisepässe bzw. Personalausweise bei Reiseantritt im Zahlmeisterbüro hinterlegt. Die Teilnehmer erhalten eine mehrsprachige Karte, die sie als Passagiere der KD ausweist.

Reisezeit

Für eine Rheinreise ist die Zeit von Mitte Mai bis Anfang Oktober besonders günstig; allerdings muß im Juli und August mit sehr starkem Tourismus gerechnet werden.
Im Vorfrühling sind die Ufer des Rheins und der meisten Nebenflüsse zum größten Teil noch kahl, da das belebende Grün des Weinlaubes fehlt.

Andererseits ist auch die Zeit der Weinlese gegen Ende Oktober noch reizvoll, wenngleich hier schon häufig Nebel auftreten kann.

Wetter

→Zahlen und Fakten, Klima.

Restaurants (Auswahl)

Zürich (CH)

*Agnes Amberg, Hottingerstr. 5
*Riesbächli, Zollikerstr. 157
Kronenhalle, Rämistr. 4
Zunfthaus zur Schmiden, Marktgasse 20
Zunfthaus zur Waag, Münsterhof 8
Zunfthaus zum Saffran, Limmatquai 54
Zunfthaus zur Zimmerleuten, Limmatquai 40
Zunfthaus zum Rüden, Limmatquai 42
Zunfthaus am Neumarkt, Neumarkt 5
Baron de la Mouette, Beethovenstr. 32
Conti, Dufourstr. 1
Widder, Widdergasse 6
Lindenhofkeller, Pfalzgasse 4
Mövenpick Paradeplatz, am Paradeplatz

Basel (CH)

*Pfeffermühle, Grünpfahlgasse 4
*„Stucki" Bruderholz, Bruderholzallee 42
*Safranzunft, Gerbergasse 11
Zum Schützenhaus, Schützenmattstr. 56
Wettstein Grill, Aeschengraben 31

Strasbourg/Straßburg (F)

*Le Crocodile, Rue de l'Outre 10
*Buerehiesel, Parc de l'Orangerie 4
Valentin-Sorg, Place de l'Hommage de Fer
Maison Kammerzell, Place de la Cathédrale 16
Gerwerstub (Maison des Tanneurs), Rue du Bain aux Plantes 46
Gourmet sans Chiqué, Rue Ste-Barbe 15

Speyer (D)

Backmulde, Karmeliterstr. 11
Rôtisserie Weißes Roß, Johannesstr. 2
Zum Domnapf, Domplatz 1
Backmulde, Karmeliterstr. 11

Mannheim (D)

Da Gianni, Hauptgang 45
L'Epi d'Or, H 7, 3
Blass, im Stadtteil Friedrichsfeld, Langlachweg 30
Kopenhagen, Friedrichsring 2a

Braubach (D)

Zum Weißen Schwan, Brunnenstr. 4
Hammer, Untermarkt 15

Koblenz (D)

Le Gourmet, Hauptgang 35
Stresemann, Rheinzollstr. 8
Ratsstuben, Am Plan 9
Rhapsody, Hauptgang 25
Zur Traube, in Koblenz-Moselweiß, Koblenzer Str. 24

Köln (D)

*Rino Casati, Ebertplatz 3
*Restaurant Bado (La Poêle d'Or), Komödienstr. 52
*Goldener Pflug, im Stadtteil Merheim, Olpener Str. 421
Chez Alex, Mühlengasse 1
Die Bastei, Konrad-Adenauer-Ufer 80
St. Georg, Magnusstr. 3
Opernterrassen, Bruderstr. 2
Lüddecke Charrue d'Or, Hohenzollernring 20
Weinhaus im Walfisch, Salzgasse 13
Em Krütche, Am Frankenturm 1

Düsseldorf (D)

*Orangerie, Bilker Str. 30
*Frickhöfer, Stromstr. 47
*Robert's Restaurant, in Oberkassel, Oberkasseler Str. 100
Müllers und Fest KD, Königsallee 12–14
Im Schiffchen, in Kaiserswerth, Kaiserswerther Markt 9
Mövenpick-Café des Artistes, Hauptgang 35
Victorian, Königstr. 3a
Nippon-Kan (japan.), Immermannstr. 35
Naschkörbchen, Königsallee 27
Zum Schiffchen (obergäriges Bier), Hafenstr. 5
Zum Uerige (obergäriges Bier), Berger Str. 1

Nijmegen/Nimwegen (NL)

In d'Oude Laeckenthal, Grote Markt 23
St. Stephens, Oranjesingel 1
Belvédère, Kelfkensbos 57
In de Boterwaag, Grote Markt 26

Rotterdam (NL)

*World Trade Center, Beursplein 37 (23. Stockwerk)
Coq d'Or, Van Vollenhovenstraat 25
La Vilette, Westblaak 160
Old Dutch, Rouchussenstraat 20
La Rôtisserie, Tour Euromast, Parkhaven 20
Engels (div. Restaurants), Stationsplein 45
Chalet Suisse, Kievitslaan 31

Amsterdam (NL)

Dikker en Thijs, Prinsengracht 444
Boederij, Korte Leidsedwarsstraat 69
't Warte Schaep, Korte Leidsedwarsstraat 24
Oesterbar, Leidseplein 10
Kopenhagen, Rokin 84
Les Trois Neufs, Prinsengracht 999

Antwerpen (B)

La Pérouse (schwimmend), Floßbrücke am Steenplein
La Rade, Ernest van Dückkaai 8
Den Gulden Greffoen, Hoogstraat 37
De Koperen Ketel, Wiegstraat 5
Petrus, Kelderstraat 1
St. Jacob in Galicië, Braderijstraat 14
Sir Anthony Van Dijck, Oude Koornmarkt 16
Liang's Garden, Markgraveli 141
Vateli, Kipdorpvest 50

Hotel-Restaurants

→ Hotels

Souvenirs

Schweiz

Die bekanntesten Erzeugnisse der Schweiz sind Uhren und Schmuck. Auch Textilien, St. Galler Spitzen und Stickereien sowie die vielseitigen Schweizer Armeemesser erfreuen sich großer Beliebtheit. Eine gute Auswahl an kunsthandwerklichen Gegenständen bietet das ‚Schweizer Heimatwerk', das in Zürich und anderen bekannten Orten Ausstellungsräume besitzt.

Ein reiches und qualitativ hervorragendes Angebot besteht an Lebensmitteln, z.B. Schokolade, Käse, Spirituosen (Zuger Kirschwasser, Walliser Birnenbranntwein, Kräuterliköre), Bündnerfleisch und Bündner Birnbrot.

Deutschland

Zu den von ausländischen Besuchern am meisten begehrten Reiseandenken gehören Kuckucksuhren, Trachtenpuppen, Bierkrüge (wenngleich am Rhein geographisch nicht ganz stilecht), ferner Weingläser (Römer). Auch Schallplatten (vorwiegend Volksmusik) sind beliebt. Aus Baden kommen gute Schnäpse (Kirschwasser, Himbeergeist u.a.) Berühmt ist das echte Kölnisch Wasser (renommierte Marken sind Farina und 4711).

Frankreich

Weitbekannt ist die elsässische Keramik. Das bemalte Geschirr ist nicht nur sehr dekorativ, sondern auch für den täglichen Gebrauch bestens geeignet. Eine besondere Rolle spielen die französischen Delikatessen, die in reicher Auswahl auch als Konserven angeboten werden, z.B. Fleisch- und Leberpasteten, ferner Honig aus den Vogesen, Obstbrände u.a. Der Einkauf von Cognac ist weniger empfehlenswert, da wegen der hohen Besteuerung die Preise in Frankreich erheblich über denen z.B. in der Bundesrepublik Deutschland liegen, wo die Erzeugnisse der großen Marken gleichfalls überall erhältlich sind.

Niederlande

Die charakteristischen Holzschuhe sind überall zu bekommen. Auch die Delfter Keramik (meist blau auf weißem Grund) ist ein berühmtes Erzeugnis des niederländischen Kunstgewerbes. Wer mehr ausgeben möchte, sei auf Silberschmiedearbeiten und Brillanten hingewiesen.

Belgien

Besondere Erwähnung verdienen Schmuck (auch Brillanten) und Kupferwaren, ferner Keramik, Kristallglas sowie Textilien und Spitzen (berühmt sind die aus Brüssel).

Sprachen

Schweiz

Am Vorder- und Hinterrhein ist das Rätoromanische verbreitet, eine aus dem Vulgärlatein entstandene Sprache, die in Graubünden in mehreren Dialekten gesprochen wird und seit 1938 als vierte Amtssprache der Schweiz (neben Deutsch, Französisch und Italienisch) anerkannt ist.
Weiter nördlich wird im Schriftverkehr die deutsche Hochsprache benutzt, als gesprochene Sprache jedoch das charakteristische Schweizerdeutsch (Schwyzerdütsch), das aus dem Alemannischen hervorgegangen ist und sich in eine Vielzahl von landschaftlich verschiedenen Mundarten gliedert. Das Schwyzerdütsch wird bewußt gepflegt und in Funk, Fernsehen, ja

Sprachen, Schweiz (Fortsetzung)

selbst im politischen und militärischen Bereich dem Schriftdeutsch bei weitem vorgezogen.

Deutschland

Im gesamten Bundesgebiet ist das Hochdeutsch (Schriftdeutsch) Amtssprache. Die als Umgangssprache im Gebrauch befindlichen Dialekte und Mundarten gliedern sich in die Gruppe des Oberdeutschen (südlich) und des Niederdeutschen (nördlich), die durch die sogenannte Benrather Linie voneinander geschieden sind.

Frankreich

Amtssprache ist das Französische, eine Weiterentwicklung des nach der römischen Besetzung von den keltischen Galliern angenommenen Vulgärlateins, das trozt der Aufnahme zahlreicher Wörter keltischen und später auch germanischen Ursprungs den romanischen Charakter bewahrte. Im Elsaß wird noch verbreitet das sogenannte Elsässerditsch gesprochen, ähnlich dem Schwyzerdütsch und den badischen Mundarten des rechtsrheinischen Gebietes eine Variante des Alemannischen.

Niederlande

Auch das Niederländische ist eine germanische Sprache, entstanden aus dem Altniederfränkischen.

Belgien

Im nördlichen (flämischen) Teil Belgiens wird gleichfalls das Niederländische benutzt; hier gibt es zudem ein kleines deutsches Sprachgebiet. Im südlichen (wallonischen) Landesteil herrscht das Französische vor.

Trinkgeld

In Hotels und Restaurants erscheinen auf der Rechnung seit einiger Zeit fast überall Inklusivpreise, die Bedienung und Abgaben einschließen. Es ist jedoch durchaus üblich, den Rechnungsbetrag aufzurunden, falls man mit der gebotenen Leistung zufrieden ist.

Hinweis

Auf den Schiffen der KD wird ein Bedienungsgeld nicht erhoben. Im allgemeinen läßt man aber dem Bedienungspersonal nach Beendigung der Reise ein Trinkgeld zukommen, vorausgesetzt, daß man zufrieden war. Insgesamt ist ein Betrag von 4–5% des Passagepreises angemessen. Dieser Betrag sollte zwischen Kabinenstewardeß, Restaurantssteward sowie solchen Personen aufgeteilt werden, die sich in besonderem Maße um den Passagier bemüht haben.

Veranstaltungen (Auswahl)

Januar

Schweiz
vielerorts: Dreikönigssingen
Basel: Vogel Gryff (Zunftfest)

Fastnachtszeit

Schweiz
vielerorts: Maskenumzüge

Deutschland
vielerorts: *Karneval, Fastnacht (v.a. Köln und Mainz)

Basler Fasnacht: ‚Morgenstraich'

Kölner Karneval: ‚Jeck'

Fastnachtszeit (Fortsetzung)	Frankreich Colmar, Mulhouse: Fastnacht
	Belgien vielerorts: Karneval
nach Aschermittwoch	Schweiz Basel: *Morgenstraich (Basler Fasnacht)
Karwoche und Ostern	Schweiz vielerorts: Prozessionen
	Deutschland Frankfurt am Main: Ostermesse
	Belgien vielerorts: Prozessionen
April	Schweiz Zürich: Sechseläuten (Zunft- und Frühlingsfest) Basel: Mustermesse; Europäische Uhren- und Schmuckmesse
	Frankreich Strasbourg: Frühjahrsmesse
	Belgien Antwerpen: Flämisches Sängerfest
April–Mai	Deutschland Kaub: Frühlingsfest

Mai

Schweiz
vielerorts: Maifeiern (erster Maisonntag)
Zürich: Sommermesse

Deutschland
Iffezheim: Frühjahrsmeeting (Pferderennen)
Koblenz: Blütenfest (in Güls)
Leutesdorf: Weinfrühlingsfest
Mainz: Mainzer Weinbörse
Mannheim: *Maimarkt
Wiesbaden: Maifestspiele

Frankreich
Molsheim: Frühlingsfest, Weinmarkt
Neuf-Brisach: Maiglöckchenfest
Wissembourg: Maiglöckchenfest

Niederlande
vielerorts: Nationaler Mühlentag

Belgien
Antwerpen: Sondermarkt (1. 5.)

Mai–Juni

Deutschland
Ingelheim: Internationale Tage
(alle Kulturbereiche)
Schwetzingen: Musikfestspiele

Mai–September

Deutschland
Bonner Sommer: Kunst und Kultur um den Marktplatz
Brühl: Schloßkonzerte

Juni

Schweiz
Basel: ART (internat. Kunstausstellung); Stadtfest
Zürich: Internationale Junifestwochen; Seenachtsfest

Deutschland
vielerorts: Weinblütenfeste
Düsseldorf: Radschlägerwettbewerb
Frankfurt am Main: Frankfurter Summertime (Lieder, Konzerte) u. a.)
Freiburg: Zelt-Musik-Festival (von Klassik bis Jazz)
Mainz: *Johannisnacht (mit Feuerwerk und Buchdruckergautschen)
Meersburg: Internationale Schloßkonzerte und Sommertheater
Wiesbaden: Internationales Reit- und Springturnier

Frankreich
Colmar: Folklore vor dem Kaufhaus
Mulhouse: Sommerwochen
Ribeauvillé: Fête du Kougelhopf
Strasbourg: Internationales Musikfestival

Niederlande
vielerorts: Holland-Festival
Amsterdam: Vondelpark-Aufführungen; Börtschiffsfahrten mit traditionellen Segelschiffen

Belgien
Antwerpen: Glockenspielkonzerte vom Kathedralenturm

Juni–September	Deutschland Zons: Märchenspiele
Juli	Deutschland Baden-Baden: Musikalischer Sommer. Baden-Baden internationales Festival der klassischen Musik Braubach: Rosenfest Düsseldorf: *Kirmes (größte am Rhein) Freiburg: Theaterfestival in der Innenstadt Heidelberg: *Schloßbeleuchtung und Feuerwerk Ingelheim: Hafenfest Konstanz: *Seenachtfest mit Feuerwerk Speyer: Brezelfest
Juli–August	Deutschland Heidelberg: Spiele im Schloßhof
Juli–September	Deutschland Xanten: Freilichtspiele im Römischen Theater
August	Schweiz: überall: Nationalfeiertag (1. 8.) vielerorts: Hirten- und Älplerfeste Basel: Kleinbaslerfest Deutschland Bonn: Familienfest in den Rheinauen Koblenz: *„Der Rhein in Flammen" (Uferbeleuchtung zwischen Braubach und Koblenz) Mainz: Weinmarkt

Koblenz: „Der Rhein in Flammen"

Mainz: Buchdruckergautschen

August

Frankreich
Colmar: Weinmarkt; Elsässer Weinmesse
Haguenau: Hopfenfest (Umzug)
Riquewihr: Rieslingfest
Seléstat: Blumenkorso, Weinfest, Trachtengruppen

August–September

Deutschland
Iffezheim: Große Woche Baden-Baden (Pferderennen)
Worms: Backfischfest

September

Schweiz
Basel: Reformationsfeier und Volksfest
Zürich: Knabenschießen; Jazzfestival

Deutschland
vielerorts: Weinfeste
Andernach: Fest der 1000 Lichter
Bad Breisig: Zwiebelmarkt
Bad Dürkheim: Dürkheimer Wurstmarkt (Wein- bzw. Volksfest)
Bonn: Pützchens Markt (größter rheinischer Jahrmarkt)
Heidelberg: *Schloßbeleuchtung und Feuerwerk
Koblenz: Wein- und Erntefest (im Stadtteil Lay)
Meersburg: Bodensee-Weinfest

Frankreich
Colmar: Sauerkrautfest
Ribeauvillé: Pfifferdaj (Pfeifertag, Umzug der Spielleute)
Riquewihr: Weinfest
Strasbourg: Faire Européenne
(Europäische Mustermesse)

Belgien
Antwerpen: Befreiungsfest und Gildefest

Oktober

Deutschland
vielerorts: Weinlesefeste

Frankreich
Molsheim: Weinfest
Mulhouse: Oktobertage
Obernai: Weinlesefest

November

Deutschland
Bonn: Bundespresseball

Dezember

Schweiz
vielerorts: Lichtkläuse (um den 6. 12.), Silvesterkläuse u.a.

Deutschland
vielerorts: Weihnachtsmärkte

Niederlande
überall: Nikolausfeier (5. 12.)
vielerorts: Mitwinterblasen (traditioneller Brauch zur Verkündung der Geburt Christi)

Wassersport

Motor- und Segelboote

Der Rhein ist eine der wichtigsten Wasserstraßen Europas. Daher unterliegt die Benutzung von Wasserfahrzeugen der Binnenschiffahrtsstraßenordnung. Für das Führen von Sportbooten mit über 3,68 kW (5 DIN-PS) ist der Sportbootführerschein „Binnen" bzw. der Deutsche Sportbootführerschein „Küste" vorgeschrieben (auch der bis 31. 3. 89 ausgestellte A-Schein des Deutschen Motoryachtverbandes bzw. des Deutschen Segler-Verbandes hat weiterhin Gültigkeit); für größere Fahrzeute (über 15 t Wasserverdrängung) benötigt man das Rheinschifferpatent.
Auf dem Bodensee ist für Motorboote über 4,41 kW (6 DIN-PS) und für Segelboote über 12 m² Segelfläche das Bodenseeschifferpatent A bzw. D vorgeschrieben.

Kanu und Kajak

Die reizvolle Uferlandschaft und der gute Ausbau des Strombettes lohnen eine Fahrt mit dem eigenen Paddelboot, wobei man auf den Rheininseln zelten kann. Der Deutsche Kanu-Verband (DKV) hat viele Bootshäuser, Wanderheime, Zeltplätze und Kanustationen eingerichtet, über die „Das Deutsche Fluß- und Zeltwanderbuch" informiert.
Auskunft und Beratung für Wassersportfreunde erteilt auch der Allgemeine Deutsche Automobilclub (ADAC).
Zahlreiche Spezialkarten für die Flußschiffahrt sind im Buchhandel erhältlich.

Angeln

Durch hochgradige Wasserverschmutzung ist der Fischbestand im Rhein bedrohlich dezimiert worden. In jüngster Zeit scheinen jedoch die Bemühungen um eine Verringerung des Schadstoffgehaltes erste Früchte zu tragen. Am ehesten sind die Altrheinarme für den Angler geeignet. Voraussetzung ist der Besitz eines amtlichen Fischereischeines und eines vom jeweiligen Fischereiberechtigten (Eigentümer, Pächter) ausgestellten Erlaubnisscheines.

Wetter

→Zahlen und Fakten, Klima

Zeit

In allen Anrainerstaaten des Rheins gilt die Mitteleuropäische Zeit (MEZ). Für die Sommermonate wurde die Mitteleuropäische Sommerzeit (MESZ = MEZ + 1 St.) eingeführt.

Zollbestimmungen

EU-Binnenmarkt

Die Mitgliedsstaaten der Europäischen Union (EU; darunter die in diesem Reiseführer erwähnten Staaten Deutschland, Frankreich, die Niederlande und Belgien, Österr. gepl.) bilden einen gemeinsamen Wirtschaftsraum, den EU-Binnenmarkt, d.h. zwischen diesen Ländern dürfen Waren für den privaten Gebrauch eigentlich ohne Beschränkung eingeführt werden. Allerdings

EU-Binnenmarkt (Fortsetzung)

gibt es gewisse Richtmengen, deren Überschreitung (neben anderen Kriterien) als Indiz für gewerbliche Einfuhr gelten kann; dies sind 800 Zigaretten, 400 Zigarillos, 200 Zigarren, 1 kg Rauchtabak, 10 l Spirituosen, 20 l Zwischenerzeugnisse, 90 l Wein, 110 l Bier.
Nach wie vor ist aber für den Grenzübertritt ein Identitätsnachweis (s. Reisedokumente) erforderlich.
Auf Flughäfen und Schiffen werden Zollkontrollen vorerst weiterhin vorgenommen.

Reisende aus Nicht-EU-Ländern

Für Reisende aus Nicht-EU-Ländern (d.h. Schweizer und derzeit auch noch österreichische Staatsbürger) liegen die Freimengengrenzen für Personen über 18 Jahre bei 200 Zigaretten oder 100 Zigarillos oder 50 Zigarren oder 250 g Rauchtabak, ferner bei 2 l Wein und 2 l Schaumwein oder 1 l Spirituosen mit mehr als 22 Vol.-% Alkoholgehalt oder 2 l Spirituosen mit weniger als 22 Vol.-% Alkoholgehalt, 50 g Parfüm und $^1/_4$ l Eau de Cologne, 500 g Kaffee oder 200 g Pulverkaffee, 100 g Tee oder 40 g Tee-Extrakt. Abgabenfrei sind ferner Geschenkartikel bis zu einem Wert von 350 DM.

Wiedereinreise nach Österreich

EU-Beitritt Österreichs für 1995 geplant.

Abgabenfrei sind Waren im Werte bis 2400 öS, davon Lebensmittel und alkoholfreie Getränke einschließlich Reiseproviant bis höchstens 200 öS; außerdem für Personen über 17 Jahre an Tabakwaren 200 Zigaretten oder 50 Zigarren oder 250 g Rauchtabak, an alkoholischen Getränken 2 l Wein und 1 l Spirituosen.

Wiedereinreise in die Schweiz

Abgabenfrei sind Reiseproviant sowie (gebrauchtes persönliches) Reisegut; außerdem für Personen ab 17 Jahre an Tabakwaren 200 Zigaretten oder 50 Zigarren oder 250 g Rauchtabak, an alkoholischen Getränken 2 l mit bis zu 15 Vol.-% Alkoholgehalt und 1 l mit mehr als 15 Vol.-% Alkoholgehalt; ferner Geschenke im Werte bis 100 sfr., für Personen unter 17 Jahre bis 50 sfr (eine Prüfung der Anpassung dieser Werte an die EU-Beträge ist geplant).

Zollabfertigung an Bord der KD-Schiffe

Für Auslandsreisen ist im allgemeinen ein gültiger Reisepaß erforderlich; für die Angehörigen der meisten europäischen Staaten genügt allerdings der Personalausweis (→Reisedokumente).
Um eine schnelle Abwicklung der Grenz- und Zollformalitäten zu gewährleisten, werden die Reisepässe bzw. Personalausweise zusammen mit dem Passagebillet bei der Einschiffung im Zahlmeisterbüro deponiert und den Reisenden rechtzeitig vor Beendigung der Reise wieder ausgehändigt. Für die Dauer der Schiffsreise erhalten die Teilnehmer eine mehrsprachige Karte, die sie als Passagiere eines der KD-Schiffe ausweist. Diese Karte ist stets mitzuführen.
Wenn man an Land gehen will, ohne an einem organisierten Ausflug teilzunehmen, lasse man sich zuvor seinen Paß oder Ausweis aushändigen.

Register

Register – Kartenverzeichnis

Verzeichnis der Karten, Pläne und graphischen Darstellungen im Reiseführer